互联网基础研究丛书

国内外互联网立法研究

北京市互联网信息办公室　编

中国社会科学出版社

图书在版编目（CIP）数据

国内外互联网立法研究 / 北京市互联网信息办公室编. —北京：中国社会科学出版社，2014.4

ISBN 978-7-5161-4133-5

Ⅰ.①国… Ⅱ.①北… Ⅲ.①互联网络—科学技术管理法规—立法—研究 Ⅳ.①D912.104

中国版本图书馆CIP数据核字（2014）第066927号

出 版 人　赵剑英
策划编辑　李丕光
责任编辑　王　斌
责任校对　姚　颖
责任印制　王　超

出　　版　中国社会科学出版社
社　　址　北京鼓楼西大街甲158号（邮编 100720）
网　　址　http://www.csspw.cn
　　　　　中文域名：中国社科网　010—64070619
发 行 部　010—84083685
门 市 部　010—84029450
经　　销　新华书店及其他书店

印刷装订　三河市君旺印务有限公司
版　　次　2014年4月第1版
印　　次　2014年4月第1次印刷

开　　本　710×1000　1/16
印　　张　24
插　　页　2
字　　数　369千字
定　　价　69.00元

编 委 会

序

2014年2月27日，中央网络安全和信息化领导小组在北京成立，中国互联网迎来了划时代的转折点。习近平总书记在会上强调指出，要“总体布局、统筹各方、创新发展，努力把我国建设成为网络强国”。这不仅确立了我国互联网发展的新的更高目标，还吹响了向网络强国进军的伟大号角。站在时代的交汇点上，面对浩浩荡荡的世界互联网发展大潮，实现建设网络强国的宏伟蓝图，不仅需要宏观上的顶层设计、市场上的开拓进取，更需要理论上的不断求索。

思想是行动的先导，理论是实践的指南，互联网的发展离不开互联网的理论研究。互联网理论研究应坚持战略思维、科学精神和问题导向，整体规划，合力攻关，锐意创新。但纵览我国当前互联网研究，个体研究的多，集体研究的少；技术层面研究的多，理论层面研究的少；微观层面研究的多，宏观层面研究的少。推进互联网科学发展、建设网络强国的战略目标，既需要我们从宏观上科学把握互联网的本质特点、基本规律和发展趋势，科学阐明互联网在人类社会发展进程中的战略地位、重要作用和深刻影响，科学揭示我国互联网所处的时代方位和阶段性特征，科学探索中国特色互联网发展建设管理道路，也需要从中观上深入分析影响和制约我国互联网工作的根本因素和难点问题，深入研究我国互联网的法律法规、产业政策、商业模式、管理机制，还需要从微观上追踪互联网新技术、新应用的前沿，探寻网络传播、产品服务和网民需求的特点，力争在基础研究上取得新突破，在理论创新上取得新进展，并将研究成果转化为指导推动我国互联网治理体系和治理能力现代化的科学理论，转化为适合我国互联网发展建设管理的科学政策，进而更好地推动我国网络强国建设伟大进程。

北京是中国“网都”，在网络强国建设进程中肩负着重要使命。北京市互联网信息办公室秉持历史责任，发扬首善精神，扛起“整合研究资源、搭建研究平台、研究行业问题、促进行业发展”的大旗。在充分调研论证的基础上，我们围绕互联网立法、赢利模式、信息安全、关键技术等方面的问题，于2013年4月确立了“互联网基础研究”系列课题，并分别组织中国人民大学、工业与信息化部、电信研究院等科研机构专家在相关领域开展深入研究。

在此基础上，我们组织编撰了互联网基础研究丛书：《国内外互联网立法研究》深入探讨了国内外互联网立法的现状，指陈各自的利弊得失；《互联网信息安全与监管技术研究》重在研究我国互联网监管领域的热点难点，并对全球主要国家互联网信息安全战略与监管手段进行了深入分析；《互联网赢利模式研究》通过考察当前互联网的十二种赢利模式，深刻阐述了各种赢利模式的经营理念及具体运作；《互联网接入服务现状及管理对策研究》回顾了全球互联网接入服务发展现状及经验启示，总结了我国互联网接入服务发展现状及存在的问题。四部研究专著均针对各自领域的难点问题，提出了建设性的对策建议。希望通过互联网基础研究丛书的出版，助力科研成果转化，启迪网络强国建设，指引未来发展方向。

《数字化生存》作者尼葛洛庞帝有一句名言：“预测未来的最好办法就是创造未来。”纵观社会发展的每一次进步，人类开创的每一个未来，都离不开对事物规律趋势的精准洞察，对科学真理的执着追求。这既是理论研究的基础，也是实干兴邦的根本，更是贯穿于整个历史的成功真谛。

变化的是环境，不变的是探索。让我们共同思考互联网未来，携手推进互联网建设，共同分享网络强国的荣光。

是为序。

首都互联网协会会长　佟力强

2014年4月9日

目 录

第一章　互联网立法的涵义和体系

摘要：人类社会已进入互联网时代，互联网改变了人们的生活，促进了社会的发展，也带来了许多负面影响。为了保障社会的稳定和发展，保障和规制互联网事务，进行互联网立法势在必行。互联网立法作为立法机关制定调整互联网事务的法律规范的活动和其所制定的调整互联网事务的规范性法律文件的总称，与现有的法律部门立法既有联系又有区别，有自身独有的特点。本章从互联网立法的概念、必要性及体系架构等问题入手，对互联网立法的几个基础性问题进行探究，以图从总体上对互联网立法问题进行勾勒，为以下各章分类研究互联网立法制度创造必要前提。

关键词： 互联网立法　互联网立法必要性　互联网立法体系

随着互联网技术的迅猛发展，人类社会已飞速进入数字化、网络化阶段，互联网时代在全球范围内已经来临。日新月异的互联网技术，改善了信息沟通的广度和速度，为人们提供了广阔、高效的活动舞台，带来了人们生活方式和思维方式的巨大变化，促进了社会的进步和发展。但与此同时，它也对现有社会形态和人们的生活方式带来了巨大的冲击，甚至带来了诸如网络犯罪、网络侵权多发等许多负面影响。为了适应互联网社会的发展特点，现有的各种社会制度都需要不同程度地做出相应调整予以应对。要更好地发挥互联网的积极作用，控制或消除其消极作用或负面影响，就需要通过多种途径对互联网的建设和发展进行相应的确认、保护或控制。在现代法治国家，对社会事务进行确认、保护或控制的途径和手段虽然多种多样，但法律无疑是其中最重要的途径和手段之一。因此，要建立互联网体系、保障其有序运行并促进其不断发展和完善，进行互联网立法，建立完善、有效的互联网立法体系就势在必行。互联网是一个崭新而又复杂的社会领域，具有“互联性、交互性、多变性、匿名性、永久性、技术性、虚拟性和无国界性等许多特点”，[①] 作为调整这一社会领域的法律规范集合体的互联网立法体系也必然极为复杂。为了了解互联网，促进互联网研究的深化，课题的本部分拟从涵义、必要性和体系架构等不同角度，对互联网立法体系这一复杂现象进行概括性探讨，以期对互联网立法取得总体上的认识和把握。

一 互联网立法的涵义界定

（一）立法的涵义

在法学理论和实践中，“立法”是一个多义词，至少可以从以下几个不同的角度来理解：

1. 可以从动态与静态的角度来理解。动态的立法是指立法机关制定、修改或废止规范性法律文件的活动，如全国人大常委会制定《行政许可法》的活动、北京市人大常委会制定《北京市全民健身条例》的活动；静态的立法是指立法机关按照特定程序制定出来的规范性法律文件，如全国人大常委会制定的《行政许可法》、北京市人大常委会制定的《北京市全民健身条例》等。前者讲的是法律规范性的产生过程，包含由哪些机关、在什么权限范围内和通过何种程序，实施制定、修改或废止规范性法律文件的活动等内容，这是规范性法律文件的形成前提，没有这种动态的立法就不会产生静态的立法文件。后者讲的是动态立法产生的结果，是立法机关的立法活动形成的法律规范表现形式，是法律规范的文件载体。

2. 可以从狭义与广义的角度来理解。狭义的立法，是指特定立法机关制定特定规范性法律文件的活动及其所制定的特定规范性法律文件。在我国，狭义的立法仅指全国人大及其常委会制定法律（基本法律和一般法律）

① 参见张平《互联网法律规制的若干问题探讨》，《知识产权》2012年第8期。

的活动及其所制定的法律。而广义的立法，则是指所有立法机关制定一切规范性法律文件的活动及其所制定的一切规范性文件。在我国，广义的立法包括：全国人大及其常委会制定法律的活动及其所制定的法律；省、自治区、直辖市人大及其常委会，较大的市的人大及其常委会制定地方性法规的活动及其制定的地方性法规；民族自治地方的人大制定自治条例和单行条例的活动及其制定的自治条例和单行条例；经济特区所在地的省或者市人大及其常委会制定授权法规的活动及其所制定的授权法规；国务院制定行政法规的活动及其所制定的行政法规；国务院组成部门及直属机构，省、自治区、直辖市人民政府，较大的市的人民政府制定行政规章的活动及其所制定的行政规章；中央军委制定军事法规的活动及其所制定的军事法规；解放军各总部、各军兵种、各军区制定军事规章的活动及其所制定的军事规章；以及最高人民法院和最高人民检察院制定特定司法解释的活动及其所制定的特定司法解释等。①

3. 可以从法律规范调整的社会关系的性质和调整社会关系的方法来理解。互联网立法是指立法机关制定用相同的方法调整同一类性质社会关系的法律规范的活动及其所制定的法律规范。这种意义上的立法，也就是部门法意义上的立法。如有关立法机关制定行政法法律规范、刑事法法律规范、民事法法律规范、商事法法律规范、劳动和社会保障法法律规范和诉讼法法律规范等法律规范的活动及其所制定的上述各类法律规范。

4. 可以从法律规范调整的某一特定事务的类型来理解。互联网立法是指立法机关为了调整某一类特定事务，而制定调整与之相关的各种社会关系的法律规范的活动和其所制定的各类规范性法律文件。如各级各类立法机关制定房地产立法、社会安全立法、交通运输立法、教育立法、社会保障立法、环境保护立法等各种以某一类特定事务为调整对象的立法活动及其所形成的各种规范性法律文件。

---

① 对于最高人民法院和最高人民检察院的司法解释（审判解释和检察解释）是否属于立法的问题，人们尚有争论。严格意义上的司法解释，应当不属于立法。但两高制定的对某一部法律实施细则式的抽象司法解释，则应当认定其为立法。参见李元起《抽象性司法解释面临的困境及出路》，《法制日报》2009年6月25日。

（二）互联网立法的涵义

基于对立法一词的上述认识，我们对互联网立法的涵义作如下几个方面的界定：

1. 互联网立法是调整与“互联网事务”这一特定事务类型有关的各类社会关系的法律规范的总和，不是传统意义上的部门法立法。互联网立法不同于法律部门意义上的立法，它不是根据调整的社会关系的性质和方法为标准，而是以其调整的事务的特定性为标准而划定的一种立法类型。就是说，无论属于刑法、行政法还是民法等何种性质的法律规范，只要是用来调整互联网事务的，就都隶属于“互联网立法”这一概念之下。互联网立法作为调整互联网事务的各类社会关系的法律规范的总和，其调整范围涉及所有现行公法和私法领域，是规制网络社会问题的法律规范的集合。当然，互联网立法与部门意义上的立法有区别也有联系，虽然因它所包含的法律规范分属于各个现有的法律部门而与其他法律部门有共同性，但隶属于互联网立法的法律规范却都因以调整互联网事务为共同特点而区别于各个法律部门的其他法律规范，是打破现有法律部门的分野而重新排列组合的一种综合性法律规范体系。

2. 互联网立法是广义上的立法，在表现形式上既包括狭义上的立法也包括狭义立法之外的其他立法。互联网立法的范围和内容非常广泛，涉及社会生活的各个方面。复杂的调整内容和调整范围决定了其表现形式的复杂性，互联网立法包含由不同立法机关制定的各种性质的法律规范，承载于不同的规范性法律文件之中。从理论上讲，一国之中各级各类立法机关都有可能制定互联网立法，一国法律体系中各种位阶规范性法律文件都有可能承载互联网立法。互联网是一项新生事物，目前在世界各国都还没有发展到需要以宪法规范来调整的程度。因此在实践中，涉及领域和事项比较重要的互联网问题，各国通常都要由特定国家立法机关（即狭义的立法机关，如美国的国会、我国的全国人大及其常委会等）以该国最高位阶的普通立法来加以规定。而涉及领域和事项重要性相对次要的，则可以由行政机关、地方议会、地方政府等广义上的其他立法机关制定。如在我国，

《关于加强网络信息保护的决定》是由全国人大常委会制定的，而《互联网上网服务营业场所管理条例》则是由国务院制定的。

3. 互联网立法是动态立法和静态立法的结合。在立法实践和法学理论研究中，互联网立法一词包含着动态和静态两方面的涵义，是动态立法与静态立法的统一体，不能仅从动态或静态一个方面来理解互联网立法。从动态方面讲，互联网立法是指立法机关制定互联网法律规范的活动，其过程包括立法机关进行立法论证、确定立法事项，起草立法草案，审议立法草案，通过、公布立法文件，以及修改、废止立法文件等步骤。从静态方面讲，互联网立法是指立法机关制定的调整、规制互联网事务的法律规范或规范性法律文件，是互联网动态立法的成果或产物。在我国，有关机关制定的规定互联网事务的法律、行政法规、地方性法规和行政规章等就都是静态意义上的互联网立法。从动态和静态两个方面认识和把握互联网立法，是保障互联网立法科学、有效的重要前提。

综上所述，互联网立法是指各级各类立法机关制定调整互联网事务的法律规范的活动和其所制定的调整互联网事务的各种规范性法律文件的总称。

二　互联网立法的必要性

互联网的飞速迅猛发展，带来了舆论生成方式和传播方式的革命性变化，重塑着社会舆论格局和传媒生态，并以惊人的深度和广度影响着社会生活的方方面面。互联网给世界带来的变化，已远远超出了人们早先的判断和预期，可以毫不夸张地说，互联网正改变着世界，也改变着中国。但作为一把双刃剑，随之而来的是新问题亦层出不穷，亟需法律予以规范，中国互联网立法具有极大的重要性和必要性。

（一）互联网在中国的使用率越来越高

中国一直以积极的姿态迎接互联网时代的到来，在 20 世纪 80 年代中后期，中国的科研人员和学者就在国外同行的帮助下，积极尝试利用互联网。

1987 年 9 月 20 日，钱天白教授发出第一封 E-mail。在 1992 年和 1993 年的国际互联网大会上，中国计算机界的专家学者曾多次提出接入国际互联网的要求，并得到国际计算机领域的广泛理解与支持。1994 年 4 月，在美国华盛顿召开的中美科技合作联委会会议期间，中国代表与美国国家科学基金会最终就中国接入国际互联网达成一致意见，北京中关村地区教育与科研示范网接入国际互联网的 64K 专线于 1994 年 4 月 20 日正式开通，第一次实现了与国际互联网的全功能连接，标志着中国正式接入国际互联网。[①]

中国的互联网产生虽然比较晚，但经过艰苦的孕育与飞速发展，依托于改革开放的伟大成果，显露出巨大的发展威力，在短短的约 20 年时间里已发展成为世界第一大网。2013 年 7 月，中国互联网络信息中心（CNNIC）在北京发布了第 32 次《中国互联网络发展统计报告》，报告数据显示，截至 2013 年 6 月底，我国网民规模达 5.91 亿，已成为世界上互联网使用人口最多的国家，较 2012 年底增加 2656 万人，互联网普及率为 44.1%，较 2012 年底提升了 2.0 个百分点。截至 2013 年 6 月底，我国手机网民规模达 4.64 亿，较 2012 年底增加 4379 万人，网民中使用手机上网的人群占比提升至 78.5%。我国域名总数为 1470 万个，其中“.CN”域名总数为 781 万，相比 2012 年底增长了 4.0 个百分点，占中国域名总数比例达到 53.1%；“. 中国”域名总数达到 27 万。中国网站总数升至 294 万个，在 2013 年全球前 20 大网站中，中国的百度、腾讯、阿里巴巴、新浪、搜狐 5 家网站名列其中。因此，为了适应互联网的迅猛普及，使之得到有序发展，保护广大互联网使用者的利益，加强互联网立法势在必行。

（二）互联网对现实社会的影响日趋加深

中国大力倡导和积极推动互联网的发展和广泛应用，当今互联网已成为越来越多的中国人实现梦想的最重要舞台。随着互联网在中国的快速发展与普及，人们的生产、工作、学习和生活方式已经开始并将继续发生深

① 国务院新闻办公室：《中国互联网状况》白皮书，http://www.gov.cn/zwgk/2010-06/08/content_1622866.htm。

刻的变化，虚拟网络已经成为现代社会生产的新工具、科学技术创新的新手段、经济产业转型的新引擎、政治有序参与的新渠道、社会公共服务的新平台、大众信息传播的新途径、人民生活娱乐的新空间，成为推动我国政治、经济、文化、社会全面发展的巨大力量，在中国构建社会主义和谐社会和全面建设小康社会进程中发挥着越来越重要的作用。中国互联网是在改革开放的大潮中发展起来的，它顺应了中国改革开放的要求，推进了改革开放的进程。随着中国经济社会的快速发展以及人们精神文化需求的日益增长，互联网在中国将更加普及，人们对互联网应用水平的要求将会更高，更多人将从互联网获益。不仅如此，随着 3G、4G 技术及各种网络技术的不断发展，现实社会对虚拟网络社会的依赖性还将与日俱增。积极利用、科学发展、依法管理、确保安全是我国的基本互联网政策，利用网络技术有效开展社会管理和协调是顺应时代的一种创新之举。建设好、利用好、管理好互联网，关系国家经济繁荣和发展，关系国家安全与社会和谐，关系国家主权、尊严和人民根本利益。为此，我国必须坚持依法管理互联网，致力于营造健康和谐的互联网环境，构建更加可信、更加有用、更加有益于经济社会发展的互联网。

（三）互联网具有不同于现实社会的特点

互联网是由无数个网络形成的一个庞大网络，其中的每一个子网都是由互联的计算机组成的，连接方式包括有线和无线等。一旦计算机被互联，成员计算机就可以实现信息交流，计算机上的文件可以被互联的其他计算机访问，彼此可以进行信息交流和资源共享。因此，互联网具有虚拟性、广域性、开放性、交互性等不同于现实社会的特征。

1. 互联网具有虚拟性的特点

很多人还记得《纽约人》杂志刊登出的漫画式黑色幽默：“在互联网上，没有人知道你是一条狗。”由于互联网通讯协议技术特征的影响，信息在传输过程中仅体现信息发送者和接收者的 IP 地址，信息发送者和接收者的身份都是以一定的数字 ID 加以表示，因而网络端点之间信息的利用和发布多数是匿名的。在以网名、马甲为基本特征的网络空间中，一切都可以虚拟，如姓名、性别、年龄……甚至有可能在网络的另一端，端坐在电脑前的真是一条狗！在网上，交往角色的虚拟使行为个体披上了厚厚的面具和漂亮的外衣，环境的虚拟则挡住了人们的视线，使得法律外在的约束功能遭到弱化。计算机信息网络的虚拟性特征使得网络安全成为问题，为不法行为提供了保护伞，为各种危害行为的进行和不良信息的传播提供了方便，同时，也为发现、打击犯罪和制裁违法行为增加了成本，为社会关系和社会秩序带来了新的不稳定因素。

2. 互联网具有广域性的特点

尽管互联网中的每一个成员网都是由网络所有者在管理，但互联网不属于任何主体，它不受任何一个主体的支配和管辖，当每一个成员网上的计算机使用相同的语言——TCP/IP 协议时，它就可以成为互联网的一部分。由于互联网是利用计算机数字化技术和多媒体通信技术实现的位于不同的国家和地区的计算机网络之间的通信，在互联网应用中，划分区域的标准是 IP 地址和与之对应的域名，地域疆界已不复成为互联网应用的重要障碍，只要技术允许，理论上任何互联网用户都可以通过全球任何站点在任何时间内登录任何国家的网站。它消除了国家和地域疆界的局限，在便利内外交流与人际交往的同时也往往也容易丧失自己的独立性。计算机信息网络的广域性特征将全球紧密地联结为一体，为发达国家利用计算机信息网络为平台向全球推行其政治、经济、社会和价值观，进而为其推行网络霸权主义和强权政治提供了一个新的空间和场所。

3. 互联网具有开放性的特点

互联网的开放性包括网络平台开放和网络信息开放。所谓互联网平台开放，就是指首先提供一个基本的服务，然后把网站的服务封装成一系列计算机易识别的数据接口开放出去，使得第三方开发者得以通过运用和组装其接口产生新的丰富多彩的应用，并且使得该应用能够统一运行在这个平台之上。随着 web 2.0 的兴起，UGC（用户贡献内容）平台出现了，比如维基百科、百度百科、ask 等产品，皆来自于 UGC，他们也是最成功的 UGC 模式的平台。互联网信息的丰富，得益于用户在使用互联网的过程中不停地上传自己的东西到平台上，包括文字、视频、音乐等，这是构成互联网丰富多彩内容的基础。所谓网络信息开放，就是指在互联网中，信息的发布、获取和传播更加方便、快捷和自由。个人主页、QQ空间、博客、微博、飞信等将产生内容的权利从少数权威人士那里交到大众手中；互联网带宽的发展、存储的廉价化，为人们提供了多样的表达形式，从文字到图片，再到视频，使人类进入了沟通无阻力的社会；尤其是搜索引擎的出现，使全人类共享一个“大脑”，搜索引擎让互联网变得更加开放，也是它促进了互联网的快速发展，使得每个人都是大脑中的“神经元”。人们充分享受着互联网给我们生活带来的开放性，但公民的信息自由与个人信息保护的冲突却更加突出。

4. 互联网具有交互性的特点

人本是群居的动物，社交来源于本能的需求。互联网是交互的，它能满足最大多数用户在最短时间内实现沟通和交流的需要，比如QQ空间、blogger、微博、推特等社交网络就提供了非常好的交流平台，它们是一个社交网络产品，但是也提供了各种丰富的信息，在客观上有无限互联和不受地域限制的特征。互联网的主要功能在于高效率地实现信息交流和资源共享，在交互式的互联网络中，信息提供者和信息消费者之间能够实现积极双向的交流，尤其是表现在以微博、飞信为代表的新型互联网应用中，互联网应用的交互性意味着信息提供者与信息消费者在信息的传播过程中已经很难被区分为两个独立的身份。计算机信息网络的虚拟性、广域性、开放性、交互性等特征使得基于国界地域和现实性特征的现行法律体系无法全部、有效地适用于网络环境，从而导致网络环境中发生法律冲突和规范冲突的现象加剧，使得现行的各种利益平衡关系在网络环境中面临重新组合的局面，这种重组不仅包括一般社会主体之间的利益关系重组，而且还包括各国之间的主权范围关系的重组。因此，法律对网络环境秩序的调整面临新的挑战，亟待符合互联网特点的立法来予以规范。

（四）因互联网而引起的各种法律纠纷呈逐年上升的态势

1. 关于互联网信息安全问题

网络上的一些人往往利用自己掌握的计算机知识和技术，在未经计算机用户授权的情况下访问计算机文件或网络，干扰计算机系统的正常运转，窃取他人个人信息，传播计算机病毒，甚至进行犯罪活动，对日常生活以及互联网的健康发展构成了巨大危害，比如新近发生在美国的“棱镜门事件”就是侵犯隐私窃取个人信息的典型。据英国《卫报》和美国《华盛顿邮报》2013 年 6 月 6 日报道，美国国家安全局和联邦调查局于 2007 年启动了一个代号为“棱镜”的秘密监控项目，直接进入美国网际网路公司的中心服务器里挖掘数据、收集情报，包括微软、雅虎、谷歌、苹果等在内的 9 家国际网络巨头皆参与其中，获得的数据包括电子邮件、视频和语音交谈、影片、照片、VoIP 交谈内容、档案传输、登入通知，以及社交网络细节。这是一起美国有史以来最大的监控公众事件，其侵犯的人群之广、程度之深令人咋舌。

2. 关于网络知识产权保护问题

由于互联网的特点，使得知识产权的维权面临着前所未有的困境。首先，在商标权保护方面，传统的商标权保护具有地域性，而互联网的出现，使得网上商标的注册和使用成为商家的新选择，但也使商标权的地域性、侵权方式都发生了改变，对现行的商标法提出了挑战。比如假如甲未经乙的授权，就在自己的宣传网页上设置了乙的网页链接，实际上甲就涉嫌侵犯了乙的商标权。其次，在域名权保护方面，域名一方面是指公司、其他组织等在互联网上的名字，另一方面也可以作为企业的标识和形象，因而属于知识产权范畴。长期以来，在域名权保护方面最突出的问题就是域名抢注，现实中不乏知名企业、老字号被别有用心的商家恶意抢注以图牟利。最后，在网络著作权方面，互联网的兴起，极大地拓展了公民创作和发表作品的渠道，但随之而来的是作品的认定、著作权归属等问题逐渐变得严峻起来。

3. 关于网络隐私权保护问题

互联网的发展使人们的视野、相互交流的手段得到极大的延伸，但同时也使人们的隐私处于极易暴露的状态，在给予人们的生活方便的时候，也在不停地暴露着用户的隐私，也许是某个社交网站，也许是搜索引擎，或是其他。隐私就是指私人生活秘密，它是指私人生活安宁不受他人非法干扰，私人信息保密不受非法收集、刺探和公开等。[①] 有关隐私权的具体内容学界概括不一，具体到网络上的隐私权，有人认为主要包括：隐私不被窥视的权利、不被侵入的权利（主要体现在用户的个人信箱、网上账户、信用记录的安全保密等方面）、不被干扰的权利（主要体现在用户使用信箱、交流信息以及从事交易活动的安全保密等方面）、不被非法收集利用的权利（主要体现在用户的个人特征、个人资料不得在非经许可的状态下被利用等方面）。[②] 另外有人认为，网络隐私权是指：公民在网上享有私人生活安宁和私人信息依法受到保护，不被他人非法侵犯、知悉、搜集、复制、利用和公开的一种人格权，也指禁止在网上泄露某些个人相关的敏感信息，包括事实、图像以及诽谤的意见等。[③]

在工作和生活中，人们不可避免地要向他人提供一些个人信息，但却不能控制这些信息被非法披露，从而会给一些不法之徒可乘之机。例如黑客经常通过入侵电子邮箱等方式窃取人们包括银行账户在内的重要私人信息，甚至某些公共服务机构，也利用网络把人们的个人隐私信息（如联系方式）当作商品出售或向他人提供。比如，2013 年 10 月，国内第三方漏洞监测平台乌云报告指出，国内多家酒店比如汉庭、如家、南苑 e 家、格林豪泰连锁酒店、布丁酒店、杭州维景国际大酒店等使用了浙江慧达驿站网络开发的酒店 Wifi 管理、认证管理系统，但是该系统存在漏洞。据报告，慧达的 Wifi 系统要求客户在登入无线网络时进行网页认证，为此需上传住客的实名信息，包括客户名、开房日期、房间号等敏感信息会在慧达的服务器上实时存储，由于其认证用户名跟密码是明文传输，各个途径都可能被黑客嗅探到并遭到泄露。乌云还将如家酒店作为典型，通过截屏的形式，披露了如家的一部分开房记录，里面包含了详细的客户姓名、身份证号码，等等。

此外，网络法律纠纷还表现在域名注册、网络新闻、网络游戏、电子政务、远程教育等许多方面，几乎涵盖了所有互联网涉足的领域。

---

① 张新宝：《隐私权的法律保护》，群众出版社1997年版，第17页。

② 郭卫华、金朝武：《网络上的法律问题及其对策》，法律出版社2001年版，第176页。

③ 李德成：《网络隐私权保护制度初探》，中国方正出版社2001年版，第30页。

（五）依法治网是网络世界发展的共识

依法治国，建设社会主义法治国家，是中国共产党领导人民治理国家的基本方略。形成中国特色社会主义法律体系，保证国家和社会生活各方面有法可依，是全面落实依法治国基本方略的前提和基础，是中国发展进步的制度保障。法治作为中国现实世界的最大社会共识，同样也是网络世界发展的共识。互联网刚问世时，人们一开始认为依靠市场的力量和公民的自律就足以建立互联网的秩序和行为标准，政府不应当介入互联网的管理。然而，互联网的发展在很多方面都超乎人们的想象，在给人们带来极大便利的同时，网络色情、网络黑客、网络诈骗、网络盗窃、电脑病毒等让互联网用户饱受伤害，网络犯罪的表现形式远远超过单独的计算机犯罪。人们逐渐认识到，单纯依靠市场的力量和民众的自律是远远不够的，不能充分保护互联网用户的安全，互联网的发展已使其在悄悄地演变成一个极其重要的战略阵地，对国家安全、经济发展、社会秩序、青少年的素质培养等方面影响巨大。随着网络技术的愈加成熟以及网络应用的不断广泛，它必将继续改变人与人之间的交流方式，影响人们的工作与生活，扩展人类文化体系的内涵，建构新的商业模式和平台并提供创新机会，任何忽略此发展趋势的国家都将为此付出代价。在诸多规制方法和手段中，法律已成为规范互联网活动的前提和基础，依法治网无疑是互联网事业发展的必要条件，甚至是网络健康发展的最基础、最根本性保障。无法治则无秩序，无秩序则最终导致每个人都可能成为受害者。自由与法治并不冲突，相反，二者是相得益彰，唇齿相依的。自由根植于法治土壤之上，法治成就于自由环境之中，没有放荡不羁的自由，亦不存在自说自话的法治，网络并非法外之地，互联网需要法律和秩序，我们必须坚持依法治网，将法网全面覆盖在互联网之上。

（六）互联网能够实现社会管理方式的创新

网络具有不可比拟的覆盖率和快捷性，已经成为民众交流、商业合作、信息服务等活动的重要平台。互联网自诞生以来对现实社会的冲击从未停止，并且愈发势不可当，促使社会管理方式必须顺应时代发展要求进行创新。比如，微博和微信具有用户数量庞大、发布即时快捷、裂变式传播等特点，这使得微博和微信成为网民获取新闻资讯、参与交流互动的重要平台。2013 年 10 月 11 日，中华人民共和国中央人民政府门户网站官方微博和官方微信在新华微博、腾讯微博和微信开通，重要政务信息将第一时间通过微博微信等新媒体形式，向社会公众公开。国务院作为中央人民政府充分利用微博、微信具有便捷、快速、直接、影响力大等特点，积极开通门户网站官方微博和微信，可以让公众第一时间看到其发布的资源，及时了解国内外发生的重大事件并传递政府的声音，还能够让人们随时一起分享、讨论，使得微博和微信成为网民获取新闻资讯、参与交流互动的重要平台，是走近大众、拉近与网民距离的又一次具体实践，是维护政府的权威性、公信力和亲和力，实现社会管理方式与时俱进、创新改革的具体尝试。

鉴于上述互联网对现实生活产生的重大影响，进一步推进互联网立法活动的重要性、必要性愈加凸显。

三　互联网立法的体系架构

互联网立法是各级各类立法机关制定调整互联网事务的法律规范的活动和其所制定的调整互联网事务的各种规范性法律文件的总称，涉及立法主体、立法内容、立法主体的活动、立法活动的结果等多方面的问题。因此，对互联网立法的体系至少应当从以下几个主要方面来理解：

（一）互联网立法的规范制定体系

1. 互联网立法模式选择

选择适当的模式进行互联网立法，是互联网法律规范得以形成并构成完善体系的决定性因素之一。而选择何种模式进行互联网立法，则取决于人们如何认识互联网立法。有人认为互联网法律规范构成一个法律部门，应当按照部门立法的模式进行单独立法；有人则认为互联网法律规范并不构成一个独立的法律部门，而是各种调整网络活动中产生的社会关系的法律规范的总称，不能按照部门立法的方式独立立法，而应当将网络立法分散在各个部门法中完成。①

我们认为，互联网立法是调整与“互联网事务”这一特定事务类型有关的各类社会关系的法律规范的总和，不是独立意义上的部门法立法，而是一种涉及到各个法律部门的综合性立法。因此，不能按照独立部门立法的方式，制定一部包罗互联网万象的法典式互联网基本法，而应当根据互联网事务涉及的不同领域，形式多样地进行分散式立法。然而，也应当看到，尽管互联网法律规范的调整范围遍及社会生活各个领域，涉及法律的各个部门，但“互联网法以网络空间为核心领域，以特定的网络法律关系为调整对象，无论其调整方法为何都必须在尊重互联网应用技术结构的基础上才能实施，这是其特异性规范所在”。②因此，在按照分散式模式进行互联网立法时，并不排除制定一部或者几部专门规定某一方面互联网事务的互联网基本法律。

2. 互联网立法主体体系

一国立法主体的体系构成，取决于该国的立法体制。由于各国的政体和国家结构形式不同，各国的立法体制也不尽相同。“由政体决定的各国横向立法权限划分的模式有立法机关优越、三机关平列制约、行政机关优越、立法机关至上等类型。由国家结构形式决定的各国纵向立法权限划分的模式有中央完全集权、地方完全分权、分权—集权、集权—分权等类型”。③我国的立法体制是由人民代表大会的政治制度和统一的多民族的单一制国家结构形式决定的。根据我国《宪法》、《立法法》和有关国家机关组织法的规定，我国实行的是一种一元化、多部门、多层级共同立法的立法体制。从一元化的角度讲，全国人大及其常委会是最高立法机关，行使国家立法权，其他机关的立法都从属于国家法律。从多部门角度讲，不仅全国和有

① 参见吴宏、陈芳：《计算机信息网络立法若干问题研究》，《华东政法学院学报》2000年第1期。

② 参见张平：《互联网法律规制的若干问题探讨》，《知识产权》2012年第8期。

③ 参见朱力宇：《立法体制的模式问题研究》，《中国人民大学学报》2001年第4期。

关地方人大及其常委会拥有立法权，国务院等行政机关、中央军委等军事机关也拥有立法权，甚至最高人民法院和最高人民检察院也拥有一定的立法权。从多层级的角度讲，不仅全国人大及其常委会、国务院、中央军委等中央国家机关拥有立法权，省级人大及其常委会、省级人民政府等地方国家机关也拥有立法权。若按照基本模式划分，基本上可以归类为立法机关之上和集权—分权模式。

具体地讲，根据我国的立法体制，我国互联网立法的立法主体体系由以下国家机关构成：

（1）国家权力机关：包括全国人大及其常委会，省、自治区和直辖市人大及其常委会，较大的市的人大及其常委会，民族自治地方的人大。

（2）国家行政机关：包括国务院，国务院组成部门及行使行政管理职能的直属机构，省、自治区和直辖市人民政府，较大的市的人民政府。

（3）国家军事机关：包括中央军委，解放军各总部、各军兵种和各军区。

（4）国家审判机关和国家检察机关：包括最高人民法院和最高人民检察院。

3. 互联网立法的程序体系①

合理、完善的立法程序，是提高立法质量的重要保证，也是实现人民民主的保证。因此，各级各类国家机关进行互联网立法都应当有相应的程序规则，这也是依法立法的基本要求之一。从我国目前的情况来，法律、行政法规等重要立法的程序规定比较健全，其他立法也都有相应的程序规定，形成了各类立法的程序体系。现仅以法律的制定程序为例，来对立法的程序体系加以说明。

根据立法法和其他有关法律的规定，全国人大及其常委会制定法律的基本程序，包括法律案的提出、法律案的审议、法律案的表决、法律的公布四个阶段，每个阶段都有相应的行为要求。

（1）提出法律案

法律案是指依法享有提案权的机关或个人向立法机关提出的关于制定、

① 资料来源于中国人大网，《我国立法的基本程序》，http://www.npc.gov.cn/npc/sjb/2012-02/17/content_1688979.htm。

修改、废止某项法律的议案，只有法定主体才能提出法律案。根据相关法律的规定，提出法律案的主体有以下两种情形：

第一，有权向全国人大提出法律案的主体。包括两个方面：其一是有关国家机关，即全国人大主席团、全国人大常委会、国务院、中央军委、最高人民法院、最高人民检察院、全国人大各专门委员会，可以向全国人大提出法律案，由主席团决定列入会议议程。其二是一个代表团或者 30 名以上代表联名，也可以提出法律案，由主席团决定是否列入会议议程，或者先交有关的专门委员会审议、提出是否列入会议议程的意见，再决定是否列入议程。立法法还明确规定，向全国人大提出的法律案，在全国人大闭会期间，可以先向全国人大常委会提出，经常委会会议审议后，决定提请全国人大审议。

第二，有权向全国人大常委会提出法律案的主体。包括两个方面：其一是有关国家机关，即委员长会议、国务院、中央军委、最高人民法院、最高人民检察院、全国人大各专门委员会，可以向常委会提出法律案，由委员长会议决定列入常委会会议议程，或者先交有关的专门委员会审议、提出报告，再决定列入常委会会议议程。其二是常委会组成人员十人以上联名，可以向常委会提出法律案，由委员长会议决定是否列入常委会会议议程，或者先交有关的专门委员会审议、提出是否列入会议议程的意见，再决定是否列入常委会会议议程。

（2）形成法律草案

法律草案的形成过程，一般包括以下几个环节：

第一，编制立法规划和计划，进行立法立项。自八届全国人大常委会以来，每届全国人大常委会制定五年立法规划，每年还制定年度立法计划。通过制定立法规划和立法计划，将需要制定法律的项目列入规划和计划，予以立项，列明提出法律草案的大致时间。五年立法规划经反复讨论、征求意见后报中央批准实施。在特殊情况下，如果没有列入规划和计划，经过充分调查研究和论证，认为需要制定法律的，也可以作出立法决策，组织起草。

第二，建立起草机构。立法列项后，根据提出法律案的时间要求，承担起草任务的机关或部门即着手起草工作的部署和安排，建立或指定专门的起草人员，组成固定或相对固定的起草工作机构。起草机构一般由与立法事项有关的领导、专家和实际部门工作人员组成。

第三，开展调查研究。开展调查研究，是法律草案起草工作的重要方面。调查研究的形式包括召开各种座谈会、专题研讨会、到基层调查、收集各方面的资料等。调查研究的内容主要包括：一是现行有关法律、法规、规章、政策对立法事项的规定；二是有关国家和地区的相关规定和做法；三是立法事项的理论研究情况；四是实践中的主要做法、成功经验和存在的问题；五是实际工作部门、专家学者对立法事项的意见和建议等。

第四，形成草案框架和对主要问题的意见。在调查研究的基础上，通过分析研究，进一步明确立法目的，并按照逻辑结构拟出法律框架以及对主要问题的意见，确立起草思路。确定法律框架和对主要问题的意见，是草拟法律条文的前提和基础。

第五，起草条文。在确定了框架和对主要问题的解决方案，明了了立法意图的基础上，即着手起草法条。起草出来的法律草案，最初一般称"试拟稿"，供在一定范围内研究讨论。"试拟稿"经起草部门或单位初步讨论同意，或者报送有关主管机关批准同意后，形成"征求意见稿"或"讨论稿"，发各方面征求意见。对于起草工作中的一些重大、复杂和敏感的问题，起草机构还要及时向上级请示报告，以作出正确决策和判断。

第六，征求意见。"征求意见稿"或"讨论稿"形成后，通常还需要广泛征求有关方面的意见。形式主要有两种：一是将征求意见稿或讨论稿印发有关方面书面征求意见，二是召开座谈会、论证会和听证会征求意见。

第七，形成送审稿并对送审稿进行审查。征求意见稿经反复讨论修改后，形成送审稿，报提案机关讨论通过。形成送审稿前，起草单位通常要就法律草案中的重大问题，向上级机关请示报告或正式征求有关方面的意见。提案机关不同，对送审稿的审查程序也有所不同。

第八，形成正式的法律案。国务院提出法律案，一般由国务院常务会议讨论通过；中央军委提出法律案，由中央军事委员会讨论通过；最高人民法院和最高人民检察院提出法律案，一般由审判委员会或检察委员会讨论通过；全国人大常委会委员长会议和全国人大专门委员会提出法律案，分别由委员长会议或专门委员会讨论通过。

（3）审议法律案

审议法律案，是立法过程中的一个重要阶段。全国人大及其常委会审议法律案的程序如下：

第一，全国人民代表大会审议法律案的程序。全国人民代表大会审议法律案的主要程序：其一是在会议举行前一个月将法律草案发给代表，以便代表进行认真研究，准备意见；其二是在大会全体会议上听取提案人作关于法律草案的说明；其三是各代表团全体会议或小组会议对法律草案进行审议；其四是有关的专门委员会对法律草案进行审议，提出审议意见，然后由法律委员会根据各代表团和有关的专门委员会的审议意见，对法律草案进行统一审议，向主席团提出审议结果的报告，并提出法律草案修改稿。

全国人大审议法律案，一般经过一次会议审议后即交付表决。法律案在审议中有重大问题需要进一步研究的，经主席团提出，由大会全体会议决定，可以授权常委会进一步审议，作出决定，并将决定情况向全国人大下次会议报告；也可以授权常委会根据代表的意见进一步审议，提出修改方案，提请全国人大下次会议审议决定。

第二，全国人大常委会审议法律案的程序。全国人大常委会审议法律案的主要程序：其一是在常委会会议举行的7日前将法律草案发给常委会组成人员；其二是在常委会全体会议上听取提案人作关于法律草案的说明，由提案人委托的人对制定该法律的必要性、可行性、立法的指导思想和基本原则以及法律草案的主要内容作出说明；其三是常委会分组会议对法律草案进行审议，在此基础上，必要时可以召开联组会议进行审议；其四是有关的专门委员会对法律草案进行审议，提出审议意见，然后由法律委员会根据各常委会组成人员、有关的专门委员会的审议意见和其他各方面的意见，对法律草案进行统一审议，向常委会提出审议意见的汇报或者审议结果的报告，并提出法律草案修改稿。

全国人大常委会审议法律案一般实行三审制，即一个法律案应当经过三次常委会会议审议后，才能交付表决。根据实际情况，立法法又规定了三种例外情况：其一是如果各方面对法律案的意见比较一致的，可以经两次会议审议后交付表决；其二是对属于部分修改的法律案，如果各方面意见比较一致的，也可以经一次会议审议后即交付表决；其三是如果法律案经常委会三次会议审议后，仍有重大问题需要进一步研究的，由委员长会议提出，经联组会议或者全体会议同意，可以暂不付表决，交法律委员会和有关的专门委员会进一步审议。

根据立法法规定和实践做法，三次审议之间的主要分工是：一审，在常委会全体会议上听取提案人关于法律草案的说明，然后在分组会议上对法律草案进行初步审议。一审审议的重点是制定法律的必要性、可行性和法律的框架结构是否合理等问题。二审，在常委会全体会议上听取法律委员会关于法律草案修改情况和主要问题的汇报，然后在分组会议上对法律委员会提出的“二次审议稿”进行全面、深入审议。二审审议的重点是法律草案二次审议稿对若干主要问题的规定是否合适、可行。三审，在常委会全体会议上听取法律委员会关于法律草案审议结果的报告，然后在分组会议上对法律委员会提出的“三次审议稿”进行深入审议。三审审议的重点是各方面提出的对法律草案中若干主要问题的意见是否得到妥善解决，对没有采纳的意见是否有充分、合理的解释和说明。

（4）法律案表决

全国人大及其常委会按照以下程序对法律案进行表决：

第一，列入全国人大会议审议的法律案，经法律委员会统一审议提出的法律草案修改稿，交各代表团进行审议，然后由法律委员会根据各代表团的审议意见进行修改，提出法律草案建议表决稿，由主席团提请大会全体会议表决，由全体代表的过半数通过。

第二，列入全国人大常委会审议的法律案，经法律委员会统一审议提出的法律草案修改稿，交常委会进行审议，由法律委员会根据常委会组成人员的审议意见进行修改，提出法律草案建议表决稿，由委员长会议提请常委会全体会议表决，由全体常委会组成人员的过半数通过。

（5）公布法律

公布法律，是立法的最后一道程序，是法律生效的必要条件。经全国人大及其常委会通过的法律，由国家主席签署主席令予以公布。签署公布法律的主席令载明该法律的制定机关、通过和施行日期。法律签署后，及时在全国人大常委会公报和在全国范围内发行的报纸上刊登。在常委会公报上刊登的法律文本为标准文本。

不同类型、不同级别的立法各有不同的程序要求，其程序体系不可一概而论，但法律的制定程序是立法程序体系的最完整体现，各种立法都应当尽可能比照法律的制定程序完善自身的程序体系，以期立法更科学、立法质量更高、更符合社会实际需要。

4. 互联网立法的文件体系

立法主体的广泛性，决定了立法文件的广泛性。根据我国宪法、立法法和其他相关法律的规定，我国各级各类国家机关制定的各种规范性法律文件，虽然都有各自的立法权限范围，但其可以规定的内容使得它们都有可能成为互联网立法的载体。因此，在我国，互联网立法的文件体系由以下文件构成：

（1）全国人大及其常委会制定的法律（基本法律和一般法律）；

（2）省、自治区、直辖市人大及其常委会，较大的市的人大及其常委会的地方性法规；

（3）民族自治地方的人大制定的自治条例和单行条例；

（4）经济特区所在地的省或者市人大及其常委会制定的授权法规；

（5）国务院制定的行政法规（职权行政法规和授权行政法规）；

（6）国务院组成部门及直属机构，省、自治区、直辖市人民政府，较大的市的人民政府制定的行政规章；

（7）中央军委制定的军事法规；

（8）解放军各总部、各军兵种、各军区制定的军事规章；

（9）最高人民法院和最高人民检察院制定的特定司法解释；

（10）我国加入或缔结的国际公约、条约和协定。

虽然从理论上讲，上述规范性法律文件都可能成为互联网立法的载体，但在实际构成上，则必须由某一国家机关依法以上述某一种文件形式实际规定了互联网内容，形成了能发生法律效力的互联网立法文件。

（二）互联网立法的逻辑体系

互联网立法作为一系列调整与互联网事务相关的社会关系的法律规范的总称，虽然散见于各个不同的法律部门之中，但因其调整事务的特定性，决定了它们之间必然有密切的有机联系，而不是互不相属的规范。互联网立法规范之间的这种联系体现在逻辑体系上，就是它们应当有共同的价值取向、共同的基本原则和共同的规则构成。现将这三方面的问题分述如下：

1. 互联网立法的价值取向

“价值取向是价值哲学的重要范畴，它指的是一定主体基于自己的价值观在面对或处理各种矛盾、冲突、关系时所持的基本价值立场、价值态度以及所表现出来的基本价值倾向。价值取向具有实践品格，它的突出作用是决定、支配主体的价值选择，因而对主体自身、主体间关系、其他主体均有重大的影响。”[①] 所谓互联网立法的价值取向问题，就是指互联网立法的价值追求，即互联网立法要以哪些社会价值为立法指导、在立法中要贯彻哪些社会价值的问题。互联网立法是我国立法体系的组成部分之一，因此，其价值取向既要反映我国一般立法的价值取向，又要反映互联网立法的自身特点。在众多的社会价值中，自由、秩序和效率应当是互联网立法追求的基本价值。

（1）自由

尽管从不同的角度，人们对自由有不同的认识，但自由“是人在自己所拥有的领域自主追求自己设定目标的权利”这一最基本的涵义则为人们所普遍认可。《人权宣言》将自由更加明确地表述为：“自由即有权做一切无害于他人的任何事情。”可以说，对自由的追求是促进人类进步的最伟大的原动力之一。我国是社会主义国家，保障人民当家做主的地位，保障公民享有广泛的权利和自由，是我国社会主义法律体系的基本职责和追求。我国宪法和其他法律不仅确立了人民当家主的法律地位，还通过人权条款的

① 参见《百度百科》，http://baike.baidu.com/link?url=h97vTcuMZVImq_ryWFC7akAJxsjuVCKEMnyNcI4gPdQ7Wq0K4cZ1L9ODlZRifSq1RwdfnPrdTFSx2wS5qaVYoq。

确立、公民权利和自由的列举性规定以及对侵犯公民权利和自由行为的追究等规定体现对公民自由权利的认可和保障。互联网的产生和发展，极大地扩大了人们追求自由的空间，人们对自由空间的孜孜追求，也极大地促进了互联网事业的拓展，互联网与人们的自由相辅相成、不可分离。因此，自由无疑应当成为互联网立法体现的基本价值之一。互联网立法要体现自由这一价值取向，就必须以保障自由为立法的首选条件，尽可能减少设定影响互联网发展的不必要限制条件，为互联网的全面发展和人权或公民权利自由的充分行使留出足够的空间。

（2）秩序

秩序是指在一个系统中有条理地、有组织地安排各构成部分以求达到正常的运转或良好的外观的状态，也指在自然进程和社会进程中存在和维持着某种程度的一致性、连续性和确定性。一般而言，秩序可以分为自然秩序和社会秩序。自然秩序由自然规律所支配，如日出日落，月亏月盈等；社会秩序由社会规则所构建和维系，是指人们在长期社会交往过程中形成相对稳定的关系模式、结构和状态。[①]

人类社会是一个庞大的组织体系，由数量巨大的几十亿个人、近二百个国家、大量的国家组织和社会组织所组成。国家也是一个庞大的组织体系，尤其是我国这样的大国更是如此。互联网是一个具有无国界性的系统，其涉及的国家、人口和社会组织遍布全球，且呈不断飞速上升的趋势。仅以我国为例，2013 年 7 月，中国互联网络信息中心（CNNIC）在北京发布了第 32 次《中国互联网络发展统计报告》，报告数据显示，截至 2013 年 6 月底，我国网民规模达 5.91 亿，已成为世界上互联网使用人口最多的国家，较 2012 年底增加 2656 万人，互联网普及率为 44.1%，较 2012 年底提升了 2.0 个百分点。截至 2013 年 6 月底，我国手机网民规模达 4.64 亿，较 2012 年底增加 4379 万人，网民中使用手机上网的人群占比提升至 78.5%。我国域名总数为 1470 万个，其中“.CN”域名总数为 781 万，相比 2012 年底增长了 4.0 个百分点，占中国域名总数比例达到 53.1%；“. 中国”域名总数达

① 参见维基百科“秩序”词条，http://www.baike.com/wiki/%E7%A7%A9%E5%BA%8F。

到27万。中国网站总数升至294万个，在2013年全球前20大网站中，中国的百度、腾讯、阿里巴巴、新浪、搜狐5家网站名列其中。这么庞大的一个系统，要保障其正常运行，维持其一致性、连续性和确定性，使广大参与者、参与事项形成相对稳定的关系模式、结构和状态，不制定和实施一系列秩序规则，建设完善的秩序规则体系，简直不可想象。因此，秩序必然成为互联网发展的价值追求，也必然成为互联网立法的价值取向之一。

（3）效率

所谓效率，从社会科学角度讲其主要含义是指最有效地使用社会资源以满足人类的愿望和需要。生产和生活实践的艰辛、复杂和人们追求幸福的天性，要求人们尽可能以少的代价换取较多的利益，社会资源的短缺也要求人们尽可能以较少的资源消耗换来较大的收益。追求效率，早已是各国立法的价值取向之一。互联网的产生与发展，为效率价值的实现带来了新的契机。

由于个人电脑的迅速普及和互联网的飞速发展，当今的信息传播已打破了传统的时空限制，互联网使信息得以在瞬息之间畅行全球，使人们真正进入了信息时代，极大地促进了经济、政治和文化制度的全面发展。互联网的应用不仅改变了人们的传统时空观念和思维方式，也缩短了人与人之间的物理距离。经贸信息的广泛、快速传递，促进了市场的活跃和经济的繁荣；信息资源的便利查询和共享，促进了科技的进步；电子化的贸易方式，加速了商品与资金的流转，降低了成本，节约了能源。互联网应用也大大改变了人们的生产方式和生活方式，电子购物、虚拟旅游、远程教育、远程医疗、家庭办公、网络会议等新方式逐渐走入人们的工作和生活，为越来越多的人所接受和熟悉。所有这一切，都为提高效率创造了前所未有的条件。可以说，互联网的发展与效率的提高具有密不可分的关系，在当今社会，要提高效率，必须充分发展和利用互联网技术。可见，作为调整与互联网事务相关的社会关系的法律规范总称的互联网立法，必须把追求效率作为自己的基本价值追求之一。

2. 互联网立法的基本原则

互联网立法的基本原则也就是指导互联网立法制定和实施基本要求，

是确保互联网法律规范统一协调的前提和标杆。由于各国国情不同，或者历史发展时期不同，因此各国在不同的历史发展时期会有不同的互联网立法原则。我国在当前应当采用什么样的互联网立法原则，人们尚有很多争论。我们认为，我国当前的互联网立法应当采用以下一些基本原则：

（1）以保障自由为主，兼顾秩序和效率的原则

虽然自由、秩序和效率都应当是我国互联网立法的基本价值取向，但在具体的互联网立法中，则应根据具体情况作出适当的先后顺序选择。

从我国的实际出发，我们认为在我国目前的情况下，互联网立法应当采取以保障自由为主，兼顾秩序和效率的原则。因为首先，现代社会，尊重人的尊严、尊重基本人权和以人为本是一国文明程度的重要标志。我国宪法在规定了公民广泛的权利和自由的同时，还明确规定："国家尊重和保障人权。"党的十八大报告明确指出："坚持以人为本、执政为民，始终保持党同人民群众的血肉联系"，"为人民服务是党的根本宗旨，以人为本、执政为民是检验党一切执政活动的最高标准。任何时候都要把人民利益放在第一位，始终与人民心连心、同呼吸、共命运，始终依靠人民推动历史前进。"互联网保障自由为主是对以人为本要求的落实。其次，我国社会管理和立法在维护秩序和保护自由上坚持平衡统一的原则和理念，秉承了秩序、自由及效率平衡发展的社会理念。在互联网立法中采取以保障自由为主，兼顾秩序和效率的原则，是与时俱进的要求和体现。

要贯彻这一原则，在互联网立法中应当处理好以下三个方面的关系：其一，保护与管控的关系。互联网立法要侧重于对公民权利和自由的保护，要通过立法规定各种措施和手段，保障公民权利和自由的实现。在此基础上，互联网立法再通过规定相应措施和手段对妨碍公民权利和自由实现、危害公共利益的的行为进行管控。其二，促进与规制的关系。互联网立法要侧重于规定促进互联网事业的发展制度和措施，在保障互联网事业稳定有序发展的前提下，在对相关事项和领域进行必要规制，规制的目的应当是更好地促进互联网事业的发展。其三，放权与审批的关系。互联网是一个崭新的领域，也是一个有很大发展空间的领域。许多国家都在采取各种措施，不遗余力地争取在互联网中的有利地位和生存空间。互联网又是一

个与以往的现实社会领域相比，在开发和利用方面可以较少依靠国家力量的领域。因此，在不对国家利益、社会利益产生危害的情况下，国家应当尽可能放权给个人和社会组织积极开发利用互联网技术，并予以必要的支持。审批事项应当限定在必要的限度之内，决不可为了地方利益、部门利益或管控方便等因素，人为设定一些不必要的审批事项和审批手续，妨碍互联网事业的正常发展。

（2）适应互联网特点和规律、遵守国际网络规则的原则

作为一个崭新的发展领域，互联网与传统的现实社会相比，有诸如匿名性、技术性、多变性、虚拟性和全球性等许多新特点，这些新特点也使得互联网与传统的现实社会相比有许多不同的发展规律。如互联网的匿名性，往往导致互联网信息发布者或使用者的自律性和责任心，引发欺诈或侮辱、诽谤案件，需要互联网立法尽可能在不损害自由的前提下制定措施予以防范。互联网的技术性，一方面使得互联网存在的问题大多可以通过技术手段予以解决，增加了互联网行业自治的可能性；另一方面也要求互联网立法吸收大量的技术规范，在概念术语表述上要尽可能反映技术特点，表达科学、严密。互联网的多变性则表现在，互联网事业发展方兴未艾，新的技术、新的信息处理方式和传输方式不断涌现。技术的发展速度和多样性使人们难以想象，与之相对应的网络管理、经营方式也会不断发展变化，从而不断地给法律提出新的课题，要求互联网立法不断创新、更新。互联网的虚拟性和全球性，将互联网构筑成了一个与物理空间完全不同的广阔网络世界。在这个环境中，人们交流和共享信息几乎不受距离和时间的限制。无论是政府部门、企业还是个人，只要连入因特网，就能独立地与世界各地的其他用户进行信息交流，这使得地域的界限变得几乎没有意义。而另一方面，由于社会现实环境、历史、文化等种种因素，各国的法律制度存在很大差异。如此一来，就出现了当网上的信息交流跨越国界时该如何处理的问题。需要通过互联网立法来予以解决。

互联网的发展与应用已经将国与国、地区与地区之间的法律衔接推上紧迫的日程。解决的对策是加强各国有关信息网络立法及其研究的交流，

建立一些现代信息化社会的国际法律准则，缓解以全球化为特征的互联网络与以国家、地域性为根基的法律之间的矛盾。在世界经济文化日益趋于全球化的今天，计算机信息网络遍布全球，信息网络活动以及网络的管理建设具有更强的国际性。一些国际组织已经开始制定互联网行业行为规则，防止违法有害内容在网上蔓延。在互联网国际开发与利用领域，我国的实力还比较薄弱，因此，我国在网络立法上应当充分借鉴各国立法的经验，与各国通行做法接轨，不断完善信息网络法律。

（3）政府管理与网络业界自我管理协调发展的原则

虽然互联网有虚拟性和跨国性的特点，但它毕竟脱离不了现实社会，不能完全脱离国家的地域范围和实际管辖。国家为了自身的安全、为了本国的利益和秩序，不能不对在其国内的互联网组织或者互联网事务进行管理。互联网业界为了自我的存在与发展，也必然要进行技术规范和行业规则方面的自我管理。互联网领域存在着一个如何处理政府管理与互联网业界自我管理的关系问题，互联网立法应当正视这种关系问题的实际存在，并积极予以解决。我们认为，从互联网的特点来看，其技术性、虚拟性和跨国性等特点，使得互联网业界具备进行自我管理的基本条件，为了保障互联网事业的充分发展，在不对国家、社会和公民权利造成明显损害的前提下，国家应当允许互联网业界进行自我管理甚至自治。要积极创造条件，为互联网事业的发展提供良好的环境和保障机制，为互联网事业的发展提供必要的支持。在有关国家安全、社会秩序和公共利益有可能受到损害的领域或者时期，国家也应当当仁不让地主动行使管理权，对互联网进行必要的规制甚至管控。应当通过互联网立法，把政府管理与网络业界自我管理如何协调发展，通过哪些原则、措施和手段协调发展等问题规定下来。

（4）协调个人利益与公共利益的相互关系的原则

互联网利用主体既可以是个人、社会组织或公共团体，也可以是国家或者国际组织，利益主体的广泛性决定了利益享有的多元性。在互联网领域，个人利益与公共利益发生冲突的情况难以避免。一旦发生了利益冲突，应当如何解决，也是互联网立法必须解决的课题之一。

按照以人为本的现代社会要求，保护公民的个人合法利益是国家义不容辞的责任，一个不保护公民个人合法权益的国家不仅不能算是一个合格的现代国家，也不会得到人们的认可和支持。但是，要求保护个人权利、维护个人利益不能没有限度，应当妥善处理个人利益与公共利益的矛盾冲突，协调二者之间的相互关系。我国宪法第51条规定："中华人民共和国公民在行使自由和权利的时候，不得损害国家的、社会的、集体的利益和其他公民的合法的自由和权利。"这一规定为如何协调个人利益和公共利益提供了根本的依据。互联网立法应当以宪法的这一规定为依据，制定出相应的法律规范，实际落实这一规定，妥善解决互联网应用中个人利益与公共利益的矛盾冲突。

（5）从实际出发，实事求是的原则

互联网是现代高科技不断发展的产物，它形成了一个不同以往现实世界的虚拟世界，这使得网络立法必然适应其调整对象的特点，不断创新，表现出与传统法律的明显差异。但另一方面，互联网毕竟不是脱离现实世界存在的独立世界，种种信息网络活动与现实社会存在千丝万缕的联系，因此，互联网立法又不能完全脱离传统法律另起炉灶，若干原有的法律理念和法律规范照样可以调整新生的互联网事务。因此，网络立法必须遵循从实际出发、实事求是的原则，在互联网领域出现新问题、新情况，原有法律已不能处理的情况下，应当及时制定新的法律规范，以使互联网管理有法可依。而在原有法律规范足以调整互联网事务的情况下，则没有必要去为所谓的"创新"而立法。总之一句话，该立必立，不该立则坚决不立。同时还应当注意，信息网络立法要有针对性、准确性和可操作性，并要具有一定的前瞻性与预测性，要符合互联网发展的实际情况、实际需要。

3. 互联网立法的规则构成

法律规则是立法的产物和成果，也是法律体系的基本构成单位。互联网立法在规则构成上与其他法律规则的构成没有区别，应当由假定（条件）、行为模式和法律后果三个部分组成。（1）假定（条件），指法律规则中有关适用该规则的条件和情况的部分，即法律规则在什么时间、空间对什么人适用以及在什么情况下对人的行为有约束力的问题。它包括两个方面：第一，法律规则的适用条件；第二，行为主体的行为条件。（2）行为模式，指法律规则中规定人们如何具体行为之方式或范型的部分。根据行为要求的内容和性质不同，法律规则中的行为模式分为三种：第一，可为模式；第二，应为模式；第三，勿为模式。（3）法律后果，指法律规则中规定的人们在作出符合或不符合行为模式的行为时应承担相应的结果的部分。根据人们对行为模式所作出的实际行为的不同，法律后果分为两种：第一，合法后果；第二，违法后果。

与立法的价值取向和基本原则的一般指导意义或特殊情况下的补缺作用不同，法律规则是法律体系的基本构成单位，也是在实践中能够实际操作，经常性地直接调整社会关系的法律体系要素。任何一个完整的法律规则，都应当具备假定（条件）、行为模式和法律后果三个构成部分，否则就是一个有缺陷的法律规则；法律规则体现在法律文件当中，由一个或几个法律文件的相关规定形成一个具备上述三个部分的完整法律规则。但是，我国的互联网立法很不成熟，在当前的互联网法律体系中，许多法律文件规定的内容都不健全，使许多具体法律规则难以凑齐上述三个构成部分，从而导致了法律规则在构成上的不完整，影响了法律规则应有作用的发挥。正如有学者指出的，在我国仅有的几部互联网专门性法律中，“《关于维护互联网安全的决定》是我国第一部专门规范互联网行为的法律，这一法律仅有7个条文，无论是从条文数量还是条文内容看，更多的是一种指导和宣示作用。《电子签名法》被称为‘中国首部真正意义上的信息化法律’，确立了电子签名与传统签名盖章具有同等意义。但是，配套立法和司法解释一直没有出台，导致其可操作性较差。《关于加强网络信息保护的决定》的‘司法依据’价值有多大，还有待检验。”在相关性法律中，“《预防未成年人犯罪法》、《未成年人保护法》、《治安管理处罚法》、《侵权责任法》只有几个简单提及网络的条文；《著作权法》在2001年修订时新增‘网络传播权’；《民事诉讼法》、《刑事诉讼法》规定电子证据；《涉外民事关系法律使用法》规定网络侵权的管辖。这些法律规定原则性较强，更多的是文本宣示。”[①] 因此，互联网立法只有完善法律规则的构成，才能真正形成完善的立

① 参见于志刚：《建构当代中国互联网法律体系》，《中国社会科学报》第435期。

法体系。

（三）互联网立法的内容体系

互联网立法内容涉及社会生活的方方面面，难以全面述及，仅从以下几个主要方面对其内容体系架构进行一些梳理：

1. 互联网主体问题

互联网主体是指互联网法律关系的参加者，即在互联网法律关系中享有权利（权力）、承担义务（职责）的个人、组织或国家机关。包括基础电信业务经营者、互联网接入服务提供者、互联网信息服务提供者、政府监管部门和互联网用户等。互联网法律关系不是一种性质完全相同的法律关系，而是调整互联网事务的不同性质法律关系的重组联合体，因此，互联网主体既包括在互联网运营中关系平等的民事商事法关系主体，也包括在互联网营运监管中地位不平等的行政法关系主体，或者特殊情况下的其他法关系主体。互联网立法要根据互联网主体的不同情况，区别对待，制定相应的法律规范予以调整。

2. 互联网网络安全问题

这里所说的网络安全问题是指互联网网络体系自身的安全问题，危害网络安全运行的违法犯罪问题通常包括以下两种情况：（1）非法侵入国家重要领域的计算机信息系统。如 1988 年 2 月有人在网上对美国五角大楼的电脑系统进行了高度组织化和系统化的攻击，4 个海军系统和 7 个空军系统的网页遭侵袭。对此，各国通常都要通过立法严加打击和防范。如根据我国《刑法》第 285 条的规定，违反国家规定侵入国家事务、国防建设、尖端科技领域的计算机系统的，不论是否窃取国家机密、篡改重要信息，均已构成犯罪，要依法追究刑事责任。

（2）破坏网络正常运行。包括违法对计算机信息系统功能进行删除、修改、增加、干扰，造成网络不能正常运行；违法对计算机信息系统中存储、处理或传输的数据和应用程序进行删除、修改、增加的操作；故意制作、传播计算机病毒等破坏性程序，影响计算机系统的正常运行。根据我国《刑法》第 286 条的规定，破坏网络正常运行情节严重者，可分别构成破坏网络功能罪、破坏网络数据和应用程序罪和故意制作、传播破坏性程序罪，要依法追究刑事责任。

3. 互联网信息安全问题

互联网信息安全问题的实质是通过依法对信息源的控制，实现网络信息的净化，防范利用互联网信息进行违法犯罪。互联网信息安全问题主要涉及以下几个方面：（1）利用互联网非法侵入他人计算机信息系统甚至个人用户，窃取他人商业秘密或隐私，借机盗取、挪用公私财产或敲诈勒索等。（2）利用互联网制作、传播色情、赌博、暴力等信息，污染互联网环境，危害社会秩序。（3）网上欺诈。如不法分子利用互联网传递信息迅速、影响面广的便利，实施销售伪造信用卡和电话卡，发布虚假信息伪造证券投资等活动进行欺诈，给社会造成危害。

4. 域名注册问题

随着因特网的发展，域名问题也日益受到人们关注。域名注册与注册商标的规则相类似，采用先注册和唯一性原则。由于因特网管理机构并不审查也难以审查注册单位的相关情况，并且允许一个单位注册多个域名，再加上域名注册费用低廉，由此导致了一些恶意抢注域名的现象。尤其是有人专门在国际通用顶级域名上抢注知名企业名称和驰名商标域名，然后利用抢注的知名企业名称和驰名商标域名进行敲诈勒索，谋取非法利益，如美国麦当劳公司就是在被人抢注后用800万美元买回域名。为了应对恶意域名抢注问题，1997年5月国际电信联盟发起召开“关于发展和稳定因特网域名注册系统”的会议，签署了《因特网域名系统通用顶级域谅解备忘录》，对因特网域名系统的政策、结构和运作方式提出了一个全球共同参与管理的多边管理模式框架，对域名登记工作的管理、监督、仲裁作出一系列规定。我国为了加强对互联网络域名的管理，于1997年发布了《中国互联网络的域名注册暂行办法》和《中国互联网络域名注册实施细则》，规定了我国互联网络的域名管理机构、域名体系结构及对申请注册域名单位的要求、对三级域名命名及使用的规定、域名注册的审批程序等。

5. 互联网经营问题

互联网经营是指盈利性使用互联网为互联网用户提供服务的活动，从事互联网络经营活动的机构被称为因特网服务供应商，包括因特网接入服务供应商、因特网联机信息服务供应商和因特网服务供应商，以及其他在线服务经营机构（如以因特网信息服务方式提供网络信息服务的BBS站点等）。涉及网络经营者的法律问题主要有：（1）市场准入问题；（2）网络经营者的权利义务问题。

6. 电子商务问题

电子商务通常是指在全球各地广泛的商业贸易活动中，在互联网环境下，基于浏览器/服务器应用方式，买卖双方不谋面地进行各种商贸活动，实现消费者的网上购物、商户之间的网上交易和在线电子支付以及各种商务活动、交易活动、金融活动和相关的综合服务活动的一种新型的商业运营模式。涉及电子商务的法律问题主要有：（1）网络交易中的合同效力问题；（2）从事电子商务活动的资格管理问题；（3）消费者权益保护问题；（4）竞争秩序问题；（5）电子商务税收问题。

7. 互联网广告问题

对广告业各国一般都制定有专门的法律、法规予以调整，但通常这些规范主要是针对传统的广告而制定的。对互联网广告出现了许多新问题，需要认真探讨，直至通过互联网立法途径来予以解决。这些问题主要表现在以下几个方面：（1）传统广告法对广告经营者的分类管理无法适用于网络广告，需要予以解释或修改。（2）互联网虚假广告泛滥，原有的法律规定不足以防范、制止和处理。（3）互联网广告骚扰问题严重，“垃圾邮件”横飞，需要有新的法律规范制约。

8. 互联网名誉权保护问题

互联网名誉权是人们在互联网环境下依法享有的保有和维护名誉的权利。互联网名誉侵权行为通常具有以下特征：（1）基于互联网产生、发展、变化和消亡；（2）基于互联网特定的虚拟社区与社会环境规则而产生虚拟特定的与现实名誉权息息相关的网络名誉权；（3）对互联网名誉权的侵害可能导致现实名誉权的直接受损，并产生精神痛苦。

由于互联网自身所具有的特点，使得互联网名誉侵权较传统的名誉侵权更为容易，也使得侵权情况更为复杂。与传统的名誉侵权行为存在极大的不同，网络名誉侵权行为有“四个不特定”性：其一，进行评价的主体来源不特定；其二，进行评价的行为方式不特定；其三，被评价者主体不特定；其四，评价的标准不特定。

互联网名誉权侵权的特点和侵权行为的不特定性，使调整传统名誉权侵权的法律规范不能发挥作用，需要通过适当的互联网立法予以解决。

9. 互联网著作权保护问题

传统的著作权也称版权，是指作者及其他权利人对文学、艺术和科学作品享有的人身权和财产权的总称。它是自然人，法人或者其他组织对文学，艺术或科学作品依法享有的财产权利和人身权利的总称。由于在网上可以阅读世界各地的书报杂志，欣赏艺术作品等，人们在得到广泛信息的同时，也面临着如何保护著作权的问题。这些问题主要有：（1）为上互联网而将作品数字化的过程是“复制”还是“翻译”，建立数据库是否属于创作问题；（2）在互联网上发布他人的作品，是否也如同出版发行一样需要征得著作权人的同意，否则也构成侵权问题；（3）在互联网上发布作品如何取得或支付报酬问题等。随着互联网的发展，对著作权的保护问题日益突出，必须通过互联网立法予以逐步调整。

10. 互联网隐私权保护问题

互联网隐私权是指互联网使用者存储于网络空间之中的私人资料、隐私信息等不被他人非法获取、收集、复制、利用、公开等，私人活动不被非法干涉，个人领域不被非法介入的一种人格权。互联网隐私权实际上是传统隐私权在网络背景下的特殊表现，其隐私客体仍包括个人信息、私人活动和私有领域三部分。由于互联网的应用，使在收集、保管、应用或传播个人信息过程中显著扩大了对人们隐私权的损害，因此，在西方国家尤其是在美国，互联网立法的最重要内容之一就是隐私权保护。随着互联网的快速发展，近年来我国对互联网隐私权保护的呼声也日渐高涨，制定相应的法律规范保护互联网隐私权，理应成为我国互联网立法的内容之一。

11. 互联网空间的表达自由保护问题

表达自由主要指言论自由、出版自由以及与之相联系的利用各种媒介手段表现思想观念的自由。表达自由具有政治自由权利的属性，是精神自由的外在表现。表达自由是一个古老的法律范畴，经过长期的曲折发展，在现代社会已经有相对确定的内涵和外延。但是，随着互联网的发展，诸如匿名通信、内容控制、网上诽谤、网上拍卖等一系列新的表达形式给表达自由的内涵和外延带来了种种新的突破。为了保护正常的表达自由，避免表达自由带来的消极因素，就必须对这些带有普遍性的问题进行认真研究。在此基础上，互联网立法应当有所作为，以通过法律规范的适当构建，在合理限制互联网信息的同时，建立相应的言论救济机制，以保护公民的表达自由。

12. 互联网监管权实施及其监督问题

国家需要设立互联网监管机关，对互联网开发和利用进行必要监管，这是互联网自身发展的需要，也是维护国家安全、社会秩序安宁和保障公民合法权利的需要。但监管机关应当按照什么原则进行监管、行使哪些监管权、采取何种手段和措施进行监管和按照何种程序进行监管等问题，由于经验不足和其他原因，我国法律尚缺乏完善的规定。而对于监管机关实施监管权如何监督、监管机关监管失误应当承担何种责任等问题，也缺乏明确的调整规范。为了贯彻依法治国的基本治国方略，我们有必要完善这方面的互联网立法，制定出必要的监管法律依据。

四　互联网立法与其他相关制度的衔接问题

法谚云“徒法不足以自行”，即使在法治比较发达的国家和法治比较发达的领域，法律也不是调整社会的唯一规范，更何况我国尚不是法治很发达国家，而互联网领域尚是法律规范匮乏的领域。因此，在强调加强互联网立法的同时，还必须注意互联网立法与传统立法以及其他社会规范的协调与衔接，发挥不同社会规范在调整互联网事务中的互补作用。

（一）互联网立法与其他立法的衔接

如前所述，互联网本身并不是一个完全脱离现实世界的独立空间，它与现实世界有千丝万缕的联系。互联网社会关系与传统社会关系之间既有区别又有联系，有很多共同性。因此，一些传统法律规范本身就可以直接调整互联网关系，一些传统法律规范经过解释、补充等方式也可以适用于互联网关系，而一些传统法律原则也可以指导调整互联网关系。为促进互联网事业的发展，一方面我们需要积极推进互联网立法，尽可能制定出能够满足互联网发展需要的互联网法律规范。另一方面，在不能制定互联网立法或制定互联网立法条件不成熟的情况下，则应当积极发掘现有传统法律规范体系，尽可能找出能够适用于互联网领域的法律规范，或者积极运用法律解释、补充或推理等手段，对现有传统法律规范、原则进行必要调整、说明，以使之能够适用于互联网领域。法，并不是越新越好，也不是越多越好。在必要的条件下，能够充分利用已有法律规范来调整新问题、新情况，既是对立法成本的节省，也是对立法者和执法者智慧和能力的考验。

（二）互联网立法与互联网管理政策的衔接

在我国，法律与政策是治理国家和进行社会调控互为补充的两种手段，在加快推进现代化建设进程中各自发挥着其独有的作用。政策是国家或政党为实现一定的政治、经济、文化等目标任务而确定的行动指导原则与准则，具有普遍性、指导性、灵活性等特征。法律是由一定的物质生活条件所决定的由国家制定或认可并由国家强制力保证实施的具有普遍效力的行为规范体系，具有普适性、规范性、稳定性等特征。

政策与法律作为两种不同的社会政治现象，虽然有意志属性不同、规范形式不同、实施方式不同、稳定程度不同的区别，但因其本质上相同，也具体表现出一些共同性：（1）功能的共同性。政策和法律都是国家进行社会管理的工具和手段，共同调整、控制和规范社会关系。政策与法律在社会调控上具有同样性质的功能。国家通过颁布法律对社会生活的各个方面进行规范，同时国家也通过实施政策对社会生活进行调节和管理。政策和法律共同构成了社会管理的手段。（2）内容的一致性。在我国，作为国家的基本政策的国家的大政方针，往往体现在宪法和法律之中，具有明显的法律效力，是宪法和法律的核心内容。因此，国家政策往往成为法律的指导原则或法律本身。同样，中国共产党是我国的执政党，党的政策一般都能够通过一定的程序上升为国家政策，它不仅对我国法律的制定和执行具有指导作用，而且在实践中成熟之后大都上升为法律。因此，党的政策和国家政策之间具有一致性，政策与法律之间在内容上也具有一致性。（3）适用的互补性。由于调整手段和调整范围等方面的差异，法律和政策在许多方面都可以互补。

由于互联网是一个新兴的领域，也是一个与国家安危、社会稳定和民计民生密切相关的领域，而立法又有一定难度，因此，我国对许多互联网事务都以党和国家的政策来调整。基于我国政策和法律的相互关系，在互联网领域，必须正确处理法律与政策的关系。在没有互联网立法或互联网立法不完善的事务上或场合中，必须接受政策的指导、认真贯彻党和国家政策。同时，还应当结合实际，认真总结互联网运行和管理实践经验，尽快把党和国家的成熟政策制定为国家法律，提高其强制力和稳定性，完善互联网立法。

（三）互联网立法与普通规范性文件的衔接

普通规范性文件是指规范性法律文件和政策性文件之外的，由有关国家机关在行使相关管理职能的过程中颁布实施的、有普遍约束力的文件。由于我国幅员辽阔、各地发展不平衡、立法不完善和社会正处于复杂的转型期等原因，包括互联网事务在内的许多事务在实际生活中都要靠有关机关，尤其是政府有关部门发布普通规范性文件的方式来实行管理。对此，应当在互联网立法中充分认识这一事实，正确处理互联网立法与普通规范性文件之间的协调与衔接问题。

由于互联网是新兴领域，互联网事务有多变性、虚拟性等许多特点，指望在短期内通过立法方式实现对这一领域的有效管理和经营是不现实的。因此，在法律不健全的情况下，依据有关机关制定的普通规范性文件对这一领域进行调整不可避免。对此，必须注意以下几个问题：其一，加强对制定和实施普通规范性文件的管理。普通规范性文件之所以能够在社会管理活动中被适用，除了有客观需要的因素以外，还应当以不违背法律、法规和规章为前提，违法的普通规范性文件是无效的规范性文件，不能用来管理社会。其二，认真贯彻实施合法的普通规范性文件。对合法的普通规范性文件，法律承认其规范的有效性，在社会管理中具有与法律相同的效力。因此，在不能立法或者立法不健全的情况下，应当认真贯彻实施合法的普通规范性文件。其三，积极总结普通规范性文件实施的经验教训，及时启动互联网立法。在实行依法治国的今天，实施普通规范性文件，只能是在特定条件下的手段和措施，常规的社会管理，要逐步实现依法办事。因此，在条件成熟的情况下，应当积极启动互联网立法程序，以依法管理逐步取代以普通规范性文件的管理。

（四）互联网立法与网络自律规范的衔接

从互联网自身的特点来看，其技术性、虚拟性、发展性和跨国性等特点，使得互联网业界能够具备进行自我管理的基本条件，为了保障互联网事业的充分发展，在不对国家、社会和公民权利造成明显损害的前提下，国家应当允许互联网业界进行自我管理甚至自治，要积极创造条件，为互联网事业的发展提供良好的环境和保障机制，为互联网事业的发展提供必要的支持。在这一问题上，我国根据互联网发展的实际情况，采取了在保障国家对互联网行业重要事务实行必要监管的同时，允许互联网行业实行行业自律的政策。

2004 年 6 月 19 日，中国互联网协会公布了《中国互联网行业自律公约》，共 4 章 31 条，分别对互联网行业自律的相关事项作了规定，该公约自公布之日起生效，成为在我国实行互联网行业自律制度的行业依据。公约的主要内容如下：（1）互联网行业的定义。根据公约规定，互联网行业是指从事互联网运行服务、应用服务、信息服务、网络产品和网络信息资源的开发、生产以及其他与互联网有关的科研、教育、服务等活动的行业的总称。（2）互联网行业自律的指导思想。根据公约规定，互联网行业自律的指导思想是“积极发展、加强管理、趋利避害、为我所用”的方针。（3）互联网行业自律的基本原则。根据公约规定，互联网行业自律的基本原则是爱国、守法、公平、诚信。（4）互联网行业自律的主要内容。根据公约第三章自律条款的规定，互联网行业自律的主要内容有：从业单位对促进行业共同发展的自律义务；行业竞争的原则和鼓励竞争的重点；从业单位尊重、保护消费者及用户合法权益的自律义务；从业单位参与国际合作和竞争的自律原则；互联网信息服务提供者、互联网接入服务提供者对规范和管理互联网信息以及营造文明网络环境的自律义务；互联网上网场所经营者创建规范化上网场所的自律义务；网络信息载体包括光盘、软件的制作者尊重他人知识产权的自律义务；从业单位对维护互联网络安全的自律义务；从业者接受社会监督、纠正行业不正之风的自律义务；解决从业单位之间争议的自律机制等。（5）互联网行业自律公约的执行问题。根据公约规定，中国互联网协会作为公约的执行机构负责组织实施公约，负责向公约成员单位传递互联网行业管理的法规、政策及行业自律信息，及时向政府主管部门反映成员单位的意愿和要求，维护成员单位的正当利益，组织实施互联网行业自律，并对成员单位遵守本公约的情况进行督促检查；公约还规定了相应的执行方式和程序。（6）互联网分支行业自律规则的制定和实施。由于互联网行业是一个跨学科、跨产业、跨部门的行业，行业内部构成比较复杂，公约只能是一个概括性、纲领性较强的文件。为使了行业自律逐步细化，公约在附则中规定，公约成员单位可以就互联网分支行业的自律事宜进行研究，制订互联网分支行业的自律规则，经公约执行机构审查批准后作为公约的附件公布实施，以力求使互联网行业自律落实到互联网行业的各个领域、各个方面，不留行业自律的真空地带和死角。

经过近十年的实践摸索，我国互联网行业自律制度建设已取得了可喜的进步，我国的互联网事业也取得了很大的发展。在这种状况下，互联网立法一定要从以下几个方面注意与互联网自律规则的衔接问题：一是要认真研究立法和制定规则的分野，把需要通过法律规则调整的领域与需要通过自律规则调整的领域的界限划清；二是要积极作为，该由法律规则调整的领域一定要及时进行立法；三是要能够谦抑，该由自律规则调整的领域不能任意以立法介入；四是要适时调整，当社会情况发生变化，通过法律规则调整的领域与通过自律规则调整的领域需要变动时，要及时实现调整手段的转换；五是要保驾护航，当互联网行业自律出现了自身无法解决问题时，互联网立法要能够为之排难解忧。

互联网立法是一项系统工程，涉及国家、社会和公民生活的方方面面，不可能一蹴而就，需要通过不断探索、多方配合、长期努力才能完成。互联网立法是一项继往开来的工程，必须以以往的传统立法为基础，在继承借鉴传统立法经验教训的基础上开辟新天地。互联网立法是一项全球性的工程，任何国家的互联网立法都是这一全球性工程的一部分，一国的互联网立法在立足于本国国情的基础上必须借鉴国外立法经验、融入国际互联网立法大潮，与国际基本标准接轨。互联网立法是一项具有时代标志的工程，当代社会已进入信息社会，互联网立法就是一项反映信息社会特点、反映时代发展方向的立法。互联网立法是一项民生工程，互联网已笼罩全球，进入社会的各个领域，融入人们的日常生活，完善互联网立法，与人们的生产、生活息息相关。在互联网发展日新月异，依法治国已成为基本治国方略的今天，我国面临着一个建立、完善互联网立法体系的大好契机，我们应当顺应时代潮流，抓住机遇，积极推进我国的互联网立法。

第二章　互联网立法基础理论研究

摘要：在宪法已经对通过互联网传播的各种信息作了基本定位的情形下，互联网规制立法就是要在宪法规范之下，对互联网上传播的信息进行更加明确的规范。从原则上说，对互联网的立法规制应当符合互联网的内在特性。在寻找适当的互联网规制方式时，不能轻易移用现实社会中信息流通的规制方式。无论是互联网上的数目字管理方式、谣言转发者的责任认定、互联网上公众人物的加重注意义务，还是网络实名制管理方式的采用，都必须符合互联网的内在特性。尤其是考虑到信息自由流通对于经济发展和社会建设的重要意义，对互联网的规制应当慎用刑罚的手段。

关键词：法律保留　比例原则　网络实名制　公众人物　“事物的本质”

进入21世纪以来，我国互联网得到了巨大的发展，互联网成为人们社会生活的重要工具。[①]互联网既提供了信息的灵便传播渠道，也日益成为人们不可或缺的生活方式。当然，互联网的发展也带来了一系列社会问题，对这些问题需要从法律的角度加以规范，从而使互联网能得到安全和健康的发展。

本章将从以下四个方面阐述互联网立法的有关理论问题。一是简单讨论一下互联网上的法益构成及其规制原则问题。要对互联网进行规制性立法，必须明确互联网上的法益构成，尤其是这些法益在宪法上的定位，然后才能拟定出符合宪法原则的互联网规制立法。二是从法学方法论的角度

---

① 按照《中国互联网状况》白皮书提供的数据，2009年，中国约有2.3亿人经常使用搜索引擎查询各类信息，约2.4亿人经常利用即时通信工具进行沟通交流，约4600万人利用互联网学习和接受教育，约3500万人利用互联网进行证券交易，约1500万人通过互联网求职，约1400万人通过互联网安排旅行。

出发，主要是借鉴事物本质的法学方法，对互联网的内在特性予以讨论，借此奠定互联网规制方法的理论基础。三是对互联网规制过程中的几个具体的理论问题予以探讨。最后是简单的结论。

一　互联网上的法益构成及其规制原则

（一）互联网上的法益构成

互联网是一个灵便的信息传播工具和渠道。目前来说，主要的信息传播工具有：BBS、QQ 和 ICQ、网站留言板、博客和微博客、微信，等等。随着各种新型互联网信息传播工具的发展，互联网上的信息传播将会更加迅捷和方便。随着互联网的迅猛发展，人类真正进入到了信息爆炸的时代。迅捷的信息传递既给人们的生活带来了诸多的便利，但它也在一定程度上影响到了人们的正常生活，并增加了社会管理的难度。因此，如何从法律的角度对互联网进行必要的规制，使其在便利人们生活的同时，又将其弊端降低到最低的限度，就是当代各国所面对的一个重要问题。

互联网上传播的信息，有的是合法信息，有的则是非法信息，但无论合法与否，它们都构成法律上的利益（法益）。所谓法益，就是由法律所保护的利益。① 立法的功能就要对这些法益进行不同的评价和处理。当然，互联网立法并非属于对这些法益的初次调整，因为我国宪法已经赋予了这些法益一定的宪法地位。互联网立法也只是在符合宪法的前提下，对这些法益进行具体的调整。因此，掌握这些法益在宪法上的地位就十分重要。从宪法学的角度看，利用各种互联网工具传播的信息，主要涉及下面几种重要的法益：

1. 非商业性言论

非商业性言论也是一个大类，主要包括：（1）各种政治性言论，例如人们对国家政策的评议；对国家机关及其工作人员行为的批评和建议；当然，

① [德]李斯特著，施密特修订：《德国刑法教科书》，徐久生译，何秉松校订，法律出版社2006年版，第6页。

也需要看到，互联网上还有部分内容涉及对我国宪法基本原则的攻击，等等，这些都属于政治性言论。（2）各种社会性的言论，例如互联网上传播的各种所谓“社会新闻”、“娱乐新闻”等都可归纳为社会性的言论。其中还包括各种色情的信息，包括淫秽图片和视频，以及不属于淫秽但具有露骨表达的信息。

从原则上说，上述言论都位于我国宪法相关基本权利的保护范围之内。例如政治学言论原则上受宪法第 35 条的保护；[①] 对国家机关及其工作人员的批评和建议受宪法第 41 条的保护。[②] 淫秽信息虽然不受宪法保护，但一个图片或者视频是否构成淫秽，也需要进行法律上的判断，不能随意将其排斥于宪法的保护之外，从总体上说，这些信息受宪法第 47 条的保护。[③] 另外，互联网上传播的信息有的还涉及宗教信仰，就此而论这种信息的表达也受到宪法第 36 条的保护。[④]

2. 商业性言论

互联网上的商业性言论包括由公民、法人或者非法人组织就其商品和服务所发布的各种的商业广告和其他商业信息。在美国宪法上，商业言论属于受美国宪法第一修正案保护的言论，尽管其受保护的程度较低。[⑤] 在我国也有学者主张，在市场经济条件下，商业言论也构成言论的一个重要类型，[⑥] 从这个意义上说，它也受到宪法第 35 条的保护。退一步说，即便认为它不属于宪法第 35 条意义上的言论，但因为商业广告属于商业交易的必要构成部分，因此它也能纳入契约交易之内而受到宪法财产权条款的保护。

3. 契约交易

契约交易是指通过互联网方式交易货物和服务的活动，主要包括网络

---

① 宪法第35条：公民有言论、出版、集会、结社、游行、示威的自由。

② 宪法第41条：公民对于任何国家机关和国家工作人员，有提出批评和建议的权利。

③ 宪法第47条：公民有进行科学研究、文学艺术创作和其他文化活动的自由。

④ 宪法第36条：公民有宗教信仰自由。

⑤ Virginia Pharmacy Board v. Virginia Citizens Consumer Council, 425 U.S.748,765（1976）.

⑥ 林来梵：《从宪法规范到规范宪法》，法律出版社2001年版，第140页；韩大元、林来梵、郑贤君：《宪法学专题研究》，中国人民大学出版社2004年版，第320页。

购物、网上购买服务，等等。按照《中国互联网状况》的统计，网络购物用户已超过 1 亿人，2009 年中国电子商务交易额超过 3.6 万亿元人民币。另外，人们在互联网上推出的各种收费网络游戏，其实也是契约自由的表现方式。就上述活动的法律地位而言，我国宪法虽然没有将契约自由规定为基本权利，但因为缔结契约是人们取得财产的重要途径，因此它受到宪法财产权条款的保护。[①]

4. 通信自由

互联网已经取代了传统通信方式，电子邮件、微信等等现已成为人们之间进行通信往来的主要途径。它受到我国宪法第 40 条的保护。[②]

（二）互联网立法规制的宪法基础

互联网的出现，使人们获得了更多的自由。不过自由也有限度，逾越限度的自由不再受宪法的保护。宪法第 51 条规定：中华人民共和国公民在行使自由和权利的时候，不得损害国家的、社会的、集体的利益和其他公民的合法的自由和权利。这条规定为立法规范互联网提供了基本的宪法依据。从原则上说，国家可以基于下述正当理由，对互联网上的信息传播进行限制。

1. 国家利益

互联网是一种信息传播渠道，人们在利用它传播信息的同时，也有人利用互联网来从事煽动分裂国家、颠覆国家政权、破坏民族团结；教唆犯罪、传授犯罪方法；泄露国家秘密；危害国家安全等不法活动。宪法修正案第 17 条规定：国家维护社会秩序，镇压叛国和其他危害国家安全的犯罪活动，制裁危害社会治安、破坏社会主义经济和其他犯罪的活动，惩办和改造犯罪分子。这是对互联网上存在的上述犯罪活动予以制裁的宪法依据。

2. 社会利益

社会利益中尤其重要的是对青少年的保护。我国宪法第 49 条规定：

---

① 我国宪法修正案第22条规定：公民的合法的私有财产不受侵犯。国家依照法律规定保护公民的私有财产权和继承权。

② 宪法第40条：公民的通信自由和通信秘密受法律的保护。

婚姻、家庭、母亲和儿童受国家的保护。互联网上传播的暴力、色情甚至淫秽等不良信息对未成年人的身心健康发展构成了妨害，因此对未成年人的保护尤其是互联网立法规制的重点目标。这是各国互联网规制立法的基本内容之一。美国国会制定了《儿童因特网保护法》（Children's Internet Protection Act），[①] 日本国会也制定了《青少年网络环境整备法》，对网络运营商、监护人应承担的责任做出了明确规定。[②] 我国2006年修订后的《未成年人保护法》第33条规定："国家采取措施，预防未成年人沉迷网络。"

3. 个人利益的保护

我国宪法第38条规定：中华人民共和国公民的人格尊严不受侵犯。禁止用任何方法对公民进行侮辱、诽谤和诬告陷害。互联网在方便信息传播的同时，互联网在信息传播上的发散性也使得个人名誉权、隐私权尤其是个人信息保护面临着更多的挑战。互联网上"人肉搜索"的盛行就说明了这一点。按照全国人民代表大会常务委员会《关于维护互联网安全的决定》的规定，非法截获、篡改、删除他人邮件或其他数据资料，侵犯公民通信自由和通信秘密，构成犯罪的，依照刑法有关规定追究刑事责任。

（三）互联网立法规制的界限和标准

对互联网进行立法规制有其宪法上的依据，但这并不是说任何机构就可以通过任何方式对互联网予以立法规制。从宪法保护公民基本权利的角度看，互联网立法必须遵循以下的基本的原则。

1. 法律保留原则

法律保留原则是指，国家对公民基本权利的干预，必须以制定法律的方式来进行。[③] 这项原则排除了国家以行政法规、地方性法规甚至规章、红头文件干预基本权利的可能性。《立法法》第8条规定了各种专属立法事项，其中第（五）项规定：对公民政治权利的剥夺、限制人身自由的强制措施和

① 参见左亦鲁：《美国在互联网领域对未成年人的保护》，《互联网法律通讯》第5卷第1期。

② 江汇文：《青少年网络安全成全球化问题 各国打击网络色情》，《北京日报》2010年1月6日。

③ 张翔：《基本权利的规范建构》，高等教育出版社2008年版，第59页。

处罚，必须制定法律。在我国宪法上，公民政治权利包括宪法第 34 条规定的选举权与被选举权，第 35 条规定的言论、出版、集会、结社、游行、示威的权利。因此，对互联网上各种政治性言论的规制，必须以制定法律的方式来进行。

在我国，只有全国人大及其常委会有权制定法律。这就排除了国务院及其所属部门、地方人大及其政府对互联网上的政治性言论予以规制的可能性。另外，按照《立法法》的规定，法律必须遵守必要的立法程序，因此，未经适当的立法程序，即便全国人大及其常委会通过的决定也不能称之为法律。这些程序上的规则能够确保互联网上的政治性言论受到宪法的最高保障。

对《立法法》第 8 条的规定予以反对解释，则意味着对公民政治权利以外基本权利的干预，无须以制定法律的方式来进行。这就给行政立法和地方立法预留了一定的空间，国务院和地方有权机关因此可以对互联网上的各种商业言论、各种契约交易行为进行立法规制。例如对互联网的色情信息进行严格的规制，限定其传播的范围；严格禁止淫秽信息的传播，规定对其的处罚；取缔和处罚互联网上的各种赌博行为；对互联网上的各种商业广告进行必要的限制；对电子商务的整个过程予以必要的规制，确保交易信息的真实性，以保护消费者的合法权益，等等。

2. 明确性原则

明确性原则是法律保留原则的补充和细化，它是指国家对公民基本权利的限制必须做到内容明确，能够对公民的行为给予确定性的指引。这个原则要求国家在制定限制公民基本权利的规范时，要尽可能避免使用不确定的法律概念和概括条款，防止出现欠缺明确性的法律规范。[①] 例如，各国法律都对淫秽物品的传播制定了禁止性规范，不过互联网上的图片或者视频是否属于“淫秽”在很多情形下都会发生争议。在这种情形下，互联网立法对“淫秽物品”的规制就必须提供较为确定的标准，否则就会构成对

① 张翔：《基本权利的规范建构》，高等教育出版社2008年版，第67页。

公民文化权利的干预。[①] 互联网立法尤其要避免使用例如“色情”、“低俗”、“淫秽”这样的不确定概念。因为“色情”未必就是“淫秽”，“淫秽”不受法律保护，但“色情”未必不受法律保护；“低俗”更不是一个法律概念。

3. 比例原则

比例原则是指国家限制基本权利的手段必须与限制的目的相适应，不能不择手段地限制基本权利。这项原则的基本内容包括：（1）适当性原则，即国家选择的干预手段能够达到目的，换言之，国家如果选择的手段根本无法达到目的，就属于手段的不适当；（2）必要性原则，即国家在干预基本权利时必须选择干预较小或者最小的手段，而不能选择对基本权利干预较大的手段；（3）均衡原则，即国家不能为了实现较小的目的而严重限制基本权利，限制基本权利造成的损害与实现的利益之间必须达到平衡。[②]

比例原则的基本精神就在于国家对基本权利的干预不能过度。例如，为了保护未成年人免受互联网上色情、暴力等不良信息的影响，国家可以选择的手段可谓多种多样：（1）限制特定年龄以下的未成年人进入网吧；[③]（2）提供必要的屏蔽和过滤软件，将未成年人浏览的信息予以过滤；[④]（3）封闭所有网吧；[⑤]（4）整个区域内断网；等等。上述4项手段都能达到保护未成年人身心健康的目的，但（1）和（2）对基本权利的限制显然要小于

---

① 例如：美国《儿童因特网保护法》对什么是“对未成年人有害”做出了较为具体、清晰的定义——任何交流、图片、图像、图像文件、文章、录音、文字以及其他形式的淫秽材料，或者（1）一个适用当前社区标准的普通人，将作品视作一个整体并且从未成年人的角度来看，是否会勾起或迎合下流的兴趣；（2）从未成年人的角度来看，以明显令人作呕的方式刻画、描写或表现了实际或模拟的性交或其他性行为，实际或模拟的正常或变态的性交或性行为，或者低俗地展示生殖器官或发育后的女性乳房；（3）作为整体而言缺乏对未成年人的严肃的文学、美学、政治或科学价值。参见左亦鲁《美国在互联网领域对未成年人的保护》，《互联网法律通讯》第5卷第1期。

② 张翔：《基本权利的规范建构》，高等教育出版社2008年版，第65页。

③ 国务院2002年《互联网上网服务营业场所管理条例》第21条规定：互联网上网服务营业场所经营单位不得接纳未成年人进入营业场所。互联网上网服务营业场所经营单位应当在营业场所入口处的显著位置悬挂未成年人禁入标志。

④ 《未成年人保护法》第33条规定：国家鼓励研究开发有利于未成年人健康成长的网络产品，推广用于阻止未成年人沉迷网络的新技术。

⑤ 2009年山东省冠县曾在一段时间内封闭了全县所有网吧。http://opinion.people.com.cn/GB/10214099.html。2011年3月，全国政协委员严琦提案称应关闭所有社会网吧、政府办公共网吧。http://china.findlaw.cn/jingjifa/wangluofalv/dongtai/20110309/67170.html。

（3）和（4）。（3）和（4）当然也能达到保护未成年人的目的，但是它们限制了互联网上合法信息的传播与流通，并且对成年人利用互联网的权利也给予了不必要的干预，因此构成了对比例原则的违反。[①]

（四）小结

宪法已经对通过互联网传播的各种信息作了基本法律属性的定位，互联网规制立法就是要在宪法规范之下，对互联网上传播的信息进行更加明确的规范。从宪法原理上说，国家可以基于保护国家、社会和个人利益的正当理由对互联网上的信息传播予以规制，但这种规制必须符合法律保留原则、明确性原则和比例原则。只有这样，才能既做到对合法利益的保护，又不会对合法正当的信息传播造成不必要的负担。

二 选择规制方法的指导思想与互联网的内在特性

明确了互联网上各种法益的宪法定位，并不意味着就能轻易找到互联网适当的规制方法，更不意味着它也能套用现实世界中的规制方法。互联网是一种新型的信息传播工具，对它的规制必须符合它的内在结构与特性。当然，互联网即便在今天也不是人们传播信息的唯一渠道，纸质媒体、广播、电视等传统媒体，甚至古老的街谈巷议依然在信息交流中扮演着重要的角色。就信息传播的本质而言，互联网与这些传统媒体与街谈巷议并没有什么两样，它们都是信息传播的渠道。鉴于类比思考是人类的基本习性，[②]在面对互联网的规制问题时，人们会自然而然将互联网与现有的其他信息传播方式进行类比，以便找出恰当的规制方法。例如，人们会问，互联网

---

① 美国联邦最高法院曾在Ashcroft v. American Civil Liberties Union案中认为，为保护未成年人的利益，对互联网安装屏蔽和过滤软件（blocking and filtering software）是互联网管制方式中“值得称道的、更少限制的选择”。参见左亦鲁：《过滤时代的美国互联网管制》，《互联网法律通讯》第5卷第4期。

② 苏永钦：《民事立法与公私法的接轨》，北京大学出版社2005年版，第78页。

上的留言板是不是类似于一家书店或者报纸？互联网服务提供商是否类似于杂志社或者出版社，他们是否也有责任对经过其网络的内容进行审查？在线服务商是否类似于信息的分发人，他们只是分发由第三人提供的信息？互联网是否能等同于广播商，还是它更类似于有线电视？[①]这些问题实际上提示人们，对互联网适当规制方法的寻找，不能离开互联网本身的结构与特点；用法学方法论上的术语来说，就是不能离开互联网这个"事物的本质"。

（一）指导思想

从法学方法论上说，法律对生活关系的调整应当切合生活关系本身的事理。"只有当规整本身适宜其事物的结构，才能被称为'适当的'规整"。[②]具体来说，法律所规范的生活关系的事实结构，并不只是消极地待在那里接受法律对它的规范，相反它却会对法律规范的解释产生积极的影响。按照德国法学家考夫曼的说法，法的适用过程是双面向的，"一方面针对规范调适生活事实，另一方面针对生活事实调适规范"，"这是一种'同时履行'地进行的、事实向着规范、规范向着事实自我开放的过程"。[③]在德国法学家米勒看来，这种现象在宪法领域尤为常见。他指出，宪法规范"不是权威式地覆盖在事实之上的形式，毋宁是由被规整的社会领域之事物结构中获得的，对前者所作的整理或安排之结论"。拉伦茨也指出，"只有一并考虑——被解释的规范所拟规整之——事物的特质、其特殊结构，才能答复何种解释'适当'的问题"。他因此同意米勒的观点，认为基本权利规范领域的"既存结构"无疑是宪法解释的标准。[④]

---

① See Kathleen M. Sullivan & Gerald Gunther, Constitutional Law, 14th edition, The Foundation Press, 2001, p 1432.

② [德]拉伦茨著：《法学方法论》，陈爱娥译，商务印书馆2003年版，第212页。拉德布鲁赫对此有一个形象的比喻："正如艺术家的理念要适合材质，它体现在铜质材料上是一个样儿，体现在大理石上应该是另一个样儿。"[德]拉德布鲁赫著：《法哲学》，王朴译，法律出版社2005年版，第8页。

③ [德]亚图·考夫曼著，吴从周译，颜厥安审校：《类推与事物本质》，学林文化事业有限公司1999年版，第93页。

④ [德]拉伦茨著，陈爱娥译：《法学方法论》，商务印书馆2003年版，第211页。

这种诉诸“事物的本质”的方法，实际上也是最常用的处理法律问题的方法。就对传播媒体的规制而言，美国联邦最高法院曾经在一个判决中指出，“每一种表达媒体……都呈现出自己的问题”。[①] 最高法院在判决中引述自己先前的判例，指出每一种表达媒体都有自己的独特结构，因此适用于某一种表达媒体的管制方法，有可能对另外一种媒体就并不适用。例如它在 Sable Communications of Cal., Inc. v. FCC 案中就明确认定，对预录色情电话的管制方法就不能等同于对无线电广播的管制：无线电广播具有更强的“侵扰性”，因为一个打开收音机的人事先根本无从知晓节目的内容，他有可能会被节目中猛然出现的“脏话”所侵扰；而拨打预录色情电话则与此不同，这种交流方式不仅需要拨打人采取更为积极的方式，更重要的是拨打人在拨通电话之前就已经对电话的内容有概括的预知。与此同理，无线电广播也有着自己的特性。政府对无线电广播从来都有着高强度的管制——各国几乎都对无线电广播实行许可制度，一个很重要的原因就在于无线电频率资源具有稀缺性。因此，在 Red Lion Broadcasting Co. v. FCC 案中，按照美国法律的规定，广播电台必须播出讨论公共话题的节目，必须确保争论的各方享有同等的时长，并对在节目受到攻击的人要给予免费的回应时间。美国联邦最高法院驳回了原告认为这些规定侵犯了其第一修正案权利的起诉，法院的主要理由即在于“广播频率的稀缺性、政府在频率分配当中的角色以及那些没有政府帮助就不能获得频率的人的正当诉求”。[②]

法学方法论上对事物本质方法的讨论，对于探讨互联网立法规制具有积极的意义。从原则上说，不同的信息传播渠道各有其特点和“事物的本质”，因此对它们的立法规制亦应采取不同的方式。例如，广播电视和街谈巷议同样都是信息传播的渠道，不过虽然大多数国家都对广播媒体的设立采取许可制，但人们很难想象只有经过国家的许可人们才能进行街谈巷议。

---

① Southeastern Promotions, Ltd. v. Conrad, 420 U.S. 546, 557 （1975）.另外，在1969年的Red Lion Broadcasting Co. v. FCC [395 U.S.367, 89 S.Ct. 1794, 23 L.Ed.2d 371 （1969）]案中，美国联邦最高法院大法官怀特即指出：“新式媒体之特性的不同，成为对其适用不同第1修正案审查标准的正当理由”。

② Red Lion Broadcasting Co. v. FCC,395 U.S.367, 89 S.Ct. 1794, 23 L.Ed.2d 371 （1969）

同样，报刊出版和广播电视也具有不同的特点：由于无线电频率资源具有稀缺性，因此从资源配置的角度说，国家有权对无线电广播进行最高强度的规制，即严格的许可制，但报刊出版并不具有相应的资源稀缺性，因此国家对其的规制方式也应当有所不同。换言之，对包括互联网在内的传播媒体的立法规制，必须符合其内在特点与“事物的本质”。这毋宁应当成为探索互联网规制的基本方法。也就是说，对互联网的规制方法，应当符合互联网的内在结构和特性，不能将对其他传播媒体的规制方法轻易类推适用于对互联网的规制。那么，互联网具有何种内在的本质呢？

（二）互联网的内在特性

如果说对互联网适当规制方法的寻找必须经由其“事物的本质”，则互联网的事物本质为何就是一个非常关键的理论问题。在 Reno v. American Civil Liberties Union[①]案中，美国联邦最高法院指出，无论是无线电广播所具有的的“侵扰性”，或者是“稀缺性”，还是政府对其历来的管制历史，都不存在于互联网之上：互联网是新出现的交流媒体，根本不存在悠久的管制史；互联网也不像收音机或者电视那样具有“侵扰性”；互联网更不存在所谓的资源稀缺问题，因此法院先前判例所确定的媒体规制原则并不适用于互联网。当然，互联网规制应当遵循何种原则和方法，美国最高法院并没有积极地予以说明，它只是消极地指出对其他媒体的管制方式不能适用于互联网。这大概是因为整个互联网技术还在迅猛发展当中，其“事物的本质”尚不稳定，毋宁还在“杂乱无章地生长”，[②]现在似乎难以对其内在特性予以全面的总结，法院因此不能也不愿对其予以过早地界定而作茧自缚。这不能不说是一个比较明智的做法。尽管如此，如果与传统信息交流媒体相比，依然能够初步把握互联网传播与传统媒体的诸多不同之处，总体来说就是：“网络媒体新闻和信息传播具有信息海量、形态多样、迅速及时、全球传播、易于复制、便于检索、超文本链接、自由交互、易逝性、易改

① Reno v. American Civil Liberties Union, 521 U.S. 844,853（1997）.

② [德]卡尔·拉伦茨著：《法学方法论》，陈爱娥译，商务印书馆2003年版，第17页。

性等特点，造就了实现‘一人一媒体’的基础”。[1] 具体来说，可以从以下几个方面来把握互联网传播的特性：

1. 互联网传播具有双向或多向互动性

传统媒体例如报刊、广播电视的信息传播是一种单向传播，读者、听众或观众只是被动的接受者。互联网则具有双向或者多项传播的特性，人们既可以通过互联网获知他人发布的信息，也可以同时发表自己的见解和看法，使言论的表达者和接收者实现即时的双方或者多方互动。这也就是互联网上信息传播的交互性。美国最高法院在一个案件中即指出，“从读者的观点来看，万维网类似于一个有着百万计出版物并编有索引的超大图书馆和四处延伸的提供商品与服务的购物场。从出版人的观点看，它构成了一个巨大的平台，从那里可以向全世界数以百万计的读者、浏览者、研究者和购买者所组成的听众发表信息，并接收他们的信息”。[2] 互联网上的信息传播具有“蝴蝶效应”。例如有学者指出，在互联网上“一条普通的微博就可以通过反馈与迭代机制，不断地重复自身，滚雪球般地壮大。转发的力量如同微波中继站，把信息不断中转、辐射出去。微博信息的穿透力、覆盖程度和影响力正是来源于此”。“蝴蝶效应告诉我们，在互联网群体传播中切不可忽视‘微力量’。星星之火，可以燎原，身边不经意的小事，一次无意的传播，很可能在不经意间就改变世界”。[3]

2. 互联网的平等性

互联网使得人类社会真正进入了“自媒体”的时代。传统媒体多受政府或者社会精英阶层的控制，经由传统媒体的社会信息多会受到社会精英的过滤，[4] 普通民众很难有平等的对话交流机会。但是在互联网上，任何人都可以在很少付费甚至不付费的情况下进行交流，这种低门槛的表达平台使网民获得了在其他传统媒体上无法获得的平等参与机会。有学者指出，“在

---

① 刘正荣：《对互联网概念和传播特性的新理解》，《新闻界》2007年第2期。

② Reno v. American Civil Liberties Union, 521 U.S. 844,853（1997）.

③ 隋岩、曹飞：《从混沌理论认识互联网群体传播特性》，《理论界》2013年第2期。

④ 范士明：《新媒体和中国的政治表达》，《二十一世纪》网络版，总第72期，2008年3月31日。

大众传播中，新闻信息按照新闻价值的大小通过议程设置等编排方法展现给大众。这种组织有序的编排，固然可以方便大众获取信息，以及对其价值进行判断。然而，这种‘新闻价值’只是把关人的价值标准，这种‘议程设置’，只是媒体的议程，它并不能满足不同的个体需求”，而“互联网群体传播的无组织、无序，消解了大众传播中的秩序、阶级与控制，使各种信息有充分被利用的可能”。[①]“网络还颠覆了传统媒体把关人地位，网民通过网络这一新平台新环境可以自主选择、自愿发表自己的意见、观点、看法”。[②]就此美国联邦最高法院指出，“任何个人或者组织的电脑与互联网有连接，即可‘发表’信息。发表人可以是政府机构、教育机构、商业实体、宣传组（advocacy group）和个人。发表人既可以将他们的资料交由所有互联网用户，也可以限定只有特定的群体——例如那些愿意为此支付费用的人——接入。‘万维网上没有一个单一的组织来审查用户的身份，也没有一个中心点来将单个网站或者服务商阻断于万维网之外’”。[③]“在技术的层面上，互联网不存在中央控制的问题。也就是说，不可能存在某一个国家或者某一个利益集团通过某种技术手段来完全控制互联网的问题”。[④]人们都将博客或者微博成为“自媒体”，理由即在于此。

3. 互联网传播信息的迅捷和广泛

就信息的传播速度和广度而言，街谈巷议只能局限于为数不多的几个人，经由图书出版和广播电视的信息传播也深受时空条件的限制——报纸图书总有印量和订户的限制，广播电视总有固定的播出时间，无法在播放当时收听收看的人即无法接受到信息。互联网的重要特性就在于它突破了传统媒体信息交流的时空限制，网络用户可以在最短的时间内了解各地发生的重大新闻事件，或者对各地发生的重大新闻事件发表自己的意见，传播速度和范围都呈几何倍数的增长。比如一般报刊的发行量也不过几万份，

① 隋岩、曹飞：《从混沌理论认识互联网群体传播特性》，《理论界》2013年第2期。

② 陈毅松：《浅析互联网时代的传播变革》，《新闻传播》2012年第1期。

③ Reno v. American Civil Liberties Union, 521 U.S. 844,853（1997）.

④ 雷跃捷、金梦玉、吴风：《互联网媒体的概念、传播特性、现状及其发展前景》，《现代传播》2001年第1期。

但一个微博名人的“粉丝”数量极可能数以千万计；即便一个普通网民的帖子被转发或者阅读几十万次也非常普遍，这远非传统媒体所可想象。美国联邦最高法院也指出，在某个特定的时间“数以万计的用户就为数众多的主题进行着交谈”，可以“毫不夸张地认定，互联网上的内容如同人类的思想一样具有多样性”。①

4. 互联网的无限传播力

无线电频率的资源具有稀缺性，因此《物权法》第50条规定：无线电频谱资源属于国家所有。与此相比，互联网在很大程度上不具有资源的“稀缺性”。“互联网很难被视为是一种‘稀缺的’表达用品，它为所有的交流方式提供了相对无限、低成本的传播力”。②

（三）我国司法机关对互联网特性问题的讨论

从上可以看出，互联网与传统的交流媒体具有显著的不同，这提示人们，在探索互联网的规制方法时，如果要将传统媒体的规制方法类推适用于互联网，必须十分慎重。实际上我国的司法实践也开始注意到了互联网与传统媒体的不同，例如在传统的侵权法上，新闻媒体侵犯公民名誉权的案例可以说是随处可见，法院判决新闻媒体承担民事责任的情形也极为普遍。这主要是因为从法律上说，新闻媒体对其刊发的报道负有一定的查证义务。具体来说，新闻媒体对其报道要进行合理的查证，“倘其未加合理查证率予报道，或有明显理由，足以怀疑消息之真实性或报道之正确性，而任予报道，致其报道与事实不符”，③则须负侵权损害赔偿责任。加拿大最高法院曾在2009年的格兰特诉《多伦多星报》案中提出了“尽责报道”的标准，也强调新闻媒体对其刊发的报道负有合理的审查义务。④1988年我国最高人民法院《关于侵害名誉权案件有关报刊社应否列为被告和如何适用

① Reno v. American Civil Liberties Union, 521 U.S. 844,870（1997）.

② Reno v. American Civil Liberties Union, 521 U.S. 844,870（1997）.

③ 苏永钦：《民事立法与公私法的接轨》，北京大学出版社2005年版，第154页。

④ 《格兰特诉〈多伦多星报〉案》，韩大元主编：《中国宪法事例研究》（第5卷），法律出版社2010年版，第291页。

管辖问题的批复》指出，报刊社对要发表的稿件，应负责审查核实。发表后侵害了公民的名誉权，作者和报刊社都有责任，可将报刊社与作者列为共同被告。2005 年 4 月中共中央办公厅《关于进一步加强和改进舆论监督工作的意见》要求报刊出版单位“对报道的内容，必须进行认真核实，做到真实、准确、可靠，不得编发互联网上的信息，不得刊播未经核实的来稿”。2009 年国家新闻出版署《关于采取切实措施制止虚假报道的通知》规定报刊出版单位“要认真核实报道的基本事实，确保报道的新闻要素准确无误，不得编发未经核实的信息，不得刊载未经核实的来稿”。这些都是报刊出版单位对新闻报道负有查证核实义务的规范性依据。

不过，网络服务提供商却与报刊杂志等传统媒体有所不同。从目前的情况看，不少国家的法律都对网络服务提供商在名誉侵权案件中的赔偿责任作了不少的限定。例如日本 2001 年即制定了《有关特定电讯服务提供商的损害赔偿责任的限制以及发信人信息公开的法律》（简称为《互联网服务商责任限制法》），按照规定，互联网服务商的责任承担仅限于“侵害他人权利的送信，在技术上明明可以加以防止，而且互联网服务商知道因信息的交流会造成权利侵害，或者有相当的理由可以认定其能够知道的情况”。在 2011 年的“都立大学案”中，有原告对网页的管理者提出了损害赔偿请求，东京地方法院认为：“网络管理者对于名誉毁损文章的发信……即使在知悉事实的情况下，对受害人负有必须对发信加以阻止的义务的情况必须是：该文章必须属于名誉毁损性质的文章，加害行为的性质必须是非常恶劣的而且受害程度必须是严重的，即应该仅限于那种一目了然的极其例外的情况。”这个判决实际上进一步放宽了网络服务提供商的责任。[①]德国有关法律将互联网服务商的责任分为三种类型：（1）互联网服务商自身提供信息时，对所提供的信息内容承担一般的法律责任；（2）互联网服务商对第三者的信息进行提供时，如果互联网服务商知悉所提供的信息具有违反性，而且在技术上对这种利用有阻止的可能性，且这种可能阻止受到期待时，限于上述情况，应当承担法律责任；（3）互联网服务商对他人的信息仅仅提供

① [日]五十岚 清著：《人格权法》，铃木 贤、葛敏译，北京大学出版社2013年版，第85页。

存取的中介服务时不承担法律责任。[①]

我国《侵权责任法》第 36 条第 3 款规定：网络服务提供者知道网络用户利用其网络服务侵害他人民事权益，未采取必要措施的，与该网络用户承担连带责任。这也将网络服务提供商的责任限定在“未采取必要措施”之上，而并没有笼统地规定其承担“连带责任”。当然，《侵权责任法》第 36 条的规定如何具体落实，还有待法院的具体判决。从目前掌握到的司法案件看，我国法院对网络提供商在名誉侵权案件中的责任都有所限定，而没有将其等同于普通报刊。例如在王菲诉海南天涯在线网络科技有限公司名誉权、隐私权纠纷案案中，法院判决认为，天涯网的论坛上每天都会有大量网民留下海量信息。天涯公司作为天涯网的管理者，依照相关法律法规和规定，制定有上网规则，对上网文字设定了相应的监控和审查过滤措施，达到了相应要求；由于中国文字的丰富性、多样性以及网络语言的不断更新变化，网站事实上不可能将所有不雅言辞均纳入监控范围；根据目前现有的、通常的网站管理方式和技术手段，网站的管理者也不可能对所有网友的全部留言进行事前逐一审查。[②] 在 2011 年的“范黄河等诉腾讯计算机系统有限公司等侵权案”中，浙江省丽水市中级人民法院认为，腾讯 QQ 是腾讯公司开发的一款基于 Internet 的免费即时通讯工具，网络用户利用腾讯 QQ 进行交流时，腾讯公司仅提供网络技术服务和交流平台。根据我国现有法律、法规的相关规定，腾讯公司并无事先主动审查、监管 QQ 群聊信息的法定义务，其只承担事后被动审查、监管 QQ 群聊信息的义务；腾讯公司没有接到任何人要求其删除、屏蔽或者断开链接相关有害信息的通知，因此，其主观上并没有过错。[③]

在上述两个案件中，法院都将互联网和传统媒体做了区分。对于报刊杂志而言，编辑人员有能力、也有义务对其刊载的报道进行合理的查证（需要注意的是，法律这里只要求进行合理的查证，而并不要求报刊杂志上的报道绝对客观真实），但网络服务提供商却绝没有可能对网民发布的信息

---

① [日]五十岚 清著：《人格权法》，铃木贤、葛敏译，北京大学出版社2013年版，第84页，注133。

② 北京市朝阳区人民法院（2008）朝民初字第29277号判决书。

③ 浙江省丽水市中级人民法院（2011）浙丽民终字第40号判决书。

进行事先的审查，它不具有“期待可能性”。换言之，由于互联网上信息传播的速度和范围异常广泛，因此不能期待网络提供商对信息进行事先的控制。法律不能强人所难，硬要其承担其根本无法承担的义务，否则会使其陷于动辄得咎的地步。[①]2000 年全国人大常委会《关于维护互联网安全的决定》也只是要求网络服务提供商若“发现互联网上出现违法犯罪行为和有害信息时，要采取措施，停止传输有害信息，并及时向有关机关报告”，而并没有令其承担事先审查的责任。

三　互联网法律属性界定中的几个理论问题

就互联网的规制而言，因为互联网技术还在迅猛发展当中，其“事物的本质”尚非稳定，因此寻找互联网特性导向的规制方法可能是个长期的过程。这个过程可能是一个试错的过程，任何规制方式都要随着互联网技术的发展而发展。考虑到互联网与传统信息媒体的不同，亦考虑到信息的自由流通对于国家经济发展和社会建设的重要意义，对互联网的规制必须极为慎重。结合我国的实践，以下仅就几个具体的理论问题予以初步的讨论。

（一）互联网与公共场所的关系问题

我国刑法在多个地方提到了“公共场所”。按照刑法第 291 条的规定，聚众扰乱“车站、码头、民用航空站、商场、公园、影剧院、展览会、运动场或者其他公共场所秩序”的，构成聚众扰乱公共场所秩序罪。按照本条的界定，刑法上的公共场所主要是指具有现实物理属性的场所。虽然刑法第 291 条还附有“其他”公共场所的规定，但从“其他”的语义和通常的语言习惯上说，作为一个“兜底性”的规定，它应当与所列举的事项具有相同或者相似的性质，否则使用“其他”一语属于文不对题。就此而论，既然刑法第 291 条所列举的公共场所都是具有现实物理属性的场所，则“其

---

① 林三钦：《论基本权利之侵害》，李建良、简资修主编：《宪法解释之理论与实务》（第二辑），“中央研究院”中山人文社会科学研究所2000年，第454页。

他公共场所”也就不能超过这个范围。

2013 年 9 月 10 日最高人民法院、最高人民检察院发布的《关于办理利用信息网络实施诽谤等刑事案件适用法律若干问题的解释》第 5 条规定：利用信息网络辱骂、恐吓他人，情节恶劣，破坏社会秩序的，依照刑法第 293 条第一款第（二）项的规定，以寻衅滋事罪定罪处罚。编造虚假信息，或者明知是编造的虚假信息，在信息网络上散布，或者组织、指使人员在信息网络上散布，起哄闹事，造成公共秩序严重混乱的，依照刑法第 293 条第一款第（四）项的规定，以寻衅滋事罪定罪处罚。刑法第 293 条第一款第（四）项规定了“在公共场所起哄闹事”，结合该司法解释和刑法的规定，互联网即被认定属于刑法意义上的“公共场所”。

互联网的确已经成为人们之间交流观点和意见的“公共领域”，互联网上的信息传播也应当有一定的秩序，但能否将其认定为刑法意义上的“公共场所”，这还需要进行细致的论证。首先，最高人民法院、最高人民检察院 2013 年 5 月发布的《关于办理寻衅滋事刑事案件适用法律若干问题的解释》虽然并未对“公共场所”下个定义，但按照该解释第 5 条的规定，刑法第 293 条上的“公共场所”主要是指“车站、码头、机场、医院、商场、公园、影剧院、展览会、运动场”等场所，这些场所都是现实社会中的物理性场所，不同于互联网这个虚拟社会的公共领域。其次，在现实社会的公共场所“起哄闹事”，极有可能引发当场的暴力行为，直接危及人民的生命健康和财产安全，这也是刑法为何要将其进行犯罪化处理的一个重要理由；而互联网上发生的“起哄闹事”则并不会引发当场的暴力行为，更不会直接危及人民的生命健康和财产安全，这是它们之间的一个显著不同。最后，最重要的是，互联网上的信息并不具有主动的侵扰性——如果没有个人主动的“点击”，有害信息不会自动显示在个人的电脑终端之上。[①]个人在现实生活中可能受到不法人员的辱骂、追逐、拦截或者殴打，在很多时候受害者几乎都无法避开，因此刑法第 293 条将“追逐、拦截、辱骂他人，情

① 美国联邦最高法院在一个案件中指出，“互联网上的传播不会‘侵扰到’个人的住宅或者自发出现在个人的电脑显示屏之上”。Reno v. American Civil Liberties Union, 521 U.S. 844,870（1997）.

节恶劣”的行为规定为寻衅滋事犯罪；但是在互联网上，受到他人辱骂的人只需要将网页关闭，或者将辱骂者“拉黑”，就可以轻而易举地避开非法侵害。

因此，互联网与现实社会中“公共场所”既有着类似之处，也有着很多的不同；不同的互联网设置也展示出不同的特征，具有不同的“事物的本质”。从法学方法论上说，法律的基本任务和核心难题也正在于对不同的事物予以同等对待。[①]“平等在这个世界上是不存在的，存在的只有如此不同的东西，‘就像一个鸡蛋和另外一个鸡蛋’，平等只是对既存的不平等的抽象”。[②]因此，能否将互联网等同于刑法意义上的“公共场所”，还需要更细致的论证，不能做简单化处理。比如说可以对互联网上的传播方式予以再类型化，针对其不同的结构与特征予以不同的认定，而不宜笼统地认定整个互联网都构成刑法意义上的“公共场所”。

需要注意的是，按照2013年9月10日最高人民法院、最高人民检察院发布的《关于办理利用信息网络实施诽谤等刑事案件适用法律若干问题的解释》，信息网络被界定为“包括以计算机、电视机、固定电话机、移动电话机等电子设备为终端的计算机互联网、广播电视网、固定通信网、移动通信网等信息网络，以及向公众开放的局域网络”。似乎这是将整个互联网都当成了刑法第293条上的“公共场所”。不过，现实世界与虚拟世界相对，现实世界中既有“公共场所”也有私密空间，当然也可以想象虚拟世界中也存在相对应的“公共场所”与“私密空间”。例如个人的“微博”就是一个不特定人都可以访问的区域，或许可以被界定为“公共场所”，而个人“微信”却只限于事先得到许可的特定的人才能访问，QQ群和“微信群”也具有类似的性质，将它们认作是刑法意义上的“公共场所”似乎不符合人们的法感。这提醒人们，由于随着互联网技术的发展，互联网上的不同区域也会呈现出不同的特征，不宜做笼统的性质认定。

---

① [德]亚图·考夫曼著：《类推与事物本质》，吴从周译，颜厥安审校，学林文化事业有限公司1999年版，第65页。

② [德]拉德布鲁赫著：《法学导论》，米健译，法律出版社2012年版，第9页。

（二）网络秩序与社会秩序的关系问题

虚拟世界当然也有自己的秩序。互联网上数以千万计的电脑终端无时无刻都在交换信息，岂能没有自己的秩序？当然，这里的秩序主要是指互联网上的各种技术标准和技术规范，这些技术标准和技术规范所具有的强制性极高，不遵守它即被互联网排斥在外，不能有效利用互联网。从这个意义上说，互联网上的这些技术标准和技术规范乃是自然科学意义上的实然规范，类似于自然规律。这种技术标准和技术规范的问题并不是法律问题，不是本课题所要研究的对象。

当然，网络秩序还有另外一种更重要的含义，也就是互联网用户之间因发生各种社会关系而产生的现实秩序问题。互联网虽为虚拟世界，但互联网用户可都是生活在现实世界中的个人或者群体，他们在虚拟世界中的行为和状态与现实世界有着多方面的联系和影响。互联网用户对某一问题的集中关注和讨论，互联网上出现的各种真假难辨的消息，自然会对用户的生活心理产生影响，进而影响到他们在现实世界中的生活。因此，这里的问题就是，能否将网络秩序等同于现实社会中的“社会秩序”？更具体地说，蓄意编造谣言，可否认定为“严重扰乱网络秩序”的行为，并进而将其认定为“严重扰乱社会秩序”而令其承担行政法甚至刑法上的责任？

从我国法律的规定看，网络秩序能否等同于社会秩序这一问题的答案似乎不难发现。对通过互联网散布恐怖信息的行为而言，《刑法》第 291 条之一条规定的编造故意传播虚假恐怖信息罪定罪的构成要件之一就是必须要有“严重扰乱社会秩序”的后果。那么，这里的“社会秩序”是否也包含网络秩序？按照最高人民法院的司法解释，编造、故意传播虚假恐怖信息的行为对社会秩序的扰乱，限于以下几种情形：（1）致使机场、车站、码头、商场、影剧院、运动场馆等人员密集场所秩序混乱，或者采取紧急疏散措施的；（2）影响航空器、列车、船舶等大型客运交通工具正常运行的；（3）致使国家机关、学校、医院、厂矿企业等单位的工作、生产、经营、教学、科研等活动中断的；（4）造成行政村或者社区居民生活秩序严重混乱的；（5）致使公安、武警、消防、卫生检疫等职能部门采取紧急应对措施的；（6）其他严重扰乱社会秩序的。从该司法解释所具体列举的事项看，《刑法》第 291 条之一条上的"严重扰乱社会秩序"，应当指的都是现实世界中的生活秩序，而不包括所谓的网络秩序。换言之，当事人在互联网上散布的恐怖信息造成现实社会秩序严重扰乱的，方才构成犯罪。按照最高人民法院有关人员的解释，"如果行为人虽然实施了编造、故意传播虚假恐怖信息的行为，但是他的行为没有达到严重扰乱社会秩序的严重程度，就不能够以犯罪论处"。

对《刑法》的解释原则亦可适用于对《治安管理处罚法》相关条款的解释。《治安管理处罚法》第 25 条规定，散布谣言，谎报险情、疫情、警情或者以其他方法故意扰乱公共秩序的，要处以拘留或者罚款的行政处罚。按照这条规定，承担行政处罚责任的条件之一依然在于所散布的谣言"扰乱社会秩序"。从理论上说，法律本应当是一个"评价统一体"，[①]因此，除非立法者有明确的意图，否则同样的术语应当做相同的解释。[②]既然《刑法》上的"社会秩序"指的是现实世界中的秩序，那么《治安管理处罚法》上的"社会秩序"就不应当偏离《刑法》的方向，而将虚拟世界的网络秩序也包含进来。实践中的案例也说明了这一点。2013 年 8 月 26 日河北省清河县公安局发现百度贴吧"清河吧"网名为"宁 05021"的网民发布消息称："听说娄庄发生命案了，有谁知道真相吗？"清河县公安局迅速与相关部门进行核实，确定该信息为谣言信息，并在贴吧及时发布通告澄清事实；同时快速确定造谣网民身份，并于 8 月 28 日将违法人员赵某行政拘留。清河县公安局有关人士表示，该帖迅速被点击 1000 余次，引起很多不明真相网民猜测，同时此事在该县群众中传播，引起了民众恐慌，此谣言严重扰乱了当地社会公共安全秩序。[③]这个案例也说明，只有网络谣言"扰乱了当地社会公共安全秩序"时，才能给予治安管理处罚。众所周知，互联网上并没有"当地"或者"外地"之分，而本案对"当地"的强调，正好说明网络秩序并

① [德]魏德士著：《法理学》，吴越、丁晓春译，法律出版社2005年版，第121页。

② [美]詹姆斯·安修著：《美国宪法判例与解释》，黎建飞译，中国政法大学出版社1999年年版，第21页。

③ http://news.163.com/13/0902/02/97O0P47J00014Q4P.html. 2013年10月3日访问。

非法律意义上的社会秩序。

（三）互联网上的数目字管理问题

互联网上的信息传播都能呈几何倍数的增长，这与传统的信息传播形成了鲜明的对比。因此，在寻找互联网的规制方法时，一定要注意互联网信息传播的这个特征，不宜轻易将现实社会中常用的数目字管理方法移用到互联网上来。所谓“数目字管理”，其中包含了量化管理的意思，也就是以一定的数量作为赋予权利义务的基准。例如在我国的法律实践中，我国《刑法》在有的时候以危害结果的大小作为划分罪与非罪的界限，[①] 例如对于非法持有毒品的行为而言，《治安管理处罚法》第 72 条规定：非法持有鸦片不满 200 克、海洛因或者甲基苯丙胺不满 10 克或者其他少量毒品的，属于违反《治安管理处罚法》的行为。《刑法》第 348 条规定：非法持有鸦片 1000 克以上、海洛因或者甲基苯丙胺 50 克以上或者其他毒品数量大的，处 7 年以上有期徒刑或者无期徒刑，并处罚金。盗窃也是一样，按照《刑法》第 322 条的规定，盗窃公私财物，数额较大的，或者多次盗窃、入户盗窃、携带凶器盗窃、扒窃的，处三年以下有期徒刑、拘役或者管制，并处或者单处罚金。何谓“数额较大”？按照 1997 年最高人民法院《关于审理盗窃案件具体应用法律若干问题的解释》第 3 条的规定，盗窃公私财物“数额较大”是指个人盗窃公私财物价值人民币 500 元至 2000 元以上。如果低于这个标准，则不构成《刑法》上的盗窃罪，但可以按照《治安管理处罚法》第 49 条[②] 的规定予以行政处罚。《刑法》在有的时候则以危害结果的大小作为量刑的重要依据。[③] 例如《刑法》第 264 条关于盗窃的规定，盗窃“数额巨大或者有其他严重情节的，处三年以上十年以下有期徒刑，并处罚金；数额特别巨大或者有其他特别严重情节的，处十年以上有期徒刑或者无期徒

---

① 高铭暄主编：《刑法学》，法律出版社1984年版，第123页。

② 《治安管理处罚法》第49条：盗窃、诈骗、哄抢、抢夺、敲诈勒索或者故意损毁公私财物的，处五日以上十日以下拘留，可以并处五百元以下罚款；情节较重的，处十日以上十五日以下拘留，可以并处一千元以下罚款。

③ 高铭暄主编：《刑法学》，法律出版社1984年版，第124页。

刑，并处罚金或者没收财产”。按照最高人民法院的司法解释，“数额巨大”的标准为5000元至2万元，数额特别巨大的标准是3万元至10万元。

随着我国互联网的发展，利用互联网实施犯罪的活动日益增多。为了应对与互联网有关的犯罪，我国司法部门开始应用数目字管理的方式，将互联网上点击或者转发的次数作为认定犯罪或者量刑轻重的重要标准。检索我国有关的司法解释，这样的情形主要涉及以下几类犯罪：

（1）侵犯著作权罪

《刑法》第217条规定：以营利为目的，有下列侵犯著作权情形之一，违法所得数额较大或者有其他严重情节的，处三年以下有期徒刑或者拘役，并处或者单处罚金。何谓“情节严重”？2011年1月最高人民法院、最高人民检察院、公安部颁布的《关于办理侵犯知识产权刑事案件适用法律若干问题的意见》第13条规定：以营利为目的，未经著作权人许可，通过信息网络向公众传播他人文字作品、音乐、电影、电视、美术、摄影、录像作品、录音录像制品、计算机软件及其他作品，具有下列情形之一的，属于刑法第二百一十七条规定的“其他严重情节”：……（三）传播他人作品的实际被点击数达到50000次以上的。同时，按照该司法解释的规定，如果实际点击次数达到第（三）项规定次数5倍以上的，属于刑法第217条规定的“其他特别严重情节”。

（2）损害商业信誉、商品声誉罪

《刑法》第221条规定：捏造并散布虚伪事实，损害他人的商业信誉、商品声誉，给他人造成重大损失或者有其他严重情节的，处二年以下有期徒刑或者拘役，并处或者单处罚金。2010年最高人民检察院、公安部《关于公安机关管辖的刑事案件立案追诉标准的规定（二）》第74条规定：捏造并散布虚伪事实，损害他人的商业信誉、商品声誉，涉嫌下列情形之一的，应予立案追诉：（一）给他人造成直接经济损失数额在五十万元以上的；（二）虽未达到上述数额标准，但具有下列情形的：利用互联网或者其他媒体公开损害他人商业信誉、商品声誉的。

（3）诽谤罪

《刑法》第246条规定：以暴力或者其他方法公然侮辱他人或者捏造事

实诽谤他人，情节严重的，处三年以下有期徒刑、拘役、管制或者剥夺政治权利。前款罪，告诉的才处理，但是严重危害社会秩序和国家利益的除外。何谓“情节严重”？2013 年 9 月，最高人民法院、最高人民检察院发布的《关于办理利用信息网络实施诽谤等刑事案件适用法律若干问题的解释》第 2 条规定：利用信息网络诽谤他人，具有下列情形之一的，应当认定为刑法第二百四十六条第一款规定的“情节严重”：（一）同一诽谤信息实际被点击、浏览次数达到 5000 次以上，或者被转发次数达到 500 次以上的。

（4）组织、利用会道门、邪教组织、利用迷信破坏国家法律实施罪

《刑法》第 300 条规定：组织和利用会道门、邪教组织或者利用迷信破坏国家法律、行政法规实施的，处三年以上七年以下有期徒刑。2001 年 6 月最高人民法院、最高人民检察院《关于办理组织和利用邪教组织犯罪案件具体应用法律若干问题的解释》第 1 条规定：制作、传播邪教宣传品，宣扬邪教，破坏法律、行政法规实施，具有下列情形之一的，依照刑法第三百条第一款的规定，以组织、利用邪教组织破坏法律实施罪定罪处罚：……（三）利用互联网制作、传播邪教组织信息的。

（5）制作、复制、出版、贩卖、传播淫秽物品牟利罪

《刑法》第 363 条规定：以牟利为目的，制作、复制、出版、贩卖、传播淫秽物品的，处三年以下有期徒刑、拘役或者管制，并处罚金。2004 年 9 月最高人民法院、最高人民检察院颁布的《关于办理利用互联网、移动通讯终端、声讯台制作、复制、出版、贩卖、传播淫秽电子信息刑事案件具体应用法律若干问题的解释》第 1 条规定：以牟利为目的，利用互联网、移动通讯终端制作、复制、出版、贩卖、传播淫秽电子信息，具有下列情形之一的，依照刑法第 363 条第一款的规定，以制作、复制、出版、贩卖、传播淫秽物品牟利罪定罪处罚：（四）制作、复制、出版、贩卖、传播的淫秽电子信息，实际被点击数达到 10000 次以上的。2010 年最高人民法院、最高人民检察院《关于办理利用互联网、移动通讯终端、声讯台制作、复制、出版、贩卖、传播淫秽电子信息刑事案件具体应用法律若干问题的解释（二）》第 1 条规定：以牟利为目的，利用互联网、移动通讯终端制作、复制、出版、贩卖、传播内容含有不满十四周岁未成年人的淫秽电子信息，

具有下列情形之一的，依照刑法第三百六十三条第一款的规定，以制作、复制、出版、贩卖、传播淫秽物品牟利罪定罪处罚：（四）制作、复制、出版、贩卖、传播的淫秽电子信息，实际被点击数达到5000次以上的。

（6）传播淫秽物品罪

《刑法》第364条规定：传播淫秽的书刊、影片、音像、图片或者其他淫秽物品，情节严重的，处二年以下有期徒刑、拘役或者管制。按照2004年9月最高人民法院、最高人民检察院颁布的《关于办理利用互联网、移动通讯终端、声讯台制作、复制、出版、贩卖、传播淫秽电子信息刑事案件具体应用法律若干问题的解释》第3条的规定，不以牟利为目的，利用互联网、移动通讯终端传播淫秽电子信息，点击数量达到20000次以上的，以制作、传播淫秽物品罪定罪处罚。按照2010年最高人民法院、最高人民检察院《关于办理利用互联网、移动通讯终端、声讯台制作、复制、出版、贩卖、传播淫秽电子信息刑事案件具体应用法律若干问题的解释（二）》第2条的规定，利用互联网、移动通讯终端传播内容含有不满十四周岁未成年人的淫秽电子信息，被点击次数达到10000次以上的，以传播淫秽物品罪定罪处罚。

以上多则司法解释均将互联网上的点击次数、浏览或者转发次数当作是犯罪的一个构成要件。就功能而言，无论是点击、浏览或者转发实际上都是信息传播行为，点击或者转发越多，则信息非法传播的范围也就越大，后果也就越严重，对社会的危害亦越大。这或许是上述司法解释将其作为犯罪认定标准的一个重要原因。不过问题在于，由于网络社会与现实社会有着很大的区别，因此能否在互联网规制过程中简单套用数目字管理方法，将单纯点击、浏览或者转发次数当作罪与非罪的认定标准，就是一个值得认真研究的问题。例如对《刑法》第362条规定的制作、复制、出版、贩卖、传播淫秽物品牟利罪而言，按照司法解释的规定，“淫秽电子信息实际被点击数达到5000次以上的”即构成犯罪。这里问题在于：（1）《刑法》第363条所谓“制作、复制、出版、贩卖、传播”淫秽物品的行为，实际上都是犯罪行为人的积极作为，是行为人可控的；而“点击”恰恰不是犯罪行为人的行为，而是网络浏览者的行为，属于他人的行为，属于犯罪行为人绝对不可控的。能否以不可控的他人行为作为行为人承担刑事责任的依据？其法理依据何在？（2）犯罪行为人要完成本条司法解释前几项规定的行为，都需要付出大量的财力物力，劳心劳力，颇为不易，就此也可以说明行为人的主观恶性；但互联网上一个贴子被点击 10000 次——即便将所谓的“网络水军”的浏览或者转发量排除在外——则甚为简单。人们只需要轻点鼠标而已！前面已经指出，互联网上的信息传播都呈几何倍数的增长，一个普通帖子被浏览几十万、被转发几千次都甚为寻常，而这在现实社会中几乎都是不可能的。

对《关于办理利用信息网络实施诽谤等刑事案件适用法律若干问题的解释》而言，该司法解释也存在体系上的不协调和评价上的不一致。按照该司法解释第 2 条的规定，“同一诽谤信息实际被点击、浏览次数达到 5000 次以上，或者被转发次数达到 500 次以上的”诽谤行为与“造成被害人或者其近亲属精神失常、自残、自杀等严重后果的”诽谤行为具有同等的性质，即都属于诽谤行为的“情节严重”。这里值得指出的是，点击 5000 次或者转发 500 次岂能同被害人精神失常、自残、自杀相提并论？司法解释将其同等作为评价诽谤是否“情节严重”的依据，明显属于判断失误。这几乎无需细致的法理分析，一般人诉诸其朴素的法感即可做出判断。因为就人们通常的社会经验而言，诽谤行为“造成被害人或者其近亲属精神失常、自残、自杀等严重后果的”情形毕竟不多见，一般人并不是一听到对他的诽谤之词即会去自残甚至自杀，但在互联网时代诽谤信息被点击浏览 5000 次或者转发 500 次却极为常见，举手之劳而已。更为重要的是，“被害人或者其近亲属精神失常、自残、自杀”在现实世界中乃是性质非常严重的后果，而诽谤信息被点击浏览 5000 次或者转发 500 次又能说明什么问题呢？由于互联网的信息传播具有发散性，这些数字甚至都不能说明诽谤信息传播的范围较大，更无论什么严重后果了。

当然，互联网上的点击、浏览或者转发次数也是一个衡量信息流通范围的依据。不过需要特别注意的是，互联网是一个信息快速流通的渠道，其速度流转之快绝非现实世界可比。因此，似乎不能仅以信息被点击、浏览或者转发的次数多少来作为认定犯罪的依据。反过来说，如果将互联网上的点击、浏览或者转发数作为定罪的依据，则犯罪的门槛几乎不复存在，这使得人们动辄处于违反刑法的境地，反而也消耗了刑法的威力，得不偿失。

（四）谣言转发者的责任承担问题

所谓谣言，即没有事实根据的消息。[①]谣言在不同的社会以及不同的时代都有其存在，其原因可以说是甚为复杂，甚至在社会学意义上，谣言也具有重要的社会功能。就谣言的传播而言，互联网的出现为其提供了最简便易行的渠道，而且由于互联网信息传播的发散性，谣言即可借此东风而风传四处，危害甚大。“网络谣言从一个人传到几个人，再从几个人传到一定数量的人，像滚雪球一样传递下去。这种一传十、十传百式的谣言传播模式，被专家们称为‘树状传播’或‘葡萄藤传播’”。[②]例如最高人民法院有关人员在论及网络恐怖信息传播的时候即指出，“近年来，全国各地陆续发生了一些编造、故意传播虚假恐怖信息的犯罪活动。这些犯罪活动，有的为勒索钱财目的，向商场、酒店等企事业单位散布爆炸威胁的虚假恐怖信息；有的出于无聊、好奇或者为了‘出风头’，还有的则是基于发泄私愤、报复社会等动机，散布‘发生地震’、‘飞机上有炸弹’等虚假恐怖信息，引起不同程度的社会恐慌，严重影响了国家机关、企事业单位和人民群众正常的工作、生产、交通、生活等秩序，造成了极为严重的社会危害。今年（2013年）5月15日至18日短短四天时间里，全国就连续发生6起编造虚假爆炸信息威胁民航安全的事件，造成北京、上海、广州等地共22架次航班返航、备降或延迟起飞，给民航企业和广大乘客造成了重大损失。”对此危害社会秩序的网络谣言（包括虚假的恐怖信息）必须予以法律制裁。

我国法律根据谣言的不同危害程度而给予其不同的法律定位，并规定了不同性质的法律责任。《刑法》对谣言的规定主要有以下几种：（1）以造谣方式煽动推翻国家政权、社会主义制度的行为（第105条）；（2）编造并且传播影响证券、期货交易虚假信息的行为（第181条）；（3）捏造并散布

① 中国社会科学院语言研究所编：《现代汉语词典》，商务印书馆1983年版，第1341页。

② 熊慧敏：《试论互联网“葡萄藤”传谣模式的成因和传播特点》，《中国报业》2012年第10期（下）。

虚伪事实，损害他人的商业信誉、商品声誉的行为（第221条）；（4）编造爆炸威胁、生化威胁、放射威胁等恐怖信息，或者明知是编造的恐怖信息而故意传播的行为（第291条之一）；（5）战时造谣惑众，扰乱军心的行为（第378条）。另外，按照《治安管理处罚法》第25条的规定有散布谣言，谎报险情、疫情、警情或者以其他方法故意扰乱公共秩序的行为。这些法律的规定，已经为互联网上谣言的治理奠定了基本的法律依据。这里需要指出的是，网络谣言与一般谣言的法律治理在很多方面都具有相同的属性，因此也应当遵守相同的法律原则，例如区分事实陈述与意见表达，区分错误陈述与蓄意造谣，严格区分刑事制裁与行政处罚的适用，等等。这里主要谈谈网络谣言在处理上的特殊问题，即转发者的责任承担问题。

谣言转发者的责任承担问题之所以会成为一个特殊问题，就在于在现实世界中要认定谣言的传播者要比认定谣言的编造者更难，实际上几乎无法进行。在现实世界中，谣言通过口口相传的方式传播，谣言的传播路径极不稳定，很难认定传播者。因此我国《刑法》所惩处的与谣言有关的行为，例如“造谣、编造并且传播、捏造并散布”等行为，基本上是谣言编造的行为，而非仅仅是谣言传播的行为。只有第291条之一条规定的故意传播恐怖信息罪将谣言传播行为予以了犯罪化处理。不过，与现实世界中谣言的传播方式不同的是，互联网上谣言的传播都会在互联网上留下痕迹，这种痕迹通过简单的互联网技术就能确定，因此要查找和确定传播者甚为简单方便。既然互联网上能否确定谣言的转发者，那么是否可以追究转发者的法律责任呢？从法律上说，有关法律似乎也可以作为追究转发者责任的依据：（1）《刑法》第291条之一的规定不仅针对恐怖信息的编造者，而且也针对信息的传播者；（2）对于一般社会谣言而言，《治安管理处罚法》第25条规定的是“散布谣言”，而并没有区分谣言的编造和传播行为；（3）对于诽谤性谣言而言，第三人的重复性传播在一定条件下也需要承担诽谤责任。[①]

笔者认为，这个问题的处理，因为事关公民的言论自由和知情权，因

① 张新宝：《中国侵权行为法》，中国社会科学出版社1998年版，第328页。

此需要特别小心谨慎，应当根据不同的情形予以不同的处理：

（1）对《刑法》第 291 条之一规定的编造、故意传播虚假恐怖信息罪而言，按照《刑法》的规定，当事人如果明知是编造的恐怖信息而故意转发的话，即构成犯罪。《刑法》在这里不分谣言（恐怖信息）的编造与传播，因此单纯的转发也构成犯罪。也就是最高人民法院有着人士所说的，“即使行为人本人没有编造恐怖信息，但明知是虚假恐怖信息而故意传播，严重扰乱社会秩序的，也应依法追究刑事责任”。另外，还需要强调的是，“如果行为人虽然实施了编造、故意传播虚假恐怖信息的行为，但是他的行为没有达到严重扰乱社会秩序的严重程度，就不能够以犯罪论处”。

（2）对《治安管理处罚法》规定的“散布谣言”和诽谤的信息而言，除非能证明当事人存在主观故意，否则不应当追究转发者的责任，理由是：其一，从人们日常的生活经验出发，面对互联网上海量的信息，普通人绝没有能力和手段去将他感兴趣的信息一一核实，法律也不能强人所难，要求人们只能在核实信息后才能予以转发和传播。我国法院在“王菲诉海南天涯在线网络科技有限公司名誉权、隐私权纠纷案”和“范黄河等诉腾讯计算机系统有限公司等侵权案”中既然承认网络服务提供商都没有审查核实信息的义务，又怎能要求普通民众在信息交换过程中核实信息？就事实而言，网络提供商毕竟要比普通民众更有核实互联网上不实信息的技术和手段。实践中有地方的公安机关认为：“无论是微博上，还是论坛及其他网络平台上，看到一些耸人听闻的事件时，最好先凭自身经验判断一下，这事情到底是真是假。如果当事人在主观意识上能判断该消息是谣言或是虚假信息，不管是原创还是转发，都需要承担相应的法律责任。”[1] 这样的要求对于普通民众来说实在是强人所难了。其二，更重要的是，现实世界中对不法行为人造谣行为的认定总是面临证据法上的严重难题，因为要查找谣言的源头——即认定造谣者总是很难，但不法行为人在互联网上造谣总是会留下“痕迹”，它很容易通过互联网的技术手段予以认定。因此，如果我

① “浙江网警：微信朋友圈转发谣言也属违法”，http://news.xinhuanet.com/local/2013-08/27/c_125252551.htm. 2013年10月3日访问。

们认为造谣的危害大于传谣，则既然互联网上的造谣者极易认定，从比例原则的要求出发，就没有必要再去追究所谓“传谣者”的法律责任了。2013年9月26日，最高人民法院的有关人士也指出，《最高人民法院、最高人民检察院关于办理利用信息网络实施诽谤等刑事案件适用法律若干问题的解释》“打击的是信息的捏造者、发布者，而不是转发者”。[①]

（五）“网络大V”的认定和责任承担问题

互联网虽说具有平等性，任何网民都可以随时发表自己的意见和观点，但就现实情况看，网民在现实生活中的社会身份对其在互联网上的影响力有着决定性的影响。知名的影星、政治人物或者企业家都在互联网上有着更多的关注者。例如截至2013年9月13日，新浪微博粉丝数量超过5000万的有5人，其中陈坤的粉丝数量达到55721555；林心如的粉丝数量为52704959；姚晨的粉丝数量为52074852；郭德纲的粉丝数量为51750874；李开复的粉丝数量为51430351。上述5人，除李开复为知名企业家外，其他4人都是影视明星。由于拥有庞大的关注者队伍，因此同样的观点，出自于普通网民很可能会无人理睬，而若出自于这些“网络大V”[②]则非常容易得到普通网民的浏览或者是转发。换言之，这些“网络大V”有着普通网民所不具备的影响力。“网络大V”所发表的信息，其传播范围即可在瞬间放大千万倍，其影响力绝非普通网民可比。

既然“网络大V”占有着更多的网络资源，有着更多的影响力，从这个意义上说，在互联网的规制方面，将“网络大V”与普通网民区别对待就有着正当的理由。实际上这一点也得到了我国司法实践的肯认。在“金山安全软件有限公司诉周鸿伟侵犯名誉权纠纷案”中，北京市海淀区人民法院即正确地指出，微博领域的公众人物“拥有众多的粉丝，更多的话语权，理应承担更多的责任，对于微博上的个人言行及其后果有更为自觉的认识，

① http://www.yxgz.cn/html/zhuanti/2013/0927/266293.html. 2013年10月4日访问。

② 按照百度文库的介绍，网络大V是网络大侠或重要人物的意思。能称为网络大侠的是指那些“粉丝”众多的网络贵宾账户，现在通常把“粉丝”在50万以上的称为网络大V。http://wenku.baidu.com/view/285c6ce789eb172ded63b792.html. 2013年9月12日访问。

注意克服自己对于竞争对手主观臆断、意图恶意打压的内在冲动，更加自觉地对自己的言论予以克制”，因此对其“微博言论自由的限制和注意义务的要求要适当高于普通网民或消费者”。[①] 这个判决的引人瞩目之处有两点：（1）提出了微博领域“公众人物”的概念。与“网络大V”这个通俗的说法相比，“公众人物”这个概念能够涵盖“网络大V”在内，但因为“公众人物”更是一个法律概念，既为我国法学理论界所常用，[②]而且也普遍出现在我国司法裁判文书当中，[③]因此使用“公众人物”这个概念更规范些。（2）提出了互联网环境下公众人物“注意义务”加重的理论。在法院看来，公众人物在互联网信息传播过程中应当更为慎重，既然其影响力甚广，其注意义务也就应相应加重。

当然，有关互联网上公众人物注意义务加重的问题，还有两个问题需要讨论：

（1）公众人物的界定。公众人物本是美国联邦最高法院在司法判决上提出的概念，但法院并没有对这个概念进行界定。这遭到了一些学者的批评。他们认为，对于这样一个处于美国宪法第一修正案中枢位置的概念，最高法院居然未能给出一个清晰的定义，最高法院因此未能履行为低级法院的裁判提供指引的职责。不过，一位美国联邦法院法官就坦陈，给公众人物下定义，其难度如同将软蛋钉上墙。[④] 从法学方法论上说，公众人物并不是一个抽象概念，而是一种类型；对类型无法采取像对该抽象概念那样的方式，列举出固定的特征进而提出一个定义，而只能诉诸一种“整体性的关照”。[⑤]公众人物的意义，正如美国联邦最高法院判词所说，在于“他们

---

① 北京市第一中级人民法院（2011）一中民终字第09328号判决书。

② 张新宝：《名誉权的法律保护》，中国政法大学出版社，第108页；张新宝：《中国侵权行为法》，中国社会科学出版社1998年版，第385页；王利明主编：《民法》，中国人民大学出版社2000年版，第519页。

③ 例如高晓松危险驾驶案，北京市东城区人民法院（2011）东刑初字第296号刑事判决书；王菲诉张乐奕名誉权纠纷案，北京市第二中级人民法院（2009）二中民终字第5603号民事判决书。

④ See Michael A.Bamberger, Public Figures and the Law of Libel: A Concept in Search of a Definition, 33 Bus. Law. 709,714（1978）.

⑤ 林立：《法学方法论与德沃金》，中国政法大学出版社2002年版，第131页。

的行为都对公共利益有着支配性的影响”。[①]这种意义性，也可以看作是公众人物概念的“识别性特征”。因此，对互联网上公众人物的界定而言，人们就不能只将目光集中在其外在的一个或者几个特征之上，而是要对其予以“整体性的关照”，看他们的行为对公共利益是否有着支配性的影响。就此而论，决不能只根据粉丝数来做公众人物的认定，还要考虑诸如其在现实社会中的身份和影响、网络活动的频率、报刊媒体关注度等多个方面来作综合认定。

（2）公众人物注意义务的界限。公众人物在互联网上应当具有较重的注意义务，问题是其注意义务的界限在哪里？能否因为其注意义务较重，就认为其对信息的转发应当担负必要的审查之责，不能随意转发未经证实的消息？在2013年全国范围内集中部署打击利用互联网造谣和故意传播谣言行为的过程中，国家互联网信息办网络新闻协调局有关负责人介绍说，“有一些所谓‘大V’账号以‘求辟谣’、‘求证’等方式故意扩散谣言，让一些不明真相的网民跟风，损害了网络媒体的公信力，扰乱了正常传播秩序”，[②]直指公众人物对谣言的转发行为。不过，既然法律都不能要求网络服务提供商对互联网上的信息承担事前的审查核实之责，又怎能要求公众人物来承担这样的责任？公众人物在互联网上面对的也是海量的信息，他更没有必要的技术和能力来履行查证之责。这就是说，就对信息的转发而言，公众人物与普通网络用户实具有相同的法律地位，他们都没有能力，也没有法律义务对其转发的信息履行查证核实的责任。

那么，公众人物注意义务的加重应当体现在哪个方面呢？笔者认为，在我国民法上，名誉侵权责任的成立须以当事人传播虚假事实为构成要件。[③]当然，事实是否虚假，在很多时候并非十分确定，而需要当事人予以判断，这就涉及侵权法上当事人的注意义务，没有尽到注意义务，即可认定当事人存在过错。对于普通人来说，他只需要承担合理的注意义务（reasonable

① Curtis Publishing Co. v. Butts, 388 U.S. 130,155（1967）.

②“国家互联网信息办部署打击网络谣言”，http://news.163.com/13/0502/11/8TS8FKOJ00014JB5.html. 2013年10月5日访问。

③ 张新宝：《中国侵权行为法》，中国政法大学出版社1998年版，第323页。

care）。对于公众人物而言，既然认为互联网上公众人物应当负有加重的注意义务，则可要求其对事实的判断尽高度的注意义务（great care），即"非常谨慎的人在处理自身事务时的关注程度，或者一般谨慎的人在处理自己的重要事务时的关注程度"。[①] 如果公众人物在互联网上发表言论时没有尽到高度的注意义务，即可认定其存在过错。

（六）网络实名制问题

在互联网立法规制方面，很多人都主张互联网施行实名制，以便预防和避免不良信息的制造和传播。就目前来看，我国已经形成了网络实名制的基本法律框架。2004 年教育部、共青团中央《关于进一步加强高等学校校园网络管理工作的意见》提出高校要"切实抓好校园网站的登记、备案工作，落实用户实名登记制度"；"高校校园网 BBS 是校内网络用户信息交流的平台，要严格实行用户实名注册制度"。2009 年，杭州市人大常委会审议通过《杭州市计算机信息网络安全保护管理条例》，它成为我国第一个要求"网络实名制"的地方性法规。该《条例》第 18 条规定：互联网接入服务提供者及主机托管、租赁和虚拟空间租用等互联网数据中心服务提供者，应当"如实登记申请服务的用户基本情况、网络应用种类和范围以及身份证明，每月将用户登记情况及所分配的网络地址等有关情况报所在地公安机关备案"。2011 年北京市人民政府新闻办公室、市公安局、市通信管理局和市互联网信息办公室共同制定的《北京市微博客发展管理若干规定》第 9 条规定：任何组织或者个人注册微博客账号，制作、复制、发布、传播信息内容的，应当使用真实身份信息，不得以虚假、冒用的居民身份信息、企业注册信息、组织机构代码信息进行注册。2012 年全国人大常委会通过的《关于加强网络信息保护的决定》第 6 条规定：网络服务提供者为用户办理网站接入服务，办理固定电话、移动电话等入网手续，或者为用户提供信息发布服务，应当在与用户签订协议或者确认提供服务时，要求用户提供

① Henry Campbell Black, Black' s Law Dictionary,6th, West Publishing Co., 1990, p213；薛波主编：《元照英美法词典》，法律出版社2003年版，第612页。

真实身份信息。至此，互联网实名制在我国得以正式确立。

网络实名制的确能够方便互联网的管理，也能够便利对违法信息发布人责任的追究。对于互联网上盛嚣尘上的种种不法信息或者流言蜚语而言，实名制似乎是最好的一剂良药。[①] 不过互联网的管理方便不应当成为是否采取实名制的理由。人们需要看到的是，网络实名制也是“双刃剑”——实名制的要求会使得公民在互联网上发表言论之前，即因害怕没有完整准确陈述事件经过被追责而怯于发表正当的言论，此所谓言论自由领域的“寒蝉效应”。[②] 从基本权利理论上说，“凡因国家之行为而致人民之基本权利无法完善行使者，均可能构成对基本权利之侵害”。[③] 网络实名制对公民表达自由的而言显然是一种不利益，因此构成基本权利的干预或者侵害。当然，这里说实名制是对表达自由的限制，只是一种事实性的表述，而并不表明这里的限制不适当或者违反宪法。从宪法上说，国家可以基于合法的目的而对基本权利予以限制，此为我国宪法第 51 条所明定。不过国家对基本权利的限制需要遵守一些基本的条件，其一就是法律保留原则。

法律保留原则是指，国家对基本权利的限制必须以制定法律的方式来进行。按照我国《立法法》第 8 条规定：“对公民政治权利的剥夺、限制人身自由的强制措施和处罚”只能制定法律，此乃法律保留原则的体现。言论自由属于我国宪法上政治权利的范畴，这既是我国宪法学理论的通说，[④] 也为我国《刑法》第 54 条所明定。[⑤] 因此这里的问题就是，全国人大常委会

---

① 例如对于《关于加强网络信息保护的决定》中的实名制规定，中南财经政法大学教授吕忠梅表示，我们现在很多信息被一些机构拿去卖钱了，但当事人无法弄清楚是哪个环节泄露的信息，如何取证？如何查处？但今后如果实行网络实名制，则能够查到泄露信息的源头。“全国人大常委会审议加强网络信息保护的决定”，http://it.sohu.com/20121226/n361575955.shtml，2013年10月6日访问。

② 2009年杭州市通过《《杭州市计算机信息网络安全保护管理条例》前后，即有人指出，网民发表的意见，也有一些谣言、语言暴力等问题，但毕竟是极少一部分，守法的网民是占绝大多数的；对于喜欢造谣生事的网民，可以通过刑法等法律追究其责任，如果为防范极少数人的不良行为，而让全体网民“收缩空间”，这样做会不会“矫枉过正”？“杭州推网络实名：不执行还是不可行？”

③ 李建良：《宪法理论与实践》（一），学林文化事业有限公司2003年版，第83页。

④ 许崇德主编：《中国宪法》（第四版），中国人民大学出版社2010年版，第316页。

⑤ 《刑法》第54条：剥夺政治权利是剥夺下列权利：（二）言论、出版、集会、结社、游行、示威自由的权利。

《关于加强网络信息保护的决定》所规定的实名制是否符合法律保留原则。更具体地说，《关于加强网络信息保护的决定》是否属于《立法法》第8条意义上的“法律”？[①]

关于《关于加强网络信息保护的决定》的法律性质，吴邦国委员长在第11届全国人大常委会第30次会议上的讲话中指出：“常委会认真总结网络发展和管理的实践经验，分析国外网络立法情况，广泛听取各方面意见，作出关于加强网络信息保护的决定，以法律形式保护公民个人及法人信息安全，确立网络身份管理制度……”[②]这个讲话提到该《决定》具有“法律形式”，这是否意味着它就是《立法法》第8条意义上的法律呢？笔者认为，全国人大常委会制定的规范性文件应当说都具有法律效力，但不能因此认定它们就都是严格意义上的法律；要成为法律，还必须符合我国《立法法》所规定的程序和条件。《立法法》是规范立法程序的基本法律，它规定了法律从草案提出到公布的严格程序，如果不符合它规定的程序，即不能称之为法律。这里需要注意的是，我国立法体制的安排不同于美国宪法。按照美国宪法第1条第（7）款第三项的规定，国会两院通过的一切命令、决议或者表决都应呈递总统签署，否则即不具有法律效力。这体现了行政权对立法权的制约。[③]按照我国《立法法》第41条规定：常务委员会通过的法律由国家主席签署主席令予以公布，此乃国家主席依据宪法第80条的规定所享有的法律公布权。[④]但《立法法》只规定全国人大常委会所通过的法律由国家主席签署，而没有规定法律案以外的其他议案也要由国家主席签署。因此之故，全国人大常委会可以无需国家主席签署而通过法律之外的决议，这种决议在性质上不属于法律，而是具有法律效力的决议或者决定。[⑤]

① 张翔：《宪法教义学初阶》，《中外法学》2013年第5期。

② http://www.npc.gov.cn/npc/xinwen/syxw/2013-01/15/content_1751160.htm。

③ Clinton v. New York, 524 U.S.417（1998）.

④ 《宪法》第80条规定：中华人民共和国主席根据全国人民代表大会的决定和全国人民代表大会常务委员会的决定，公布法律。

⑤ 我国宪法第62条第（11）项规定，全国人民代表大会有权“改变或者撤销全国人民代表大会常务委员会不适当的决定”。这里的“决定”当指全国人大常委会通过的包括法律在内的所有规范性文件。

对于《关于加强网络信息保护的决定》而言，按照媒体的报道，该《决定》的草案虽由委员会会议向全国人大常委会提出，[①]于此符合《立法法》第24条的规定，[②]不过它仅由全国人大常委会表决通过，而没有由国家主席予以签署公布，[③]于此不合《立法法》第41条的规定。就此而论，该《决定》并非《立法法》意义上的法律，而属于《宪法》第62条意义上由全国人大常委会通过的"决定"。这种"决定"当然也具有法律效力（此即吴邦国委员长所讲的"法律形式"），但因为它不属于《立法法》第8条意义上的"法律"，所以不能用来限制公民的表达自由。当然，这并不是说《关于加强网络信息保护的决定》为无效，而仅仅是指出，如果要实行网络实名制，宜由全国人大常委会依照《立法法》规定的程序制定严格意义上的法律，而不宜以"决议"的方式来推行实名制。另外，从比例原则的角度观察，实名制是否属于对基本权利干预较小的互联网规制方式还值得观察。韩国在2007年即规定了网络实名制，但韩国宪法法院认为，实施互联网实名制后，违法留言非但没有明显减少，反而出现了用户逃避到海外网站的现象，以及国内外运营商受到不同待遇的现象等。韩国宪法法院于2012年判定网络实名制违反宪法。[④]韩国实行网络实名制的经验教训值得人们深思。

在宪法已经对通过互联网传播的各种信息作了基本定位的情形下，互联网规制立法就是要在宪法规范之下，对互联网上传播的信息进行更加明确的规范。从原则上说，对互联网的立法规制应当符合互联网的内在特性。"虚拟社会"不同于现实社会，互联网是一个信息交流的渠道，从法律属性

---

① "全国人大常委会审议关于加强网络信息保护的决定草案"，http://roll.sohu.com/20121225/n361469501.shtml。

② 《立法法》第24条：委员长会议可以向常务委员会提出法律案，由常务委员会会议审议。

③ 2012年12月28日第11届全国人大常委会第30次会议结束后，国家主席胡锦涛先后发布了五项主席令，其中第71、72、73、74号主席令签署公布了《证券投资基金法》、《老年人权益保障法》、《全国人民代表大会常务委员会关于修改〈中华人民共和国劳动合同法〉的决定》、《全国人民代表大会常务委员会关于修改〈中华人民共和国农业法〉的决定》，而第75号主席令为对公安部部长的任免决定。这五项主席令中没有对《关于加强网络信息保护的决定》的公布令。http://www.gov.cn/flfg/2012-12/28/content_2301529.htm, 2013年10月6日访问。

④ http://www.dfdaily.com/html/51/2012/8/24/849612.shtml。

上说它并不等同于现实社会中的“公共场所”，互联网上的秩序也不等同于现实的社会秩序。因此在寻找适当的互联网规制方式时，不能轻易移用现实社会中信息流通的规制方式。无论是互联网上的数目字管理方式、谣言转发者的责任认定、互联网上公众人物的加重注意义务，还是网络实名制管理方式的采用，都必须符合互联网的内在特性。尤其是考虑到信息自由流通对于经济发展和社会建设的重要意义，对互联网的规制应当慎用刑罚的手段。

第三章　互联网立法范围和内容研究

摘要：结合实际需要，研究互联网行业需要立法规制的领域和事务，分门别类确定立法范围并在此基础上，研究每一类立法所应当包含的制度内容、所应规定的措施和所应实施的管理方式等，为立法实践的开展做前期准备，是极为重要的。

关键词：立法范围　立法内容

一　我国互联网的立法范围

20世纪90年代后期以来，互联网迅速成长，形成了诸多新的社会关系和法律关系。作为一个与现实世界重合①的“虚拟世界”，互联网权利体系是现实权利体系的延伸。互联网法律问题的最大特点是其全球性和跨国性。互联网立法与海商法有相似之处：海商法经历了从初期的海事习惯法再到各国国内法走向国际范围内统一的历史历程；跨越了从“船商合一”到“船商分离”的时代，形成了以法德为代表的大陆法系和英美为代表的英美法系海商法体系。互联网的立法模式因价值准则不同而不同，将随着互联网对人类影响的日渐深入而逐步展现出来，处理互联网领域的冲突法问题也是个极为复杂的问题。

① 笔者不认同所谓“重合关系”，因为互联网上的行为和法律关系总能在现实生活中找到实体的始作俑者。

法律的调整范围既与特定国家或地区面临的实际问题有关，也与该国或地区的法律体系构成有关，因此，不同的国家或地区之间不会有统一的标准。分析各国在互联网领域的立法不难看出，各国有各国的国情，国情的不同决定了各国在立法上的差异。没有两个国家的互联网立法是完全相同的，但是，这并不说明互联网立法领域没有共同的价值和原则。因此，研究互联网立法的范围和内容，必须从普遍性和特殊性相结合的角度出发，既研究各国的立法案例，又寻求中间的共同点；既研究各国立法中值得我们学习或者直接移植的部分，又分析我国国情，找到我国特色的立法范围与内容。

（一）为什么要在互联网领域立法

我们认同北京大学张平教授对互联网法概念的界定：互联网法跟知识产权一样，不可能有一部专门的法律叫知识产权法，它一定是由众多的部门法构成的集合的法律。如果从学术上要给它下一个定义，就是在调整互联网应用过程当中采用了各类社会关系的法律规范的集合。

他山之石，可以攻玉。现看看其他国家为何要在互联网领域立法。

首先，看大陆法系的德国。德国没有互联网法（德文：Internetrecht，英文：internet law）的法律部门，只是“与互联网有关的法律法规”的统称而已。[①]德国基本法明确规定公民的“言论与新闻出版自由”、“通信与电讯秘密”等基本权利，这是德国互联网立法的基石。在宪法之下，有两部条款法（Artikeigeset ）[②]《信息与通讯服务法》（1997年）、《电子交易统一法》（2007年），这两部法反映了与信息时代与时俱进的立法努力，体现了德国应对逐渐成势的电子交易的保护。

另外，德国互联网法以三部传媒法律为核心：《电子传媒法》（2007年2

① 颜晶晶：《传媒法视角下的德国互联网立法》，《网络法律评论》2012年第2期，北京大学出版社，第259页。

② 在德国法中，条款法（A rtikeige et ）又被形象地称为“大衣法”（Mantelgesetz），寓意一部条款法就像一件大衣一样，涵盖了某一既定主题下诸多法律的修订内容由于条款法常用来围绕某一主题对相关法律进行修订，因此也常被称为“修订法”（A nderu ngsgesetze）。同上。

月 26 日颁布，2007 年 3 月 1 日生效）、《广播电视与 电子媒体州际协议》[①]、《青少年媒体保护州际协议》（2003 年 4 月 1 日生效）。立法并非全部都能符合宪法的精神，因此德国联邦宪法法院还通过行使违宪审查权来行使宪法解释权，以更好的保护人民的权利。

再来看英美法系的美国。美国是网络起源的地方，它的互联网和计算机发展最快，同时也是世界上网络安全立法数量最多的国家，是以保护网络言论自由权案例闻名的国家[②]，同时也是以互联网领域反垄断案例[③]被学者反复研究的国家。美国的互联网立法主要是为了以下目的：

第一，打击犯罪。1978 年 8 月，美国佛罗里达州第一个通过了《佛罗里达州计算机犯罪法》，随后美国 47 个州相继颁布了计算机犯罪的立法。

第二，维护知识产权。美国《版权法》第 106 条把上网传播业作为发行的一种，这就使得网上传播者的利益得到一定程度的保障。

第三，解决网络色情问题。美国众议院司法委员会甚至专门要求，色情邮件加注标注。

第四，保护电子商务。美国对网络立法的目的也是为了保障公民权利，保障网上行为的顺利进行，最大限度的给网民空间，最大限度的实施网络行业自律。

最后选取处理国际互联网问题典范的欧盟。欧盟作为主权国家成立的地区性国际组织，非常注重权利的保护，尤其注重表达自由和其他可资保护价值之间的平衡问题。为此，欧盟对互联网违法及有害内容的管理采取了三大措施：第一，言论自由原则；第二，尊重隐私权原则；第三，比例原则。欧盟没有直接对其成员国互联网内容进行监管的权力，而是成立欧洲网络及信息安全委员会，来促进成员国关于网络信息安全建设发展。

---

① 其前身为1987年4月3日联邦德国16个联邦州共同签署的《广播电视业新规定州际协议》（Staatsvertrag zur N euordnung des Rundfu nkwesens），两德统一后，这份《协议》被1991 年8月31日签署的《统一德国广播电视州际协议》（Staatsvertrag uber den R undfu nk im vereinten Deutsehland）所取代。1994～2007年，该协议经过九次修改，并在2007年3月更名为《广播电视与电子媒体州际协议》，该协议纳入了“电子媒体”内容的规定。

② 苹果诉博客案。

③ 司法部诉微软公司案。

上述国家和国家组织进行互联网立法的主要目的是为了维护公民的权利不受非法侵犯、国家和公共利益不受非法侵犯，一言以蔽之：保护权利！这些立法像小心保护小苗的生长一样保护着本国互联网的发展，能维持互联网领域自治的就维持自治，只是在自治范围所不能及的领域内，尤其是在公共领域及国家领域才实行必要的管理。因此，明确立法目的是保障权利而非侧重监管是相当重要的。

如果互联网立法是人权保障法、是人民权利保障法，那么这种立法符合互联网运行的客观规律，因势利导地将公民权利在网上的延伸、公民知情权、监督权、检举权等的进一步发展等加以保护，这种立法符合宪法的精神，必然能在中国立法史上留下光辉的一页。互联网立法应遵循客观规律，注重法律权利的保护，合理体现立法管理设计上程序正当的价值理念。因此，在互联网立法中落实服务型、责任型政府也就成了符合立法目的的应有之义。

（二）互联网立法应包含哪些范围

“应该”是从应然层面说明问题，而不是“必然”层面。世界上的诸多“应然”并没有变成实然。但“实然”层面依然存在的问题往往说明应然和实然的差距。从这个角度去观察问题，更容易发现应然之所在。

1. 我国现有互联网立法状况及问题所在

我国的互联网立法开始于1993年，至今已有20年的历史。但是，我国在互联网领域的立法状况确实堪忧。当前，只有两部全国人大常委会颁布的法律层级的文件，其中一部还以“决定”命名。另外，部门规章有800多部。通过下列数据分析不难看出我国互联网立法的问题之所在。发现问题是分析问题、解决问题的第一步。发现问题，当然就不能讳疾忌医、回避问题的所在。

首先，让我们将当前中国互联网的法律、行政法规、主要部门规章做一个列表分析。

表3—1　　我国互联网法律、主要行政法规、部门规章一览表

法律规章名称	立法主体	发布时间	立法目的
关于维护互联网安全的决定	全国人大常委会（法律性文件）	2000.12	为了兴利除弊，促进我国互联网的健康发展，维护国家安全和社会公共利益，保护个人、法人和其他组织的合法权益。
电子签名法	全国人大常委会	2004	为了规范电子签名行为，确立电子签名的法律效力，维护有关各方的合法权益。
互联网信息服务管理办法	国务院（行政法规）	2000.9	
互联网上网服务营业场所管理条例	国务院（行政法规）	2000.9	
互联网电子公告服务管理规定	信息产业部	2000.11.7	为了加强对互联网电子公告服务（以下简称电子公告服务）的管理，规范电子公告信息发布行为，维护国家安全和社会稳定，保障公民、法人和其他组织的合法权益。
互联网站从事登载新闻业务管理暂行规定	国新办、信息产业部	2000.11.7	为了促进我国互联网新闻传播事业的发展，规范互联网站登载新闻的业务，维护互联网新闻的真实性、准确性、合法性。
互联网医疗卫生信息服务管理办法	卫生部	2001.1.8	为了规范互联网医疗卫生信息服务活动，促进互联网医疗卫生信息服务健康有序发展。
互联网药品信息服务管理暂行规定	国家药品监督管理局	200.12.1	为加强药品监督管理，规范互联网药品信息服务业务，保障互联网药品信息的合法性、真实性、安全性。
互联网出版管理暂行规定	新闻出版总署和信息产业部	2002.8.1	为了加强对互联网出版活动的管理，保障互联网出版机构的合法权益，促进我国互联网出版事业健康、有序地发展。
互联网等信息网络传播视听节目管理办法	国家广播电视总局	2003.7.1	为规范信息网络传播视听节目秩序，加强信息网络传播视听节目的监督管理，促进社会主义精神文明建设。
互联网文化管理暂行规定	文化部	2003.7.1	为了加强对互联网文化的管理，保障互联网文化单位的合法权益，促进我国互联网文化健康、有序地发展。

表3—2　　　　　　　　　　行政机关与互联网审批项目

\	行政机关	互联网审批项目
	信息产业部	电信与信息服务业务经营许可证
	信息产业部	增值电信业务经营许可证
	信息产业部	电子公告服务
	国务院新闻办公室	登载互联网新闻业务
	教育部	互联网教育信息服务
	卫生部	互联网医疗卫生信息服务
	国家药品监督管理局	互联网药品信息服务
	国家工商行政管理总局	广告经营许可证(互联网)
	新闻出版总署	互联网出版许可证
	文化部	网络文化经营许可证

通过对中国互联网领域现有立法的分析，我们认为当前互联网立法存在以下几个特点：

（1）规定多

由于以前“立法宜粗不宜细”思想的影响，也由于条块分割的利益固化，我国无论在任何领域的立法中，都是行政法规、部门规章、地方规章多，法律少。互联网领域的立法也不例外。当前我国在互联网方面的法律2部、行政法规51部、部门规章843部，涉及互联网的相关性法律21部。[①]如果将互联网行业自律的自治规范等也纳入进来进行分析的话，规定就更多了。互联网行业自治规范46部，专门的规章制度包括行政法规也将近1000件。[②]

（2）层级低

上述规定中，法律层面的只有两部，多是行政法规和部门规章。

① 张平：《中国互联网立法相当一部分领域仍空白》，http://tech.qq.com/a/20120612/000339.htm。

② 同上。

（3）行政审批权力大

通过表 3—2 可见，我国互联网领域的立法重在以审批为主的管理手段的设置。如对网络游戏的审批：《互联网出版管理暂行规定》在前，一直作为电子出版物由新闻出版总署审批。而《文化暂行规定》出台后，进口网络游戏的内容在新闻出版总署审查后还要经过文化部审批。

（4）效果小

由于互联网领域的立法位阶低、权威性小，法院在审理相关案件时并不一定完全适用，尤其是部门规章，因此在审理案件时法院的司法解释反而更为重要。因此，现行网络立法在互联网运行中发挥的作用相对来说还有很大程度的不足，其效果的有限性在一定程度上也影响了法律法规的权威性。

（5）立法空白多

通过对中国互联网立法的梳理，我们发现，中国的互联网立法虽然看起来数量很多，但是规范的领域相对较为集中。空白领域，特别是个人数据的保护，前一段时间只发布了一个指南，并没有法律法规的强制力，隐私权的保护还没有明确的立法启动。

2. 我国未来互联网立法应包含的范围

互联网虽然只是处在其发展的初级阶段，但是已经辐射整个社会生活的方方面面，甚至在网络系统内部出现了现实社会生活中没有的“虚拟”社会关系。应该说，有互联网的地方，就应该是法律体系涵盖的范围。不过，技术的突发性进展往往引起互联网社会关系的重大变化，因此把握互联网发展脉络，提高对互联网领域发展的判断，对于寻求法律领域中的正当性依据，对于法律秩序的存续至关重要。因此，从经验层面上表现出对社会普遍认同的尊重与对理性层面上树立道德哲学的论证都同样重要。基于此，互联网领域的立法范围应该涉及到社会生活的方方面面，但由于现实生活中业已存在的法律法规完全可以适用到互联网领域，没有必要专门在互联网领域再做规定。而分析互联网的立法范围，首先需要对立法原则作一个说明。

（1）立法原则

网络是西方科技的产物，立法也是从西方开始。学习西方的立法，首先要明晰西方社会的主流是一个有宗教信仰的社会，是“上帝的归上帝，恺撒的归恺撒”的社会。由于有信仰，其法律体系和道德体系是无缝连接的一整套体系。网络如同以前的殖民社会和海商法领域一样，只是原有道德体系和法律体系在新领域的延伸。当然，这一延伸由于技术因素产生一系列新的社会关系，并有诸多所谓“虚拟”的社会关系存在，但无论如何都能在现实生活中找到影子。比如，西方社会在网络立法领域中基本通用的“自治”原则、技术中立原则等就是其中体现。我国在立法过程中也要遵循互联网领域的规律确立立法原则。

①互联网自治原则

网络作为一个自发生长秩序的领域，其行为规则更多的是需要网民去发现和形成，这是网络自治的价值之所在。尊重网络自身的发展规律，尊重网民自治的传统和习惯，用自治的方式完善互联网管理是国家立法的第一要义。

②保障人权原则

网络自身的自治发展有利于规则的形成，有利于公民基本权利尤其是言论、出版等权利的充分展现。但是，网络中也往往出现恶意侵犯公民基本权利的现象。比如表达自由中的言论自由，言论自由包含“公言论”和“私言论”，在私言论领域中，政府应该加以控制，因为一旦超出一定限度就造成对其他公民隐私权的侵犯；[①] 而在公言论领域则不然，以美国为例，美国宪法第一修正案所关涉的言论自由与信仰、出版、集会和请求救济的自由有共同的旨趣，在立法限制的范围，甚至在正当程序的调整范围之外，是“受绝对保障的公共讨论的自由”。[②]也就是说，网络上的言论如果涉及到私人之间的利害冲突，法律应当慎重对待，惩罚相应侵害行为，并公平地保障每一个人的合法权利。即：私领域对公民权利的保护是绝对的；而公领

① 如对普通公民的人肉搜索。

② 参见[美]亚历山大·米克尔约翰著，侯健译：《表达自由的法律限度》，贵州人民出版社2003年版，第16、28页。

域，也就是公民参政议政乃至对政治人物的评价则是相对开放的领域，因为，公共领域人物，尤其是政治人物的透明度应该与其掌握的权力成正比，“不应因为掌握权力的人认为某个建议是不明智的、不公平的……就不给予这个建议以法律保护”。[①]当然，如果这种对政府和公共人物的言论明显触及到私权利，或言论本身失实，那么言论人应承担相应法律责任。这并不违背保障人权的基本原则。

③比例原则

作为公法领域的帝王条款，比例原则要求政府管制应当与实现公民权利与保护有机统一起来。该原则包含三个要素：特定目的之手段适合性或妥当性；手段之不可或缺性或必要性；手段相对于相关法益之（狭义的）合比例性、适当性或均衡性，晚近则称之为“期待可能性”。[②]互联网立法作为传统立法在互联网领域的拓展，应该也适用该原则。

（2）确立网络立法范围的思路

①网络立法的民主化

网络领域本身就孕育着民主和自治的种子。在该领域中，契约精神而不是管制精神至上。因此，单纯所谓立法部门的立法已经缺少正当性和权威性，容易形成“闯黄灯扣六分”这类只能沦为笑柄的立法。因此，网络立法的民主化相当重要，而且在北京市已经有成功的范例。2000年，北京市工商局对网络经营监管工作出台规范性文件，就是通过民主立法的方式，将该局的规范性草案上传到该局工作网站HD315上向社会公开征求意见，网络界和网民发表了自己的看法，最后由工商局对各界意见进行汇总，并根据上述意见汇总对草案进行了修改，形成了具有法律效力的规范性文件。这样的立法思路，增加了立法的透明度，避免了立法失误，建立了所立法律法规的权威，有效的实施了对互联网领域的规范。

---

① 参见[美]亚历山大·米克尔约翰著，侯健译：《表达自由的法律限度》，贵州人民出版社2003年版，第19～20页。

② Peter Badura, Horst Dreier主编，苏永钦等译注：《德国联邦宪法法院五十周年纪念论文集》（下册），联经出版公司2010年版，第39页。

②颁布网络基本法也是可以考虑的思路

网络作为人类社会崭新的领域，还处于构建网络社会关系的初级阶段。在这个阶段，出台表达人类基本伦理道德、保障人权、保护主权国家安全、规范网络提供者的要求等在内的寥寥数条的原则性规定，并在审判过程中，通过法官适用并解释相关条文的方式进行违宪审查式的网络基本法适用。

或进而言之，网络基本法类似于一个国家网络领域的宪法，这部“宪法”简洁明快，可以通过“违宪审查”的方式实现对其所统率的下位网络法进行审查，并保障网络领域立法的良性运转。

③按分类确定网络立法大致范围

笔者所能见到的关于网络立法范围阐述有两种有代表性：一种是北京大学法学院张平教授研究的体系，是从监管法、促进法和保护法三个方面考虑网络法的立法范围，她继续阐释为互联网安全的立法——互联网服务的立法——互联网基本设施的资源立法。这不见得是一个单行法，也可能在其他部门法里面。另一种是中国人民大学法学院杨立新教授建议的网络公法、网络私法和网络利用三个领域的立法范围。公法是对网络管理的行政法内容以及对网络纠纷、网络犯罪裁决的诉讼法，私法则对网络主体及其权利关系、网络违法行为民事责任作出规定。网络利用立法主要涵盖人们利用网络而产生的诸多问题的解决办法，其中包含了一部分公法和私法的内容。[①]

笔者认为，网络立法其实涉及社会的方方面面，网络又是一个具有巨大发展潜力的领域，立法很难一下子涵盖完毕。因此，成熟一个领域，在一个领域立法的方法比较可行。更重要的是，从当前司法来看，参考以前案例的方法比较普遍。

也就是说，按照以前的立法思路，把侧重点放在部门规章上是不足取的。而力图毕其功于一役，通过某一部网络立法就万事大吉也是不可能的。正如加州大学历史学系教授罗斯扎克在阐述计算机技术与相关的法律规范之间的关系时所指出的“法律试图跟上技术的发展，而结果总是技术走在

---

① 杨立新：《网络立法的现状与思考》，《信息安全与通信保密》2001年第6期，第63页。

前头，这几乎是一个永恒的规律。……我们在计算机和远程通讯领域内可以清楚地看到法律和技术之间的这种戏剧化的差异。在不到一代人的时间里，信息传递技术的发展规模太大、太活跃，以至于法律无力对之加以严密的规范”。[①]也就是说，大陆法系的某些方式在网络法律环境下，应比较借鉴和引入英美法系的某些有益的东西来加以补充。

④网络立法的判例法引入

我国在中华法系时期就有判例法，历史经验证明了这是一种好的制度。网络领域的立法与日新月异的网络技术相比较具有较大的滞后性。但是，援引前例的方式往往能够较好的解决问题，也能够深入人心。如果我们不在网络法领域直接引入判例法，或可通过最高人民法院认定的方式将某些案例上升为判例，并成为我国网络法的组成部分。

2012 年，北京大学互联网法律中心与腾讯互联网法律研究中心共同主办，由张平和郭凯天主编的《互联网法律法规汇编》汇集了互联网领域的主要立法及行业自治规范，这些内容的范围涵盖了监管法（包括网络安全法、网络基础设施与基础资源、电子政务法、网络服务法、网络游戏、网吧治理）、保护法（包括网络民事立法、网络知识产权法、网络竞争法、网络刑事法、网络救济法）、促进法（包括互联网产业促进法、电子商务法）以及行业自治规范等。可以说，这部法律法规汇编的分类从一定角度梳理了当前我国互联网领域的法律法规和行业自治规范，在一定程度上明确了我国网络法的范围。

（三）小结

对互联网立法范围的界定有诸多不同的方案。国家保密局 2000 年 1 月 1 日发布的《计算机信息系统国际互联网保密规定》第 1 条规定：“计算机信息系统国际联网，是指中华人民共和国境内的计算机系统为实现信息的国际交流同外国的计算机信息网络相连接。”依照该条的规定，我国互联网

① 罗斯扎克著：《信息崇拜——计算机神话和真正的思维艺术》，中国对外翻译出版公司1994年版，第167～168页。

立法的范围大概包括以下方面：

第一，政府主导的计算机软件保护、计算机保密工作、电子商务管理、互联网文化管理等。第二，互联网站的规范性文件。第三，保护网民的规范性文件。第四，上网服务营业场所的管理。

如果依照其他标准分类，也可以划定互联网立法大致仍然不出上述范围。但是，如前所述，互联网立法还是应当以互联网基本法的立法为基础，并进而引入判例法模式，开放式地划定互联网立法的范围。如此，则是与时俱进促进互联网良性发展的立法。基于此，我们认为，我国的互联网立法应包括如下范围：

（1）网络基本法

当前，网络发展还处于初期，其内涵的拓展和对社会关系的构建也还在初始阶段。因此，网络基本法只是阐释网络领域的基本理念、基本价值观和对网络领域权利义务上位规定及相关法理问题，以解决网络立法不足情况下的法理诠释问题。一言以蔽之，此法应该是中国网络“宪法”，是把握中国网络法的方向和圭臬，为未来用“基本法解释模式”解决立法和司法中的相关问题奠定基本法基础。

（2）网络主体法

网络主体法包括网络商设立、终止等；网络服务法；网络基础设施与基础资源法；电子政务与电子商务主体法等的基本规定。这部分的立法位阶应界定在法律层面，以确认网络主体的神圣和庄严性。

（3）网络监管法

网络监管法主要是政府在网络领域的责任规范法，主要为网络安全法、网络游戏规范法、网络治理法等。

（4）网络保护法

网络保护法主要包括网络言论权保护法、网络知识产权法、网络救济法以及在民事和刑事领域的立法或司法解释。

（5）网络促进法

网络促进法包括互联网产业促进法、电子商务法、电子政务法以及行业自治规范等。

二 我国互联网的立法内容

从我国当前的实践看，此阶段对网络基本法立法尚有困难。即便立法没有困难，由于网络领域的发展及形成的法律关系的复杂性，这种立法也未必能发挥出应有的效能。因此，我们认为，当务之急，我国的互联网立法应该本着实事求是的基本精神，从下述三个方面内容加以立法，并规范相应的法律关系。在我国，最重要的要贯彻立法“宜细不宜粗”原则和“加强严厉罚则”原则，而不是相反。没有这两条，即便立法，也无非是形式立法而已。

（一）电子政府立法

网络时代最大的特点在于突破了物理时空的有限性，形成了没有中间环节的远程或虚拟的生活领域、科教文卫领域、社会领域、政治领域、军事领域等，网络以极快的速度将社会各部门、各行业、全国及各地区迅速整合成一个意想不到的整体，形成所谓的“虚拟社会”。在这种虚拟社会中，自然形成了对政治机构系统和输入这一政治机构的民意的需求，政府根据民意进行决策的转换，施行行政的输出，再通过收集反馈意见，再调整决策输出。它是一个动态的有机政治体系，网络时代的政治体系相比传统的政治模式更是一个前所未有、充分活跃的有机体，[①]这一要求的直接物化就是电子政府。毫无疑问，网络时代对电子政府的要求不完全同于传统政府，它要求快捷的反馈、没有停止的运转体系、完备的网络管理体系，它打破了中央和地方的划分，突破了级别的限制，要求毫无障碍地与任何级别的政府沟通，要求民众与政府直接对话，直接反映民意的来源与需求。在网络中，任何人都可以是发言的主角，都是社会的主动参与者、信息的主动发布者，网络形成了多元的文化和价值观，这对传统的党务活动、政务活动等形成挑战，也对“利出一孔”的传统利益输出系统、原有的相对

① 刘邦凡：《电子政务建设应遵循的法律制度》，《电子政务》2005年第15/16期，第80页。

单一的价值观形成强烈冲击。把握住这一点，认识到网络时代对电子政府的要求与传统政府区别，未雨绸缪，才能确保社会秩序的安定，确保和谐社会的运行。因此，电子政府立法是第一位的，是在互联网立法领域中首先要解决的问题。

笔者认同下述对电子政府的定位：所谓电子政府的虚拟性是其作为一种现代政府治理范式的技术属性，而不是其作为法治国家一种组织形态的法律属性。在法律上，电子政府是一个需要规范的实实在在的对象，需要特殊组织规则加以规范，不可能虚拟化，否则就会产生法外行政组织，违反依法行政原则。另一方面，相对于有形的政府组织而言，电子政府不过是一个分身术，真正能够承担法律后果的仍然是其依附的有形行政机关，电子政府性质上属于有形政府下设的行政机构，没有对外行为的行政主体资格，其行为的法律后果归属于所依附的行政机关。[①] 国外电子政府立法大致有如下几种形式：（1）制定专门的电子政府法；（2）制定电子政府相关法；（3）制定或修改行政程序法；（4）制定或修改其他法律；（5）使用其他政策工具（主要是电子政府战略或行动计划）。[②] 因此，我们认为，我国的电子政府立法应该包含：电子政府法、制定或修改电子政府程序法这两部分。

1. 电子政府法

当然，法律秩序是在自身发展的历史过程中产生和发展的，其间他们发明了各式各样的法律技术，有时其相互间会呈现出迥然不同的外观。[③] 外在的表现形式往往展现着相同的内在社会要求，虽然互联网的大规模普及和应用时间并不长，电子政府也仅有十多年的历史；虽然各国的电子政府立法也处在发展的初期，很多立法工作刚刚开始，但是电子政府毕竟是顺应互联网时代趋势的新生事物，也是传统政府必须转型的方向；虽然各国对电子政府的界定并不完全一致，但是其目标是相同的，就是顺应历史发展的趋势，因势利导地解决人类发展中的社会管理问题。恰如大木所言：“屡见

---

① 高家伟：《论电子政务法》，《中国法学》2003年第4期，第68页。

② 中国社科院法学所电子政务法课题组：《国外电子政府立法总结与分析报告——“电子政务法研究”课题专项报告之一》，《电子政务》2009年第7期，第69页。

③ [日]大木雅夫著，范愉译：《比较法》（修订译本），法律出版社2006年版，第85页。

不鲜的情况是，一些乍看起来似乎同等的制度却发挥着不同的功能，而形态迥异的制度又发挥着相似的功能。”[①]因此，充分借鉴各国的立法经验，对我们自己的电子政府立法非常重要。对电子政府概念的界定就是其中之一。

社科院法学所专门组织课题组对各国对电子政府的立法规定做了梳理。其中，美国、韩国、意大利的电子政府立法颇值得我们学习。之所以在这一部分列出来，是因为我们认为有些成功经验可以做部分的移植。

（1）可以借鉴美国《电子政府法》的立法目的和电子政府的相关责任制度

首先，美国电子政府法中的立法目的可以借鉴。美国 2002 年制定的《电子政府法》第 2 条规定，立法目的共 11 项，分别是：1. 通过在管理与预算办公室内设立一个新的电子政府办公室行政官，为联邦政府开发和推进电子政府服务与流程的努力，提供有效的领导；2. 推进使用互联网与其他信息技术，为公众参与政府提供更多的机会；3. 通过整合相关职能提升对公众的服务，通过采用内部电子政府流程提高流程的效率与有效性，由此推进跨部门合作，提供电子政府服务；4. 提升实现机构任务与项目绩效目标的政府能力；5. 在政府机构内部与政府机构之间推进使用互联网与新兴技术，提供公众为中心的政府信息与服务；6. 降低企业以及其他政府实体的成本与负担；7. 推进政策制定者做出更科学的决策；8. 推进通过多渠道获得高质量的政府信息与服务；9. 使联邦政府更为透明和负责；10. 通过借鉴公共与私营部门的成功经验，改善机构的运作；11. 使更好地获得政府信息和服务的目标与个人隐私保护、国家安全、档案保存、残疾人使用以及其他相关法律的规定相适应。[②]

十年浩劫结束后，中国百废待兴，但是由于人才断裂、制度废弛，以及其他各方面条件所限，我国立法有“宜粗不宜细”的说法。在我国法律人才匮乏的情况下，“宜粗不宜细”的立法原则确实对提高我国的立法速度、迅速解决无法可依的问题起到了重要作用。随着中国社会的转型，立

---

① [日]大木雅夫著，范愉译：《比较法》（修订译本），法律出版社2006年版，第86页。

② 中国社科院法学所电子政务法课题组：《国外电子政府立法总结与分析报告——“电子政务法研究”课题专项报告之一》，《电子政务》2009年第7期，第73页。

法原则也需要随着改变。

借鉴美国的经验，建议我国首先确立中国电子政府的管理与推进体制，设立中央电子政府办公室，切实、全面推进电子政府事业的进展。由传统政府转型并增加电子政府的强大功能的过程，恰好也是我们转变立法思想的过程，立法目的无法实现或者阻挡立法目的的执行者，应该明定罚则，没有救济的权利等于没有权利，没有罚则的规定等于没有规定。我国的一些电子政府基本上就是挂个电子网站了事，信息不全、虚于应付的所谓电子政府网站比比皆是，有些中央级政府部门的网站也没有真正发挥出电子政府的职能。

美国通过法典编纂的方式整合到电子政府法中的联邦信息安全管理法也非常值得学习和借鉴。毕竟，信息安全对一个国家的政权来讲是极为重要的。我们前面提到的“限制公共权力，保护公民权利”当然是在坚持党的领导的基础上实现的，是保卫国家政权的基础上实现的。

（2）可以扬弃韩国电子政府立法中的电子政府构建及运营原则、行政机关电子化和对民服务的电子化等部分

从人民主权的法理上讲，当代政府就是“为人民服务”的政府，其存在的价值就是便利民众、服务民众、保卫民众的合法权益。韩国在联合国电子政府准备度排名中名列亚洲前茅，这与其积极推动电子政府立法密切相关。韩国从 2001 年 7 月 1 日起实施第 6871 号法律（名称为《为了构建电子政府而促进行政业务电子化的相关法律》)，该法律共七章 52 条，对推动电子政府立法做了全面规定。我们认为，该法第二章关于电子政府的构建及运营原则、第三章关于行政机关电子化的规定、第四章关于对民服务的电子化规定等可圈可点，值得我们学习。韩国从中国的附属国到被日本吞并为殖民地，到二战后独立但作为分裂国家存在，国家饱经沧桑。但是这样一个亚洲小国，卧薪尝胆、励精图治，实现了民主化、法治化，并迅速上升为世界闻名的工业化国家，其对新生事务的学习、对发展机遇的把握、对完备法治的推行等都起到了重要作用。虽然韩国依然在发展中，而且这个国家存在诸多的不足，但是其电子政府立法方面为民服务的精神内涵非常值得我们学习。

该法关于电子政府的构建及运行原则部分，具有很强的指导性和方向性。它的主要原则包括：1. 在设计行政机关的业务处理过程中，应该尽可能减少业务申请人在办理相关业务的过程中需要付出的时间和努力。2. 在需要对行政机关的业务进行电子化时，应该预先对相关业务以及业务处理过程进行革新，使其符合电子化处理的要求。3. 行政机关的主要业务必须实现电子化。可以以电子化方式处理的业务，在没有特殊理由的情况下应该进行电子化处理。4. 当行政机关保留和管理的行政信息对国民的生活有益时，除法律特殊规定不得公开的情况外，应该通过互联网积极向国民公开。5. 除具备了特殊理由之外，行政机关可以通过电子方式确认不得要求业务申请人自行确定并提交。6. 行政机关所搜集和保留的行政信息应该向需要该信息的其他行政机关进行共享，可以从其他行政机关获得可信赖的信息时不得另行搜集相同内容的信息。7. 行政机关所保留和管理的个人信息，除法律规定的特殊情况之外，不得违背当事人意愿随意使用。8. 行政机关在开发应用软件的过程中，应该设法避免重复开发的现象发生。9. 行政机关在有关构建电子政府的技术开发和运营问题上，除负责的业务不得转交民间部门，或行政机关独自开发或运营会更加经济有效并可以显著提高安全程度的情况外，应该将开发和运营外包给民间部门。[①]

韩国行政机关电子化的规定包括：电子文件的创建，电子文件的发送和接收，电子文件发送和接收的时间，行政机关的电子签名等。该部分对行政机关应该共享的 4 类信息做了明确规定：1. 处理国民请愿事项所需的行政信息；2. 统计信息、文件信息等可以作为行政业务执行参考依据的行政信息；3. 根据有关公共机关个人信息保护的法律第 10 条第 2 项规定，可以向其他机关提供的处理信息；4. 根据《信息化促进基本法》第 8 条的规定，信息化促进委员会认定为行政机关只见有必要共享的行政信息。[②] 其为民服务的电子化部分设专章处理，足见为民服务在韩国政府中的地位。该章第 33 条规定，行政机关的长，在该机关需要处理的民愿事项中，即使在相关法

① 中国社科院法学所电子政务法课题组：《国外电子政府立法总结与分析报告——“电子政务法研究”课题专项报告之一》，《电子政务》2009年第7期，第72页。

② 同上，第73页。

令中规定要以文件、书面等纸面方式申请、申告或提出，也可以使国民利用电子文件的方式申请；行政机关的长，在处理民愿事项等的过程中，即使在相关法令中规定要以文件、书面等纸面方式通知、通报，也可以在当事人特别要求或民愿事项申请采用了电子文件方式时，采用电子公文文件的方式进行通知；行政机关的长，在民愿提交人提出要求的情况下可以根据相关法令，将提出民愿事项时应该附带、提出的证明或文件，直接从发放该必备文件的行政机关中获取电子文件处理业务。同时，该法第 35 条规定，行政机关的长，在处理民愿事项的过程时如果需要确认民愿申请人的身份，可以通过电子签名的方式确认申请人的身份。①在这一部分的立法移植中，我们认为，由于我国农村中的绝大部分人不能正常上网，也不熟悉网络的运营，我国在立法中应该加入政府必须为民众普及电子政府法的义务，也必须载明民众有选择电子服务或者纸质服务的权利。马来西亚的《电子政府活动法》就明确规定，不得强制公众在与政府打交道的过程中必须提供、接收任何形式的电子形式，即公众有选择与政府打交道的权利，而政府部门一旦选择适用法律，采用电子形式就是一种法律义务。②如果民众因为不熟悉电子政府的运营，而要求用传统方式处理者，政府必须予以满足，并予以充分的服务。

（3）建议我国电子政府立法中设立“电子国民卡”，保障国民依法享有电子政务权

从各国立法看，奥地利和意大利电子政府法中关于“电子市民卡”或类似规定对我们的立法有启发意义。

奥地利的《电子政府法》2004 年 2 月 27 日制定，3 月 1 日实施。该法共 7 节 28 条，其核心内容是解决电子政府过程中的信息安全问题，我们认为最具特色的部分就是其第三部分，即对市民卡的功能所做的规定。该法确立的最重要的原则包括：可以自由选择与公共行政管理机构的联络方式；通过诸如市民卡这样的技术手段来提升安全的法律保护；按照国际标准，不

① 中国社科院法学所电子政务法课题组：《国外电子政府立法总结与分析报告——“电子政务法研究”课题专项报告之一》，《电子政务》2009年第7期，第73页。

② 同上，第75页。

受阻碍地获得公共行政管理机关为民众提供的信息和服务。[①]该法的第4条规定：市民卡的作用是确认提交申请的个人和他通过电子方式提交的申请的真实性。在这个过程中，公共部门中的管理者设置了一套供市民卡使用的技术环境。该法第5条规定了市民卡以及验证标准等。市民卡作为专门为电子政府提供的电子卡[②]是电子行政程序中的官方验证文件。在电子信息时代，市民有电子卡，可以解决诸多方面的问题。我国现在一些地区各种电子卡片众多，一方面浪费资源，另一方面也造成了民众的不便以及政府各部门的沟通匮乏问题。因此，奥地利的这一做法值得我们借鉴。

意大利的《数字行政管理法典》(2005年2月7日制定，属于立法性行政命令)属于意大利的《网络基本法》或数字时代“宪法”(http://wwww.innovazione.gov.it/eng/egovernment/enti_locali.shtml)。意大利这部法典的第一个闪光之处在于它明确了公民和商业组织的权利，包括使用技术的权利、获得数字文件和发送数字文件的权利、电子支付权、通过电子邮件的形式接收公共部门的信件、获得高质量服务的权利、公民通过新技术参与民主程序和行使政治权利、公民和商业组织在线发现有效最新形势的权利等。[③]第二个闪光之处在于它明定了政府机关的责任以及保障工具：1. 经过鉴定的电子邮件能够保证传送的日期、时间等，经过鉴定的电子邮件同传统挂号信件的法律地位相同；2. 数字签名将取代印章、橡皮图章；3. 以任何目的而签发的、带有经过验证的数字签名的电子文档，都与纸质文档有相同的法律效力，私人和公共组织都应当接收这种电子文档。所有受法律保护的会计凭证可以以数字版本代替，并且本法规定，可以以电子形式储存会计凭证。政府部门可以将相同程序的所有纸质文件储存在一个电子文件夹中，根据“透明法”(law 241/90)，政府必须告知公民如何获得这些文件。该法责成所有的政府部门在电子程序下并且使用电子文件夹来管理文档；4. 该法明确规

---

① 中国社科院法学所电子政务法课题组：《国外电子政府立法总结与分析报告——“电子政务法研究”课题专项报告之一》，《电子政务》2009年第7期，第75页。

② http://www.buergerkarte.at/en/was_ist_die_buergerkarte/konzept_buergerkarte.html

③ 中国社科院法学所电子政务法课题组：《国外电子政府立法总结与分析报告——“电子政务研究”课题专项报告之一》，《电子政务》2009年第7期，第76页。

定了政府网站怎样才算合格，这点我们完全可以移植，甚至根据中国的实际情况做更严格的界定：政府网站必须可以满足以下要求，政府网站必须可以普遍接入，包括提供残疾人入口，政府网站必须易于使用，政府网站的语言必须通俗易懂，政府网站上的信息必须是可靠、通俗和统一的；5. 电子卡的规定：电子验证卡和国家服务卡（nsc）是使行政程序合理、简便的关键工具。该法规定，电子验证卡和国家服务卡是证明和获得政府服务的工具。[①] 电子卡片的最主要用途就是便捷。提供服务的核心就在此处。

当然，从立法上看，各国可取之处甚多。而我国的电子政府立法要想毕其功于一役也是很不现实的。

2. 电子政府程序法

实体法需要程序法的保障，电子政府法也不例外。纵观各国立法，日本在电子政府的程序法保障上做的最好。因此，本章内容先介绍日本的电子政府程序法，然后提出我国电子政府程序法移植和立法中的相关建议。

日本从 20 世纪 80 年代末期就开始了电子政府的布局，而布局中最早的相关立法竟然是程序法。1989 年日本《关于行政机关保存的电子计算机中相关个人信息保护法》中就制定了以行政的正当、顺利运营与个人的权利利益保护为目的的法律。该法律以国家行政机关为规制对象，不适用于私人领域。电子计算机的对个人信息的处理则包括个人信息的收集、利用规则，安全及正确性的确保，公开、订正等。1994 年的日本《行政程序法》是日本电子政府法中的第二部法律，也是程序法。该法虽然没有规定电子的程序，但是其基本理念“公正的透明行政程序的实现”是电子申请、电子政府的核心理念。1998 年的《适用电子计算机制作的税务账簿文书的保存方法等的特例法》是日本第一部明确用“电子”命名的法律，这一部法律是关于电子税收的。众所周知，政府和民众之间最核心的纽带之一就是税收，从英国掀开宪政时代开始，税收就是宪政乃至法律的最核心内容之一。日本在电子政府法的布局上，先是程序保障，进入实体法的第一手布

① 中国社科院法学所电子政务法课题组：《国外电子政府立法总结与分析报告——“电子政务法研究”课题专项报告之一》，《电子政务》2009年第7期，第77页。

局就在税收上。应该说，税金的支付是复杂的，而税务账簿文书的保存对于纳税义务人来说也是相当麻烦的，为了减轻纳税人义务人的相对负担，规定由电子数据来替代纸质文书。1999 年，日本通过了《为进行犯罪搜查实施通信监视法》、《关于通信监视法的国家公安委员会规则》（部门规章）和《关于禁止不正当访问行为法》等法律，《监视法》中针对有组织的犯罪，针对民众对警察行为的不信任和证据有效性的质疑作出了规定。2001 年，日本通过了《关于行政机关保存信息公开法以及关于调整相关法律的法律（整备法）》，该法明确：对于国民来讲，有知道政府在做什么的权利，而政府也有说明的义务。该法是进一步促进信息公开的法律。该法的规定表明，为了迅速、低成本地响应信息公开请求，网络的活用和信息的电子管理是必须的。这一部法律最可圈可点的是“人民有知道政府做什么的权利，政府有说明做什么的义务”，这是我国立法中最需要明确出来的，抓住了这个核心，其他问题都好解决。

2002 年，日本通过了《伴随关于行政程序等中信息通信技术利用的法律的施行》以及对相关法律的修改，该法及相关立法规定了：伴随行政程序在线化，从主机网获取本人确认信息的事项。追加了包括 NPO 设立的确认、不动产登记、一般护照的发放、厚生年金、国民年金的支付、机动车登记等事项。2002 年日本《关于利用选举地方公共团体的议会的议员以及议长的电磁纪录式投票机进行的投票方法等的特殊法律》即电子投票法公布，该法以投票、开票事务的简便化、选举系统的近代化、选举参加人的便利为目的，根据该法，使用电子机器的投、开票已经成为可能。电子投票法成为推进日本选举事务、进行选举制度改革的一部分。在经历了 2001—2003 年，尤其是 2001 年一系列的电子政府实体法立法和修改之后，日本在 2003 年出台了《个人信息保护法》，这部法律应该也属于程序法的范畴，它特别规定了民间保有个人信息的处理等。2003 年是日本电子政府立法中颇为重要的一年。这一年，通过了号称“推进电子政府，电子自治体为目的的行政程序在线化的三法之重要一法《关于行政程序等中信息通信技术利用的法律》，该法律作出了可以在线处理的共同事项，包括无纸化、到达时间等。2004 年，日本为了促进办理机动车关系手续的电子信息处理，对交通道路运送车辆法、机动车损害保障法以及报废机动车再生资源法等进行了修改，这些修改以减轻机动车所有人登记等负担为目的，整理规定了如机动车转让证明书可以用电子方式加以处理的行政程序等。这一年，日本还对民事诉讼法进行修改，规定依据电子纪录确定管辖、利用电子信息处理组织（在线）完成民事诉讼程序中的立案、督促等程序。[①]

我国电子政府程序立法已经首先解决了“电子签名”问题。我国立法规定：国家行政机关接收个人、国家机关、企事业单位的书面材料及通知等必须输入电脑。公民、企事业单位可以通过技术及电子、电脑或电讯工具与公共行政机关连接来行使自己的权利。公共行政机关通过电子、电脑或电讯媒介发出的资料，或这些媒体所储存的原件的复印件，只要其真实性、完整性及保存可靠，利害关系人的签收以及本法和其他法律规定的保障手续的履行均得到保证，上述复印件都享有原始资料的有效性及效力。本条应当明确“电子数据达到了特定要求，则其与手写数据具有同等地位”。该条也可以通过法律解释的方式进行。即用功能主义方法对法律进行扩大解释，将“书面”或“签字”等解释为包括电子形式。

同时，我们建议，各立法机构、政府各部门修订阻碍电子政府或电子商务的法律或规章。电子政府本身是符合市场经济要求的，是要求“小政府、大社会”的。丹麦在其第一个电子政府战略《Towards e-government: Vision and Strategy for the Public Sector in Denmark》中，就多次强调要创造良好的条件，包括进行法律的修正。在新的电子政府战略《the Danish e-government Strategy 2004—2006》中，又再次重申了法律环境的重要性。[②]之后，丹麦数字工作组（Danish Digital Task Force）完成了计划责任，并对已经完成的工作提出了一份最终报告书。这部报告书中显示，共有423部对电子政府构成不当阻碍的法律或者规章已经被修正或者将要被修正。同时，该报告承认，另外有1106部法律与规章无法修正，他们要么与特定的文件（如护照、驾照等）相连，要求非数字的程序完成证明功能，要

① 中国社会科学院法学研究所电子政务法课题组：《国外电子政府立法总结与分析报告》载《电子政务》，2009年第7期，第87-90页。

② 同上，第91-92页。

么事关欧盟或者国际条约要求非数字程序的规定。[①]丹麦尚且如此之难，我国修订类似的法律难度就更大了。但是，如果不进行类似的梳理、修订，我国的电子政府就难以继续往前推进，政府的转型也就难以实现。当然，开放网络，由有兴趣的民众自发梳理并投放到网络上由立法部门做最终的处理也是很好的办法。

其次，明确立法规定“人民有知道政府做什么的权利，政府有说明做什么的义务”，将电子政府透明化。

第三，立法明确电子发票与纸质发票具有同等效力。

（二）电子商事立法

1. 我国电子商务立法回顾

立法是形成、制定调整某一领域法律关系的法律规范过程，是国家机关将其意志上升确定为法律条文的程序。电子商务立法是在电子商务领域确立起电子商务当事人相互之间关系的规则，以调整在这一领域形成的法律关系。简单说，电子商务立法的任务就是要解决电子商务领域中产生的实际问题。[②]

我国早在全球步入电子信息时代时，就已经敏锐地认识到由于电子信息形成的电子商务对传统民商法的影响，并在 1999 年 3 月 15 日九届全国人大第二次会议通过的《中华人民共和国合同法》第 6 条中载明电子商务采用的以数据电文或其他电子通讯手段形成的电子合同。并在第 11 条中的“书面形式”中作了扩大解释类型的立法。该条规定：“书面形式是指合同书、信件和数据电文（包括电报、电传、传真、电子数据交换和电子邮件）。合同法对电子商务合同的“要约”和“承诺”作了明确规定。第 16 条第 2 款规定：“采用数据电文形式订立合同，收件人指定特定系统接收数据电文的，该数据电文进入该特定系统的时间，视为到达时间；未指定特定系统的，该数据电文进入收件人的任何系统的首次时间，视为到达时间。”第 26 条第 2

---

① 中国社会科学院法学研究所电子政务法课题组：《国外电子政府立法总结与分析报告——“电子政务法研究”课题专项报告之一》，《电子政务》2009年第7期，第92页。

② 李适时：《关于我国的电子商务立法的思考》，《中国法学》2003年第3期，第43页。

款规定："承诺达到时间，适用前述规定。"第 34 条规定："采用数据电文形式订立合同的，收件人的主营业地为合同成立地点；没有主营业地的，其经常居住地为合同成立的地点。当事人另有约定的，按照其约定。"合同法第 24 条对数据电文形式下承诺期限的计算问题作了规定。应该说，合同法等基本法律对电子商务时代的前瞻性非常强，其规定哪怕现在看来，依然没有过时。

但是，当我们进入我国民商事其他现行基本法律和电子商务领域的具体法律法规进行考察时，发现这些年电子商务立法的发展依然不容乐观。比如，担保法规定保证合同应为书面形式，保险法规定保险合同保险单和其他保险凭证应为书面形式，票据法规定票据应为书面形式并要求签名盖章等等，应该说先行法律多是基于纸面环境制定的，对"书面形式"、"原件"、"签名"、"盖章"等规定有严格的要求。[①] 虽然我国 2004 年通过了《电子签名法》，但是该法在适用过程中的问题依然很多。

表3—3 我国电子商务立法进程

时间	立法机构	名称	内容或意义
2000年12月	九届全国人大常委会第十九次会议	关于维护互联网安全的规定	
2004年8月	十届全国人大常委会第十一次会议	电子签名法	标志着我国首部"真正意义上的信息化法律"正式诞生。
2005年1月	国务院办公厅	关于加快电子商务发展的若干意见	我国电子商务发展的纲领性文件。
2005年1月	中国人民银行	电子支付指引（第一号）	全面针对电子支付中的规范、安全、技术措施、责任承担等进行了规定，对电子商务的规范发展起到了积极作用。
2007年3月	商务部	关于网上交易的指导意见（暂行）	维护网上交易参与方的合法权益，规范网上交易行为。

① 李适时：《关于我国的电子商务立法的思考》，《中国法学》2003年第3期，第44页。

续表

2007年6月	国家工商总局	网络商品交易及有关服务行为管理暂行办法	规范网络商品交易秩序的重要举措。
2010年6月	国家工商总局	网络商品交易及有关服务行为管理暂行办法	规范网络商品交易秩序的重要举措。
2011年3月	国家工商总局	关于深入开展网络购物领域侵犯知识产权和制售假冒伪劣商品违法案件查处工作的通知	明确以打击制售假冒驰（著）名商标为重点。
2011年3月	十一届全国人大四次会议	“十二五”规划	要积极发展电子商务，完善面向中小企业的电子商务服务。
2011年10月	商务部	“十二五”电子商务发展指导意见	提出到2015年，电子商务法规标准体系基本形成、网络零售额相当于社会消费品零售总额的9%以上。
2012年2月	国家发改委、商务部等八部委	关于促进电子商务健康快速发展有关工作的通知	推进电子发票试点、启动在线信用服务平台、制定在线支付标准、推广金融IC卡等，规范电子商务的发展。

通过表3—3可知，我国电子商务立法的部门主要是政府各部委，立法层级主要是部门规章，立法目的在进行管理。我国电子商务立法存在的问题，主要表现在政策法规出台过于密集且零散、规范条例管制大于促进、企业信息体系缺失、融资及支付环节过于繁琐。①

在经济全球化快速发展的环境下，电子商务既是未来国际贸易的发展方向，也是中国产业结构调整、推动经济增长方式转变，提高国民经济运行质量和效率的重要手段。②近几年来，我国电子商务市场蓬勃发展，网络交易越来越多，商家的价格相对较低，而消费者则能享受到“物美价廉”的服务。当然，商家借助电子商务领域的规范漏洞出售假货、逃开发票、部分行业的不正当竞争、侵犯知识产权等现象时有发生。这些问题在表象上是由于中国电子商务领域存在“法律盲区”，现有法律无法适用的问题始

① 《电子商务立法四大难题待解》，《北京商报》2012年3月12日，第5版。

② 《电子商务强势扩张倒逼立法跟进》，《法制日报》2011年9月14日，第7版。

终存在。针对这些问题，当前呼唤较多的是电子商务法。[①]

2. 我国电子立法的范围和内容

薛虹教授早在几年前就对电子商务立法的范围作了分析。我们认为，这一研究今天仍具有现实可操作性。她的研究认为：电子商务立法的适用范围首先应当限定于商业活动的范围内。对“商业活动”应采取广义的解释，包括所有提供商品或服务的交易、商事代理、分销协议、咨询、工程设计、许可、投资、金融、银行、保险、合资企业、货物或旅客运输，等等。具有代表性的电子商务活动包括提供在线信息或者商务宣传，或者提供搜索、获取、访问数据的工具的行为，还包括通过通讯网络传输信息的行为，尤其是人提供接入某一通讯网络的服务或服务接受者提供发布信息的主机服务。点到点传输的服务，例如按需提供的可视材料或者通过电子邮件提供的商业性宣传也属于电子商务。[②]因此，我国的电子商务立法范围基本上涵盖在上述范围内了。

（1）应立法保障电子商务中的隐私图章

隐私图章是由专门的权威的独立于网站与消费者之外的第三方机构提供的一个许可证明，它用来说明该网站已具备了相关隐私保护的最低标准。隐私图章对消费者信息的收集，使用方法以及采取安全措施有效保护信息等方面都做出了具体规定。第三方机构允许其成员网站在其主页上显示其隐私图章以表示其愿意并承诺遵守规定了的隐私保护条例。隐私图章是在对网络隐私提供技术保护的同时增加了适当的法律约束，将一系列的法律约束通过技术的方法呈现出来，为消费者提供简单可操作的方法对自己的隐私进行保护。隐私图章的使用，使得消费者有理由相信网上购物的安全性，同时，对于商业网站来说，吸引他们的是有了隐私图章以后当前和潜

① 《电子商务欲立法》，《中国经济和信息化》，2013年6月10日。该信息披露：5月24日，国家工商行政管理总局召集12家知名电商企业进行了“规范网络商品交易及服务市场秩序”为主题的座谈会。该局市场司司长刘红亮透露，我国首部电子商务法已经列入全国人大财经委、法工委的立法日程，正在起草。这次会议也被认为是电商立法的摸底会。该法的全称为《网络商品交易及服务监管条例》。

② 薛虹：《电子商务立法研究》，《环球法律评论》2001年春季号，第31页。

在客户群的明显增加。[①]

从立法范围进入立法内容，我们认为，我国立法的当务之急最应该解决的是隐私图章问题。根据一项调查显示，大约 81% 的网上消费者都担心他们的隐私权益会受到侵犯；担心他们的私人信息在没有经过允许的情况下泄露给了第三方；担心网站不正当使用他们的身份证号、住址以及出生日期等敏感数据。[②] 因此，各国都非常关心这一问题。1997 年，时任美国总统克林顿作了题为《全球电子商务框架》的报告，保护网络隐私权作为一项基本原则被提了出来。

我们认为，美国在保护隐私权时提出的四项原则可以在我们立法时直接纳入：一是知会原则，即网络信息收集者应当告知消费者何种信息将被收集以及这些信息将被如何利用；二是选择权原则，即网络信息收集者应当告知消费者提供选择的机会以及有效地限制个人信息被重复使用的手段；第三项原则是通道与参与原则，即网站应当向消费者提供适当的通道以进入个人信息资料库，并使他们有机会对错误的个人信息进行修正；第四项原则是安全与完整性原则，即网站应当采取有效手段保证其所收集的消费者信息的安全性与完整性。[③]

从上述看，美国这部分的立法比较完善，也有一定的经验教训供我们借鉴和思考，不妨在深入论证并结合我国国情的基础上借鉴使用。

（2）应尽快完善网络商品交易立法

当前，我国网络商品交易如火如荼，迅速拓展。有些网店的生意不仅覆盖大陆各地区，还涵盖了港澳台，乃至世界各地。其中，淘宝网、天猫网的平台涵盖国内的重要电子商家。其他，如亚马逊网等则在国际上发挥着重要的网络商品交易平台的作用。我国各不同地区为了促进自己地方网络商家的发展，采取了不同的保护或促进政策，这在一定程度上促进了电子商务的发展，另一方面，也使得网络商家形成了自己的规则。因此，对

---

① 吕晶晶：《论隐私图章在各国网络隐私权保护中的应用及对我国的借鉴》，张平主编：《网络法律评论》第6卷，法律出版社2005年版，第132-133页。

② 同上，第130-131页。

③ 同上，第131页。

这部分的立法调研和规则制定极为重要。一般意义上的立法调研，往往调查不到真实的数据。原因在于，电子商务本身属于网上交易，网上交易的隐蔽性很强。有些掺水数据由水军直接塑造，商家和水军达成协议后，形成灌水的交易额。这种交易，多是商家为了提高网店排名等所采取的手段。如果按照这些调查数据进行税收法律、管理法律的制定，往往容易导致相关网络商家的破产。因此，这部分的立法应在深入调查研究的基础上进行。

此外，该立法应涵盖电子商务市场中诸多细分领域。不仅包括 B2B 贸易、C2C 与 B2C 网络零售和大宗商品电子交易、跨境电子商务等较为成熟的电子商务模式，还囊括了 O2O 网络团购消费、移动电子商务、虚拟商品交易这样的新兴模式。所以，该法还应从市场准入、信用体系建设、消费维权、案件管辖、网上知识产权保护、新兴业态、跨境交易、网络不正当行为、秒杀等网络新兴行为九大方面加以落实。可以说，网络商品交易立法是极为重要的立法。

（3）设立电子发票，应尽快完善我国电子商务税收征管立法

我国目前电子商务发展迅猛。网络零售行业吸引消费者的重要原因是价格低廉，不开发票，不上税成为潜规则。为解决虚拟化、无纸化的网络交易导致的国家税款流失，应完善我国电子税务征管立法。

我们建议，首先修订现行税收法律、法规，在不立法开征新的税种之前，对现行税法的范畴和条款进行修改、重新界定和解释，增加有关对电子商务适用的条款，以消除税法适用上的不确定性。其次，研究制定电子商务税收的相关法律、法规。我们认为，专门的《电子商务税收征管法》是必须的。因为，我国针对电子商务政出多头，乃至随便下发一个通知就能征税的客观事实确实存在，这种通过破坏法制权威而征税的方式实在不足为取，也在一定程度上催生《电子商务税收征管法》尽快出台。

针对《电子商务税收征管法》的立法，我们认为，首先应该实行电子商务税务登记制度。当然，最好事先工商税务一体化登记，登记完毕之后再在银行开立账户，并在网店中公示自己的工商税务证明。税务机关设立纳税识别码，在税收管理信息系统中进行登记的同时，建立税务登记密码钥匙管理系统，最大范围的将网上交易纳入税收管理系统。其次，制定合

理的网店征收标准。再次，推广电子发票。最后，建立电子化税务稽查制度。税务稽查是一个国家所必须的，电子化税务稽查也不例外。电子商务发展导致信息无纸化、虚拟化，税务机关应该将自身的网络与国际互联网及财政、海关、物流企业、网上银行、网店等紧密联系起来，实行网上监控与交叉稽核。电子发票将跨地区、跨部门之间的涉税系统快速传递，能有效实现电子商务税收的征收。

（三）电子教育立法

教育，是一个国家当前和未来国际地位的体现，教育决定一个国家的实力。英国教育家克拉克说，人只有经过教育才能成为人。当社会进入电子化时代以后，网络教育成为重要的组成部分。其中，有些大学专门设立了卫星教育或其他网络教育并对现实的教育体系产生了影响。实际上，网络时代的教育范围远不限于这些，而是覆盖着从出生到死亡的整个人类旅程。因此，重视电子教育立法，并从理论上建立基础是极为必要的。

1. 电子教育立法的目的

笔者认为，教育的目的就是为了使人真正成为人，是为人提供与自然界和谐相处、与他人和谐相处、与自己心灵和谐相处能力的服务。教育立法应该是为了保障上述目的的立法。电子教育立法应该是教育立法在电子教育领域的立法。

建国以后，中国的教育就开始了破旧立新的历程。帝制时代的中国教育，以私塾为主，政府只是通过开科取士的方法选拨人才。教育的自主性在民间。清朝末年废除科举改办新学后，中国的教育逐渐变成公学为主。发展到今天，学历教育从入学到毕业，已经完全变成政府的垄断性权力。即便有所谓的辅导学校，也只能是辅助性的。即便有私立大中小学的出现，由于各种各样的政府寻租现象，也无法发展起来。从一般教育立法的意义上看，1949 年 9 月的《中国人民政治协商会议共同纲领》第五章“文化教育政策”就明确了国家教育的性质、内容与任务。1950 年到 1953 年，政务院通过了《关于改革学制的决定》、《关于 1953 年全国高等学校院系调整的计划》和《高等学校暂行规程》，1956 年中共中央、国务院又做出了《关于扫除文盲的决定》。1980 年中华人民共和国有了一部《中华人民共和国学位条例》；1986 年，颁布实施了《义务教育法》；1995 年，在中华人民共和国成立 46 周年的时候，我们终于有了自己的《中华人民共和国教育法》！进入 21 世纪以后，我们有了《中华人民共和国民办教育促进法》、《中华人民共和国中外合作办学条例》等。进入网络时代以后，关于这一领域的立法还不曾见。因此，我们建议，这一领域的立法应秉持上述立法目的进行立法，以便使得网络教育能够依法进行。

2. 电子教育立法的范围

我国电子教育立法的范围应该涵盖从胎儿到老年所有阶段的各个时期，即应该有幼儿园电子教育的立法、中小学电子教育立法、大学电子教育立法和终身学习立法。重要的是，电子教育立法应该贯彻“保护教育者受教育的权利”的宪法规定，将本来属于受教育者的权利还给受教育者。在电子教育立法领域，也应坚持这样的原则。

首先，应立法确定管理电子教育的权力模式。我国当前的教育行政化严重，教育管理的权力属于行政权，教育成为行政的附庸，这在很大程度上制约了中国教育的发展，甚至将中国的教育事业引向倒退。从美国来看，美国教育的显著特点就是分权，就是管理教育的权力属于各个州，联邦可以通过国会立法干预教育，但是法律对各州没有强制力，教育主要还在于各州自行实施。教育立法对财、物进行保障，其他的自主权属于各州。其实，就我国来看，更应该的是理顺权力单位和个人的关系。多放权利给个人，允许个人真正享有受教育的权利。当然，电子教育领域这种问题相对少些。但是，由于电子教育的趋势不可避免，因此，未雨绸缪地解决相关问题是极为重要的，是具有前瞻性的。

其次，电子教育立法范围应立足与时俱进的思想之上。当人类进入技术信息为主导的教育教学时代时，实际上时代已经把我们推向教育改革的潮头。如何面对海量信息时代的教师和学生的关系，如何面对学生信息量和教师信息量差不多情况下的教育问题是当前应该思考的问题。按照美国立法作为教学改革现行的经验，我们也应该思考类似的问题。

第三，电子教育立法范围与时俱进。由于网络时代的技术发展日新月异，一种新的技术往往带动新的教育问题出现。因此，就需要教育部门和立法部门密切合作，由教育部门向立法部门报告相应问题和处理方案，由立法部门进行深入的立法调研，并在此基础上制定可行的方案，研究必要的立法范围，并在深入论证的基础上完成电子教育立法范围的确认。

3. 电子教育立法的内容

电子教育立法应该包含着所有教育内容电子化的立法内容。从美国的经验看，立法，往往是教育改革的先导，其最突出的时期是20世纪五六十年代，最著名的是学科结构运动。美国的这一次教育先导立法是1958年的《国防教育法》，它第一次将教育改革提到国防的高度，明确了教育改革的方向。当时的国防部长迈克尔罗伊说："在这个高技术时代，教育像陆军、海军、空军一样是我们国防的组成部分，我们之所以必须有好的学校，不仅是因为我们的理想，而且是为了生存。"① 正是由于美国人有这种精神，所以能在短短的时间内迅速崛起，并成为世界唯一的超级大国。我国作为世界闻名的古国，应该与时俱进，跟上电子时代的潮流，将电子教育立法逐步推进，并逐步摸索电子教育立法的内容。

当前，我国高校的电子教育立法主要集中在以下专业：应用电子技术教育（专业代码：040318，以下同此）、机械制造工艺教育（040313W）、机械维修及检测技术教育（040314W）、机电技术教育（040315W）、电气技术教育（040316W）、汽车维修工程教育（040317W），以及电气工程及其自动化（080601）、自动化（080602）、电子信息工程（080603）、电子科学与技术（080606）、电气工程与自动化（080608Y）等。这些专业设置了数字电路、模拟电路、微机原理、数据结构、单片机、EDA电路分析、电子技术、微机原理及应用、信号与系统、高频电子线路、自动控制原理、电测技术、电声技术、现代通信技术、职业教育学等课程。这些相关专业主要是面向现代电子信息类产品的设计制造和自动化测控，在保持电子产品的制作维护的传统特色基础上，加强电子技术的计算机辅助设计和测试技术的教学

① 转引自顾基平：《从教育立法看美国战后教育改革》，《纪念〈教育史研究〉创刊二十周年论文集（17）——外国教育政策与制度改革史研究》，2009年9月1日，中国知网—中国会议电子版，1297页。

与训练，加强以微型单片计算机控制、集成电路及其元器件的应用和嵌入式系统为主体的电子信息技术的教学与训练，并在计算机应用特别是网络技术方面具有熟练的技能，本科毕业学生需具有电子设计与制作的技能等级证书。按照教学要求，要实现下述两个基本的目标，即通过学习，将具备几方面的能力：1. 掌握较扎实的自然科学基础知识，具有较好的人文、艺术、社会科学及管理科学知识，具有较强的计算机应用能力和语言文字表达能力；2. 系统掌握电子技术领域的基本理论、基本知识和基本技能，具有本专业领域内某个专业方向所需的专业知识和技能，了解其科学技术前沿及发展趋势，具有较强的自学能力、实践能力和一定的创新精神及创业能。这些规定基本上是教育部下达文件的形式完成的。

通过教学实践和实际调研我们发现，有些专业、有些课程的重复率很高，内容相对滞后。而且，我国当前的教育评价体系中，对教材、教学的比重相对论文等所谓科研成果来说严重低下，这些问题都需要通过立法加以解决。

另外，新东方等教育培训机构的电子教育相对比较普及，虽然这些机构的电子教育主要是辅助性质的，但是其影响较大。针对这些机构进行调研，并针对其内容作深入的立法分析，在这个基础上，将其成熟的内容列入电子教育立法的内容中去，以资鼓励，也不失为一条发展中国电子教育之路。

综上，中国的网络立法包含电子政府、电子商务、电子教育等三个领域的庞大范围。每个领域的立法范围又相当广泛。具体深入探讨其内容，可以发现每一个部分的立法内容都相当丰富。而且，由于互联网技术还处于初级阶段，人类对互联网的认识也还处于初步摸索阶段，这个阶段的立法研究和立法学基础理论研究都非常重要。因此，互联网的立法范围和内容又是动态的，随着技术的发展和新型社会关系的产生而产生。这个阶段立法的特殊之处在于，技术研究和立法相结合，理论研究和实践发展相结合，立法范围和内容的静态和动态相结合。

由于互联网技术的出现和推广，人类交往的方式发生了很大变化。社会关系也就因此产生了重大变化。围绕着这些重大变化的立法将会产生越来越多新型的法律关系，对这些法律关系的实体规范和程序规范都相当重要。对此，我们还需要对立法机构的人员进行与时俱进的培训等，以加强专业立法人员在互联网立法上的素质。而技术类人员、企业、事业单位、国家机关的相互联系，以及相关问题的调研和提升也是解决互联网立法范围和内容的重要途径。

第四章　互联网立法实施保障研究

摘要：互联网促进了社会的急剧变革，加强互联网治理事关社会发展全局，完善互联网立法实施保障机制是保障互联网积极健康发展的必要制度和法律前提。互联网立法实施保障的基本目标应当限于维护公共利益、保障基本人权和约束公共权力；其基本要素包括法律保障、政策保障、人力、技术与物质保障。法律保障层面，在立法方面，要建设配套制度；在执法层面，应该确保执法主体在实体和程序上严格执法；在司法方面，要注重司法机关对互联网法律法规的准确适用。而国家政策的保障，主要分为文化政策保障和产业政策保障，二者有一定的相通之处。

关键词：互联网立法实施保障　法律保障　政策保障　人力技术与物质保障

一　概述

（一）互联网立法实施保障的基本目标

1.维护公共利益

互联网，这一20世纪的重大科技发明，深刻影响着经济社会的发展，促进了社会生活和信息传播的变革。建设好、利用好、管理好互联网，关系到国家经济繁荣发展、关系到国家安全和社会和谐、关系到国家主权、安全、发展利益和社会公共利益。公共利益涉及社会多数成员，其重要性不言而喻。边沁曾认为，“国家的目的就是最大程度地促进公共利益，实现最大多数人的最大幸福”。[①]我国也有学者认为，在法治社会，任何具有正当性的法律都必须是为了社会的公共利益，而不仅仅是为了某个特定私人的利益而制定的。[②]因此，有效维护互联网安全、完善互联网治理以保障社会公共利益是互联网立法实施保障的必然要求。

同时，也要看到，社会上的一些强力集团控制着社会舆论导向，他们界定着何为公共利益，他们往往把自己的主观价值判断说成是代表了社会的价值，他们所主张的利益即为公共利益，[③]这在网络社会中尤其值得注意，在一些活跃的网络平台上，一些人以其职业职位或者社会兼职，利用其身份发表某些言论，以社会公知或者公共利益之名引导舆论走向，而其是否代表着真正的社会利益需要进一步的判断。单纯采取主管标准，难以准确界定公共利益的边界，从国外的经验来看，主观标准也不是主要的判断标准，而是以法律规定和客观因素为主要依据的。通过法律条文的具体列举式规定、相关有权机关的调查取证、公众的积极有效参与等手段来确定所涉及的利益是否属于社会宏观利益，并采取保护措施。

目前，网络上关于泄露国家秘密、破坏民族团结、宣扬邪教和封建迷信、散布谣言扰乱社会秩序、破坏社会稳定等信息的制作发布和传播日益明显，互联网立法实施保障就是要防止这类损害社会公共利益的信息和行为。而全国人大常委会《关于维护互联网安全的决定》和《互联网信息服务管理办法》等互联网法律法规也明确规定，任何组织和个人不得利用互联网等电信网络制作、复制、发布、传播含有危害国家安全、泄露国家秘密、破坏国家统一、损害国家荣誉和利益的信息。

2.保障基本人权

随着互联网在中国的快速发展和普及，人们的生产、工作、学习和生活方式已经开始并将继续发生深刻的变化。正如新加坡广播局所言，互联网不但是个重要的通讯媒体，而且是各种信息特别是教育和娱乐信息的宝库，它带来了社会发展的福祉，人们像上帝那样为自己创造了一个虚拟的

① 边沁：《道德与立法原理导论》，时殷弘译，商务印书馆2000年版，第158页。

② 参见张千帆：《公共利益的构成》，《比较法学研究》2005年底5期。

③ 参见孟勤国、黄莹主编：《中国物权法的理论探索》，武汉大学出版社2004年版，第115页。

伊甸园。[①]但与此同时，互联网的内容却打开了一个潘多拉的盒子，网络暴力事件屡见不鲜，公民的基本人权面临着被侵犯的现实危险。“虐猫女事件”、“周老虎事件”等人肉搜索事件更是将当事人个人基本信息如身体健康状况、家庭收入情况、家庭地址、电话号码等，社会生活信息如生活方式、性格爱好、工作信息、生活配偶信息、朋友信息等统统公诸于众，让当事人不胜其扰，这在满足部分公民的知情权的同时，公民的隐私权和名誉权则遭受巨大的侵犯。如何在公民知情权与隐私权、名誉权之间找到一个平衡点，便是互联网立法实施保障的重要内容，一个基本的原则便是在不侵犯公民隐私权等人格权的前提下，才能实现和满足公民的知情权。同时，公众人物的隐私权也必然要受到较大程度的限制。而对于那些贩卖公民个人信息、侵犯公民隐私权利的行为，法律应当予以严格规制，保障公民权利。

公民言论自由的权利是宪法赋予的基本权利，“世界上最使我们感到羞耻的莫过于不能表现我们自身自由，最使我们感到骄傲的幸福的也莫过于想、说和做我们自己要想、要说和要做的事”。[②]公民通过互联网发表自己对国家社会政治生活事件的看法并与其他公民相互交流各自的观点、参与公共政策制定执行的讨论，是现代社会基本人权，尤其是政治权利的重要组成部分。网络言论自由不但是公民自我需要和价值的满足和实现，而且是监督公权力行使的重要手段，对于社会公共利益的形成具有不可替代的重要作用。互联网立法实施保障就是要确保公民可以充分地、合法地享有和行使这种权利，可以在互联网上就各种话题发表言论，进行讨论，充分表达思想观点和利益诉求。

3.约束公共权力

互联网是一个倡导开放与自由自主的领域，这种特点是促使其迅速发展的重要因素，但同时在这样一种环境之下也容易产生各种问题，互联网自由的滥用也在很大程度上损害了公共利益，侵犯了公民基本人权，这就

---

① 转引自刁生富：《在虚拟与现实之间——论网络空间社会问题的道德控制》，《自然辩证法通讯》2001年第6期。

② 艾瑞克·弗洛姆：《逃避自由》，陈学明译，工人出版社1987年版，第339页。

有了政府予以干预的必要性。然而公权力的干预应当在一个合理的界限内，这个合理的界限就需要互联网立法实施保障来确定。同时，现实中，公权力也往往打着保护公共利益的旗帜干预互联网自由。依法治国是宪法确认的基本原则，积极建设法治中国更是实现中国梦的坚强保障，这体现在互联网领域，就是要对公权力干预互联网制定严格的实体和程序规则，设定边界。公权力必须在法律规定的权限范围内，依照一定的法律程序依法对互联网进行管理。

随着社会的不断发展，除了政府权力对互联网的干预之外，各种社会力量也在对互联网产生着巨大的影响力，行业协会、社会中介组织、企业集团这类力量事实上掌握着一些与政府或国家意义上的权力有别的公共权力。要真正保证互联网的健康发展、公共利益的最大实现和基本人权的具体落实，互联网立法还应对这类非国家权力的公共权力加以约束，使其严格地在法律范围内正当有序竞争，强化其法律责任。

（二）互联网立法实施保障的基本要素

1.法律保障

互联网立法实施保障的首要要素就是法律方面的保障，那种宣称互联网属于虚拟空间、其独立于现实世界，国家权力不能越界干预互联网的观点早已被驳斥，[①]国家法律介入互联网已成为人民的共识。要确保互联网领域科学立法、严格执法、公正司法和各方主体自觉守法。

在立法方面，要建设配套制度。有法可依是互联网立法实施保障的前提，也是互联网发展的后盾。同时，互联网本身就是技术不断发展的产物，互联网目前已经不断渗透到经济社会发展的各个方面，要从法律层面对互联网加强保障，必须建设配套制度，由于其牵涉多个部门法领域，因此在民商法领域，需要完善的有电子签名制度、电子商务制度和个人信息保护制度。其次，在行政法领域的电子政务制度完善。再次，网络犯罪的防范

① 主张“网络主权区“等观点的代表性人物是美国人约翰·P. 巴洛，参见约翰·巴洛：《网络独立宣言》，李旭、李小武译，《清华法治论衡》第4辑，清华大学出版社2004年版。

制度完善。最后，诉讼法法上证据制度、管辖制度的完善。

在执法层面，应该确保执法主体在实体和程序上严格执法。首先要确定互联网的管理主体。目前，我国政府参与互联网管理的部门有十几个之多，有综合性地对互联网进行管理的部门，也有对互联网进行专项管理的部门，首先就需要理清各部门之间的管理职责，特别是互联网内容管理的权限，明确互联网管理的前头协调部门，在实体上整合各部门管理优势。同时，作为行政执法活动之一，对互联网的管理还应当注重程序的正当性。程序正义作为看得见的正义，其愈来受到重视，促进公民参与互联网执法，保障公民的程序权利，在重视正式程序的同时，加大对生活中常见的非正式程序的研究。

最后在司法方面，要注重司法机关对互联网法律法规的准确适用上。由于互联网涉及众多的科学技术，对互联网的立法也必然会有技术方的法律规范，而作为专业与法律知识的司法人员来说，去掌握、熟悉这些相关技术是有一定难度的，而要确保司法公正在互联网领域的实现，对互联网相关法律法规的准确理解和适用就显得极其重要。同时，在互联网纠纷法律规范依据的选择上也有一定的挑战需要去克服。

2.政策保障

正如美国学者劳伦斯·拉塞格所言，“他们（法律和政策的制定者）是在速到而不是发行网络空间的属性，在一定程度上，他们的选择将决定网络空间的发展”，[①] 互联网的发展离不开法律和政策的支持，政策的保障对于互联网行业而言至关重要，尤其是在我们这样一个政府占绝对主导地位的国家里。而国家政策的保障，主要分为文化政策保障和产业政策保障，二者有一定的相通之处。

关于文化政策，就我国的实际情况来看，中国共产党历届代表大会的报告和政府工作报告中涉及文化的部分，集中体现了作为执政党的中国共产党的核心文化价值理念和文化主张、文化意志，无疑是我国文化政策最

① 转引自肖永平、李臣：《国际私法在互联网环境下面临的挑战》，《中国社会科学》2001年第1期。

权威的组成部分。这种文化政策对于互联网的发展同样是一种指导和保障。而关于互联网文化活动方面，国家文化主管部门的政策导向是要求其遵守宪法和有关法律、法规，坚持为人民服务、为社会主义服务的方向，弘扬民族优秀文化，传播有益于提高公众文化素质、推动经济发展、促进社会进步的思想道德、科学技术和文化知识，丰富人民的精神生活。[①] 对于互联网的发展，保持宽容、宽松和宽厚的态度。

国家的产业政策是互联网发展的风向标和指挥棒。鉴于互联网发展速度加快，新技术、新业务鳞次栉比，不断涌现，在互联网产业政策方面，应当不断健全完善我国互联网产业发展政策，如推动市场管理政策的协调和整合、加大有关互联网发展关键性技术研究、增强和维护互联网产业健康有效运行等，进一步改善我国互联网发展的网络环境，全面提高互联网络性能，积极培育市场，提高互联网应用水平，加强研究和监管，提高我国互联网络和信息安全防控能力，充分发挥红叶组织作用、积极参加国际互联网组织活动，加强行业自律，服从国家战略重点、研究区域、城乡、行业、人群协调发展战略，缩小数字鸿沟，促进协调发展。

3.人力、技术与物质保障

互联网是一个高科技云集的领域，人才资源是互联网发展的核心，只有有了一支素质过硬的人才队伍，互联网的快速健康发展才有可能。因此要花大力气地区培养人才、教育人才、留住人才，给人才一个良好的发展机遇和上升空间和体系。加强互联网专业人才体系建设，建立和完善产学研用合作的人才培养模式；加强创新型人才的引进和利用，探索配套人才激励机制，引进海外人才，健全互联网人才评价体系，加强人才科学管理。政府执法人员的人力保障方面，加强人员任职规则、人员培训规则、人员编制保障、专家顾问制度的建立健全。

互联网本身是技术进步的产物，推动互联网技术发展进步，服务于工业化和信息化的深度融合，全面支撑经济发展。抓住互联网发展态势，加快面向未来互联网技术研发前沿布局，向下一代互联网发展演进。突破关

① 参见《互联网文化管理暂行规定》（文化部令51号）。

键技术，夯实核心基础产业，支持面向互联网新兴业态的关键应用软件和信息技术支撑软件研发和产业化，支持高端服务器和核心网络设备等产业发展。同时以先进的技术手段保障互联网安全，主要是互联网网站的经营安全和网站内容安全两个方面。

关于物质保障方面，首先是设备保障。设备保障是执法中硬件的必需条件。没有一定的执法设备就不可能有高效、有力的执法成绩。可以借鉴其他行业经验，主要需要注意互联网行政执法专门设备的研发和采购以及互联网行政执法专门设备的维修和更新。其次是经费保障，这包括人员经费、执法经费、技术经费和设备经费保障。最后，坚强的物质保障对于法律实施来说也是必不可少的。

二　法律保障

我国的互联网，在国家大力倡导和积极推动下，在经济建设和各项事业中得到日益广泛的应用，使人们的生产、工作、学习和生活方式已经开始并将继续发生深刻的变化，对于加快我国国民经济、科学技术的发展和社会服务信息化进程具有重要作用。为保障互联网的积极发展，各级人民政府及有关部门要采取积极措施，在促进互联网的应用和网络技术的普及过程中，重视和支持对网络安全技术的研究和开发，增强网络的安全防护能力。有关主管部门要加强对互联网的运行安全和信息安全的宣传教育，依法实施有效的监督管理，防范和制止利用互联网进行的各种违法活动，为互联网的健康发展创造良好的社会环境。从事互联网业务的单位要依法开展活动，发现互联网上出现违法犯罪行为和有害信息时，要采取措施，停止传输有害信息，并及时向有关机关报告。任何单位和个人在利用互联网时，都要遵纪守法，抵制各种违法犯罪行为和有害信息。人民法院、人民检察院、公安机关、国家安全机关要各司其职，密切配合，依法严厉打击利用互联网实施的各种犯罪活动。要动员全社会的力量，依靠全社会的共同努力，保障互联网的运行安全与信息安全，促进社会主义精神文明和物质文明建设。[①]

（一）立法保障：建设配套制度

互联网领域作为法律调整的社会关系的一部分，互联网的治理最基本的思路就是让网络空间“有法可依”，互联网立法本身也是互联网执法和司法的基础和依据。目前我国在互联网治理的立法方面，主要是集中于单行法律法规和夹杂于其他法律规范之中。而互联网本身又包含着不同的方面，涉及民商法、刑法、诉讼法、行政法等各项具体法律制度，要对互联网作出有效的治理和保障，必须要建立相关的配套制度，完善法律治理网络。

首先，在民商法领域，需要完善的有电子签名制度、电子商务制度和个人信息保护制度。

关于电子签名制度。所谓电子签名，一般是指数据电文中以电子形式所含、所附用于识别签名人身份并表明签名人认可其中内容的数据。电子签名以规范化的程序和科学化的方法用于确保互联网行为的安全性和真实性，其有多种技术形式，典型的有数字签名和生理特征签名，前者的实质是加密技术的一种，后者则是利用能够用于人身识别的生理信息所制作的一种签名，主要包括指纹识别技术、视网膜识别技术和声纹识别技术。[②]美国式世界上最早开展互联网领域立法的国家，其2000年的《全球与国内商务电子签名法》具有重大意义，其与欧盟于1999年制定的《电子签名指令》相比，其最具积极意义的部分是在私营部门和自律政策方面，该法限制了政府的不当干预，采取了自由平等而无歧视的市场导向方法。于2005年施行的《电子签名法》是我国首部真正意义上的互联网法律，其调整的手段和范围也突破了传统的民商法领域，涉及到了行政法、证据法内容，同时，其内容广泛，重点规定了电子签名具有与手写签名或盖章同等的效力，确立了数据电文制度，初步创建了电子合同制度和电子认证制度。而由于该法具有较高的科学技术因素，“数据电文的完整性”、“电子认证业务规则”

① 参见《全国人大常委会关于维护互联网安全的决定》。

② 刘品新：《网络法学》中国人民大学出版社2009年版，第22～26页。

等术语的准确含义尚有待进一步明确，而配套的信用管理、安全认证、市场准入等方面的问题，也需要加以补充规定，从而增强法律的可操作性。

关于电子商务制度。由于互联网的发展，依托网络平台产生并蓬勃发展的电子商务成为推动经济发展与运行中的新兴力量，电子商务模式被誉为“21世纪全球商务主导模式”；[①]在电子商务领域，我国主要是以电子签名法来涵盖电子商务法律制度的相关内容，主要涉及到电子合同的主体制度、电子合同的签订制度和电子商务中的消费者权益保障制度等，这些传统的民法问题在互联网领域下都面临着新的变数。尤其是在消费者权益保护方面，消费者的知情权保护、电子支付时的权益保护、消费者的“冷却期”保护、格式条款的限制以及垃圾邮件的治理等问题，更需要进一步的制度跟进。[②]

值得注意的是，根据2013年10月25日第十二届全国人民代表大会常务委员会第五次会议《关于修改〈中华人民共和国消费者权益保护法〉的决定》，最新通过的《消费者保护法》加强了对电子商务领域中消费者权益的保护，该法的第25条规定，经营者采用网络、电视、电话、邮购等方式销售商品，消费者有权自收到商品之日起七日内退货，且无需说明理由。[③]这是在考虑到现实生活中，电子商务领域里，消费者在互联网上所接触到的商品完全可能和实际购买到的商品存在差异，为了保障消费者权益，法律专门给消费者设置了七天的犹豫期，准许消费者在这七天之内对其在互联网上的消费行为再做更加细致的考虑，这毫无疑问地是对消费者在互联

---

① 宋博纳：《论电子商务立法的统一化——以形式理性为视角》，《中国海洋法学评论》，2011年第16期。

② 在电子商务中，消费者在网络上看到的商品与实际的商品往往存在认识上的差异，这从一定意义上对消费者的选择权有了无形的限制，为了保护消费者，一般都赋予消费者在一定期间内有试用商品并无条件解除合同的权利，这就是所谓“冷却期”（cooling off period）或“犹豫期”保护。然而这种权利的赋予，对于在现代电商竞争激烈的环境中，加之高企的物流成本因素，如何设置这样的“冷却期”则需要进一步思考。参见王利明主编：《电子商务法律制度：冲击与回应》，人民法院出版社2005年版。

③ 参见《消费者权益保护法》第25条（主席令第7号）（1993年10月31日第八届全国人民代表大会常务委员会第四次会议通过　根据2009年8月27日第十一届全国人民代表大会常务委员会第十次会议《关于修改部分法律的决定》第一次修正　根据2013年10月25日第十二届全国人民代表大会常务委员会第五次会议《关于修改〈中华人民共和国消费者权益保护法〉的决定》第二次修正）。

网消费中权利的极大保护。然而，由于互联网消费不同于实际生活中实体店的消费，退货换货涉及很大的物流成本，加之某些特殊的商品在经过购买之后或者收到货物七天之后，该商品的再次出售价值可能会受到很大影响，因此法律在规定了上述的保护消费者权益的条款的同时，也对消费者行使该权利设置了一定的例外规则。

即规定下列具有某种特殊性质的商品在一经售出、消费者收到之后不得援引上述“七天无理由退货”条款，这些商品主要是：（1）消费者定做的商品。这种商品由于是消费者与经营者通过合同方式确定了双方的权利义务关系，消费者对于商品的具体形态和属性功能都有着绝对的主导权，消费者知道或者应该知道经营者按照消费者的要求所制作出来的商品的具体情况，因此在经营者按照消费者的要求和指示制作完成商品之后，消费者不得援引上述“七天无理由退货条款”。这也是防止消费者滥用该权利损害经营者权益，同时也是消费者作为理性人应当对自己的行为负责的精神的体现，再者由于该商品是经营者专门按照特定消费者的意图进行制作的，那么该商品上必然就凝结着该特定消费者的某种特定需求或者喜好，其他消费者很难说是与该消费者的特定喜好完全吻合，如果允许消费者七天无理由退货的话，那么该特定商品将无法再次售出，这将严重损害经营者权益；（2）鲜活易腐的商品。这种商品毫无疑问具有保存时间短、过长时间的保存是对商品的损害，在消费者购买这种鲜活易腐的商品之后的七天里，很难保证该商品不发生变质或者腐坏的情况，何况还有可能数天的物流时间成本，如果允许消费者援引七天无理由退货条款，则该类鲜活易腐的商品将无法再次售出，这也是对经营者权益的巨大损害；（3）在线下载或者消费者拆封的音像制品、计算机软件等数字化商品。首先是在线下载的音像制品、计算机软件等数字化商品，消费者购买该类商品的主要目的就是接受该商品所具体承载的内容，这种商品的一个很大的特点就是具有一次性销售利益或者其内容的可复制性，一旦消费者下载一次这种数字化商品之后，即使消费者退货之后，该消费者事实上已经是在享受着该商品所带来的某种满足消费者的需求，这种商品在退还给经营者之后，虽然完全不影响该商品再次出售给其他消费者，但这无疑是对经营者利益的剥夺，允许七天无理由退货的行为也无疑是让消费者在市场经济条件下无偿占有他人劳动成果，这与市场经济的理念不合。其次就是消费者拆封的音像制品、计算机软件等数字化商品，这种商品一方面具备上述一次性销售利益的特点，另一方面也是由于该种商品被消费者拆封之后，或多或少会对该商品造成一定程度的损害，当然主要的原因还是在于其内容的可复制性。当然，对于具有某种实物性质的消费者拆封的音像制品、计算机软件等数字化商品，只要消费者没有拆封，那么消费者也就没有享受到该商品所带来的利益，且不影响经营者对该类商品的再次出售，因此消费者是可以七天无理由退货的；（4）交付的报纸、期刊。报纸和期刊类商品具有非常明显的时效性，消费者购买报纸和期刊也主要是为了查看最新的信息，一旦过了特定的时期之后，报纸和期刊商品的价值也就大打折扣，加之信息本身的价值也在于它的及时性和某种程度的未知性，消费者一旦知道该报纸期刊所载具体内容之后，则该报纸期刊对于该特定消费者而言也就没有了经济价值，因此如果允许消费者将经营者已经交付的报纸期刊实行七天无理由退货政策，一方面经营者对于该特定消费者就没有营利的可能，而且失去了及时性的报纸期刊再次售出给其他消费者的可能性也将急剧下降，严重影响经营者利益。

由于现代社会商品种类极其繁杂多样，法律也不可能完全加以列举，一来无法穷尽，二来没有必要穷尽，因此《消费者权益保护法》在规定了上述具有明显特征的四种商品之外，还特别指出除前所述及的四种商品之外，其他根据商品性质并经消费者在购买时确认不宜退货的商品，不适用无理由退货。这类具有概括性和一般性的规定要求，不适用无理由退货制度的商品应对满足两个条件：其一是该种商品具有某种特殊性质，使得一旦适用七天无理由退货将使该商品的价值或者再次销售的可能以及经营者利益受到严重影响等；其二是消费者在购买该类具有特殊性质的商品时明确认同不宜退货，这无疑是平衡了经营者和消费者双方面的利益。需要特别指出的是，我们不能认为消费者定做的商品、鲜活易腐的商品、在线下载或者消费者拆封的音像制品、计算机软件等数字化商品和交付的报纸、期刊，一旦售出之后就不能退货了。因为《消费者权益保护法》仅仅是表明这四种商品不能适用“七天无理由退货”制度，一旦该类商品存在瑕疵或者缺陷，可能导致消费者人身和财产权益受损，或者经营者交付的商品不符合其与消费者的合意，不符合消费者定做的要求，那么消费者完全可以根据《合同法》、《侵权责任法》、《产品质量法》、《消费者权益保障法》等等法律的相关规定要求经营者给予退货并赔偿损失，等等。

除此之外，还需要注意的是，在“七天无理由退货”制度下消费者和经营者之间的权利义务关系。首先是消费者的权利，这对应着经营者的义务。除了前面已经详细阐述的之外，消费者在退回商品之后，经营者应当自收到退回商品之日起七日内返还消费者支付的商品价款。然后是经营者的权利，这对应着消费者的义务。由于消费者退货的法律依据是前述的“七天无理由退货”制度，而不是基于经营者提供的商品本身所存在的瑕疵或者缺陷而要求退货，因此在保障消费者的犹豫期的同时，也要保障经营者的权利，这就要求消费者退货的商品应当完好，使得经营者可以将该商品再次销售给其他消费者，同时，由于在这一制度构架中，经营者不存在任何过错，所以退回商品的运费应当是由消费者来承担的。最后须说明的，是消费者和经营者在互联网领域里达成的买卖商品的行为，终究是一种私法上的行为规范，受到合同法等民事法律规范的制约，民事法律活动讲究私法自治，《消费者权益保护法》所提供的上述制度规范是对经营者与消费者行为的一种指引，普遍使用于消费者和经营者之间没有任何其他约定的情况之下，而如果经营者和消费者对于退货方面的事宜有着另外的约定的话，本着尊重双方当事人意愿考虑，应对优先适用消费者与经营者所达成的合意。

关于个人信息保护制度。自美国大法官布兰代斯（Brandeis）于1890年在其《论隐私权》一文中将隐私界定为一种“免受外界干扰的、独处的”权利后，隐私权日益引起学界、实务界的广泛关注。[①]在互联网快速发展的当下，传统隐私权不断向网络领域延伸，其中最重要的便是公民越来越注重对个人信息的自治权和管理权，即关注对资料隐私权的保护。[②]诚然，以

① 王利明：《隐私权概念的再界定》，《法学家》2012年第1期。

② 参见蒋坡主编：《国际信息政策法律比较》，法律出版社2001年版，第425页。

各种方式获取公民个人信息并由此而产生的侵犯隐私权问题并非互联网下所独有，然而，对公民个人信息的收集、存储、修改和传播的快速和高效，则是其他领域所远不及互联网的。世界上最早的个人信息保护的立法是德国黑森州《1970年数据保护法》，此后，各国陆续颁布各具特色的个人信息保护法。① 而我国关于个人信息保护的法律规定散见于宪法、法律和其他规范性文件之中，不过其多数是针对姓名、肖像、名誉和隐私等，还谈不上形成全面系统的个人信息保护法律体系。就个人数据的立法模式而言，目前在世界范围内主要存在两种：一种是美国模式，另外一种是欧盟模式。美国模式建立在美国对于个人资料隐私保护的议题上，其立场所强调的精神不是政府的介入，而是从宪法对私人财产的保护来探讨。欧盟模式是以政府为主导实现对个人数据资料的保护。就中国目前的情况而言，应当选择综合的保护模式，且应该选择以欧盟模式为主，适当加入美国制度的立法模式。②

在2000年通过的《全国人民代表大会常务委员会关于维护互联网安全的决定》中，对于互联网上个人信息的保护问题作出了初步的规定，当然该规定主要是从刑事犯罪方面予以规定的，这将在下文阐述。同时，近年来，随着我国经济快速发展和信息网络的广泛普及，侵害公民个人信息的违法犯罪日益突出，互联网上非法买卖公民个人信息泛滥，由此滋生的电信诈骗、网络诈骗、敲诈勒索、绑架和非法讨债等犯罪屡打不绝，社会危害严重，群众反响强烈。为有效遏制、惩治侵害公民个人信息犯罪，切实保障广大人民群众的个人信息安全和合法权益，促进社会协调发展，维护社会稳定，最高人民法院、最高人民检察院、公安部于2013年4月联合发布了《关于依法惩处侵害公民个人信息犯罪活动的通知》③，当然这也是从刑事法律的角度规定的，同样将在下文阐述。在此值得一提的是全国人大

---

① 值得一提的是，经合组织在1980年发布《隐私保护与个人数据跨界流通指南》，该指南是国际上开展个人数据保护的标志性法律文件；欧盟1995年制定的《个人数据保护指令》采取对个人数据的超强保护态度；美国也制定了《1974年隐私权法》，同时美欧正以一定的方式加速相互间的融合，两者于1998年签订了“安全港”协定，主要是规范美国公司运用个人数据的行为。

② 参见张新宝：《中国个人数据保护立法的现状与展望》，《中国法律》2007年第2期。

③ 参见最高人民法院、最高人民检察院、公安部：《关于依法惩处侵害公民个人信息犯罪活动的通知》（公通字[2013]12号）。

常委会在2012年发布的《关于加强网络信息保护的决定》。该《决定》明确了国家保护能够识别公民个人身份和涉及公民个人隐私的电子信息。任何组织和个人不得窃取或者以其他非法方式获取公民个人电子信息，不得出售或者非法向他人提供公民个人电子信息。[①]《决定》确立保护网络信息安全，制裁侵害公民个人电子信息侵权行为的一般原则，是十分重要的。随着互联网事业的不断发展，有关公民个人身份和个人隐私的电子信息面临着严重威胁，上述个人信息被窃取、被盗用、被公开、被成批盗卖者，可谓不乏其例，同时各式各样的“人肉搜索”，严重侵害隐私权，造成严重后果。因此，确保网络信息安全，制裁侵害公民个人电子信息侵权行为，就必须对公民个人身份和个人隐私的电子信息进行充分的保护。该《决定》逐一列举了各种各样的侵犯个人信息的行为，主要包括非法获取公民个人电子信息、非法出售公民个人电子信息、非法向他人提供公民个人电子信息、非法泄露公民个人电子信息、非法篡改公民个人电子信息、非法毁损公民个人电子信息、丢失公民个人电子信息、违法发送电子信息侵扰生活安宁、对泄露公民个人电子信息或侵扰他人的电子信息未及时采取补救措施。在实践中落实这一原则，保护公民个人电子信息，制裁侵权行为，应当着重把握以下几点：第一，《决定》的立法宗旨是保护公民个人身份信息和个人隐私信息，同时也要保护公民的表达自由，不能因为要保护好个人信息和隐私权，而因此限制公民的表达自由。例如，在网络上揭露“表哥”杨达才、“房姐”龚爱爱、“房叔”蔡斌等违法犯罪行为，不属于侵权行为，而属于表达自由、促进廉政建设的正当行为，应当予以鼓励。第二，应当加强对侵害个人信息、侵害隐私权的违法行为制裁的力度。第三，要特别制裁那些有权收集个人身份和个人隐私电子信息的网络服务提供者、其他企业事业单位，以及侵权的任何组织或个人，并且包括有关的国家机关及其工作人员。[②]

其次，在行政法领域的电子政务制度完善。伴随着互联网信息技术的

---

① 参见全国人大常委会《关于加强网络信息保护的决定》。

② 参见杨立新：《为个人电子信息保护撑起立法“保护伞”》，中国法院网：http://www.chinacourt.org/article/detail/2013/01/id/814350.shtml，2013年11月3日。

发展，在政府治理模式从管理型向服务型转变同时，电子政务法这一新的行政法律部门也随之产生。[①]《行政许可法》明确规定行政机关应当建立和完善有关制度，推行电子政务。我国目前还没有专门规定电子政务法律地位的规范。世界各国的电子政务实践表明，公民法律地位在因分权和客户导向而提高的同时，政府对公民的监控能力也在迅速加强，公民对行政机关的信息依附性越来越大，他们之间的信息权落差越来越明显。因此在推行电子政务的过程中，应当注意公民信息权、隐私权的保护，一旦公民信息权和隐私权得到充分保障，"透明国家—信息公民"的崭新法律关系格局就会产生。[②]同时需注意的是，我国目前的电子政务立法理念更加关注的是对互联网的监管问题，而对从权利保障方面切入促进电子政务的发展还不够重视。因此应该通过法律的制定促进政府观念的转变，扩大政府信息公开的范围、促进政府与行政相对人信息互动，注意在立法博弈中利益的恰当取舍，妥善处理好与其他法律的关系，以多种形式实现政府公开、赋予民众政府信息请求权。[③]

事实上，国家信息化领导小组早在2002年就发布了关于推进电子政务方面的指导意见，在落实《中共中央办公厅、国务院办公厅关于转发〈国家信息化领导小组关于我国电子政务建设指导意见〉的通知》中，明确提出了各项任务，要充分发挥网络在电子政务建设中的基础性作用，促进电子政务和信息化健康发展。[④]随后国家信息化领导小组又在2006年发布了《关于推进国家电子政务网络建设的意见》，该意见完整提出了我国电子政府发展的主要原则、建设目标、管理体制、工作部署和保障措施。[⑤]此处需要加以明确阐述的就是管理体制问题。国家信息化领导小组是根据国务院办公

---

① 高家伟：《论电子政务法》，《中国法学》2003年第4期。

② 同上。

③ 滕锐：《我国电子政务立法的思考——以政府信息公开法律制度为视角》，《法学杂志》2010年第6期。

④ 参见《中共中央办公厅、国务院办公厅关于转发〈国家信息化领导小组关于我国电子政务建设指导意见〉的通知》（中办发［2002］17号）。

⑤ 参见国家信息化领导小组《关于推进国家电子政务网络建设的意见》（中办发〔2006〕18号）。

厅《关于成立国家信息化工作领导小组的通知》（国办发〔1999〕103号）成立的，后根据《国务院关于机构设置的通知》（国发[2008]11号），国家信息化领导小组的具体工作由工业和信息化部承担。而根据《关于推进国家电子政务网络建设的意见》，在国家信息化领导小组领导下，中共中央办公厅、全国人大常委会办公厅、国务院办公厅、全国政协办公厅、最高人民法院、最高人民检察院分别负责政务内网中各自业务网络的建设和管理。党中央、国务院各所属部门根据业务发展需要，利用国家电子政务网络，部署各自不同安全等级的业务应用系统。也就是说中央层面的电子政务问题基本上是属于各自为政的情况的。在2008年机构改革中，原来单设的国务院信息化工作办公室被废除，而该办公室在前述的《意见》中承担着大量的工作任务，例如国务院信息化工作办公室会同国家发展和改革委员会负责统筹协调政务外网的管理；国务院信息化工作办公室组建国家电子政务管理机构。国家电子政务管理机构负责组织协调有关单位，充分利用国家公共通信资源，形成中央到省（自治区、直辖市）的电子政务传输骨干网，统筹规划国家电子政务网络的网络地址和域名，组织研究起草相关标准和管理办法等。在2008年大部制改革后，国家信息化领导小组的具体工作由工业信息化部承担，而再往下就是由工业和信息化部的信息化推进司承办国家信息化领导小组的具体工作，信息化推进司之下又设电子政务处主管全国电子政务工作。根据国务院《关于大力推进信息化发展和切实保障信息安全的若干意见》，目前我国的信息化建设（包括电子政务建设）工作主要是由国家信息化领导小组和国家网络与信息安全协调小组领导，①后者的办公室设在工业和信息化部信息安全协调司，在地方上则是根据本地实际情况，建立省（区、市）、地（市）两级网络与信息安全协调机制。

《国民经济和社会发展第十二个五年规划纲要》明确规定，推动经济社会各领域信息化。大力推进国家电子政务建设，推动重要政务信息系统互联互通、信息共享和业务协同，建设和完善网络行政审批、信息公开、网

① 参见国务院《关于大力推进信息化发展和切实保障信息安全的若干意见》（国发〔2012〕23号）。

上信访、电子监察和审计体系。加强市场监管、社会保障、医疗卫生等重要信息系统建设，完善地理、人口、法人、金融、税收、统计等基础信息资源体系，强化信息资源的整合，规范采集和发布，加强社会化综合开发利用。电子政务问题也引起了社会各界的关注，在历届历次人大会议上都有代表提出关于电子政务方面的议案。这里以在十一届全国人大第四次会议中提出的议案为例加以说明，根据《全国人民代表大会财政经济委员会关于第十一届全国人民代表大会第四次会议主席团交付审议的代表提出的议案审议结果的报告》，第十一届全国人民代表大会第四次会议主席团交付财政经济委员会审议的代表提出的议案 139 件中就有关于关于制定电子政务法的议案 1 件，该议案建议深入研究信息化和电子政务发展的现状和问题，研究提出信息化和电子政务立法的工作思路，同时先期研究制定电子政务规范和规定，为制定相关法律法规奠定基础。王茜等 30 名代表（第 268 号议案）建议制定电子政务法，并对相关内容提出了具体建议。工业和信息化部提出，制定电子政务相关法律法规，对于推动国家电子政务健康发展具有重要意义，建议研究制订国家信息化法或国家信息化条例作为上位法，电子政务法作为专项法。该部将设立专项研究课题，深入调查研究，摸清信息化和电子政务发展的现状和问题，全面梳理分析已有法律、规章涉及信息化和电子政务的相关内容，研究提出信息化和电子政务立法的工作思路，同时先期研究制定电子政务规范和规定，为制定相关法律法规奠定基础。财经委员会同意工业和信息化部意见。①

国务院在《关于大力推进信息化发展和切实保障信息安全的若干意见》中也明确指出必须进一步增强紧迫感，采取更加有力的政策措施，大力推进信息化发展，并提出了发展目标，即电子政务快速发展，到“十二五”末，国家电子政务网络基本建成，信息共享和业务协同框架基本建立。在具体地提升电子政务服务能力方面，要围绕提升服务和监管能力，促进政府管理创新，加强电子政务顶层设计。以互联互通为重点，形成统一的国

① 参见《全国人民代表大会财政经济委员会关于第十一届全国人民代表大会第四次会议主席团交付审议的代表提出的议案审议结果的报告》。

家电子政务网络，完善项目建设管理、绩效评估和运行维护机制，扎实推进药品、食品、住房、能源、金融、价格等重要监管信息系统建设。推动重点领域信息共享和业务协同，加快电子政务服务向街道、社区和农村延伸，支持基层政府和社区开展管理和服务模式创新试点示范。加强地理空间和自然资源、人口、法人、金融、税收、统计等基础信息资源的开发利用，促进共享。全面提升电子政务技术服务能力，鼓励业务应用向云计算模式迁移。加强电子文件管理与应用，加强网络信任体系建设和密码保障，大力推动密码技术在涉密信息系统和重要信息系统保护中的应用，强化密码在保障电子政务安全和保护公民个人信息等方面的支撑作用。[①]最高人民法院也要求全国法院系统促进信息化在人民法院行政管理、法官培训、案件信息管理、执行管理、信访管理等方面的应用，尽快完成覆盖全国各级人民法院的审判业务信息网络建设，研究制定关于改革庭审活动记录方式的实施意见，研究开发全国法院统一适用的案件管理流程软件和司法政务管理软件，加快建立信息安全基础设施，推进人民法院与其他国家机关之间电子政务协同办公的应用，构建全国法院案件信息数据库，加快案件信息查询系统建设。[②]

再次，网络犯罪的防范制度完善。网络犯罪一般被分为网络工具犯罪和网络对象犯罪，[③]前者如网络色情、网络赌博、网络诈骗等，后者如制造、传播计算机病毒、非法侵入计算机系统犯罪等。刑法修正案（七）增设了新的网络犯罪，使得我国现行网络犯罪刑法立法有了较大的发展。但是，网络犯罪立法仍有不足之处，主要表现在非法控制计算机信息系统罪的非法控制行为与非法侵入计算机信息系统罪、破坏计算机信息系统罪之间存在交叉，为非法侵入、控制计算机信息系统非法提供程序、工具罪的限制条件不合理等，这有必要借鉴国外立法，尤其是欧洲理事会《关于网络犯

---

① 参见国务院《关于大力推进信息化发展和切实保障信息安全的若干意见》（国发〔2012〕23号）。

② 参见最高人民法院《关于印发〈人民法院第三个五年改革纲要（2009—2013）〉的通知》（法发〔2009〕14号）。

③ 参见赵秉志、卢建军：《中国网络犯罪的现状及特点》，《检察日报》2004年8月4日。

罪的公约》中的有关网络犯罪的规定予以完善。[①]除此之外，在网络犯罪的定罪情节、责任年龄、共同犯罪、单位犯罪问题上都有完善的余地。[②]而在具体的刑罚制度方面，网络犯罪的法定刑与犯罪的社会危害性不成正比，处刑相对较低。[③]同时，现有的刑法种类对控制网络犯罪的效果并不十分理想，一些外国从取消相关资格入手增加刑种，有效地调整了现有刑罚制度。

《全国人民代表大会常务委员会关于维护互联网安全的决定》中，对于那些通过互联网侵害个人、法人和其他组织的人身、财产等合法权利的行为予以坚决打击，构成犯罪的，依照刑法有关规定追究刑事责任，这些行为主要是利用互联网侮辱他人或者捏造事实诽谤他人；非法截获、篡改、删除他人电子邮件或者其他数据资料，侵犯公民通信自由和通信秘密；利用互联网进行盗窃、诈骗、敲诈勒索。刑法对上述犯罪也有相关规定，然而在互联网的全新时代之下，如何界定侮辱诽谤、盗窃诈骗等行为，应当说是要有新的判断标准。在刑法制定和上述全国人大常委会《关于维护互联网安全的决定》发布之后很长一段时间里对互联网的特点和相关的入罪标准缺乏明确的规定，使得具体的司法实践存在一定的盲目和不统一，不利于准确适用。为此，最高人民法院、最高人民检察院于 2013 年 9 月联合发布《关于办理利用信息网络实施诽谤等刑事案件适用法律若干问题的解释》，对于相关术语在互联网环境下如何适用作出了明确的界定。[④]例如对于何为“捏造事实诽谤他人”，两高司法解释明确规定捏造损害他人名誉的事实，在信息网络上散布，或者组织、指使人员在信息网络上散布的行为和将信息网络上涉及他人的原始信息内容篡改为损害他人名誉的事实，在信息网

---

① 参见皮勇：《我国网络犯罪刑法立法研究——兼论我国刑法修正案（七）中的网络犯罪立法》，《河北法学》2009年第6期。

② 参见刘品新：《网络法学》，中国人民大学出版社2009年版，第130～135页。

③ 有学者从罪刑相适应的角度，以法律实证分析方法对我国刑法四百多个犯罪的罪刑关系进行测量评估，计算出了非法侵入计算机信息系统罪的罪级和刑级之间的差距为4级，属于刑法设置偏轻的情况。参见白建军：《罪行均衡实证研究》，法律出版社2004年版，第287页。

④ 参见最高人民法院、最高人民检察院《关于办理利用信息网络实施诽谤等刑事案件适用法律若干问题的解释》（法释[2013]21号）（2013年9月5日最高人民法院审判委员会第1589次会议、2013年9月2日最高人民检察院第十二届检察委员会第9次会议通过，2013年9月6日公布，自2013年9月10日起施行）。

络上散布，或者组织、指使人员在信息网络上散布的行为以及明知是捏造的损害他人名誉的事实，在信息网络上散布，情节恶劣的，以“捏造事实诽谤他人”论。而刑法上关于侮辱诽谤罪的入罪标准除了捏造事实诽谤他人之外，还需要“情节严重”，互联网领域中上述诽谤行为如何构成所谓的情节严重？该司法解释规定：具有下列情形之一的属于“情节严重”，即同一诽谤信息实际被点击、浏览次数达到5000次以上，或者被转发次数达到500次以上的；造成被害人或者其近亲属精神失常、自残、自杀等严重后果的；两年内曾因诽谤受过行政处罚，又诽谤他人的；其他情节严重的情形。此外，所谓“严重危害社会秩序和国家利益”也是一个极具抽象性的表达，为了便于司法适用，该解释明确具有下列情形之一的即属于“严重危害社会秩序和国家利益”：引发群体性事件的；引发公共秩序混乱的；引发民族、宗教冲突的；诽谤多人，造成恶劣社会影响的；损害国家形象，严重危害国家利益的；造成恶劣国际影响的；其他严重危害社会秩序和国家利益的情形。同时，该解释还对新形势下如何办理利用信息网络实施诽谤、寻衅滋事、敲诈勒索、非法经营等刑事案件适用法律的其他若干问题做出了详细的规定。

侵害公民个人信息犯罪活动也需要纳入研究的视野。当前，一些犯罪分子为追求不法利益，利用互联网大肆倒卖公民个人信息，这些信息主要包括户籍、银行、电信开户资料等，可以说是涉及公民个人生活的方方面面，已逐渐形成庞大“地下产业”和黑色利益链。部分国家机关和金融、电信、交通、教育、医疗以及物业公司、房产中介、保险、快递等企事业单位的一些工作人员，将在履行职责或者提供服务过程中获取的公民个人信息出售，非法提供给他人，获取信息的中间商在互联网上建立数据平台，大肆出售信息谋取暴利，非法调查公司根据这些信息从事非法讨债、诈骗和敲诈勒索等违法犯罪活动。此类犯罪不仅危害公民的信息安全，而且极易引发多种犯罪，成为电信诈骗、网络诈骗以及滋扰型“软暴力”等信息犯罪的根源，甚至与绑架、敲诈勒索、暴力追债等犯罪活动相结合，影响公民的人身和财产等权益。侵害公民个人信息犯罪是新型犯罪，相关机关需要借鉴以往的成功判例，综合考虑出售、非法提供或非法获取个人信息的次数、数量、手段和牟利数额、造成的损害后果等因素，依法予以打击，确保取得良好的法律效果和社会效果。

最后，诉讼法证据制度、管辖制度的完善。

证据法上，从“神证”时代、到“人证”时代、再到“物证”时代，这是人类司法证明的历史脉络。而在互联网领域中，所谓的神灵、证人和实物的证明效力都很微弱，只有电子证据才是法律从现实世界延伸至虚拟空间的锐利武器。在互联网领域里，电子证据的法律地位、提取与保全、司法认定等都需要进一步厘清。根据 2012 年修订的《刑事诉讼法》已然将电子数据作为独立的证据之一，经查证属实的电子数据可以成为定案的依据。最高人民法院关于适用《中华人民共和国刑事诉讼法》（法释 [2012]21 号）的解释也专门对电子数据的审查与认定做出了规定，这对于互联网领域所存在的用于诉讼法中的证据制度的发展无疑有着重大的意义。而鉴于电子证据的特殊性，上述法律法规还应当进一步完善电子证据的证明力的认定等问题，以使得相关规定可具操作性。最高人民法院、最高人民检察院、公安部等印发《关于办理死刑案件审查判断证据若干问题的规定》和《关于办理刑事案件排除非法证据若干问题的规定》的通知中，对于电子证据在死刑案件中的认定作出了一定的规定，该通知首先是列举了电子证据的范围，主要有电子邮件、电子数据交换、网上聊天记录、网络博客、手机短信、电子签名、域名等，对于电子证据的审查应当主要集中于以下内容：（1）该电子证据存储磁盘、存储光盘等可移动存储介质是否与打印件一并提交；（2）是否载明该电子证据形成的时间、地点、对象、制作人、制作过程及设备情况等；（3）该电子证据与案件事实有无关联性。对电子证据有疑问的，应当进行鉴定。[①] 对电子证据，应当结合案件其他证据，审查其真实性和关联性。国际上的先进立法经验认为，电子证据证明力的大小主要取决于电子证据的可靠性和完整性两大要素。同传统的证据体系相比，电

① 参见最高人民法院、最高人民检察院、公安部等印发《关于办理死刑案件审查判断证据若干问题的规定》和《关于办理刑事案件排除非法证据若干问题的规定》的通知（法发 [2010]20号）。

子证据可分为物理空间的证据体系和虚拟空间的证据体系两种，[①]前者是由若干电子证据和传统证据相互印证，构成一个虚拟空间与物理空间中证据相结合的链条；后者是由若干电子证据相印证，构成一个虚拟空间中的证据链条。两者的证明任务不尽相同，相比而言，第二个证据体系显得独特而重要，它指向一个虚拟的空间，依靠的是形形色色的电子证据，这将成为未来互联网领域案件的主要证据体系。

在此尤为值得一提的是2008年最高人民法院根据中国政法大学证据科学研究院提交的《人民法院统一证据规定（司法解释建议稿）》，而确定云南省昆明市中级人民法院、山东省东营市中级人民法院、吉林省延边朝鲜族自治州中级人民法院、广东省深圳市中级人民法院及佛山市顺德区人民法院、北京市海淀区人民法院、东城区人民法院为试点法院等四个中级人民法院和三个基层人民法院开展试点工作。根据《最高人民法院关于开展〈人民法院统一证据规定（司法解释建议稿）〉试点工作的通知》，电子证据应当附有提取、复制过程的有关文字说明，注明提取和复制的时间、地点，电子数据的规格、类别、文件格式，提取、复制电子数据的提取人、持有人和保管人。未经审判人员许可，证人在作证过程中不得使用书证或者音像、电子证据来恢复和代替其对某事实或者意见的记忆。审判人员作出上述许可决定时，可以考虑但不限于下列事项：在不使用书证或者音像、电子证据的情况下，证人能否回忆起有关事实或者意见；证人准备使用的书证或者音像、电子证据是否为下列文件或者其副本：物证，书证，勘验、检查笔录或者现场笔录，音像、电子证据及其示意证据，应当在法庭上向审判人员和诉讼各方出示，并说明所要证明的事项。在电子证据的出示方面，该《通知》规定电子证据应当通过屏幕播放、打印输出、文字说明等可以感知的方式出示，并说明所要证明的事项。音像、电子证据播放时，涉及商业秘密和个人隐私的，经权利人申请，应当以不公开的方式出示。物证，书证，音像、电子证据及其示意证据在出示之后、被采纳之前，如果对方提出异议，应当由证据提出者提供有关制作者、提取者和保管者出庭作证，

① 刘品新：《网络法学》，中国人民大学出版社2009年版，第201页。

通过辨认确定其同一性，或者通过鉴真确定其真实性。鉴真，是指鉴别真伪，确定物证、书证、音像、电子证据及其示意证据与案件特定事实之间联系的真实性。在电子证据的辨认和鉴真方面，规定电子证据的真实性，在对方提出异议时，由制作人、见证人和保管人以及其他了解该电子证据制作、保管过程的人辨认和鉴真。电子证据的辨认和鉴真包括不限于以下因素：（1）生成、存储、传递和保存方法的可靠性；（2）生成、存储、传递和保存环境要素及相关协议；（3）电子文件的属性和品质；（4）可能进入信息交流系统的人及其对该系统的熟悉程度；（5）设立密码、电子签名、用户名、账号的电子证据，其密码、电子签名、账号的设立人、使用人、所有人以及该用户名或者账号的使用情况；（6）传输过程中的解密性；（7）系统硬件是否完好，软件是否可靠，系统运行是否正常，是否受到过病毒等侵袭；存储的资料是否存在被编辑、修改的可能性；（8）复制件制作的方法是否真实完整地反映了原件记载的内容。

一般地，我们把电子证据的研究范围模式化地限定在刑事领域，事实上，行政执法领域中对电子证据的需求和利用同样十分广泛。电子证据的取证工作事关行政机关行政执法的效率和效果。在这方面，国家工商行政管理总局可以说是走在了前面。国家工商行政管理总局在《关于工商行政管理机关电子数据证据取证工作的指导意见》中对电子证据的取证工作作出了详细的规定。[①]工商总局认为电子证据是指以电子数据的形式存在于计算机存储器或外部存储介质中，能够证明案件真实情况的电子数据证明材料或与案件有关的其他电子数据材料。电子证据取证工作任务应当至少有2名执法人员参与进行，其中至少有1名人员应当熟练掌握计算机操作知识。执法人员应当收集电子证据的原始载体。收集原始载体有困难的，可以采用书式固定、拍照摄像、拷贝复制、委托分析等四种方式取证，取证时应当注明制作方法、制作时间、制作人和证明对象等，其中的书式固定是指对于计算机系统中的文字、符号、图画等有证据效力的文件，可以将有关

① 参见国家工商行政管理总局《关于工商行政管理机关电子数据证据取证工作的指导意见》（工商市字〔2011〕248号）。

内容直接进行打印，按书面证据进行固定。书式固定应注明证据来源并保持其完整性。委托分析是指对于较为复杂的电子证据或者遇到数据被删除、篡改等执法人员难以解决的情况，可以委托具有资质的第三方电子证据鉴定机构或司法部门进行检验分析。委托专业机构或司法部门分析时，执法人员应填写委托书，同时提交封存的计算机存储设备或相关设备清单。专业机构按规定程序和要求分析设备中包含的电子数据，提取与案件相关的电子证据，并制作鉴定结论。同时该《指导意见》对在计算机终端设备中进行电子证据取证、在网络交易平台中进行电子证据取证都有不同的规定，此外还对证据的保存、查出等各种问题都有规定。

在互联网民事刑事领域中，不同国家当事人之间通过互联网进行的民事交易活动或者抽象越境犯罪问题，引起了所谓法院管辖权的问题，传统的管辖权理论对此的应对稍显不足。在美国，其对于网络民事纠纷管辖权的分析事宜宪法正当程序条款、长臂管辖权规则为依据，从网址能否作为管辖基础的讨论出发，逐渐考虑网络之外因素对法院行使管辖权的影响。从现阶段看，这一些系列标准正成为美国法院对网络民事纠纷管辖权问题的主要分析方法。[①]欧盟则依据《民商事案件管辖权和判决的承认和执行规则》(即《布鲁塞尔规则》)发展出了“针对性”标准，该标准受到了消费者组织的大力支持，但也受到了来自企业界的强烈批评，然后该标准却越来越受到各种国际组织的认可。在我国，侵害信息网络传播权民事纠纷案件由侵权行为地或者被告住所地人民法院管辖。侵权行为地包括实施被诉侵权行为的网络服务器、计算机终端等设备所在地。侵权行为地和被告住所地均难以确定或者在境外的，原告发现侵权内容的计算机终端等设备所在地可以视为侵权行为地。[②]然而这一规定，存在一些不足，其一，上述规则在实际操作中可能会造成管辖权冲突，因为根据前述规则确定的侵权行

---

① 参见王利明主编：《电子商务法律制度：冲击与回应》，人民法院出版社2005年版，第172—175页。

② 参见最高人民法院《关于审理侵害信息网络传播权民事纠纷案件适用法律若干问题的规定》（法释〔2012〕20号）第15条；《关于审理涉及计算机网络域名民事纠纷案件适用法律若干问题的解释》第2条。需注意的是，2006年制定的《关于审理涉及计算机网络著作权纠纷案件适用法律若干问题的解释》第1条也是这样规定的，虽然该解释现已经被废止。

为的网站若有多个服务器且不同服务器位于不同的司法管辖区，则会造成国际私法管辖权冲突；其二，该规定使得我国涉外网络诉讼中私法管辖权受到较大限制。在刑事领域的管辖权目前还是按照传统刑事规则进行，即主要坚持以犯罪地或居住地作为连结点决定案件的管辖权归属，而这一规则面临着在互联网领域的客观障碍，2008 年云南昆明中院审理的“中国最大网络赌博案”即有显现，[①]该案的最后处理时对我国现行管辖制度的扩张，这一方面消解了传统管辖制度使用用于网络犯罪的不足，另一方面也引发了人们对各国是否会随意盲目与过度地行使网络管辖权的担心，因此合理确定网络空间扩张行政管辖权的尺度问题，需要进一步完善。

在关于办理侵害公民个人信息的犯罪中的一些管辖制度的问题或可成为一种借鉴。由于侵害公民个人信息犯罪网络覆盖面大，关系错综复杂。犯罪行为发生地、犯罪结果发生地、犯罪分子所在地等往往不在一地。同时，由于犯罪行为大多依托互联网、移动电子设备，通过即时通讯工具、电子邮件等多种方式实施，调查取证难度很大，因此最高人民法院、最高人民检察院、公安部在《关于依法惩处侵害公民个人信息犯罪活动的通知》中规定，各级公安机关、人民检察院、人民法院要在分工负责、依法高效履行职责的基础上，进一步加强沟通协调。对查获的及时立案侦查，及时移送审查起诉。对于几个公安机关都有权管辖的案件，由最初受理的公安机关管辖。必要时，可以由主要犯罪地的公安机关管辖。对管辖不明确或者有争议的刑事案件，可以由公安机关协商。协商不成的，由共同上级公安机关指定管辖。对于指定管辖的案件，需要逮捕犯罪嫌疑人的，由被指定管辖的公安机关提请同级人民检察院审查批准；需要提起公诉的，由该公安机关移送同级人民检察院审查决定；认为应当由上级人民检察院或者同级其他人民检察院起诉的，应当将案件移交有管辖权的人民检察院；人民检察院认为需要依照刑事诉讼法的规定指定审判管辖的，应当协商同级人民法院办理指定管辖有关事宜。在办理侵害公民个人信息犯罪案件的过程中，

① 具体案情可参见http://tech.sina.com.cn/i/2008-06-12/18332254399.shtml，2013年8月8日19:10访问。

对于疑难、复杂案件，人民检察院可以适时派员会同公安机关共同就证据收集等方面进行研究和沟通协调。人民检察院对于公安机关提请批准逮捕、移送审查起诉的相关案件，符合批捕、起诉条件的，要依法尽快予以批捕、起诉；对于确需补充侦查的，要制作具体、详细的补充侦查提纲。人民法院要加强审判力量，准确定性，依法快审快结。[①]

（二）执法保障：实体与程序

依法治国是基本治国方略，依法行政，建设法治政府则是其重要内容。《全面推进依法行政实施纲要》对依法行政作出了基本要求，即合法行政、合理行政、程序正当、高效便民、诚实守信和权责统一。前述要求是行政机关履行职责时所必须遵守的，也是互联网执法过程中所必须注重的，这就要求互联网行政执法在实体和程序上都要合法合理，为互联网发展提供后盾。

在实体上，首先需要理清互联网管理体制。正如前述，政府部门中参与互联网治理的部门有十数个之多，从各机构管理的目的看，基本可以把这些相关的互联网管理部门分为两大类：一类是互联网安全管理部门，如中宣部、国信办、文化部和公安部等；一类是互联网经济 / 应用管理部门，如工信部、教育部、国家工商总局等。此外，从各机构管理的范围，我们还可以把每类进一步细分为综合管理部门和专项管理部门，前者如工信部、中宣部，后者如新闻出版广电总局、食药总局等。此外，国务院法制办也是一个重要的互联网管理部门，它的主要职责是负责协调有关部门制定和完善加强互联网管理的有关法律法规。大多数的互联网经济 / 应用管理部门同时都负有互联网内容安全管理的职责，而且这是一个极其重要的职责。目前，我国政府对互联网的管理还侧重于安全和效率方面的监管，而对权利保障、服务社会方面则有所忽视，这从目前颁布的互联网管理法规中多侧重于内容安全的监管可见一斑。加之管理部门众多，职责边界不清，重复管辖的问题以及整体趋严的管理在一定程度上制约着我国互联网的发展。

---

① 参见最高人民法院、最高人民检察院、公安部：《关于依法惩处侵害公民个人信息犯罪活动的通知》（公通字[2013]12号）。

因此，在体制上确定各部门之间管理边界，明确权限和职责，使得公众对其具有可预见性是需要首先进行的。再者，改变以往的以业务准入为主的制度管理模式，重事前，轻事中、事后向有利于激发互联网市场活力的方式转变，轻监管、重服务。

与此同时，对于不断发生着变化与进步的互联网领域，应当赋予执法机关一定的执法条件和执法手段，用以严格执法，为互联网发展创造一个良好的条件。由于互联网具有开放性的特点，政府对这一媒介的治理显得有一定的困难，除了行政许可是在互联网中的问题产生之前对互联网各主体所做的一种限制外，其余的治理手段多是在问题产生之后才采取的，仅仅以严格的执法手段予以管理是不够的，因此处理行政主动严格执法之外还需要行业自律，而要互联网实现行业自律，就需要互联网执法部门在一定程度上对行业中介组织的放权和充分信任，政府也应与行业自律组织之间开展积极的合作，促进互联网经济和文化的健康迅速发展。

行政法在 21 世纪的发展呈现出民主化、科学化和法治化的趋势，[①] 程序之于行政执法的重要性早已被深刻认识，作为现代行政法核心地位的行政程序，其对于宪法民主政治原则、依法行政原则的贯彻和行政相对人合法利益的保障和促进行政执法效能的提高都有着巨大的意义。[②] 在互联网执法领域，程序上的保障主要有民主参与和保障相对人合法的程序权利等方面。

相对人参与行政执法对于科学有效合法合理地保障执法成果而言是必要的，尤其是在互联网这一技术规范密集且影响着亿万公民的领域，强化行政执法机关与网民或者互联网所涉公司企业的沟通，有利于调动双方的积极性和主动性，推动政治经济社会健康良性发展，让更多相对人参与到决策的制定和制度的实施过程中，为公民表达其见解和观点提供了良好的渠道，从而也在更深层次上促进了社会的公平正义。这要求政府在信息公开等渠道方面有所作为，对于那些影响互联网发展的政府政策、规划等都应大量提前听取广泛意见，召开听证会、论证会，并强化听证和论证结果

---

① 参见莫于川：《走向民主法治的中国行政法》，莫于川主编：《行政法与行政诉讼法》，中国人民大学出版社2012年版，第2页。

② 参见翁岳生主编：《行政法》（下册），中国民主法制出版社2009年版，第926～948页。

对于决策制定和制度实施的影响力，让听证和论证发挥实际的效用，而不是简简单单的摆过场，走形式。

已有的法律法规对于执法机关进行互联网领域的处罚、强制和行政决定的不服所提起的复议等都有相关规定，对于这些法律层面的规范，执法机关自应遵守无疑。在此，需要特别注意的是，法律上对于那些行政决定要履行繁琐或“要式”的正式程序往往规定较为详细，要求其按照立案、调查和裁决三个程序，且各程序又都分为具体的环节；而法律对于那些简易程序或称为非正式程序的规定较少。但行政程序不同于讲求公正为先的司法程序和利益冲突较少、本身受限制较多的立法程序，其注重行政效率的提高，在实际的生活中，非正式程序大量存在于行政行为过程中，尤其是互联网行政执法领域，其绝对数量要远远超于正式程序。可以说繁琐的正式程序是种理想的行政执法程序，其对于较为重大事项的应对是非常有效的，然简便的非正式程序却是生活的常态，应该引起足够重视，因为它离人民群众的生活更加接近，更具现实意义。

（三）司法保障：互联网立法的准确适用

司法被称为社会公正的最后一道防线，司法机关对于其受理的案件依据法律所做出的判决，往往对社会有一定的教育和指导作用。这就要求法院要准确理解互联网立法涵义，并针对千变万化的案件情况，做出合法合理的判断。而这在互联网领域中，在具体的司法裁判中的问题更多，对法官的要求也就更高。

首先便是技术因素对于法官的挑战。在互联网领域，技术因素起着重要的支撑作用，法律规范对互联网的调控立法主要是对互联网参与各方的行为的调控，而对这些行为的法律评价也必将涉及繁杂众多的科学技术因子。例如在《电信条例》中，其把电信业务划分为基础电信业务和增值电信业务并据此进行不同的管理，这就要求在具体案件中，法官首先要弄清楚的就是当事人所争议的乃是基础电信业务还是增值电信业务，尽管该条例在附件中已经对两者各自的范围作了一个列举，但这种分类本身没有具体解释，需要进一步的判断，随着互联网技术的发展，这种分类和判断必然更加复杂多变。作为法官，我们可以假设其通晓本国主要法律法规，但对这种本身含有较大的技术性和因技术而带来的不确定性的事项的判断，恐非法官所长。这对法官要准确适用互联网立法来说，带来了不小的挑战，由此借助第三方技术机构进行辅助判断给出专业意见也变得必不可少，法官也需要在不同的技术机构的意见中进行选择，以使之符合法律规定的本意。

除了技术因素给法官准确适用互联网立法带来的障碍外，法官裁判依据的选择也是一个需要克服的困难。互联网领域内的纠纷，涉及到刑事、民事和行政领域，法官根据案件性质的不同选择使用不同层级的法律规范。要求最为严格的刑事领域中，只有全国人大及其常委会制定的法律、法律解释和最高司法机关制定的司法解释才能作为法官判案的依据；在民事领域，除此之外，对于应当适用的行政法规、地方性法规或者自治条例和单行条例，可以直接引用；相对而言，行政诉讼中对裁判依据的要求是最为宽松的，法官对于法律、法律解释、行政法规或者司法解释，应对予以援引，而对于应当适用的地方性法规、自治条例和单行条例、国务院或者国务院授权的部门公布的行政法规解释或者行政规章，可以直接引用。[①] 然而我们必须看到，在目前关于互联网领域的法律规范只有屈指可数的法律层面的规定，行政法规方面的条例也不多见，司法解释也不多且集中于部分领域，最为大量出现的乃是部门规章；[②] 其次，在互联网领域中，最为常见的纠纷乃是对规范依据要求相对较为严格的民事纠纷和刑事纠纷，而较为宽松的行政诉讼尚不多见。在这种情况下，面对具体的案件，法官很有可能面临着无具体法律依据可以援引的尴尬状态，再加之已有的法律效力层级较高的规范本身存在着前述的技术挑战，这对法官运用互联网法律予以判案带来了不小的困扰。针对法律整齐划一的规范化和抽象化的表达，在司法实

① 参见《最高人民法院关于裁判文书引用法律、法规等规范性法律文件的规定》（法释〔2009〕14号）。

② 法律层面主要是《关于维护互联网安全的决定》、《电子签名法》；行政法规有《信息网络传播保护条例》；司法解释有《关于审理计算机网络著作权纠纷案件适用法律若干问题的解释》；部门规章则比较多，如《电信设备进网管理办理办法》、《信息系统工程监管暂行规定》、《计算机病毒防治管理办法》等。

践的具体适用中，也要注意个别化的问题。[①]种种在具体实践中出现的法律意义模糊、意义冲突和意义空缺，显然给司法适用带来了不便，有学者对此认为针对法律的意义冲突，分别有效力识别、利益衡量和事实替代三种救济方法；针对法律的意义空缺，分别有类推适用、法律发现和法律续造三种救济方法。但也正如该学者指出的那样，这种类型学意义的剖析在司法实践及司法方法运用中，有很多问题。因为司法实践中所遇到的案件，折射到法律适用中时，可能会将法律的多种困扰一起呈现出来。最起码的情形是：一起案件和法律的遭遇，总会产生具体法律规范的选择和该法律规范对于具体案件的适用问题。法律规范的选择，业已意味着案件遭遇法律时，法官对法条规定和案件事实相契的一种解释；法律规范与具体案件的对接适用，则意味着法官通过一定的逻辑技巧把法律规定和案件事实进行逻辑对接的过程。显然，这已经体现着司法方法在司法中总是一个复杂适用的过程。[②]而针对利益平衡方法，另有学者认为，利益平衡作为一种司法方法在司法审判过程中具有重要的意义、作用和价值；如何在司法实践中运用利益平衡的方法，以及利益平衡作为一种司法方法适用于哪些领域和范围，是一个需要我们重视的问题。[③]

三　政策保障

（一）文化政策保障

互联网领域里的文化政策，是指执政党和国家在互联网领域中，为达

① 有学者认为，法律适用的个别化，是指法官在审理案件的过程中，就个案涉及的特定的人和事进行综合考察后，采取最适宜案件特殊情形的一种司法解决方法。个别化之所以正当，是因为法律的抽象性、普遍性决定了其实施上个别化的必然，同时，个案正义相较于整体正义更为妥当，而司法的过程本身就是发展法律乃至创造法律的过程。在个别化的考量中，既要关注行为人的能力、个性、动机，也要注重行为时的背景以及行为主体之间的关系，以及时空转换导致的情势变更。对于法律适用的个别化而言，为了防止其可能的滥用，需要确定尊重法律、前后一致、合理裁量等基本准则，同时引入社会评判机制来对之予以监督。参见胡玉鸿：《论司法审判中法律适用的个别化》，《法制与社会发展》2012年第6期。

② 参见谢晖：《论司法方法的复杂适用》，《法律科学》2012年第6期。

③ 参见刘作翔：《利益平衡在司法中的适用领域和范围》，《法律适用》2011年第5期。

到一定的文化目标而制定的行动方案或行动准则。其作用是规范和指导有关机构、团体或公民个人的行动，其表现形式多种多样，包括行动规定或命令、国家领导人口头或书面的指示，政府大型规划、具体行动计划及相关策略等。就我国的实际情况来看，中国共产党历届代表大会的报告和政府工作报告中涉及文化的部分，集中体现了作为执政党的中国共产党的核心文化价值理念和文化主张、文化意志，无疑是我国文化政策最权威的组成部分，指导着包括互联网在内的各项文化领域的发展。

在我国，文化政策主要分为文化事业政策和文化产业政策，后者将在下文"产业政策保障"部分阐述，此处着重说明互联网文化事业政策。国外并无"文化事业"一说，只有文化产业，而在我国的语境中，"文化事业"和"文化产业"是两个概念和范畴不同的名词，"文化事业"一般具体包括公益文化和部分的准公益性文化事业，其特点是以国家投资为主，其他社会投入为辅，主要目的是满足公众的文化需求，其基本的特点是公益性，即非营利性。

文化事业政策带有着一定阶级的意志属性，不可能完全中立，这折射到互联网方面，则就是要求加强和改进网络内容建设，唱响网上主旋律，加强网络社会管理，推进网络依法规范有序运行。国家对于那些满足三个坚持、两个文明以及三个面向文化发展政策的互联网，都是秉承鼓励支持引导的态度。[①] 互联网具有极大的开放性，这给了公民可以较为任意地就各种事件表达其观点的渠道和机会，不同的声音也是此起彼伏，别样的观点也在争相碰撞，这在表面上看容易导致社会主流价值的偏移，但从根本上有益于实现社会主义文化的发展，因此需要主管机关以一种宽容的态度对待互联网的发展，并积极出台相关文化政策，促进互联网文化的繁荣。

历经多年发展，我国互联网已成为全球互联网发展的重要组成部分。互联网全面渗透到经济社会的各个领域，成为生产建设、经济贸易、科技

① "三个坚持"指坚持为人民服务、为社会主义服务，坚持百花齐放、百家争鸣，坚持贴近实际、贴近生活、贴近群众；"两个文明"指精神文明和物质文明；"三个面向"指面向现代化、面向世界和面向未来。这是党领导下的国家文化政策的总体表述，总的目标是走中国特色社会主义文化发展道路，建设民族的科学的大众的社会主义文化，建设社会主义文化强国。

创新、公共服务、文化传播、生活娱乐的新型平台和变革力量，推动着我国向信息社会发展。总的来说，政府还不善于在文化政策上去治理互联网，行政机关的执法手段比较简单粗暴，不但难以达到良好的效果，反而容易引起网民的愤懑、责怪和不满。政府需要进一步在文化政策上放宽尺度，从长远出发，对于跟行政机关固有的想法不太一致的思想观点，可以采取宽容一点的态度；对待有不同意见的互联网各方，可以宽厚一点；整个互联网的空气、环境可以搞得宽松、有弹性一点。

（二）产业政策保障

“十二五”时期是我国全面建设小康社会的关键时期，抓住技术业务变革的历史机遇，全面提升我国互联网的创新和科学发展能力，加快应用深化和普及，将有力推进信息化和工业化深度融合，形成推动经济发展方式加快转变、社会不断繁荣进步和人民生活持续改善的强大动力。国家的互联网产业政策是互联网发展的风向标和指挥棒，也是国家对互联网行业治理的重要手段。

互联网产业政策，还包含着互联网文化产业政策，如前所述，文化产业不同于文化事业，我们一般地把营利性作为文化产业的基本属性。文化产业政策层次丰富、类型齐全，既有总体政策，如《中共中央关于深化文化体制改革、推动社会主义文化大发展大繁荣若干重大问题的决定》以及中共中央办公厅、国务院办公厅关于印发《国家“十二五”时期文化改革发展规划纲要》的通知等；也有行业政策，如《中央宣传部 中国人民银行 财政部 文化部 广电总局 新闻出版总署 银监会 证监会 保监会关于金融支持文化产业振兴和发展繁荣的指导意见》等；既有中央政策，也有地方性政策；总之，文化产业政策几乎囊括了文化产业的所有门类、部门，以及所需要的政策内容，互联网当然被囊括其中——包括市场准入、内容管制、行业标准、鼓励扶持办法、财税优惠、产品进出口等诸多方面。总的来看，文化产业政策具备了公共政策的所有要素和形态。

根据《国民经济和社会发展第十二个五年规划纲要》和《国务院关于加快培育和发展战略性新兴产业的决定》，作为互联网最主要的主管部门，工业和信息化部于 2012 年组织编写了《互联网行业“十二五”发展规划》，用于指导未来五年我国互联网的行业发展和管理。同时作为协调全国产业总体发展战略的国家发展改革委在支持互联网产业发展上也有所保障。除了前已述及的法律政策保障之外，在产业政策上的保障，主要包含以下几个方面：

1.建立互联网健康发展的引导机制

产业政策最为集中的体现就是国家发展改革委制定的《产业结构调整指导目录》，目前该目录的最新样本为 2011 样本，并经过 2013 年修正。根据该修订版目录，一般把产业分为鼓励类、限制类和淘汰类，互联网信息行业中，除了激光视盘机生产线（VCD 系列整机产品）和模拟 CRT 黑白及彩色电视机两项项目被归入了限制类外，共达 44 种项目被归入了鼓励类。[①] 政府应该按照《产业结构调整指导目录》确定的鼓励类范围，引导社会资本进入互联网重点发展领域，推动互联网新兴产业特别是生产性互联网服务业加快发展。同时，根据产业发展需要，适时修订产业目录，调整和扩大纳入鼓励类的互联网设备产品和应用服务，增加税收优惠措施等。推动跨部门、跨行业的长期战略合作。在教育医疗服务、环境保护方面、交通与社会管理等国家重点发展的生产性、民生性服务领域加强部门间、行业间深度合作，优化互联网产业服务方向和结构。还要加强互联网行业发展的信息发布。引导创新方向和市场资源配置。

2.加强互联网基础设施建设，推动完善互联网发展的财税金融与知识产权政策，推动区域均衡发展

基础设施的建设和发展是互联网行业发展的基石，只有不断加强基础建设，通过现有资金渠道，引导高速宽带接入网络、下一代互联网等基础设施加快发展，才能带动和激励其他相关产业聚集，形成合力发展的良好局面。综合利用各种专项资金，加大对互联网重点发展领域的资金投入，加大对移动互联网、下一代互联网、云计算、物联网等领域技术研发的支

① 具体内容参见：《产业结构调整指导目录（2011年本）（2013修正）》（国家发展和改革委员会令第21号）。

持。完善互联网投融资环境，强化知识产权保护，鼓励企业知识产权转化运用，积极配合打击互联网领域侵权盗版行为，提高互联网企业应对知识产权纠纷的能力，引导企业依法应对涉及知识产权的法律诉讼。同时探索通过增加补贴等方式，推进西部地区、广大农村、少数民族地区及社区和公益性机构的光纤宽带建设。①

3.培育和扶持互联网中小企业成长

目前，中小企业在互联网领域的数量众多，中小企业的发展为整个互联网的发展提供了源源不断的后备力量，由于其规模相对较小，成长与市场经济之下，体制机制束缚小，发展后劲大，但互联网企业的发展以技术和人才为核心，需要大量的政策支持和资金后盾，改善创业环境、培育创业主体、强化创业服务、建设创业基地，支持互联网中小企业创立和发展也就变成了政府保障的重要内容。增强管理部门服务意识，提高服务效率，在规范互联网中小企业健康发展的同时强化服务。将符合条件的互联网中小企业和微型企业明确纳入国家现有政策体系，依法享受税收、投融资等相关扶持。在中央财政扶持中小企业发展的各项资金中，对符合条件的互联网中小企业予以积极支持。

四　人力、技术和物质保障

（一）人力保障

第一，人才资源是互联网发展的关键，只有互联网领域高科技专业人才以及资深管理人才持续的大量涌现，才能给互联网的蓬勃发展注入源源

① 在全球化发展趋势下，国家对于外商投资方面有许多政策优惠措施，尤其是外商在中西部投资，参见《国内投资项目不予免税的进口商品目录（2012年调整）》（财政部国家发展改革委海关总署国家税务总局公告2012年第83号公告附件）；财政部、工信部、海关总署和国税总局四部委2012年4月12日发布的《进口不予免税的重大技术装备和产品目录（2012年修订）》；《指导外商投资方向规定》（国务院令第346号）；《外商投资项目不予免税的进口商品目录》（海关总署2008年第65号公告附件）；《外商投资产业指导目录（2011年修订）》（国家发展和改革委员会、商务部令第12号）；《中西部地区外商投资优势产业目录（2013年修订）》（国家发展和改革委员会、商务部令第1号）。

不断的动力，同时用好用足这些人才也是至关重要，这就涉及到人才的生成、培养和使用等方面。

作为技术密集型行业，互联网专业技术人才不可或缺，各高校各科研机构作为人才输出方，对于互联网高精尖人才的生成起到一个引导并进而影响其发展的作用；互联网用人单位作为输入方，跟随者社会经济的发展需要对人才的需求有一个动态的发展过程，因此应该引导高校结合互联网新兴业态的发展考虑专业设置和调整，在人才输出方和输入方之间搭建一个合作交流的平台，鼓励双方之间通过合作办学、定向培养、继续教育等多种方式培养互联网人才，建立和完善产学研用相互合作的人才生成和培养模式。在相关人才进入企业后，企业还应该通过各种方式提高人才技能，完善企业内部人才的培训体系，推进提高企业职工培训经费的提取比例，鼓励互联网企业加大职工培训投入力度。只有如此前后相继、不断地进行知识更新，才能保证人才的可持续性。

同时，健全互联网人才使用和评价体系，加强人才科学管理。互联网领域技术的创新是永无止境的，对创新型人才的需求永远是刚性的，要充分引进和利用创新型人才，必须得有一整套的保障机制，这就要求对于互联网特殊人才，在税收、户籍、住房等方面给予相应的配套优惠机制。对于那些优秀人才，可以考虑技术入股、股票期权等知识资本化激励方式，并进行评价从而给予其相适应的待遇。还需注意的是在全球化时代发展的互联网人才的国际流动趋势，积极利用国家引进高层次、高水平海外人才平台，积极引进互联网发展所需高端人才，充分进行人才交流也是大势所趋。

第二，除了互联网行业对人才需求方面的保障之外，政府方面的人员保障也是非常重要的。执法体系的有效行使最终离不开高素质的执法队伍。此处的人员保障也就是对执法人员编制、任职资格、技能知识、着装等方面的要求：

1. 人员任职规则：（1）行政执法人员任职规则，在资格的取得方面，执法人员应当了解基本的法律知识和互联网管理知识，持证上岗，规范基本素质；同时加强录用管理，促进以调任或者转任的方式进行交流任职，既可以吸收社会组织中尤其是拥有比较丰富互联网管理知识或技术的人进入到执法队伍中，也可以在互联网管理行政管理部门之间进行转任。（2）职位聘任制规则，根据《公务员法》，涉及到保密专业或事项的专业技术人员不能通过聘任产生，因此主要可以通过聘任产生一部分行政执法人员。这部分人员可以建立在执法协管员制度之上。在正式行政执法人员编制有限的情况下，应该通过聘任制产生协管员，这部分协管员不同于纯粹事业编制意义上的社会工作人员，逐步解决他们参照公务员待遇的问题，给其确定、恰当的身份，激励其有效执法，弥补正式公务员，尤其是基层执法力量不足，编制不够的问题。（3）交流与回避规则，鼓励公务员在不同岗位、层次、地方进行交流，交流应该符合相关的法律条件。同时，对于公务员的回避制度也应该严格遵守《公务员法》中关于任职回避和公务回避的相关规定。（4）社会组织互联网专业技术人员任职规则，对于专业技术人员，应该按照事业单位改制的整体思路与方向，逐步社会化，加强社会力量对于技术性问题的参与和处理，并对这些社会组织或行业加强必要的监管。对于这些组织中的专业技术人员的任职主要是要取得符合相关行业技术标准的资格。

2. 人员培训规则：（1）法律知识培训。要对于取得了执法资格的公务员在上岗前按照依法行政的要求进行系统的法律知识培训，尤其是要熟悉和理解与互联网管理相关的法律、法规，要提高其分析案件的能力，培养基本的法律思维，鼓励通过司法考试。（2）政治素质培训。互联网执法在某些方面，如互联网内容管理方面，具有一定的原则性、政治性。因此要加强执法人员的政治学习与政策学习，了解我国互联网执法的政策历史发展、流变，了解现行政策的基本精神。（3）专业技术培训。目前各地普遍反映由于现代电子技术的迅猛发展，相当多的执法人员对于高速发展的互联网不具备基本的专业知识，因此要加强对其专业技术领域中专门知识的培训、考核。（4）科学知识培训，现代社会的一般科学知识也是执法人员应该重点了解的基本内容。

3. 人员编制保障。人员编制保障是一个值得重视的重要问题，编制不够是基层互联网管理部门执法不力的重要原因。因此应该按照《地方各级人民政府行政机构设置与编制管理条例》的程序规定，根据实际情况增加基层的执法编制。如果没有足够的编制将会影响整体执法效果。我们认为扩充编制的方案可以有如下几个：第一，按照正常的编制增加程序增加互联网执法人员的编制，但这涉及到增加行政经费的问题；第二，借助公务协助的方法解决编制不够的问题，但这有可能会增加其他协助部门的负担；第三，通过协管员的聘用，明确其相关待遇、身份、地位，实际分担行政执法任务。其中第三个方案我们认为比较可行。

4. 专家顾问制度。借鉴文化管理部门和食品药品监督部门的做法，成立一个执法专家顾问库。聘请一定数量专家作为互联网执法工作的顾问。要对专家组成、聘请期限、顾问内容、顾问方式等作出规定，切实发挥专家顾问的作用。专家库的建设应该注意合理的知识结构安排，包括互联网专家、法律专家、行政管理专家等等。

（二）技术保障

互联网行业作为新一代信息技术产业的关键要素，被国务院确定为战略性新兴产业，[①]已成为世界主要国家抢占新一轮经济和科技发展制高点的重大战略，全面提升我国互联网的创新和科学发展能力是当务之急。搞好互联网基础设施建设，使得互联网络能够通达所有城市和乡镇，努力形成高性能骨干网互联互通、多种宽带接入的网络设施，大力发展移动互联网，提升软件行业发展质量，积极推进电子商务。加快建设宽带、融合、安全的信息网络基础设施，推动新一代移动通信、下一代互联网核心设备和智能终端的研发及产业化，加快推进早已列入日程但始终迟滞不前的电信网、广播电视网、互联网“三网融合”，促进物联网、云计算的研发和示范应用。着力发展集成电路、新型显示、高端软件、高端服务器等核心基础产业。再者，互联网流量高速增长，要求提升网络带宽能力。推进互联网向IPv6的平滑过渡。在同步考虑网络与信息安全的前提下制定国家层面推进方案，加快IPv6商用部署。加快面向未来互联网技术研发前沿布局。加快建设支持互联网网络和应用领域科学研究、技术研发和产业化的创新试验

① 参见《国务院关于加快培育和发展战略性新兴产业的决定》（国发〔2010〕32号）。

环境，以解决未来网络可扩展性、安全、质量和能耗等问题为重点，开展未来互联网理论研究和技术攻关，在创新性体系架构和重大关键技术上取得突破，适时开展应用示范。

根据国新办2010年发布的《中国互联网状况》白皮书，目前，中国已经成为世界上互联网使用人口数最多的国家，截止2009年底，中国网民人数达3.84亿，使用手机上网的网民达到2.33亿，[①]互联网的发展日新月异，如今已过去近5年，我国网民的数量更是庞大无比。互联网已经成为人民生活的重要组成部分，而与之相伴随的则是网络的安全问题，而这包括两大部分，即互联网企业网站的正常运营以及网络内容的合法性，通过技术手段不但可以主动保障网络安全，而且该类技术的提升完全可能刺激新的技术的产生，如此形成一个良性循环。在保障网站运营安全方面，互联网企业大力发展相关科技，通过技术提升，来保障网站应用层面的安全，从而在互联网检测、防护以及安全监控与恢复等层面，保护网络的正常运营。而在保障网络内容的合法性方面，通过文本挖掘技术手段，将信息转化为情报和知识，实现对网络内容的预警、分析以及监控，从而达到保障网络内容的目的。政府方面，也已经制定了相关的管理办法和互联网安全保护技术措施，[②]当务之急是切实执行这些规范化文件，提高其可操作性和威慑力。

（三）物质保障

物质保障主要是指执法者在执法活动中所必须的设备设施经费等方面的保障，这是保证执法机关依法执行其职务的基本物质条件。

1.设备保障

设备保障是执法中硬件的必需条件。没有一定的执法设备就不可能有高效、有力的执法成绩，这里很多专门管理部门都对装备保障形成了一定

---

① 参见《中国互联网状况》白皮书，国务院新闻办公室2010年6月8日发布。人民网：http://politics.people.com.cn/GB/1026/11813615.html，2013年8月12日20:00访问。

② 参见《计算机信息网络国际联网安全保护管理办法》（公安部令第33号），该办法虽是公安部牵头制定，但由国务院负责批准实施以及进行修改，因此其法律效力等级较高，为行政法规，最新的修改是在2011年，参见《国务院关于废止和修改部分行政法规的决定》（国务院令第588号）；《互联网安全保护技术措施规定》（公安部令第82号）。

的制度可资借鉴，例如在文化市场综合执法中，文化部明确提出要建立如下制度：（1）配备执法专用房间，如举报受理室、询问调查室、证据保存室、技术监控室和罚没物品库房等。（2）配备执法专用车辆，即巡查用车及暗访用车，保证文化市场日常巡查、举报受理、调查取证、重大活动保障和突发事件应急处置等工作需要。（3）配备执法专用设备，如数码照相机、移动存储介质、便携式打印机、移动执法手持式终端等规范执法行为，提高执法效能。（4）建设技术监管平台，实现信息管理、网上执法、远程监管等功能，提高文化市场监管效率与水平。①

正是从其他部门的有益经验中，我们也尝试提出如下基本思路：（1）互联网行政执法专门设备的研发和采购。行政管理领域中往往涉及到执法专门设备，作为辅助性的技术条件。对于需要采购的设备应该制定比较规范的采购程序与标准，确保安全和采购本身的合法合理。其中互联网执法的专用房间、专用车辆、专用设备应该是建设的重点。（2）互联网行政执法专门设备的维修和更新。对于专门设备还应该制定定期的检测、维修和更新的制度。技术设备的老化折旧是不可避免的，为了保证执法效果的准确，应该定期按照技术标准和技术规范对设备进行检测，对于出现问题或老化的设备要予以维修，并建立逐步淘汰设备的基本程序和条件。

2.经费保障

这包括以下几个方面，（1）人员经费保障。我国互联网管理机关的经费列入了国家财政，但是对于执法人员的经费保障还没有明确的法律和政策来予以确认。这对于提高执法效率构成了冲击和阻碍，尤其是对于需要增加的协管员的经费如何保障也是在改革中需要考虑的问题。建议国家和地方可以考虑建立专项财政资金予以确保执法队伍的人头经费，由中央和地方共同承担，同时根据具体地域的不同按照一定比例来确定总额以及中央和地方的比例。（2）执法经费保障。在具体执法过程中也需要有足够的经费保障。尤其是在涉及到公务协助、协作执法等过程中，需要有充足的

① 具体内容参见《文化部关于加强文化市场综合执法装备配备工作的指导意见》（文市发[2010]39号）。

经费予以保障，建议也可以设立专项的财政拨款予以解决。（3）技术经费保障。技术经费保障主要涉及对专业技术人员或技术使用过程中产生的经费支出，这一部分也必须依靠国家财政予以解决。（4）设备经费保障。研发、采购、检测、维修、淘汰更新执法设备也都需要有效的经费保障。这些经费应该做到专款专用，统一列支，防止挪用、变相挪用等形式，建立比较严格的审计制度。

3.互联网法律实施过程中的物质保障

要确保互联网法律的制定合乎互联网发展规律，利于约束公权力和保障基本人权，必须要对互联网各方面的发展情况作出准确而全面的调查，对于法律所欲规范对象必须要有充分的了解，这无疑需要充分的物质基础；对于已经制定出来的法律法规，针对现实中复杂多变的互联网发展态势，根据具体的情况作出兼具合法性和合理性的行政执法决定，充分的调查取证是需要配备设备设施和人员条件的；而作为互联网公正的最后一道屏障，互联网司法具有重大的意义，而要确保司法决定在符合法律规定的前提下，正确辨别各式各样的具体案件所应适用的法律，需要司法机关本身具有较高素质的人才队伍以及聘请相关专业人员，甚至一些必要的设备，而人才的培养费和咨询费、设备条件等等，都需要强大的物质条件作为保障。

第五章　中国互联网立法研究

摘要：互联网给世界带来的变化，已远远超出了人们早先的判断和预期，互联网正改变着世界，也改变着中国，随之而来的是新问题亦层出不穷，中国互联网立法具有极大的重要性和必要性。中国已出台与网络相关的法律、法规、规章、司法解释以及规范性文件数百部，初步形成了我国网络法律的基本体系，但与互联网迅猛发展的速度相比，互联网立法还显得很不成熟，仍然存在着许多亟待解决的问题。互联网立法的指导原则是指导立法主体进行立法活动的基本准则，立法部门应遵循这些基本准则，结合我国网络发展的实际情况，在借鉴外国相关立法的基础上，加强我国的网络基本法律和专门法律立法，同时完善已有一般法律中涉及的网络立法部分，最终完善互联网立法，创新社会管理。

关键词：互联网　立法　信息　安全

一　中国互联网发展概况

随着20世纪50年代计算机技术的迅猛发展，为了充分交流、共享信息，人们意识到需要使不同的计算机用户之间能够利用网络进行交互通信。美国军方为了解决在核战争中保持通讯顺畅的问题，由美国国防部国防前沿研究项目署于1960年建立了阿帕网（ARPA），从而引发技术进步并促使互联网开始形成。一般认为，1969年10月29日阿帕网第一节点与斯坦福研究院第二节点的连通，是互联网正式诞生的标志。[①]其后，互联网便以自

① 叶平：《互联网究竟诞生于哪一刻？》，http://www.haokanbu/story/205610。

身独有的功能和优势，不断带给世人以惊喜，并迅速在全世界普及。这标志着少数伟大人物决定着人类的命运的时代逐渐成为历史，[①]人们用键盘和鼠标改变了世界，还用这样一种默默无闻的方式改变了世界变化的模式，人类社会已经全面进入了信息时代。互联网对人们生活方式和行为方式的影响有目共睹，有越来越多的人开始使用互联网，并且也更加依赖互联网。古人语："秀才不出门，能知天下事。"如今，在互联网时代，普通人不出门不仅能知天下事，而且能办天下事。在互联网上，人们可以完成诸如办公、聊天、购物、休闲、娱乐等几乎一切社会活动，可以说，互联网正影响和改变着人们的生活方式和行为方式。互联网作为20世纪最伟大的发明之一，是全人类共有的财富、共享的资源、共同的家园。

中国一直以积极的姿态迎接互联网时代的到来，在20世纪80年代中后期，中国的科研人员和学者就在国外同行的帮助下，积极尝试利用互联网。1987年9月20日，钱天白教授发出第一封E-mail。在1992年和1993年的国际互联网大会上，中国计算机界的专家学者曾多次提出接入国际互联网的要求，并得到国际计算机领域的广泛理解与支持。1994年4月，在美国华盛顿召开的中美科技合作联委会会议期间，中国代表与美国国家科学基金会最终就中国接入国际互联网达成一致意见，北京中关村地区教育与科研示范网接入国际互联网的64K专线于1994年4月20日正式开通，第一次实现了与国际互联网的全功能连接，标志着中国正式接入国际互联网。[②]

中国的互联网产生虽然比较晚，但经过艰苦的孕育与飞速发展，依托于改革开放的伟大成果，显露出巨大的发展威力，在短短的约20年时间里已发展成为世界第一大网。2013年7月，中国互联网络信息中心（CNNIC）在北京发布了第32次《中国互联网络发展统计报告》，报告数据显示，截至2013年6月底，我国网民规模达5.91亿，已成为世界上互联网使用人口最多的国家，较2012年底增加2656万人，互联网普及率为44.1%，较2012

① 苏格兰哲学家托马斯·卡莱尔的伟人历史观认为：世界的历史不过是伟人的传记而已。

② 国务院新闻办公室：《中国互联网状况》白皮书，http://www.gov.cn/zwgk/2010-06/08/content_1622866.htm。

年底提升了2.0个百分点。截至2013年6月底，我国手机网民规模达4.64亿，较2012年底增加4379万人，网民中使用手机上网的人群占比提升至78.5%。我国域名总数为1470万个，其中“.CN”域名总数为781万，相比2012年底增长了4.0个百分点，占中国域名总数比例达到53.1%；“.中国”域名总数达到27万。中国网站总数升至294万个，在2013年全球前20大网站中，中国的百度、腾讯、阿里巴巴、新浪、搜狐5家网站名列其中。

互联网的飞速迅猛发展，带来了舆论生成方式和传播方式的革命性变化，重塑着社会舆论格局和传媒生态，并以惊人的深度和广度影响着社会生活的方方面面。互联网给世界带来的变化，已远远超出了人们早先的判断和预期，可以毫不夸张地说，互联网正改变着世界，也改变着中国。中国大力倡导和积极推动互联网的发展和广泛应用，当今互联网已成为越来越多的中国人实现梦想的最重要舞台。随着互联网在中国的快速发展与普及，人们的生产、工作、学习和生活方式已经开始并将继续发生深刻的变化，虚拟网络已经成为现代社会生产的新工具、科学技术创新的新手段、经济产业转型的新引擎、政治有序参与的新渠道、社会公共服务的新平台、大众信息传播的新途径、人民生活娱乐的新空间，成为推动我国政治、经济、文化、社会全面发展的巨大力量，在中国构建社会主义和谐社会和全面建设小康社会进程中发挥着越来越重要的作用。中国互联网是在改革开放的大潮中发展起来的，它顺应了中国改革开放的要求，推进了改革开放的进程。

随着中国经济社会的快速发展以及人们精神文化需求的日益增长，互联网在中国将更加普及，人们对互联网应用水平的要求将会更高，更多人将从互联网获益。不仅如此，随着3G、4G技术及各种网络技术的不断发展，现实社会对虚拟网络社会的依赖性还将与日俱增。积极利用、科学发展、依法管理、确保安全是我国的基本互联网政策，利用网络技术有效开展社会管理和协调是顺应时代的一种创新之举。

中国国家和政府对于互联网一贯坚持积极利用、科学发展、依法管理、确保安全的方针，与世界分享中国互联网繁荣发展的机遇和成果，体现了加快发展互联网的信心和决心，[①]正如国家主席习近平指出的，维护网络空间的和平、安全、开放、合作，符合国际社会共同利益。同样，法律作为调整社会主体权利义务关系的最重要手段，在这一重大的历史变革时期也在不断地发展、变化。中国坚持依法管理、科学管理和有效管理互联网，努力完善法律规范、行政监管、行业自律、技术保障、公众监督和社会教育相结合的互联网管理体系。中国管理互联网的基本目标是，促进互联网的普遍、无障碍接入和持续健康发展，依法保障公民网上言论自由，规范互联网信息传播秩序，推动互联网积极有效应用，创造有利于公平竞争的市场环境，保障宪法和法律赋予的公民权益，保障网络信息安全和国家安全。

二 中国互联网立法现状

我国互联网管理立法起步相对较晚，最早的一部互联网法律文件是1991年1月11日劳动部出台的《全国劳动管理信息计算机系统病毒防治规定》，此后国务院又于1994年2月18日颁布了中国第一部有关互联网的行政法规——《中华人民共和国计算机信息系统安全保护条例》，由此逐渐拉开了我国网络立法的序幕，颁布了一系列与互联网管理相关的法律法规，主要包括《全国人民代表大会常务委员会关于维护互联网安全的决定》、《中华人民共和国电子签名法》、《中华人民共和国电信条例》、《互联网信息服务管理办法》、《信息网络传播权保护条例》、《外商投资电信企业管理规定》、《计算机信息网络国际联网安全保护管理办法》、《互联网新闻信息服务管理规定》、《互联网电子公告服务管理规定》等。此外，与世界多数国家一样，对于这个新的社会空间的治理，我国积极修订原有法律，出台相关司法解释，将现实社会的法律规范延伸至互联网领域，比如《中华人民共和国刑法》、《中华人民共和国民法通则》、《中华人民共和国著作权法》、

① 鲁炜：《网络空间的自由与秩序》，人民网2013年9月10日，http://opinion.people.com.cn/n/2013/0910/c1003-22867653.html。

《中华人民共和国未成年人保护法》、《中华人民共和国治安管理处罚法》等经修改都增加了与互联网相关的内容。我国法律保障公民的通信自由和通信秘密，同时规定，公民在行使自由和权利的时候，不得损害国家、社会、集体的利益和其他公民的合法的自由和权利，任何组织或个人不得利用电信网络从事危害国家安全、社会公共利益或者他人合法权益的活动。

中国坚持审慎立法、科学立法的原则，注重为互联网发展预留空间，相关互联网法律法规涉及互联网基础资源管理、信息传播规范、信息安全保障等主要方面，对基础电信业务经营者、互联网接入服务提供者、互联网信息服务提供者、政府管理部门及互联网用户等行为主体的责任与义务作出了规定。到目前为止，中国已出台与网络相关的法律、法规、规章、司法解释以及规范性文件数百部，初步形成了我国网络法律的基本体系，具体包括：

（一）保障网络信息安全的法律

我国刑法对违反国家规定，侵入计算机系统，提供专门用于侵入、非法控制计算机信息系统的程序、工具，对计算机信息系统功能进行删除、修改、增加、干扰，造成计算机信息系统不能正常运行，故意制作、传播计算机病毒等破坏性程序，或者利用计算机实施传统犯罪的行为进行定罪处罚；《全国人大常务委员会关于维护互联网安全的决定》对危害网络信息安全的行为依照刑法的相关规定定罪处罚；此外，还有国务院还颁布的《中华人民共和国计算机信息系统安全保护条例》、《中华人民共和国计算机软件保护条例》、《中华人民共和国计算机信息网络国际联网管理暂行规定》、《互联网信息服务管理办法》、《商用密码管理条例》以及相关部委颁布的《计算机信息系统保密管理暂行规定》、《计算机信息网络国际联网安全保护管理办法》、《计算机信息系统安全专用产品检测和销售许可证管理办法》、《计算机病毒防治管理办法》等；2013 年 9 月 9 日，最高人民法院公布了《最高人民法院、最高人民检察院关于办理利用信息网络实施诽谤等刑事案件适用法律若干问题的解释》。

（二）有关电子商务的法律

中国最令人瞩目的有关电子商务的立法是九届人大二次会议颁布的《合同法》，其在合同形式条款中规定了数据电文这一新的电子交易形式，主要有三个方面：第一，将传统意义上的书面形式扩充到数据电文形式。我国合同法第 10 条及第 11 条规定，当事人订立合同，有书面形式、口头形式和其他形式。法律、行政法规规定采用书面形式的，应当采用书面形式。书面形式是指合同书、信件和数据电文（包括电报、电传、传真、电子数据交换和电子邮件）等可以有效地表现所载内容的形式。这就是说不管合同采用什么载体，只要能有效地表现所载内容，符合法律的要求，数据电文与书面形式就具有同等的效力。第二，确立了电子合同到达的时间。《合同法》第 16 条第 2 款规定：采用数据电文形式订立合同，收件人指定特定系统接收数据电文的，该数据电文进入该特定系统时间，视为到达时间；未指定特定系统的，该数据电文进入收件人的任何系统的首次时间，视为到达时间。第三，承诺了电子商务合同生效的地点。《合同法》第 34 条规定：采用数据电文形式订立合同的，收件人的主营业地为合同成立的地点；没有主营业地的，其经常居住地为合同成立的地点。当事人另有约定的，按照其约定。虽然《合同法》的规定还不够细致与完善，毕竟只是简单地将数据电文包括在书面形式之中，缺少层次的区分和适用条件的设定，立法技术显得比较粗糙，但其所作的关于数据电文合同效力的这些规定，仍然可以说是我国合同法律制度上的一大进步，为电子商务立法奠定了良好的基础，对发展我国的电子商务活动具有积极的意义。

2005 年 4 月 1 日正式实施的《中华人民共和国电子签名法》开启了我国电子商务法制建设的新阶段，是电子商务发展的里程碑，扫除了电子签名在电子商务及其他领域中应用的法律障碍，对规范电子签名活动、保障电子交易安全等起到重要作用，推动了我国电子商务的迅速发展。在法律上认可数据电文效力的另一部立法是国务院《中华人民共和国专利法实施细则》，规定可以电子通讯方式提出专利申请。此外我国行政机关也制定了一些规章，如教育部颁布的《教育网站和网校暂行管理办法》等。值得注意的是一些地方政府相关部门根据地方实际情况制定了大量的地方性法规，比如北京工商局颁布的《关于对网络广告经营资格进行规范的通告》、上海市政府出台的《上海市电子商务管理办法》等，这些地方性法规对全国电子商务立法的规定具有一定的参考价值。

目前，我国的电子商务立法尚不够全面，存在大量的空白领域，存在相关的法律法规缺失、模糊、不协调等问题。比如，我国没有建立起电子货币的法律框架以及对电子货币的监督管理制度；对网络虚拟财产的保护缺少具体的法律法规；对电子记录证据的效力有待于更加明确的法律规定；网络购物中消费者权益保护存在诸多问题；电子商务交易难以进行税收征管；电子商务在线经营管理与监督机制尚不健全等。另外，我国现有电子商务法律也存在立法缺陷，往往可操作性不强。比如，《合同法》虽为电子商务立法奠定了基础，但是相关规定不够细致、完整，有关数据电文的详细内容并没有涉及，在具体的实践中可操作性不强，在合同的产生及效力方面还存在立法缺陷，没有形成系统化的法律法规体系；《电子签名法》对电子认证机构的条件规定比较模糊，实际操作性不强，容易使得行政自由裁量权泛滥，存在未具体规定电子交叉认证等问题。

（三）保护个人隐私和个人信息的法律

我国《刑法修正案（七）》规定了出售、非法获取和提供个人信息罪，《中华人民共和国侵权责任法》明确规定了对公民个人隐私权的保护。此外，《全国人大常务委员会关于维护互联网安全的决定》、《电信条例》、《计算机信息网络国际联网安全保护管理办法》、《网络游戏管理暂行办法》、《互联网医疗保健信息服务管理办法》、《网络商品交易及有关服务行为管理暂行办法》、《互联网视听节目服务管理规定》等法律、行政法规、部门规章以及地方性法规都有保护个人信息的规定。

由此可见，当前我国关于个人信息保护的法律十分分散，我国法律体系中没有关于个人信息权的概念，而是将其置于个人名誉、个人隐私权之下进行规定和保护，其保护的依据也主要来自民法中关于人格、名誉、隐私、侵权等相关法律条文之中，而这些规定基本上只是《民法通则》对宪法关于公民基本权利的简单重复，隐私权的概念本身并没有得到明确确认，当然更加不能为其下位权利——个人信息权的保护提供依据。《侵权责任法》的出台，明确规定了隐私权的概念，弥补了《民法通则》的不足，明确了隐私权的法律属性，为个人信息的保护提供了直接法律依据，但至今尚未出台一部系统完整的《个人信息保护法》，这势必会给个人信息权保护带来种种困难，对个人信息权的保护提出了挑战。

（四）保护网络知识产权的法律

为适应数字技术下网络环境对知识产权的挑战，我国已先后出台了若干保护知识产权的法律、司法解释和行政规章，包括 2001 年 10 月 27 日对《中华人民共和国著作权法》的修正、国务院 2002 年 1 月 1 日修正后施行的《计算机软件保护条例》、最高人民法院 2000 年 11 月 22 日通过的《关于审理涉及计算机网络著作权纠纷案件适用法律若干问题的解释》、2002 年 10 月 15 日施行的《关于审理著作权民事纠纷案件适用法律若干问题的规定》、2004 年 12 月 21 日最高人民法院和最高人民检察院联合颁布的《关于办理侵犯知识产权刑事案件具体应用法律若干问题的解释》、2006 年国务院通过的《信息网络传播权保护条例》以及 2009 年通过的《侵权责任法》，等等。

这些法律、行政法规、司法解释从民事、刑事以及行政方面在各自的适用领域内均发挥着重要作用，但相对于日新月异的网络技术发展而言，我国现有的网络环境下知识产权保护法律体系仍然存在不足。例如，由于侵权行为都是在网络上进行的，因此证据的搜索与保存问题便成为操作中一个急需解决的现实问题。另外在传统情况下，对于知识产权犯罪行为的危害后果主要以违法所得、非法经营额等因素来判断。如最高人民法院《关于审理非法出版物刑事案件具体应用法律若干问题的解释》对于侵犯著作权犯罪危害后果的判定主要即是依据数额确定的，即个人违法所得数额、个人非法经营数额是判断该罪的主要依据。但在网络环境下，行为的社会危害性仅仅从违法所得、非法经营额来判断还远不足够。很多情况下，行为人虽然违法所得、非法经营数额很少甚至没有，但其社会危害性却可能极大。此时，知识产权侵权行为的社会危害性就可能体现在侵权规模上，而判断侵权的规模除了要看侵权金额的大小，更要看制售侵权品的数量和范围。可见，与非网络环境下的侵权行为相比，网络知识产权犯罪因其侵权方式发生了很大的变化，致使其社会危害性往往更大，但许多严重侵权行为在金额上却达不到标准。

（五）确保未成年人上网安全的法律

当前，我国保护未成年人网络安全的法律法规主要有《中华人民共和国未成年人保护法》、《中华人民共和国预防未成年人犯罪法》和《互联网上网服务营业场所管理办法》等。《中华人民共和国未成年人保护法》第三十三条规定："国家采取措施，预防未成年人沉迷网络。""国家鼓励研究开发有利于未成年人健康成长的网络产品，推广用于阻止未成年人沉迷网络技术。"《中华人民共和国预防未成年人犯罪法》第二十六条规定："禁止在中小学校附近开办营业性歌舞厅、营业性电子游戏场所以及其他未成年人不适宜进入的场所。"；第三十三条规定："营业性歌舞厅以及其他未成年人不适宜进入的场所，应当设置明显的未成年人禁止进入标志，不得允许未成年人进入。""营业性电子游戏场所在国家法定节假日外，不得允许未成年人进入，并应当设置明显的未成年人禁止进入标志。""对于难以判明是否已成年的，上述场所的工作人员可以要求其出示身份证件。"《互联网上网服务营业场所管理办法》第二十一条规定："互联网上网服务营业场所经营单位不得接纳未成年人进入营业场所。互联网上网服务营业场所经营单位应当在营业场所入口处的显著位置悬挂未成年人禁入标志。"此外，最高人民法院、最高人民检察院联合出台了《关于办理利用互联网、移动通讯终端、声讯台制作、复制、出版、贩卖、传播淫秽电子信息刑事案件具体应用法律若干问题的解释》。2013 年 10 月 24 日，最高人民法院、最高人民检察院、公安部和司法部在深入调研的基础上制定并发布了《关于依法惩治性侵害未成年人犯罪的意见》，该《意见》立足于当前我国性侵害未成年人犯罪的特点，从刑事政策、刑法和刑事诉讼法等方面，就加强惩治性侵害未成年人的犯罪作了全面系统的规定和工作部署，首次在我国未成年人保护法律体系中明确了联合国《儿童权利公约》中的未成年人利益优先原则，是未成年人保护理念的重大进步。

（六）互联网行业管理法规

我国制定了一大批互联网行业管理性法律法规、部门规章和司法解释，包括《全国人大常委会关于维护互联网安全的决定》、《互联网信息服务管理办法》、《互联网电子公告服务管理规定》、《互联网站从事登载新闻业务管理暂行规定》、《非经营性互联网信息服务备案管理办法》、《互联网 IP 地址备案管理办法》、《中国互联网络域名管理办法》、《中华人民共和国计算机信息网络国际联网管理暂行规定》、《中华人民共和国网络域名注册暂行规定》及其实施细则等。此外，公安部颁布了《计算机信息网络国际联网安全管理办法》，信息产业部（原邮电部）颁布了《公用计算机互联网国际联网管理办法》、《计算机信息网络国际联网出入口信道管理办法》等。

《电信条例》和《互联网信息服务管理办法》是针对互联网的专门立法，也是目前我国互联网监管最主要的法律依据。《电信条例》主要从电信服务中用户权益保护出发，对市场竞争行为关注较少，且《电信条例》规范的电信服务已远远不能涵盖市场发展所带来的服务种类的多样性。《互联网信息服务管理办法》主要规范了市场准入（网站的许可和备案）问题，并没有对信息服务市场中的相关行为作出明确规定，难以为互联网市场秩序监管提供有效的法律支撑。从我国互联网市场管理立法情况可以看出，互联网专门性立法在互联网市场管理问题上存在大量的不完善之处，难以满足新形势的要求。《电信条例》和《互联网信息服务管理办法》颁布实施已二十多年，这正是我国电信格局变革的历史时期，从通信业（传统电信业）角度思考互联网问题已无法适应现实的需要。当前电信业的范畴涵盖了通信业、广电传输以及互联网领域，而互联网又是最具生机、最受关注的部分。互联网发展至今，所面临的核心问题已不是早期市场准入管理的基础性问题。当前互联网市场格局已初步形成，但是市场秩序仍不完善，用户合法权利和正当利益得不到有效维护。虽然反不正当竞争法、反垄断法和消费者权益保护法能够提供一定程度的法律支持，但是互联网市场问题复杂，更具专业性且针对日常监管的行业规范仍然缺失。

除了上述的立法外，我国网络立法还存在大量的地方性法规，由于地方性法规数量繁多，资料不易搜集，在此仅对其进行一个简单的概括。我国的地方性网络立法较之全国性立法，具有针对性强的特点，且具有地方特色，有些地方性网络立法更是开了某些网络规范的先河，如北京市高级人民法院在2000年出台的《关于审理因域名注册、使用而引起的知识产权纠纷案件中的若干指导意见》，就是我国第一个对于抢注域名而引起的案件审理的法院操作规范，为其他地方的同类案件的处理起到了借鉴的意义。地方性网络立法是伴随着互联网的高速发展而出现的，它表现了我国各级部门对网络安全的重视，同时地方网络立法也弥补了我国网络立法基本法缺失，高层次立法不足的空白，为以后的部门规章的出台，甚至是全国人大的立法起到了很强的参照意义。

表5—1　　中国主要网络立法一览表

立法层级 / 时间	全国人大及常委会法律	最高人民法院司法解释	国务院行政法规	部门规章
1989年				《计算机病毒控制规定》（公安部）
1990年9月7日	《中华人民共和国著作权法》（将计算机软件纳入保护范畴）			
1991年5月24日			《计算机软件保护条例》	
1992年4月6日				《计算机软件著作权登记办法》（原机械电子工业部）
1994年2月18日			《中华人民共和国计算机信息系统安全保护条例》	

续表

1996年2月1日			《中华人民共和国计算机信息网络国际联网管理暂行规定》	
1996年4月9日				《计算机信息网络国际联网出入口信道管理办法》（邮电部）
1996年4月9日				《中国公用计算机互联网国际联网管理办法》（邮电部）
1996年4月9日	新刑法增加对计算机信息系统犯罪的规定			《计算机信息网络国际联网管理暂行规定实施办法》（邮电部）
1996年6月17日		最高人民法院关于印发《全国法院计算机信息建设规划》的通知		
1996年6月17日		最高人民法院关于印发《全国法院计算机信息网络建设管理暂行规定（试行）》的通知		
1997年5月30日				《中国互联网络域名注册暂行管理办法》（国务院信息化工作小组）
1997年6月3日				《中国互联网络域名注册实施细则》（国务院信息化工作小组）
1997年6月28日				《计算机信息系统安全专用产品检测和销售许可证管理办法》（公安部）
1997年9月10日				《中国公众多媒体通信管理办法》（邮电部）
1997年12月8日				《中华人民共和国计算机信息网络国际联网管理暂行规定实施办法》（国务院信息化工作小组）

续表

1997年12月11日				《计算机信息网络国际联网安全保护管理办法》（公安部）
1998年1月1日				《电子出版物管理暂行规定》（新闻出版署）
1998年2月26日				《计算机信息系统保密管理暂行规定》（国家保密局）
1998年4月				《计算机信息系统病毒防治管理办法》（公安部）
1998年4月				《海关舱单电子数据传输管理办法》（海关总署）
1999年2月24日				《国家版权局关于不得使用非法复制的计算机软件通知》（国务院办公厅、国家版权局）
1999年9月7日				《电信网间互联管理暂行规定》（信息产业部）
1999年10月7日			《商用密码管理条例》	
1999年12月5日				《关于制作数字化制品的著作权规定》（国家版权局）
2000年1月1日				《计算机信息系统国际联网保密管理规定》（国家保密局）
2000年6月29日				《教育网站和网校暂行管理办法》（教育部）
2000年9月25日			《互联网信息服务管理办法》	
2000年9月25日			《中华人民共和国电信条例》	
2000年11月6日				《互联网站从事登载新闻业务管理暂行规定》（国务院新闻办）

续表

2000年11月7日				《互联网电子公告服务管理规定》（信息产业部）
2000年11月22日		《关于审理涉及计算机网络著作权纠纷案件适用法律若干问题的解释》（最高人民法院）		
2000年12月19日		《关于审理涉及计算机网络著作权纠纷案件适用法律若干问题的解释》（最高人民法院） 注：本解释已被《最高人民法院关于审理侵害信息网络传播权民事纠纷案件适用法律若干问题的规定》废止		
2000年12月28日	《全国人大常委会关于维护互联网安全的决定》（注：本决定已于2009年8月27日被《全国人民代表大会常务委员会关于修改部分法律的决定》修改）			
2001年1月8日				《互联网医疗卫生信息服务管理办法》（卫生部）
2001年4月3日			关于进一步加强互联网上网服务营业场所管理的通知（国务院办公厅）	《互联网上网服务营业场所管理办法》（信息产业部等部门联合发布）
2001年7月9日				《网上银行业务管理暂行办法》（中国人民银行）

续表

2001年7月11日		《关于审理涉及计算机网络域名民事纠纷案件适用法律若干问题的解释》（最高人民法院）		
2002年1月29日		《人民法院计算机信息网络系统建设管理规定》		
2002年1月29日		《人民法院计算机信息网络系统建设规划》		
2002年8月1日				《互联网出版管理暂行规定》（新闻总署、信息产业部）
2002年8月1日				《中国互联网络域名管理办法》（信息产业部）
2002年9月29日			互联网上网服务营业场所管理条例	
2002年10月24日		最高人民检察院、公安部关于加快看守所监管信息系统与驻所检察管理信息系统联网建设推行监所网络化管理和动态监督工作的通知		
2002年11月15日				《互联网上网服务营业场所管理条例》（文化部）
2003年5月10日				《互联网文化管理暂行规定》（文化部）
2003年6月16日			国务院法制办公室对《文化部关于提请解释〈互联网上网服务营业场所管理条例〉有关条文的函》的复函	

续表

2003年7月31日				《关于加强我国互联网络域名管理工作的公告》（信息产业部）
2004年1月2日		《最高人民法院关于审理涉及计算机网络著作权纠纷案件适用法律若干问题的解释》 注：本解释于2006年11月22日被最高人民法院关于修改《最高人民法院关于审理涉及计算机网络著作权纠纷案件适用法律若干问题的解释》的决定（二）修正，后被《关于审理侵害信息网络传播权民事纠纷案件适用法律若干问题的规定》（最高人民法院）废止		
2004年2月17日			国务院办公厅转发文化部等部门关于开展网吧等互联网上网服务营业场所专项整治意见的通知	
2004年2月24日			国务院法制办公室对《文化部关于提请就执行〈互联网上网服务营业场所管理条例〉有关问题进行解释的函》的复函	
2004年8月28日	全国人大常委会《中华人民共和国电子签名法》			

续表

2004年9月3日		最高人民法院、最高人民检察院关于办理利用互联网、移动通讯终端、声讯台制作、复制、出版、贩卖、传播淫秽电子信息刑事案件具体应用法律若干问题的解释（一）		
2004年11月5日				《中国互联网络域名管理办法》（信息产业部）
2005年2月8日				《电子认证服务管理办法》（信息产业部）
2005年2月8日				《互联网IP地址备案管理办法》（信息产业部）
2005年4月30日				《互联网著作权行政保护办法》（国家版权局、信息产业部）
2005年6月2日		最高人民法院对《山东省高级人民法院关于济宁之窗信息有限公司网络链接行为是否侵犯录音制品制作者权、信息网络传播权及赔偿数额如何计算问题的请示》的答复 注：本解释已于2013年4月8日被《最高人民法院关于废止1997年7月1日至2011年12月31日期间发布的部分司法解释和司法解释性质文件（第十批）的决定》废止		
2005年7月1日				互联网交换中心网间结算办法（信息产业部）注：目前本办法已经失效。

续表

2005年10月26日				《电子支付指引（第一号）》（中国人民银行）
2005年9月25日				《互联网新闻信息服务管理规定》（信息产业部）
2005年9月29日				《互联网药品交易服务审批暂行规定》（国食药监局）
2006年2月20日				《互联网电子邮件服务管理办法》（信息产业部）
2006年3月30日				《信息产业部、国家版权局、商务部关于计算机预装正版操作系统软件有关问题的通知》
2006年5月18日			《信息网络传播权保护条例》	
2006年9月14日				《关于信息服务类用户申诉调查处理的实施细则》（信息产业部）
2006年11月1日				互联网交换中心网间结算办法（信息产业部）注：目前本办法已经被2007年发布的同名法规替代。
2006年11月22日		《关于审理涉及计算机网络著作权纠纷案件适用法律若干问题的解释》（最高人民法院）注：本解释已于2013年1月1日被《最高人民法院关于审理侵害信息网络传播权民事纠纷案件适用法律若干问题的规定》废止		

续表

2007年6月22日				《信息安全等级保护管理办法》(公安部)
2007年12月1日				互联网交换中心网间结算办法(信息产业部)
2007年12月20日				《互联网视听节目服务管理规定》(国家广播电视总局、信息产业部)
2008年3月15日				互联网骨干网间通信质量监督管理暂行办法(信息产业部)
2009年02月28日				《电子认证服务管理办法》(工业和信息化部)
2009年03月01日				《软件产品管理办法》(工业和信息化部)
2009年04月13日				《互联网网络安全信息通报实施办法》(工业和信息化部)
2009年05月01日				《互联网医疗保健信息服务管理办法》(卫生部)
2010年1月21日				《通信网络安全防护管理办法》(工业和信息部)
2010年2月2日		最高人民法院、最高人民检察院关于办理利用互联网、移动通讯终端、声讯台制作、复制、出版、贩卖、传播淫秽电子信息刑事案件具体应用法律若干问题的解释(二)		

续表

2010年2月3日				关于加强商务部网站信息和网络安全有关要求的通知（商务部办公厅）
2010年6月3日				网络游戏管理暂行办法（文化部）
2010年6月22日				关于认真贯彻实施《网络商品交易及有关服务行为管理暂行办法》的指导意见（国家工商行政管理总局）
2010年7月29日				关于贯彻实施《网络游戏管理暂行办法》的通知（文化部）
2010年8月30日				关于办理网络赌博犯罪案件适用法律若干问题的意见（最高人民法院、最高人民检察院、公安部）
2010年11月21日		最高人民法院印发《关于人民法院在公布裁判文书的规定》和《关于人民法院直播录播庭审活动的规定》的通知		
2010年12月3日				关于对《网络游戏管理暂行办法》执行情况进行核查的通知（文化部）
2010年12月7日				关于促进出版物网络发行健康发展的通知（新闻出版总署）
2010年12月28日				关于印发知识产权局打击侵犯知识产权和制售假冒伪劣商品专项行动网络购物领域实施方案的通知（商务部、工业和信息化部、公安部等）

续表

2011年1月5日				关于规范网络购物促销行为的通知（商务部）
2011年1月7日				关于清理违规网络音乐产品的通告（文化部办公厅）
2011年2月17日				互联网文化管理暂行规定（2011修订）（文化部）
2011年3月17日				关于查处第十一批违法互联网文化活动的通知（文化部）
2011年3月18日				关于实施新修订《互联网文化管理暂行规定》的通知（文化部）
2011年5月18日				关于进一步严厉打击利用互联网发布虚假药品信息非法销售药品的通知（国家食品药品监督管理局、工业和信息化部、公安部、国家工商行政管理总局）
2011年8月16日				关于印发《网络高等学历教育招生与统考数据管理暂行办法》的通知（教育部办公厅）
2011年9月20日				关于印发《保险代理、经纪公司互联网保险业务监管办法（试行）》的通知（中国保险监督管理委员会）
2011年12月9日				移动互联网恶意程序监测与处置机制（工业和信息化部）
2011年12月23日				关于进一步加强互联网地图服务资质管理工作的通知（国家测绘地理信息局法规与行业管理司）

续表

2011年12月29日				规范互联网信息服务市场秩序若干规定（工业和信息化部）
2012年2月10日				关于组织实施2012年国家下一代互联网信息安全专项有关事项的通知（国家发展改革委办公厅）
2012年5月28日				中国互联网络信息中心域名争议解决办法（2012年修订）（中国互联网络信息中心）
2012年5月28日				中国互联网络信息中心域名注册实施细则（2012年修订）（中国互联网络信息中心）
2012年5月28日				中国互联网络信息中心域名争议解决程序规则（2012年修订）（中国互联网络信息中心）
2012年7月3日				关于印发《2012年打击网络侵权盗版专项治理“剑网行动”实施方案》的通知（国家版权局、公安部、工业和信息化部、国家互联网信息办公室）
2012年7月12日				中国互联网络信息中心域名运行费用收取办法（中国互联网络信息中心）
2012年8月30日				关于中国互联网上网服务营业场所行业协会筹备成立的批复（民政部）
2012年12月17日		《关于审理侵害信息网络传播权民事纠纷案件适用法律若干问题的规定》（最高人民法院）		

续表

2012 年 12 月 28 日	全国人民代表大会常务委员会关于加强网络信息保护的决定			
2013 年 1 月 30 日			信息网络传播权保护条例(2013 修订)	
2013 年 2 月 5 日				关于印发《未成年人网络游戏成瘾综合防治工程工作方案》的通知（文化部、国家互联网信息办公室、工商总局等）
2013 年 2 月 25 日				网络发票管理办法（国家税务总局）
2013 年 7 月 10 日				关于严厉查处利用互联网销售国家明令禁止销售的商品或服务违法行为的通知（国家工商行政管理总局）
2013 年 7 月 12 日				《互联网接入服务规范》（工业和信息化部）
2013 年 7 月 16 日				电信和互联网用户个人信息保护规定（工业和信息化部）
2013 年 7 月 26 日				关于开展网络商品交易非法主体网站专项整治工作的通知（国家工商行政管理总局）
2013 年 7 月 29 日				关于印发打击网上非法售药行动工作方案的通知（国家食品药品监督管理总局、国家互联网信息办公室、工业和信息化部等部门）

续表

2013 年 8 月 12 日				关于实施《网络文化经营单位内容自审管理办法》的通知（文化部）
2013 年 9 月 6 日		最高人民法院、最高人民检察院《关于办理利用信息网络实施诽谤等刑事案件适用法律若干问题的解释》（最高人民法院、最高人民检察院）		

三　中国互联网立法存在的问题

我国从 20 世纪 90 年代开始，陆续颁布实施了一系列有关计算机及国际互联网络的法规、部门规章或条例，内容涵盖国际互联网侵权、信息安全、域名注册、密码管理等多个方面，已初步建立起有中国特色的网络法律法规体系。但与互联网迅猛发展的速度相比，互联网立法还显得很不成熟，现实中因互联网而引起的各种法律纠纷一直呈逐年上升的态势。

（一）现实中互联网法律纠纷的主要表现

1. 关于互联网信息安全问题

在互联网高速发展的今天，现有关于互联网信息安全的法律法规远远不够，从具体的操作层面来看，目前还缺少网络安全的专门立法，对于诸如软硬件的生产、采购、市场检验、人员网络安全的意识、上网规范等内容的规定只停留在部门规章层面上，尚未建立计算机网络安全的专门法律进行约束，尚难以适应网络信息安全的发展需要。网络上的一些人往往利用自己掌握的计算机知识和技术，在未经计算机用户授权的情况下访问计算机文件或网络，干扰计算机系统的正常运转，窃取他人个人信息，传播计算机病毒，甚至进行犯罪活动，对日常生活以及互联网的健康发展构成了巨大危害，比如新近发生在美国的棱镜门事件就是侵犯隐私窃取个人信息的典型。据英国《卫报》和美国《华盛顿邮报》2013年6月6日报道，美国国家安全局和联邦调查局于2007年启动了一个代号为“棱镜”的秘密监控项目，直接进入美国网际网路公司的中心服务器里挖掘数据、收集情报，包括微软、雅虎、谷歌、苹果等在内的9家国际网络巨头皆参与其中，获得的数据包括电子邮件、视频和语音交谈、影片、照片、VoIP交谈内容、档案传输、登入通知，以及社交网络细节。这是一起美国有史以来最大的监控公众事件，其侵犯的人群之广、程度之深令人咋舌。

2. 关于网络知识产权保护问题

由于互联网的特点，使得知识产权的维权面临着前所未有的困境。首先，在商标权方面，传统的商标权保护具有地域性，而互联网的出现，使得网上商标的注册和使用成为商家的新选择，但也使商标权的地域性、侵权方式都发生了改变，对现行的商标法提出了挑战。比如假如甲未经乙的授权，就在自己的宣传网页上设置了乙的网页链接，实际上甲就涉嫌侵犯了乙的商标权。还有，在网络交易中，了解网络商品的主要途径就是浏览网页，而网络中的宣传往往难辨别真假，明知是假冒注册商标的商品仍然进行销售，或者利用他人的注册商标用于商品、商品的包装、广告宣传或者展览自身产品，即以偷梁换柱的行为来增加自己的营业收入，这是网上侵犯商标权的典型表现，有的销售行为甚至触犯刑法，构成犯罪。其次，在域名权保护方面，域名一方面是指公司、其他组织等在互联网上的名字，另一方面也可以作为企业的标志和形象，因而属于知识产权范畴。长期以来，在域名权保护方面最突出的问题就是域名抢注，现实中不乏知名企业、老字号被别有用心的商家恶意抢注以图牟利。再次，在网络著作权方面，互联网的兴起，极大地拓展了公民创作和发表作品的渠道，但随之而来的是作品的认定、著作权归属等问题逐渐变得严峻起来。网络著作权内容侵权一般可分为三类：其一是对其他网页内容完全复制；其二是虽对其他网页的内容稍加修改，但仍然大部分抄袭其他网页；其三是侵权人通过技术手段偷取其他网站的数据。最后，在专利权方面，互联网上侵犯专利权主要表现，就是未经许可，在其制造或者销售的产品以及产品的包装、广告、合同或者其他宣传材料上标注他人专利号的，使他人误认为是其专利技术的，甚至伪造或者变造他人的专利证书、专利文件或者专利申请文件。

3. 关于网络隐私权保护问题

互联网的发展使人们的视野、相互交流的手段得到极大的延伸，但同时也使人们的隐私处于极易暴露的状态，在给予人们的生活方便的时候，也在不停的暴露着用户的隐私，也许是某个社交网站，也许是搜索引擎，或是其他。隐私就是指私人生活秘密，它是指私人生活安宁不受他人非法干扰，私人信息保密不受非法收集、刺探和公开等。① 有关隐私权的具体内容学界概括不一，具体到网络上的隐私权，有人认为主要包括：隐私不被窥视的权利、不被侵入的权利（主要体现在用户的个人信箱、网上账户、信用纪录的安全保密等方面）、不被干扰的权利（主要体现在用户使用信箱、交流信息以及从事交易活动的安全保密等方面）、不被非法收集利用的权利（主要体现在用户的个人特征、个人资料不得在非经许可的状态下被利用等方面）。② 另外有人认为，网络隐私权是指：公民在网上享有私人生活安宁和私人信息依法受到保护，不被他人非法侵犯、知悉、搜集、复制、利用和公开的一种人格权，也指禁止在网上泄露某些个人相关的敏感信息，包括事实、图像以及诽谤的意见等。③

在工作和生活中，人们不可避免地要向他人提供一些个人信息，但却不能控制这些信息被非法披露，从而会给一些不法之徒可乘之机。例如黑客经常通过入侵电子邮箱等方式窃取人们包括银行账户在内的重要私人信息，甚至某些公共服务机构，也利用网络把人们的个人隐私信息（如联系方式）当作商品出售或向他人提供。比如，2013 年 10 月，国内第三方漏洞监测平台乌云报告指出，国内多家酒店比如汉庭、如家、南苑 e 家、格林豪泰连锁酒店、布丁酒店、杭州维景国际大酒店等使用了浙江慧达驿站网络开发的酒店 WiFi 管理、认证管理系统，但是该系统存在漏洞。据报告，慧达的 WiFi 系统要求客户在登入无线网络时进行网页认证，为此需上传住

① 张新宝：《隐私权的法律保护》，群众出版社1997年版，第17页。

② 郭卫华、金朝武：《网络上的法律问题及其对策》，法律出版社2001年版，第176页。

③ 李德成：《网络隐私权保护制度初探》，中国方正出版社2001年版，第30页。

客的实名信息，包括客户名、开房日期、房间号等敏感信息会在慧达的服务器上实时存储，由于其认证用户名跟密码是明文传输，各个途径都可能被黑客嗅探到并遭到泄露。乌云还将如家酒店作为典型，通过截屏的形式，披露了如家的一部分开房记录，里面包含了详细的客户姓名、身份证号码等等。

此外，网络法律纠纷还表现在域名注册、网络新闻、网络游戏、电子政务、远程教育等许多方面，几乎涵盖了所有互联网涉足的领域。

（二）现有互联网立法存在的不足

互联网但作为一把双刃剑，随之而来的是新问题层出不穷，亟需法律予以规范，但纵观中国现有的互联网立法，仍然存在着许多亟待解决的问题。

1. 在立法体系方面

尽管在现实世界里，可以说一个立足中国国情和实际、适应改革开放和社会主义现代化建设需要、集中体现中国共产党和中国人民意志，以宪法为统帅，以宪法相关法、民法商法等多个法律部门的法律为主干，由法律、行政法规、地方性法规等多个层次法律规范构成的中国特色社会主义法律体系已经形成，但与国外现有互联网立法体系相比，我国网络法律体系结构还存在较大缺陷。首先，表现为法律条文的详细程度不够，现有的互联网法规存在各自为政、交叉重复、资源浪费等弊病，可适用性和可操作性不强。其次，表现为法规的完整性不足，现有互联网法规存在零乱现象，许多法律条款分散于不同的规章、条例、办法之中，既难以知法，又难以执法。最后，表现在权利与义务在结构上的不一致性，互联网管理的目的在于保护网络用户的合法权利，促进互联网行业的健康发展，而综览目前我国的互联网立法，大多是从方便政府管理的角度出发，以行政性立法为主，侧重规定管理部门的职权、管理和处罚措施等内容，在民商事等方面的立法则较为欠缺，对公民隐私权保护、电子商务、青少年保护等方面的相关规定更显缺乏，也就是重管理而轻权利，未能实现权利与义务的对等，管制的色彩较重，在管理方式上基本以市场准入和行政处罚为主，在规范设计上以禁止性规范为主，缺乏激励性规范，强调网络服务提供者和网络用户的责任和义务，对网络用户的权利保障相对欠缺，在功能上也相应地难以互相促进。例如在内容管理方面，管理部门往往对互联网企业课以过重的内容审查责任，加重了企业的负担，一定程度上转嫁了政府的内容管理责任。公平而言，企业确实应当负有一定的内容审查义务，但是必须有限定的范围和明确的标准。

2. *在立法层次方面*

我国互联网立法层次较低，大多停留在部门规章和政府规范性文件的层面上，绝大部分法规属于工业信息产业部、公安部等相关部门颁布的部门规章、规范性文件以及大量的地方性法规、规章、规范性文件，还有就是最高人民法院、最高人民检察院针对具体问题而做出的司法解释，全国人大及其常委会通过的法律只占很小比例，只有区区四部专门法律，而作为根本大法的宪法中更是几乎很难寻觅到有关网络中权利义务的直接规定，高层次互联网法律的比重十分薄弱，尤其是互联网的基本法律一直处于空缺状态，这说明我国尚未形成一个以基本法律为主干，以行政法规、部门规章和地方性法规为补充的层次分明的互联网法律架构。

3. *在立法内容方面*

我国现有互联网立法内容过于原则，宣示性条款过多，缺乏可操作性，难以有效执行。例如，目前我国的互联网内容管理涉及范围较广，但是没有明确的判断、分级和执行标准，对于淫秽色情、损害国家荣誉和利益等规定过于笼统和模糊，缺乏明确的定义，实践中监管部门往往依靠个人理解或权力意志予以判断，导致执法随意性较强。此外，我国的互联网立法多是在出现问题而又利用传统法律规范无法加以管理之后，才加以规范和回应，呈现出明显的被动性、滞后性。现代国家中的法律是调整法律关系主体权利与义务关系的准则，权利和义务是法律的核心内容，法律要保障公民以及其他主体的权利和自由，促使其承担义务和责任，从而保障整个社会经济生活的稳定与安全。从我国互联网立法状况来看，所涉及的内容主要集中体现在个人信息保护和对网络运营商的规制与网络安全方面，远远不能覆盖伴随互联网发展而产生的各种法律问题，例如网络监督、网络反腐、网络暴力、网络隐私权、虚拟物品价值等，从而使许多重要而且迫切需要解决的问题缺乏切实有效的引导和规范，形成了立法真空地带。由于现有的网络立法内容呈现出来的抽象单一、范围较窄、立法被动、滞后失衡较为严重、缺乏前瞻性和针对性等原因，直接导致其在很大程度上制约了中国互联网的健康发展。

4. 在立法程序方面

我国的互联网立法程序还缺乏较为广泛的民主参与。目前我国的网络专门立法大多属于政府部门机关立法，此类立法程序主要依据国务院制定的《行政法规制定程序条例》和《规章制定程序条例》，这种由行政机关自己设定立法程序进行行政立法的现象明显不符合现代行政法的控权精神，由此引发的一系列弊端，过分强化政府对网络的管制而漠视相关网络主体权利的保护。这一点可以从以上众多网络立法的目的中明显看出来。较早的全国人大常委会颁布的《关于维护互联网安全的决定》中规定有两方面的立法目的：其一是维护国家安全和社会公共利益，其二是促进互联网的健康发展，促进个人、法人和其他组织的合法权益。按照宪法学和立法学的基本原理，作为目前我国有关网络方面法律效力最高的这个决定，其立法目的应该被所有的法规和规章所全面遵循，但奇怪的是，在其后颁布的各类法规和规章都不约而同纷纷只强调规范秩序、维护安全，而忽视各网络主体的权利保护。

5. 在法律效力和法律制裁方面

法律是由国家强制力保证实施的具有普遍约束力的行为规范，制裁性使法律获得了对全社会的普遍约束力，法律如果失去了制裁性，就无异于一纸空文，也就失去了法的属性。目前我国互联网立法主要集中在国务院部门规章与地方政府规章层次上，大多数是诸如信息产业部门、公安部门、工商行政管理部门等结合自身工作需要制定的针对某些特定行业或领域在互联网中的安全和使用问题，虽然在一定程度上对规范互联网法律行为起到了积极的作用，但是从法律效力上看受到的局限较大。根据我国行政处罚法的规定，法律可以设定各种行政处罚，行政法规可以设定除限制人身自由以外的行政处罚，而国务院部、委员会制定的规章，省、自治区、直辖市人民政府和省、自治区人民政府所在地的市人民政府以及经国务院批准的较大的市人民政府制定的规章，则只能在法律、行政法规规定的给予行政处罚的行为、种类和幅度的范围内作出具体规定。因此，在缺乏上位法作为依据的情况下，规章不能创设处罚，这直接导致我国网络立法制裁性不足，无法震慑网络违法犯罪行为。

此外，我国网络立法由于缺乏统一规划，管理权限混乱，未能做到纵向的统筹考虑和横向的有效协调，对于涉及多个部门职权范围的事项，牵头起草部门往往未能考虑其他相关部门的监督职能和相互之间的协调、统一，导致多头立法，政出多门，立法内容交叉重复，不同时间、不同部门制定的规章之间经常出现冲突矛盾，甚至出现与宪法相冲突的嫌疑，这主要体现在两个方面：一是管理部门多，涉及工业和信息化部（原信息产业部）、国务院新闻办、公安部等十几个部门，各个部门相继各自或联合出台了一些部门规章，由于没有统一的协调机制，导致权责难以有效区分，如在网络信息安全的管辖方面，《计算机信息系统安全保护条例》、《计算机信息网络国际联网安全保护管理办法》、《计算机信息网络国际互联网管理暂行规定》中均确定由公安机关负责管理和执法，内容交叉重复。二是出现了各部门立法互相冲突的不协调现象，如公安部颁布的《计算机信息网络国际联网安全保护管理办法》第 12 条规定，联网单位和个人要到公安机关指定的受理机关办理备案手续，同时国务院颁布的《互联网信息服务管理办法》也规定了备案制度，这就可能导致一家网络经营主体必须进行重复备案的不合理现象。还有，不同法规、规章之间对同一违法行为的具体处罚形式和力度不同，如对未取得经营许可证，擅自从事经营互联网信息服务的，《互联网信息服务办法》规定的处罚为没收违法所得，无违法所得或违法所得不足 5 万元，处 10 万元以上 100 万元以下的罚款；而《计算机信息网络国际互联网管理暂行规定》则是责令停止联网，给予警告，可并处 15000 元以下的罚款，有违法所得者，没收违法所得。此外，还有观点认为，《互联网上网服务营业场所管理条例》禁止网吧接纳未成年人属于简单粗暴型立法，剥夺了未成年人自由选择网络和通过网络接受教育的基本宪法权利，存在违宪嫌疑。

6. 在与传统一般性法律的对接方面

网络立法对传统一般性法律的冲击既表现在法律行为方式的变化上，同时还表现在权利的行使、义务的履行、责任的承担上。一个明显的例子是关于网络广告的法律问题，互联网上的网站主页充满了形形色色、五花八门的信息，实质上就是法律意义上的商业广告，但是现有的法律对广告主、广告经营者、广告发布者的定义及其制约方式却远远不能适应网络广告的现状与发展。还有一个明显的例子是网络拍卖，我国拍卖法规定拍卖公司设立必须由当地公安机关按特种行业进行批准方能进行工商注册登记，注册资本必须在100万元以上，经营古董的拍卖公司注册资本须在1000万元以上。现在网上的拍卖可以说是如火如荼，但究竟有几家拍卖公司能够完全符合这一规定呢？对一些以拍卖电脑、照相机、电动剃须刀等办公及生活用品为主要经营业务的网站，这一规定又是否切合实际呢？另外互联网上形形色色的犯罪现象也对我国现行刑法提出了新的挑战，比如裸聊，当事人在自己的家里赤身裸体地对着摄像头，搔首弄姿，因为他（她）并不是在公开的场合，而是在自己的家里，有时甚至是十几个人，各自在各自的家里这样做，并没有身体的接触，按照传统一般性法律难以定罪处罚。现有互联网立法与程序法的对接也存在问题，提起诉讼要求必须有明确的被告，但网络信息往往稍纵即逝，使得网上纠纷中双方当事人身份的确定成为网络诉讼的难点，网络的无地域性特征还给传统法律的属地管辖原则提出了难题。

四　中国互联网立法思路

互联网法是调整因互联网应用而产生的各类社会关系的法律规范的总称。互联网产生之初流行的观点认为，网络无政府，互联网不需要法律，依靠市场的力量和公民的自律就足以建立互联网的秩序和行为标准，政府不应当介入互联网的管理。互联网创始人之一戴维·克拉克的一句名言足以说明这种观点："我们拒绝国王、总统和投票表决，我们只相信多数人的意见和运作法则。”然而，互联网的发展在很多方面都超乎人们的想象，在给人们带来极大便利的同时，网络色情、网络黑客、网络诈骗、网络盗窃、电脑病毒等让互联网用户饱受伤害，网络犯罪的表现形式远远超过单独的计算机犯罪。人们逐渐认识到，单纯依靠市场的力量和民众的自律是远远不够的，不能充分保护互联网用户的安全，互联网的发展已使其在悄悄地演变成一个极其重要的战略阵地，对国家安全、经济发展、社会秩序、青少年的素质培养等影响巨大。随着网络技术的愈加成熟以及网络应用的不断广泛，它必将继续改变人与人之间的交流方式，影响人们的工作与生活，扩展人类文化体系的内涵，建构新的商业模式和平台并提供创新机会，任何忽略此发展趋势的国家都将为此付出代价。在诸多规制方法和手段中，法律已成为规范互联网活动的前提和基础，依法治网无疑是互联网事业发展的必要条件，甚至是网络健康发展的最基础、最根本性保障。无法治则无秩序，无秩序则最终导致每个人都可能成为受害者。自由与法治并不冲突，相反，二者是相得益彰，唇齿相依的。自由根植于法治土壤之上，法治成就于自由环境之中，没有放荡不羁的自由，亦不存在自说自话的法治，网络并非法外之地，互联网需要法律和秩序，我们必须坚持依法治网，将法网全面覆盖在互联网之上。不过这种观点现在已经基本被学术界所抛弃，加大对互联网的管理和立法已是各国共识，依法治国，建设社会主义法治国家，更是中国共产党领导人民治理国家的基本方略。形成中国特色社会主义法律体系，保证包括网络社会在内的国家和社会生活各方面有法可依，是全面落实依法治国基本方略的前提和基础，是中国发展进步的制度保障。法治作为中国现实世界的最大社会共识，同样也是网络世界发展的共识。

互联网刚问世时，人们一开始认为值此互联网技术大发展、立法大推进之际，我们更应该思考立法的思路，保持互联网立法的权威性、统一性和连贯性，为此首先应当确立互联网立法的指导原则。

（一）互联网立法的指导原则

互联网立法的指导原则是指导立法主体进行立法活动的基本准则，是互联网基础立法过程中应当遵循的指导思想，是立法机关据以进行立法活动的重要理论依据，是为立法活动指明方向的理性认识。它反映立法机关根据什么样的思想、追求什么样的宗旨，是立法者法律意识在立法上的集中体现。根据我国《立法法》第一章的规定，立法基本原则包括遵宪原则、法治原则、民主原则、科学原则，这当然也是互联网立法应当遵循的基本原则。此外，根据互联网法律的特点，互联网立法还应遵循以下特有的原则：

1. 原有一般性法律与互联网专门立法相结合的原则

目前关于我国原有一般性法律与互联网专门立法之间的关系问题主要有三种观点，即对互联网立法的肯定说、否定说与折中说。肯定说认为，制定一个专门的网络法律势在必行，可以建立一部类似于《著作权法》、《商标法》或《专利法》这样的法律，全面规定与网络相关的法律问题。否定说则认为，互联网法一词本身就是一种不科学的、主观臆造出来的提法，由于互联网是在现实世界中存在的，在许多领域，著作权法、刑法等传统法律经过修改是可以适用于网络的。折中说认为，我国应将互联网专门立法和原有法律体系中的一般刑事、民事和行政立法相结合才能全面地调整互联网环境中的所有行为类型和社会关系，主要理由为：首先，互联网是现实世界的“网络写真”，现有的大部分法律可以在互联网通用，不分网上网下；其次，就局部来看，在基本规则已经确立的前提下，现有法律的内容只需要适当修改一小部分或由司法解释作小的扩展就可以适应新变化；再次，考察互联网在实践中的发展，只有在法律上出现真正意义上的空白时才需要增加网络专门立法，此种情形仅占极少部分比例。

如今，越来越多的国家在原有一般性立法的基础上针对互联网出现的新问题、新现象进行专门立法调整，由此可见，对现有法律进行修改、拓展适用范围以适应互联网时代的变化，并在时机成熟时制定专门法律已成为大多数国家的立法选择。互联网立法是关于规制随互联网出现的新问题的法律规范的集合，并非现有法律体系中产生出的一个独立的法律部门，互联网立法与现有各部门法存在着密切的联系，当然也存在着明显的差异，可以说是一个正在成长中的兼具特异性和共同性的综合性法律部门。一方面，互联网立法以网络空间为核心领域，以特定的网络法律关系为调整对象，改变着许多传统的法律领域，比如保险、金融、贸易和知识产权方面的法律等，许多新的法律上的权利如虚拟财产权、域名权等被提出，这是网络立法的特异性所在；另一方面，由于互联网立法指向的对象（自然人、法人、其他组织）最终必然也是现实空间中的对象（自然人、法人、其他组织），因此，互联网法的基本制度必须以现实空间中各部门法的法律原则、法律规则为基础去发展和改造，这是互联网立法的共同性所在。

由此可见，原有一般性法律与互联网专门立法相结合应当是我国互联网立法必须坚守的原则。互联网虽然在我国已经发展了约 20 个年头，应用已经相当丰富，但毕竟发展历史还短，仍是一种新兴事物，尚未完全表现出其对社会经济的影响，很多由互联网引起的法律问题尚未暴露或者完全暴露，其负面影响很可能还处于蛰伏期，马上制定众多的互联网专门法并不现实。但如果因此就一直不寻求制定互联网专门法，尤其是更高层级的互联网基本法，必将导致网络无序发展，立法乱象丛生。为此，我国一方面应对现有法律在互联网上进行扩展适用，另一方面应对互联网新出现的专门问题进行专项创新立法，二者紧密结合，最后待条件成熟时，制定统一的互联网基本法。互联网立法绝不能一蹴而就，必须循序渐进，因势制宜。

2. 平衡互联网国家权力监管与公民权利保护的原则

互联网立法内容涉及多个主体，多方法律关系，需要政府、企业、社会组织、个人之间的共同参与和广泛合作。因此，在立法过程中，应处理好政府、企业和用户之间、国家权力管理与公民权利保护之间、公共利益和个人利益之间的关系，既要促进信息产业的持续健康快速发展，又要充分保障用户的合法权益。法律的制定是为了保障权利，这都最终表现为利益，利益是“主客体之间的一种关系，表现为社会发展客观规律作用于主体而产生的不同需要的满足和满足这种需要的措施，反映着人与其周围世界中对其发展有意义的各种事物和现象的积极关系，它使人与世界的关系具有了目的性，构成了人们行为的内在动力”。[①]马克思曾经说过：“一个人的奋斗

① 邬江等：《人肉搜索:网络隐私权的侵犯与保护》，《群文论丛》2008 年第7 期。

的一切都与自己的利益有关，不同的人们就有不同的利益，不同的利益就有不同利益的代言人。”[①] 因此，网络立法需要兼顾各方利益，需要建立在对网络经济和社会需求全面深入细致的调查研究基础上，需要对网络这一事实行为与经济发展、社会需求之间的关系进行平衡考量，在适度的范围内，既不影响公民权利和自由的行使，又能达成国家对因网络产生的问题进行管理的目的。

公民权利至上本是现代法律制度设计的逻辑起点，但我国现有互联网立法以部门规章为主，而部门规章在制订时往往是出于行政管理需要，侧重规定行政主体的职权，大多将义务、责任强加给网民及互联网经营者，在互联网法律规范中重点规定了公民在维护网络安全、信息安全和互联网内容管理等方面的各项义务，禁止性条款较多，授权性条款不足，而对其权利却很少提及，管理色彩浓厚。另外，公民通信自由与通信秘密、隐私权保护等方面很少有专门的规定加以保护，导致时下个人信息泄露、网络谣言、艳照门、人肉搜索等现象频现网络，公民基本权利在互联网背景下被冲击得支离破碎，无法得到有效保护，并且行政和司法救济手段不足，公民提起行政复议和诉讼耗时费力，很难充分维护自己的合法权益。为此，要完善我国的网络立法，必须坚持的一个原则就是：在规范来自网络声音的同时更应注重尊重并保障公民正当的言论自由，在打击违法犯罪的同时发挥网络汇聚民意的功能，在维护社会公共利益的同时制约和防止公权力的滥用，将绝大部分的公权力的行使置于网络的阳光下。成熟的网络立法应该让网民心声得到有序表达，应该让理性与宽容成为立法主流。

3.尊重互联网发展规律的原则

由于互联网拥有的巨大社会价值和商业价值，并且互联网的影响已经深入到社会的各个层面，而立法本身又是国家牵一发而动全身的重大活动，因此，互联网立法必须正确揭示和反映社会事物的客观规律，通过适当的规则尽量减少非市场因素和非技术因素对互联网的干扰。网络是一种新的

① 夏燕：《论网络法律的基本理念与原则》，《重庆邮电大学学报（社科版）》2007 年第6 期。

行为方式、思想观念和社会形态，它的发展有一个从不成熟到成熟、从乱到治的过程，在其发展规律和发展方向尚未确定前，进行网络立法一定要注意在规范网络行为的同时，还要考虑到网络自身的客观发展问题。这是因为互联网具有很强的技术性，天然具有虚拟性、广域性、开放性、交互性等特征，自由、开放、便利、快捷是互联网天生的优点。在网络中，网民可以根据自己的意愿选择自己喜欢的行为方式和生活方式，也可以充分表达自己的观点和言论，如果法律一味强调传统的管制方式和措施，为了简单的对于互联网管制方面的考虑而大量进行互联网行政立法，注重限制而忽略了政府应尽的义务以及对网民、网络营运商的权利的保护，就会成为新技术发展的阻碍，必将对网络构成严重的危害，阻碍网络的健康、快速发展，这样的网络立法最终也会被新技术所带来的经济社会基础变革所淘汰。在互联网立法过程中，必须充分尊重和考虑互联网的这些特性，进行充分的调研论证，尊重互联网发展规律，统筹兼顾，稳妥推进。法律规范不能替代技术进步，反而必须依赖和尊重技术发展。美国等西方国家最初对互联网执行“少干预”、“放手”的政策是互联网快速发展的重要原因之一，因为“少干预”就意味着由互联网按照其自身规律发展，就意味着尊重互联网自身的发展规律。在互联网发展出现问题后，国家再出手干预，比如立法治理网络犯罪、保护青少年健康成长、规范网络交易等，这些都是在熟悉和掌握互联网发展规律的基础上所采取的进一步措施，本身也是尊重互联网规律的体现。

未来随着互联网新业务的不断开拓和飞速发展，互联网技术日新月异，网络应用服务亦将层出不穷，移动互联网等新的业务增长点已经不断出现，逐渐占据市场主导地位。随着融合业务的发展，原有的分行业管理和内容专项管理的边界日益模糊，如仍按照传统模式进行管理，将产生一系列问题，这又要求我们必须充分考虑互联网的发展趋势，保持立法的适度超前和应有的开放性，加强对互联网新业务、新技术、新问题的跟踪研究和前瞻性研究，准确把握今后互联网立法的方向、手段和措施，在及时跟进研究互联网发展趋势的同时，重新审视、及时梳理互联网管理法律法规，并适时推动、完善相关立法，合理安排、设计相关法律制度，以利于维护法律的权威，增强司法实践中的可操作性和稳定性，从而改变被动立法、滞后立法的局面。否则，立法如果频繁变动，也必将使民众无所适从，并且丧失法律的权威和尊严。

4. 立足中国国情与借鉴国际经验相结合的原则

目前我国对互联网立法的理论研究相对不足，在对立法的基本原则问题研究上亦存在模糊认识。比如在互联网立法所涉及的对中国国情与国际经验的认识方面，有人认为信息网络的广域性和技术性特征决定了互联网立法具有全球普遍性，因此，简单移植他国或国际立法即可；还有人认为我国现在信息网络还不够发达，立法条件还不成熟或不具备相应的立法条件，应等待时机成熟后进行立法。

应该说，互联网起源于国外，最先发展于外国，很多西方国家包括韩国等一些亚洲国家的互联网发展和应用水平都远高于我国，他们积累了许多互联网管理和立法的先进经验，而我国在这方面的立法经验和行政经验都相对欠缺，只能在摸索中前进，因此我国有必要进一步加大国际交流与国际合作，扩大视野，借鉴国际先进的立法经验和立法技术，积极吸取互联网立法的国际经验和先进做法，提升我国的立法技术和水平，以期达到“他山之石，可以攻玉”的效果，这是借鉴人类共同政治文明有益成果的体现，可以让我们少走弯路，加速发展。

但是，互联网虽具有国际性的特点，同时更应体现出民族性的特点。比如，美国曾于1996年签署通过了《通讯内容端正法》，后联邦最高法院判决该法案违宪，导致美国政府企图用法律规范网络传播内容的做法失败，这是因为美国互联网控制技术更为发达，行业自律及透过技术的软性管理方式更适合于美国的互联网发展现状；还有，加拿大一直认为制定针对互联网的专门法律、法规条件还不成熟，目前只能依照现行法律和政策解决已发生的网络问题，虽然现行的法律并没有针对互联网作出特别的规定，但都是适用于网络和网上行为的规范，加拿大之所以不主张为互联网专门进行立法，正是因为该国现有相关法律已经相对健全。由此我们知道，互联网传播虽然具有普遍性，但具体到每个国家的具体国情又要具体分析，外国的网络环境和社会体制都与我国有所不同，仅社会形态的不同就会导致国内外环境存在较大差异性，中外权利结构的分配不同更使得我国在立法中不能全盘照抄外国的做法。中国本身是一个发展中国家，同时中国又有自己独特的国情、文化和社会历史背景，已有现实世界法律、法规尚且不尽完善，因此发达国家的互联网管理原则许多都无法推而广之到中国，中国互联网立法必须立足我国的实际，分析我国网络技术发展的现状、社会对网络的依赖程度以及电子信息的覆盖度等细化性方面的数据，对此进行专业的评估论证，才能决定自己互联网的立法模式和选择，制定出适宜我国网络社会现状的合理的、公正的、适应经济发展水平和发展前景的网络法律。

（二）互联网立法的具体建议

互联网飞速发展，新问题层出不穷，为了应对上述互联网发展存在的问题以及我国互联网立法体系的不足之处，进一步研究、完善互联网立法已经迫在眉睫。法律是刚性手段，又是其他管理手段的基础和支撑，要加强虚拟网络社会建设和管理，必须将法律、法规覆盖网络所到之处，涉及网络运行的全过程，做到网络社会管理有法可依。因此，立法部门应结合我国网络发展的实际情况，完善互联网立法，创新社会管理。笔者具体提出以下建议：

1. 尽力将网络时代出现的新法律问题纳入传统法律约束的范围

面对日新月异的网络发展所涉及的新法律问题，我国目前能够被广泛认可的研究成果相对较少，致使互联网专项立法进展缓慢，近期亦难以改变。但应该看到，所谓网络是虚拟世界，应该说只是为描述互联网形态的方便，并不意味着网络世界与现实世界是完全不同的两个世界，互联网世界只是现实生活的一种延伸，现实世界的规则当然适用于网络世界，这是网络发展的一个常识。当然，互联网使一些原有社会关系的发生方式产生变化，如电子商务导致合同行为的变化，网络犯罪表现为犯罪手段和形式带有网络特征等，这些变化会导致原有法律关系的实现形式和生效条件发生改变，会使原有法律调整相关社会关系的能力和效果出现缺陷，这必然要求修订原有法律的内容以适应发展。因此，人们应对互联网对社会关系、法律关系带来的影响的过程首先就是对原有法律进行重新规制的过程。

1996年，美国出台《电信法》，明确将互联网世界定性为“与真实世界一样需要进行监控”的领域，体现的正是对这一信念的坚守，也是世界上最早对虚拟世界与真实世界进行一样管理的理念主张。因此，通过立法、司法解释等多种手段，将网络时代出现的新的法律问题纳入传统法治约束的范围内，统筹治理，逐步建立和完善符合我国国情特点的网络空间管理法律法规体系，应该作为互联网法治化的新思路。在这方面，2013年9月9日公布的《最高人民法院、最高人民检察院关于办理利用信息网络实施诽谤等刑事案件适用法律若干问题的解释》就开创了很好的范例，成功地将刑法第293条第4项中的“公共场所”扩张解释到信息网络系统中的公共空间。

2. 适时制定计算机网络基本法

网络发展的趋势是不容更改的，我国在迎接网络带来的经济和生活改变的机遇时，应该结合我国国情，吸收外国先进经验，有创新地建立我国的网络立法体系，实现网络立法作为上层建筑对经济发展的促进作用。如何使所有人最大限度地享受网络带来的便利？如何规范网络行为从而使网络得以继续发展？这些都呼唤一个以网络基本法为核心内容的网络法律体系的诞生。因此，就立法的长远规划角度而言，我国需要尽快明确清晰的网络治理战略，做好网络立法上层设计，制定一部完善的、切实可行的计算机网络基本法，对各种网络问题作出统一原则性规定，为相关法律法规的制定提供一个法律依据。考虑到我国现行的网络虚拟空间的发展现状与趋势，我国立法机构在制定网络基本法时，应注意两个方面的原则，其一是应当注意和现有法律的融合和衔接，法律从来都不是单一的、独立的，任何一部法律都是处于法律体系之中，必然要和横向的、纵向的法律相衔接，在加快网络基本法立法的同时，要将出台新法律对法律体系可能产生的不稳定因素降低到最小程度；其二要充分反映我国网络发展的实际情况和具体特征，合理完善、科学发展，因为信息网络技术的进程一日千里，如果在立法时仅仅考虑传统法律的习惯和定式，必然无法适应网络这一新兴产业，甚至可能对其发展造成束缚和阻碍。在完善现有法律、制定互联网基本法的同时，要时刻把握网络经济的发展脉搏，最大程度的实现立法优化，为网络的发展提供更为和谐的环境。

计算机网络基本法在具体内容上应包括多法律部门的内容，既要保护市场主体的平等权利，又要维护市场秩序的和谐发展。一部完善的计算机网络大法，需要从体系结构上做到合理有效，其中首先应当包括行政法的内容，确定政府部门对网络行业进入、网络安全等方面的管理责任以及有关部门在玩忽职守或者滥用职权的时候相对人的请求救济权利，还有网络从业的市场准入条件、网站管理者的信息控制责任、网站的安全环境提供义务以及在违反安全保障义务时的责任承担；其次还应当包括民法的内容，如对网络消费行为和网络消费行为主体之间的权利义务关系的调整，还有对网民的权利如言论自由权（当然是在合法限度内）、交易权、授权下的信息获取权等方面的规定，还有对超越自身权利侵犯他人权益的责任规定；最后还应当包括刑法的内容，即对网络犯罪的管制，如利用网络窃取各种机密资料、销售毒品赃物、传播色情、侵犯知识产权等。

笔者以为，虽然这部计算机网络法会有与其他部门法重合的地方，并且不可能一劳永逸地解决所有问题，但是对于我国网络纠纷的审理和诉讼能够提供直接清晰的法律指引作用，该法的制定利大于弊且势在必行。

3. 注重通过互联网立法实现社会管理方式的创新

网络具有不可比拟的覆盖率和快捷性，已经成为民众交流、商业合作、信息服务等活动的重要平台。互联网自诞生以来对现实社会的冲击从未停止，并且愈发势不可当，促使社会管理方式必须顺应时代发展要求进行创新。比如，微博和微信具有用户数量庞大、发布即时快捷、裂变式传播等特点，这使得微博和微信成为网民获取新闻资讯、参与交流互动的重要平台。2013 年 10 月 11 日，中华人民共和国中央人民政府门户网站官方微博和官方微信在新华微博、腾讯微博和微信开通，重要政务信息将第一时间通过微博微信等新媒体形式，向社会公众公开。国务院作为中央人民政府充分利用微博、微信具有便捷、快速、直接、影响力大等特点，积极开通门户网站官方微博和微信，可以让公众第一时间看到其发布的资源，及时了解国内外发生的重大事件并传递政府的声音，还能够让人们随时一起分享、讨论，使得微博和微信成为网民获取新闻资讯、参与交流互动的重要平台，是走近大众、拉近与网民距离的又一次具体实践，是维护政府的权威性、公信力和亲和力，实现社会管理方式与时俱进、创新改革的具体尝试。

4. 抓紧对重点领域制定相关专门法律

计算机信息网络的独有特征使得基于国界地域和现实性特征的现行法律体系无法全部、有效地适用于网络环境，网络环境中的法律冲突和规范冲突的现象加剧，使得对网络环境秩序的调整与规范面临挑战。而制订网络基本法是一项复杂、多元的系统工程，需要长期的探讨与实践，但互联网的快速发展急需相关的法律法规，因此，依目前我国实际情况，在出台网络基本法之前，我国互联网立法的完善还必须依赖于各项专门立法，可以根据目前网络发展的实际情况，先着手制定某些急需的单行法。通过这种立法模式，可以灵活地应对互联网发展形势的变化。因此，以当下突出的热点、难点问题为契机，抓紧制定相关专门法律，加强重点领域的立法，建立并完善最急需的法律法规，已成为依法管理、规范互联网的当务之急，具体如下：

（1）加强电子商务立法

首先，目前我国还没有统一的电子商务法律制度，这给发展中的电子商务法律规范的适用带来困难。我国《合同法》虽将数据电文纳入书面合同的范畴，对数据电文具有与纸介质书面形式文件同等功能的效力作了规定，但是对于电子形式信息的发送，对信息接收的承认及其发送和接收的时间、地点的认定等问题还需要作进一步的规范。同时，基于纸介质书面文件的民商事领域的其他法律对数据电文并没有涉及，如在《保险法》、《票据法》等法律建立的相应制度中，数据电文的合法性仍然是不确定的。这就是说，数据电文的普遍合法性最终有待于电子商务法来确定。

其次，电子商务行业的发展有赖于信息安全保障，信息安全主要包括信息不被修改、泄漏、攻击以及信息的安全、及时、准确传输等问题。信息不被修改主要是指用户储存的信息和通过网络途径传输的信息不被修改，这在电子交易中尤为重要，因为当事人的信息是否准确地传输到达相对方决定着交易的成败。信息不被泄漏主要是指用户的信息不被网络服务商非法泄漏的问题，软件公司生成的网管软件使得网络管理员享有极大的权利，可以方便地对用户的各种使用情况进行详细的监测；此外，木马程序等软件或硬件产品所带的后门程序都可以监控用户在网上的所作所为。[①] 近年来在电子商务交易中频频出现盗窃账户、恶意欺诈、假冒行为、虚假广告、商标侵权、侵犯消费者合法权益等违法行为，严重影响了电子商务产业的健康发展，亟需出台电子交易安全的法规。

再次，目前，我国有关电子交易方面配套法规还很不完善，尤其在电子商务信用监管方面的规定还很不完善，与西方发达国家的差距较大，需要在电子签名法的基础上，进一步加强相关制度建设。我国应尽快出台电子交易法、个人隐私保护法（或个人信息保护法）以及网络仲裁、网络公证、网络调解等网上法律救济方式的法律，同时，还要建立电子商务信用监督管理体系，对企业和相关商业网站的信用进行评级，验证客户真实身份，此外还应不断合法收集客户资料（同时不得违法披露），评估和授予信用额度，为电子商务的发展营造一个较为宽松的信用环境，推动电子商务市场的健康发展。

（2）加强网络著作权保护

从著作权保护角度看，我国的互联网媒体产业虽然已经成为超越报刊、电视等传统主流媒体的新型媒体，但整体还处于不甚规范甚至混乱的状态。以链接为例，链接是互联网上的一项基础技术，它使网民在最大程度上共享网络资源，那么法律有没有必要调整或者如何调整这项技术呢？网络经营者可不可以在网站中提供链接，使得网民能够通过链接阅览他人享有著作权的作品呢？关于这个问题的法律规制，实际上要求法院必须在两种利益之间作出权衡——是偏重保护著作权人的利益还是要偏重保护公众利益？对此亟待法律给出明确的规范。笔者认为立法可以遵循以下思路：

首先，互联网转载作品需列入法定许可范畴。针对目前频发的网络转载侵权案件以及网站在转载过程中出现的授权不便等问题，可尝试修改

① 汪毅：《关于建立电子商务安全体系的研究》，《网络经济与法律论坛》（第一卷），中国检察出版社2002年版，第474页。

《信息网络传播权保护条例》，将网络之间互相转载和网络转载作品列入法定许可，这有利于维护作者权利，节约授权成本，同时方便使用者使用。

其次，应加重网络侵权责任。尽管法律对侵权赔偿做出了相应的标准，但随着互联网的迅猛发展，出现了很多新兴的盈利模式，许多商业网络运营商通过转载、手机报、推送广告等方式赚取的收益要远远大于现有的侵权赔偿标准，因此造成目前的法律法规对于侵权者的处罚相对过轻，很难起到震慑的作用。此外，由于互联网的特殊性，难以判断侵权者获利情况以及对被侵权方造成的损失数额，因此应加重侵权网络运营商的合理注意义务，将其法律责任同其获得利益水平相互挂钩。

（3）加强互联网个人信息保护

近年来我国公民个人信息泄露情况相当严重，而侵权的主体也从植入木马病毒等单兵作战的个人逐步转变为有规模、有目的收集的黑客团伙，他们往往通过貌似正规的手法诱导网民泄露隐私，甚至利用木马直接侵入注册用户计算机中窃取个人信息。公民个人信息包含潜在的商业价值，一旦被恶意获取，社会危害很大，已经导致了一系列扰乱社会治安的刑事案件发生，对社会稳定造成了恶劣的影响，对公民的人身安全造成了极大的威胁。对此，《刑法修正案（七）》、《民法通则》、《统计法》、《侵权责任法》、《行政诉讼法》等原有法律中已有零散的保护公民信息的规定，2012年12月28日，十一届全国人大常委会又通过了《全国人民代表大会常务委员会关于加强网络信息保护的决定》，这对于我国网络信息的保护和管理意义重大，是我国推动网络依法发展的一项重大举措。

在具体落实和操作层面上，还需要尽快出台落实人大立法的实施细则，明确公民享有个人信息权的内容，包括信息决定权、信息保密权、信息查询权、信息更正权、信息封锁权、信息删除权、报酬请求权等；政府部门作为公民个人信息最大的拥有者，尤其应高度重视在个人信息应用方面的管理和保护；国家应逐步建立统一的公民电子信息管理系统，向所有需要收集信息的网站经营者提供查询、添加、修改接口服务，不得在任何网站经营者的服务器上保存个人电子信息；任何需要使用个人注册信息的网站、机构，应将其业务需求和使用范围向公安、工商等相关部门报备；未经公民书面同意，任何人不得通过任何渠道向公民强行发送商业性电子信息，如广告、促销、会议等；若公民发现信息泄露或者被恶意骚扰，有权要求持有数据方删除信息并赔偿相关损失，有权向有关部门举报并追究其法律责任。

对个人电子信息进行立法保护可以增强对公民基本权利的保护力度，为此还需要一系列的国家标准出台，指导商业机构的经营行为，达到立法宏观统一调控、市场自由竞争发展的目的，既促进信息技术的健康发展，又给市场提供良好的竞争规则。

（4）加强互联网未成年人保护

当前，网络已经成为青少年的天然盟友，中国互联网络发展状况统计报告显示，我国 18 岁以下网民已超过 1500 万人。网上有害信息伤害的对象首先指向未成年人，违法犯罪分子往往利用未成年人缺乏社会经验、法律意识淡薄、自我保护能力差等特点，对未成年人进行引诱、欺骗，尤其是互联网中的暴力、色情等信息，会对未成年人产生误导，进而诱发盗窃、抢劫、强奸、故意伤害等严重犯罪。因此，未成年人网络保护立法成为当务之急，建立互联网治理的长效机制，遏制违法犯罪行为，为未成年人的成长创造良好的文化环境，完善未成年人网络保护立法十分紧迫重要。

在我国现有的一般立法对于网络向青少年传播有害信息方面的相关规定存在不足，比如，预防未成年人犯罪法第三十一条规定：“任何单位和个人不得向未成年人出售、出租含有诱发未成年人违法犯罪以及渲染暴力、色情、赌博、恐怖活动等危害未成年人身心健康的内容的读物、音像制品或电子出版物。任何单位和个人不得利用通讯、计算机网络等方式提供前款规定的危害未成年人身心健康的内容及其信息。”这一条款虽然对通过计算机网络向未成年人传播有害信息有所规定，但对网络传播的方式和手段只是作出了较为一般的概括性规定，针对性不强。从社会发展趋势看，当代青少年在成长过程中无法回避互联网，只有完善法律管好网络，才能真正保护好青少年，为此应当制订专门的未成年人网络保护法。

未成年人网络保护法应以未成年人利益优先和最大为核心原则，借鉴国际上不良信息管理制度、网络分级制度、18 岁以下受限网站等做法，对限制或禁止未成年人浏览的有害信息、不良信息和成人信息的范围做出明确的法律界定。立法应该明确指出什么信息是对成年人和未成年人都不能公开传播的，什么信息是只对未成年人不能公开传播的，只有这样明确规定，才可以在网络上就某些内容对未成年人设立禁入区域。法律应明确网络服务商在防范未成年人浏览、接触有害信息内容的管理制度、技术措施和法律责任，明确信息内容提供者、互联网接入提供商、运营商等不得利用网络向未成年人传播、复制、发布、提供有害信息的法律责任和义务，对各类网络服务提供者建立严格的准入制度，明确其经营范围和行为规范，明确罚责。

（5）加强有关网络犯罪的专项立法

网络犯罪与传统犯罪不同，它没有地理界线，也没有国界限制，网络的便利性和隐蔽性为其大范围作案提供了便利，在全球范围内都造成了严重的影响。我国自接入国际互联网以来，不断涌现网络色情案、人肉搜索案、计算机病毒案、网络反垄断调查案、网络盗版案、网店偷税案等形形色色各类案件，各种现实中有的、没有的案件类型都有可能在互联网上出现。比如关于网络谣言案，中国社科院《中国新媒体发展报告（2013）》以1000个微博热点舆情案例为对象研究显示，事件中出现谣言的比例超过1/3，2009年新疆乌鲁木齐“7·5”事件以及2013年发生的“秦火火”和“立二拆四”编造网络谣言事件就是活生生的例子。我国现有的刑法对网络犯罪的规范主要体现在第285、286、287条的规定上，刑法第287条规定：“利用计算机实施金融诈骗、盗窃、贪污、挪用公款、窃取国家秘密或者其他犯罪的，依照本法有关规定定罪处罚。”可见，我国现在并未把网络犯罪作为一种新型的犯罪形态来防范和治理，仅仅将网络作为其他犯罪的一种媒介和工具，这对于最近深受网络黑客和病毒所害的网络虚拟经济领域来说，该规定远远不够，因此，近年来不断有刑法研究人员和司法实务工作者呼吁对刑法进行改革，完善关于网络犯罪方面的内容，为此需要不断修改完善刑法和其他法律法规中处罚互联网犯罪的相关规定，借鉴国外的网络刑事专门立法经验，弥补国内互联网立法的空白，为惩罚互联网犯罪提供依据，为我国的网络发展提供安全有力的刑法保护。

（三）完善网络立法的配套措施建设

1. 加强网络执法力度

执法是指国家行政机关、检察机关、司法机关依照法定程序和权力行使法律的活动。执法决定了立法的意义所在，只有法律得到贯彻执行，才能最终体现立法目的。执法首先应表现为有法必依。对于网络执法，行政部门和司法部门应当严格执行各项互联网管理法律法规，同时要讲求执法效能，建立网络监察机制，对网络犯罪中的累犯、惯犯坚决打击，同时建立网络信用制度，将个人信用与贷款等方面联系起来，从政策上强制网络从业者和使用者合理合法地从事网络行为，对于违法发送不良信息和违法广告的网站，要坚决予以关闭，并且对网络网站进行不定期抽查或者定期巡查，维护良好的网络环境。同时，针对网络本身的技术性特点，我国各级行政执法机构均应组织一支技术队伍或者网络警察队伍，并且落实网络实名制，在组织实施上和技术措施上，加大网络执法力度。面对网络的特殊性和重要性，我国的执法机关只有加强法律和技术手段的配合协作，才能真正加强对网络的执法力度，实现对网络安全的管理和监控。

2. 大力提倡全社会学习网络法律知识

网络作为一个新生事物，改变了人们传统的生活方式和工作方式。在网络高度发达、信息高速传播的今天，很多复杂的问题都可以在网络上寻找到答案。由于网络的普及，很多政府公务、学校管理、银行业务等都是在网上进行，因此，学习网络知识是融入社会的需要，而学习有关网络的法律知识也同样重要。网络已经深入人们的生活和工作，每个人都有可能成为网络的使用者，传播者或者受益对象。只有学习网络法律，才能在知法的前提下，懂法，用法。正如德国十八岁的少年制造“脑震波”病毒只是为了以毒攻毒，[①] 他根本没有想到警察会因为一个这样的程序逮捕他。因此，学习有关网络的法律是不进行网络犯罪的前提，法律的一大功用就是预防犯罪，成文法的公布使得人们可以对自己的行为进行法律预期。学习

① 参见《德国18 岁少年造“震荡波”病毒只为以毒攻毒》，http：//www.jschina.com.cn/gb/jschina/tech/zjroad/userobjectlai447016. html。

有关网络的法律，可以使网络使用者和受用者明白哪些行为构成网络犯罪，从而约束自己的行为。学习有关网络法律是依法维权的需要，网络中的侵权行为比比皆是，只有学习相关网络法律，才能运用法律武器，保障自己的合法权益。学习有关网络法律也是依法仗义的需要，社会从来就不是孤立存在的，只有学习有关法律知识，才能帮助身边的人躲避陷阱，帮助他人保障权益，从而构建和谐网络社会。为推进全社会学习网络知识和有关网络的法律，我国应加强网络法制教育，加大网络法制宣传教育力度，推进网络法律进社区、进学校、进企业、进工厂、进农村，加大对网络违法行为或者犯罪行为的曝光，从而达到法律的震慑效应，以教育群众，普及法律，并最终实现网络使用者自律，行业自律和国家监管的有机结合和协调发展。

互联网已经渗透进我国经济、政治、文化及社会生活的各个领域，网络已经超越最初的信息技术系统概念而发展成为与现实社会息息相关、相互融合的新的社会空间。网络推动了我国经济社会发展，促进了文化产业进程，提供了政府信息公开的渠道，当之无愧地成为社会生活的重要工具。网络为人们享有知情权、参与权、表达权和监督权提供了前所未有的便利条件和直接渠道，为政府了解人民意愿、满足人民需要、维护人民利益发挥了日益重要的作用。我国一直坚持依法管理、科学管理和有效管理网络，努力完善法律规范、行政监管、行业自律、技术保障、公众监督和社会教育相结合的网络管理体系。在互联网领域，我国基本形成了专门立法和传统立法相结合的法律体系，为依法治理提供了基本依据，是十多年来中国互联网持续健康发展的重要保障。总之，在加强和完善网络立法的前提下，我国必将继续促进网络的发展，鼓励运用新技术提供新服务，满足人们不断增长的多样化需求。

今天，中国网民已经接近六亿，互联网普及率超出世界平均水平，并且中国网络仍在快速发展的过程中，新情况、新问题必然不断出现，因此，只有在制定一部网络基本法的基础上，不断完善我国的网络专门法律，加强对网络犯罪的规制，加强对网络经济行为的管理，加强网络法律的探究，才能在充分发挥网络正能量的同时，最大限度地对网络行为进行监管，减少网络负能量。诚然，法律的滞后性与前瞻性、原则性与可操作性永远是一个辩证的话题，尤其是当其规范的对象是如此复杂的互联网世界，互联网的迅猛发展，迫使我们必须思考对其进行规范的法律基本原则和精神，目前最迫切的是要开展针对互联网立法的理论研究。我国应坚持立足本国国情，努力遵循网络的自身特点和发展规律，以有效管理促进科学发展，为网络和经济的协调发展做出贡献。对现在的互联网，我们不能说已了若指掌，而互联网发展的未来时，更是挑战人们的想象力，互联网立法能做的，就是紧跟互联网发展步伐，伴随互联网一起成长。

第六章　国外网络立法研究

摘要：信息技术的发展不仅促进了人们交流、表达以及生活方式的变革，拓宽了民主参与的途径，也伴生了许多问题，网络色情、暴力和犯罪充斥网络，故也要求政府的治理方式进行变革以对之进行必要的规制。通过对美国、英国、德国以及欧盟网络规制立法的理由及实践进行比较考察可以发现，基于保护儿童、个人隐私、国家安全、交易安全及隐私保护的需要，他们都制定了相关的法律，并通过立法和技术手段对网络进行适当的规制，同时积极加强国际间合作。但网络规制应遵守法律保留原则和比例原则，不应过度侵害人民的表达自由以致产生寒蝉效应，窒碍言路和网络行业的发展。

关键词：表达自由　恐怖主义　监听　儿童色情　法律保留　比例原则

早在20世纪50年代，著名的传播学家麦克卢汉就断言，任何技术都倾向于创造一个新的人类环境。从历史的角度看，每一次技术革命也都会引起政治和政府治理的变化。[①] 随着信息技术的发展和互联网的普及，互联网作为一种交流平台日益受到人们的关注。在一定意义上可以说，互联网是一全球性媒体，其内容来自于世界各国，并且能够为任何连接入互联网的人所分享。[②] 它不仅整合了报刊杂志、广播、电视等传统方式的功能和优点，

---

① 参见焦宝文主编：《电子政府导论》，北京：中国财经经济出版社2002年版，第19页。

① YamanAkdeniz,The European Union and Illegal and Harmful Content on Internet, 3 J. C. L 31（1998）.

相比之下，更具开放性、互动性、及时性等特点，极大提升了人民的“表达能力”，使其社会和政治生活更具主动性和直接性。然而，互联网的发展也伴生了许多问题，网络犯罪猖獗，宣扬色情与暴力的内容充斥网络，网络侵权等。为此，虽然有不少人基于保障言论自由的原因而抵制网络控制，甚至主张网络空间应是“无法律、无国界、无法管制”的“三无”空间，它超越传统国家权力，仅受计算机控制，那里既无法律，也无政府和警察，[①]总的来讲，人们已经达成一个基本共识，即，有必要制定相应的法律并采取一定措施对网络加以规制，以保障网络安全、国家安全以及人民的生命财产安全。然而，由于因特网信息汇聚量的巨大性、信息的高度流动和形态的多样性使得网络的监控存在诸多技术难题。为此，如何以法律对网络进行规制也面临着十分复杂的问题。[②]而对国外网络规制的立法经验进行考察和分析，能够为我国网络规制立法提供一定的参考和借鉴。基于这一目的，下文简单地介绍下美国、英国、德国以及欧盟的网络规制方面的立法经验，并对其共性进行分析，以期对我国的网络规制立法有所助益。

一　国外网络规制的立法经验

（一）美国

美国宪法第一修正案规定：“国会不得制定设立国教或者禁止宗教自由，克减言论或出版自由，和平集会或者向政府请愿的权利。”虽然一般认为，第一修正案的文义极为简明，对言论自由的行使不得做任何限制，但是，同时也存在普遍的共识，认为并非所有表达和言论都属于“言论自由”的范畴。[③]即便如此，由于保障言论自由，对个人人格的形成和发展，发现真

① 秦绪栋：《网络管制立法研究》，《网络法律评论》2004年第4卷，第121页。

② 陈彬：《浅论因特网立法》，《网络法律评论》2005年第5卷，第188页。

③ Kathleen M. Sullivan & Gerald Gunther, Constitutional Law, Foundation Press（2000）（14），p.956.

理、促进民主，维持一个更具适应性和稳定的社会具有重要的价值，故而美国联邦最高法院对言论自由的限制多采取严格审查的立场。这一保护无疑也及于互联网上言论的行使，而这在相当程度上排除了美国联邦政府通过法律和技术手段对网络进行规制和过滤的可能性。当然，这不是说美国对因特网不进行规制。数十年来，美国国会及政府各部门已通过130多项与网络相关的法律法规，数量高居世界之首，主要涉及未成年人保护、国家安全、保护知识产权、计算机与网络安全等四大领域，涵盖了包括域名抢注、垃圾邮件在内的所有细节。[①]这些法规主要包括《1977年联邦计算机系统保护法案》、《1984年伪装进入设施和计算机欺诈及滥用法》、《1986年计算机欺诈和滥用法》、《1987年计算机安全法》、《1990年电子通信秘密法》和《中小企业计算机安全、教育及培训法》、《1991年高性能计算机及网络法案》、《1994年计算机滥用法修正案》、《1995年数字签名法》（犹他州）、《1996年电信法》、《1996年全球电子商务框架》、《1997年域名注册规则》、《1999年统一电子交易法》等等。[②]下文将重点介绍美国联邦层面的网络审查法律：

1. 儿童色情

所谓儿童色情制品系指以任何手段显示儿童进行真实或模拟的露骨性活动或主要为诲淫而显示儿童性器官的制品，[③]具体而言，包括包含有此种内容的文字作品、杂志、图片、雕塑、素描、油画、卡通、录音、录像、电影及电子游戏等。自20世纪70年代以来，儿童色情开始成为美国联邦政府关注的重要问题之一。[④]虽然在米勒案判决（Miller）和斯坦利案判决（Stanley）中，联邦最高法院承认，在淫秽物品赤裸裸地描写性行为的情形下，政府可以予以禁止，即便如此，政府仍不能处罚个人私底下持有此类资料的行为。[⑤]不过，需要特别指出的是此处所指的淫秽物品系指其内容不

① 参见《美国：网络立法起步最早、数量最多》，《信息工程系统》2013年第2期，第9页。

② 王静静：《美国网络立法的现状及特点》，《传媒》2006年第7期，第71—72页。

③ 《儿童权利公约关于买卖儿童、儿童卖淫和儿童色情制品问题的任择议定书》第2条第3项。

④ Russell L. Weaver & Arthur D. Hellman, The First Amendment: Cases, Materials and Problems, LexisNexis（2002）, p.203.

⑤ Craig R. Ducat, Constitutional Interpretation, Wadsworth（2009）（9）,p.993.

包含未成年人性行为内容的成人淫秽物品。对于包含有 16 岁以下未成年人的性行为的内容的淫秽物品，联邦最高法院在纽约诉费伯（New York v. Ferber）案判决中予以区别对待，它承认，政府有权禁止儿童色情之展览、销售和传播，即便其不满足法律所规定的淫秽标准。[①] 在该判决中，联邦最高法院主张：（1）就保护未成年人的生理和心理健康而言，各州有着迫切的利益；（2）包含有儿童赤裸裸的性活动的图片和影像与虐待儿童之间有着密切的关系，一方面此类资料永久地记录了他们的性活动，它们的流通必然会给他们造成伤害；为此，如果想要有效地控制对儿童的性剥削，则必须斩断儿童淫秽制品的流通网络；（3）儿童淫秽物品的宣传和销售是生产此类物品的经济动机所在，为此，其当然构成了此类物品生产的必然阶段之一，故而在全国范围内其均构成违法；（4）包含有儿童性活动内容的现场表演或者图像制品几无价值，即便有，也是微不足道的。[②] 基于这些理由，美国联邦最高法院认为，儿童色情不属于受保障的言论，于是将其排除在宪法第一修正案的保障范围之外；[③]在审查限制此类言论的法律和行政行为的合宪性时，联邦最高法院可能采取较为宽松的基准（如合理性基准），倾向于假定系争法律和行政行为合宪。[④] 不过，尽管联邦最高法院承认，联邦和各州立法机关在儿童色情的规制上享有广泛的形成权。然而，自 1996 年《通讯规范法》颁行以来至今，有关规制儿童色情的网络立法是否构成言论自由侵犯的争论日益激烈，而且有不少的法律因为侵犯言论自由而被联邦最高法院宣告违宪无效。不过，应当指出的是，美国政府从未放弃在儿童色情规制方面的立法努力。

（1）《通讯规范法》（Communications Decency Act, CDA），又译为《通讯风化法》，其制定于 1996 年，是 1996 年《电讯法》的组成部分之一，也是

---

① Erwin Chemerinsky, Constitutional Law, WoltersKluwer（2009）（3）, p.1386.

② Craig R. Ducat, Constitutional Interpretation, Wadsworth （2009）（9）,p.993.

③ YamanAkdeniz, Internet Child Pornography and the Law: National and International Responses, Ashgate（2008）, p.95.

④ Erwin Chemerinsky, Constitutional Law: Principles and Policies, Aspen（2006）（3）, p.986.

美国第一部旨在限制网络淫秽色情信息的联邦法律。[①]它禁止任何人故意利用网络服务，向未满 18 周岁的特定或者不特定的未成年人发送或者以一种向他们开放的方式，展示根据当代社区标准乃是对未成年人构成极端冒犯的涉及性行为或者性器官的评论、邀请、意见、建议、图像或者其他信息。一旦实施上述行为将追究行为人刑事责任。此外，它同时禁止向明知是未满 18 周岁的未成年人传送“淫秽和有伤风化”的信息。不过，自该法施行以来，便遭遇了一连串的宪法诉讼。1996 年，设于纽约州的联邦法院以该法律一些旨在保护儿童免受不适当的言论的侵害的规定过于宽泛推翻了这些条款。大约在一年之后，联邦最高法院在雷诺诉美国民权联盟（American Civil Liberties Union）案判决维持了前述联邦法院的判决，主张由于该法未允许父母为其子女决定何种资料是可以接受的，部分条款规定过于宽泛以致其适用范围延伸至商业言论，并且在不存在“明显令人厌恶（patently offensive)”的定义的情形下，对其定义未予以明确界定，故其构成违宪。[②]可以说，雷诺案判决基本上已经使得《通讯规范法》名存实亡。尽管美国国会于 2003 年对该法进行了修正，删除了其中的“风化”条款，但一般认为，二者虽然在名称上相同，但其实迥异。

（2）《儿童在线保护法》（Child Online Protection Act, COPA）。1998 年，在联邦最高法院于 1997 年作成 Reno v. ACLU 案判决，以《通讯规范法》调整范围过于宽泛为由宣告其部分违宪后，美国国会通过了《儿童在线保护法》。它旨在限制未成年人之接触那些法律规定为对未成年人有害的信息。其中所谓的未成年人，系指未满 18 周岁的人。立法者认为，色情资料可以经由互联网或者使用网（Usenet）而得以传播，倘若不加以有效观之，则一旦未成年人接触到此类资料，则可能滋生违法犯罪。不过，与《通讯规范法》一样，该法通过之后，即为多个联邦法院宣告违宪，之后联邦最高法院维持了各联邦法院的判决，以其侵犯言论自由，宣告《儿童在线保护法》

① Chuck Easttom& Det. Jeff Thaylor, Computer Crime, Investigation, and the Law, Course Technology（2011）, p.87.

② Chuck Easttom& Det. Jeff Thaylor, Computer Crime, Investigation, and the Law, Course Technology（2011）, p.87.

违宪无效。[①]

（3）《儿童在线隐私保护法》（Children's Online Privacy Protection Act, COPPA）。该法由美国国会于 1998 年 10 月 20 日批准，2000 年 4 月 21 日正式生效。它旨在对在美国管辖之下的个人或者企业在线搜集未满 13 周岁的儿童的个人资讯的行为进行规制，以保护儿童的隐私权不受侵害；除此之外，该法的另一目的则指向打击利用网上与儿童个人身份资讯的收集、使用和披露有关的诈骗活动。它规定，网络运营商在搜集、使用和披露此类儿童个人资讯前应向有关儿童的父母或者监护人履行告知义务，事先获得他们的同意；且这类同意必须是事后可以得到证实的。其将该法的细化和实施权限授予了联邦贸易委员会（Federal Trade Commission），后者随之制定了《儿童在线隐私保护法实施细则》（Children's Online Privacy Protection Act, COPPA Rule），于 2000 年 4 月 21 日生效，这成为了《儿童在线隐私保护法》实现的重要保障。[②]

根据《儿童在线隐私保护法》和《儿童在线隐私保护法实施细则》的规定，任何网络运营商，尤其是其对象为儿童的网络运营商，明知自己是在向儿童搜集其个人资讯的情况下，仍以违反《儿童在线隐私保护法实施细则》规定的方式向其搜集此类资讯的，即构成违法。其要求，在线搜集儿童个人资讯之行为应满足如下要求[③]：1）应在网上发布明确和详尽的有关儿童个人资讯的使用政策；2）除例外情形外，在向儿童搜集其个人资讯前，应向其父母履行告知义务并事先征得他们的同意，此类同意应是事后可以证实的；3）对儿童个人资讯的搜集和使用应给予其父母以选择权，同时禁止网络运营商向第三方披露儿童个人资讯；4）应给予儿童父母以审核和删除该儿童个人资讯的权限；5）应给予儿童父母以权利，禁止网络运营商向儿童搜集更多的个人资讯或者超出范围使用此类资讯；6）保护所搜集的儿童个人资讯的秘密、安全以及完整性。除此之外，为保护儿童在线隐私，

---

① Steve Jones, Encyclopedia of New Media: An Essential Reference to Communication and Technology, The MoschovitisGroup（2003）, p.73.

② Jody R. westby（ed.）, International Guide to Privacy, American Bar Association（2004）, p.47.

③ Jody R. westby（ed.）, International Guide to Privacy, American Bar Association（2004）, p.47.

该法还禁止网络运营商将提供儿童个人资讯作为儿童参与在线活动的前提条件。①

（4）《儿童网络保护法》（Children's Internet Protection Act, CIPA）。2000年12月1日美国总统签署了《儿童网络保护法》，该法要求所有希望就网络接入和使用获得联邦"教育折扣"（the e-rate discounts）②或者《网络服务和技术法》（Internet Services and Technology Act, ICTA）的拨款的公立学校和图书馆，即从幼儿园开始至12年级的所有学校（K-12 schools）和图书馆，应当为学校和图书馆的全部电脑，包括教职工使用的电脑，安装防火墙或者过滤软件并采取其他措施以防止儿童接触到淫秽、儿童色情或者其他对未成年人而言有害的网络信息。③

具体有：

1）制定并实施网络安全政策以处理下列事宜：①未成年人之接触网上不适当信息；②未成年人在使用电子邮件、聊天室以及其他形式的即时通讯软件时的安全；③未成年人之未经许可而上网、黑客行为及其他违法行为；④未经许可而披露、使用或者传播未成年人的个人信息；⑤限制未成年人之接触对其有害的信息；

2）在向未成年人开放的电脑上安装网络过滤或者屏蔽软件以防止未成人接触淫秽、儿童色情以及其他对未成年人有害的图片；

3）在何种情况下，可以根据成年人要求而接触过滤或者屏蔽；

4）制定和执行监控未成年人上网活动的政策。

根据全国州立法机关会议2013年的报告④：美国有24个州制定了适用于公立学校和图书馆的网络过滤法。（参见表6—1：关于学校和图书馆的网络安

---

① Jody R. westby（ed.）, International Guide to Privacy, American Bar Association （2004）, p.47.

② "教育折扣"计划，由美国国会于1996年制定，1998年起开始实施；其要求美国联邦通信委员会通过"普遍服务基金"为符合条件的学校和图书馆提供打折的通信和网络服务。

③ Pat R. Scales, Protecting Intellectual Freedom in Your School Library: Scenarios from the Front Lines, American Library Association （2009）, p.96.

④ Children and the Internet:Laws Relating to Filtering, Blocking and Usage Policies in Schools and Libraries, http://www.ncsl.org/issues-research/telecom/state-internet-filtering-laws.aspx. （visited on Oct 20, 2013）

全州立法；表6—2：其他有关网络安全的州立法）。不过，它们中的大多数只是简单地要求上述学校和图书馆制定一定的政策以防止未成年人接触到露骨的描写或勾画性的、淫秽的或者有害的资料。但是，也有一些州要求公立机构在电脑上安装过滤软件，如亚利桑那州、克拉罗拉多州、明尼苏达州等。

表6—1　　关于学校和图书馆的网络安全的州立法[①]

州	法律	拘束公立学校	拘束公立图书馆	简介
亚利桑那	Ariz. Rev. Stat. Ann. § 34，第501条至第502条	√	√	要求公立图书馆安装软件并制定政策以防止未成年人接触网上不良信息；要求公立学校安装软件以防止未成年人接触网上不良信息。
阿肯色	Ark. Code § 6-21-107，§ 13-2-103	√	√	要求学校制定措施并采用一定系统以防止未成年人接触网上不良信息；要求图书馆制定措施防止未成年人接触网上不良信息。
加利福尼亚	Cal. Ed. Code § 18030. 5		√	要求接受州资助的公立图书馆制定有关未成年人上网的政策。
科罗拉多	Colo. Rev. Stat. § 24-90-401 to 404; § 24-90-603; § 22-87-101 to 107	√	√	学校应当制定并实施合理的未成人上网政策；接受公共资助的公立图书馆和学校图书馆应当安装过滤软件以防止未成年人接触不良信息；公立图书馆并应制定有关未成年人上网的政策。
特拉华	Del. Code tit. 29 § 6601C-6607C		√	公立图书馆应当制定合理有关未成年人上网的政策，禁止未成年人利用图书馆电脑和移动设备接触不法或淫秽信息；父母或监护人有权确定儿童接触信息的级别。

① Children and the Internet:Laws Relating to Filtering, Blocking and Usage Policies in Schools and Libraries, http://www.ncsl.org/issues-research/telecom/state-internet-filtering-laws.aspx. visited on Oct 20, 2013.

续表

佐治亚	Ga. Code § 20-2-324, § 20-5-5	√	√	要求公立学校和图书馆制定并实施合理的网络安全政策以防止未成年人接触不良信息；在其如此为之之前，不提供任何资助。
爱达荷	Idaho Code § § 33-132, 33-2741	√	√	该州的各个学区应当制定网络使用政策并向教育厅长备案；该政策应经受托委员会批准，并采取过滤措施以防止未成年人接触不良信息，同时规定对违反这些规定的人的惩戒措施，设立网络安全课程并将其作为公立学校课程的组成部分。要求接受资助的公立图书馆制定并实施一定的网络使用政策，以防止未成年人接触淫秽或者其他对其有害的信息。
印第安纳	Ind. Code 36-12-1-12		√	要求公立图书馆制定并实施有关读者在馆内合理使用网络和电脑的政策。这些政策应置于醒目的位置，每年都应对之进行审核。
爱荷华	Iowa Code § 256.57(7)			要求申请和接受“繁荣爱荷华计划”的公立图书馆应当制定网络使用政策。
肯塔基	Ky. Rev. Stat. § 156.675	√	√	要求教育厅制定细则以防止淫秽资料经由教育技术系统而进行传播。
路易斯安那	La. Rev. Stat. Ann. § 17:100.7	√		要求学校制定有关学生和职员使用网络的政策。
马里兰	Md. Code art. 23 § 506.1		√	要求郡—州图书馆制定政策以防止未成年人经由网络接触淫秽信息。
马萨诸塞	Mass. Gen. Laws 71 § 93	√		要求学校装备电脑以供学生使用，同时制定政策以防止学生经由网络接触不良信息。

续表

密歇根	Mich. Comp. Laws §397.602, §397.606		√	要求图书馆采用一定系统以防止未成年人接触淫秽信息；或者分别设立成年人和未成年人电脑室，以防止未成年人接触淫秽信息。
明尼苏达	Minn. Stat. § 134.5		√	提供电脑以供未成年人使用的图书馆应安装过滤软件或者采取其他有效手段以防止未成年人接触淫秽或者其他不良信息；接受州财政资助的图书馆应安装过滤软件或者采取其他有效手段以禁止未成年人接触淫秽和儿童色情信息。
密苏里	Mo. Rev. Stat. §§ 182.825, 182.827	√	√	公立学校和图书馆应当安装软件或者提供服务以防止未成年人接触淫秽信息；并制定相应的政策以防止未成年人接触此类信息。
新汉普郡	N.H. Rev. Stat. Ann. § 194:3-d	√		教育委员会应当制定学校之网络使用规则，并规定违反此类规则的责任。
纽约	N.Y.Ed. Law §260(12)		√	图书馆应当制定电脑使用政策。
俄亥俄	ORC §3314.21	√		要求社区网校应当安装过滤装置或者软件以防止未成年人接触淫秽或者其他不良信息；并为在家里学习的未成年人提供免费过滤软件。
宾夕法尼亚	24 P.S. §4604 to 24 P.S. §4612	√	√	要求教育委员会和公立图书馆制定并实施一定网络政策，具体包括：安装过滤软件以防止未成年人接触淫秽或者其他不良视频；对包含有上述信息的部分网站予以屏蔽。
南达科他	S.D. Codified Laws Ann. §22-24-55 to 59	√		要求学校安装过滤软件或者制定政策以防止未成年人接触淫秽信息。

续表

田纳西	Tenn. Code § 49-1-221	√		要求所有公立、私立学校制定政策以防止未成年人接触某些信息。
犹他	Utah Code Ann. § 9-7-215, 9-7-216	√	√	除非公立学校采取措施以过滤某些类型的图像，否则不予资助；允许公立学校过滤法律未规定的内容或者在特定情形下解除过滤；要求当地学校制定政策以过滤淫秽信息。
弗吉尼亚	Va. Code § 22. 1-70. 2, § 42. 1-36. 1	√	√	要求公立学校和图书馆制定网络使用政策；学校必须：禁止传播和浏览非法资料；禁止接触学校认为有害的信息；安装过滤软件以阻止淫秽和儿童色情信息。在网站上发布其网络政策。

表6—2　　其他有关网络安全的州立法①

州	法律	简介
弗罗里达	Fla. Stat. § 257. 12 (3)	鼓励公立图书馆制定网络安全教育方案，包括实施基于电脑的网络教育计划。
路易斯安那	La. Rev. Stat. § 51:1426	要求网络服务供应商向作为路易斯安那州居民用户提供产品或者服务以使其能够控制儿童的网络使用。
马里兰	Md. Code § 14-3701 et seq	要求网络服务提供商提供父母客户端以阻止和过滤在该州可以浏览的网站。
内华达	Nev. Rev. Stat. § 603. 100 to 603. 170	要求网络服务供应商在特定情形下，提供产品或者服务以使客户能够控制和监督儿童的网络使用。
得克萨斯	Tex. Bus. &Comm. Code § § 35. 101 to 35. 103	要求互动式网络服务供应商设置一个免费或者共享过滤软件链接，以使用户在首次链接到该网络服务供应商的网址时转到前述链接；未按照此规定而采取措施的，每天处民事惩罚2000美元。
犹他	Utah Code § 76-10-1231	要求网络服务供应商应消费者的要求向其提供过滤服务或者过滤软件以过滤对未成年人有害的信息。

① Children and the Internet:Laws Relating to Filtering, Blocking and Usage Policies in Schools and Libraries, http://www.ncsl.org/issues-research/telecom/state-internet-filtering-laws.aspx. visited on Oct 20, 2013.

2. 个人隐私的保护[1]

有学者指出：对于隐私的需求由来已久，其历史或许与人类一样古老；尽管很难给出有足够说服力的证据证明这一点，但是，人类学、生物学和社会学的研究都表明即便是原始社会中的个人或者动物世界中的个体也需要某些隐私。事实上，无论是在原始社会抑或是在现代社会，人们都采用一些技术设定人与人之间的距离、防止过度接触，从而建立一堵“墙”以保护个人隐私。[2]然而，即便如此，隐私权作为基本权，其地位的确立却是晚近的事情。和其他基本权利不同，所谓“隐私权”并非美国宪法权利法案所明文列举的宪法权利。作为法律概念的“隐私权”（the right of privacy）最早也不是出现在宪法的论著或者判决中，毋宁说它首先是一个人身损害赔偿法上的概念，并且最早出现在萨缪尔·D. 沃伦和路易斯布兰代斯合写的刊于《哈佛法律评论》1890 年第 4 卷的文章——《论隐私权》（The Right of Privacy）——而非法院的判决中。[3]而且在早些时候，隐私权多与个人财产权的占有有关——其中最受保护的就是个人住宅。然而，之后隐私权日益成为个人固有的权利，与其所在处所无关。[4]

在联邦政府层面，美国并未制定数据保护的一般法，相反，其倾向于支持部门法规及一些临时性措施。在这种情形下，对隐私权的保护是分散的立法达成的，比如《公平信用报告法案》规定了消费者报告机构，如信用署对信息的使用；《计算机匹配和隐私信息的保护法案（1988）》以及《税法改革法案（1976）》，提出了对根据法定职责而采集的数据匹配及信息使用的限制。就此而言，联邦政府关于隐私保护的综合法律是存在的，但它们的范围在于保护被政府部门所拥有的信息没有被错误使用。《隐私权法案（1974）》建立了政府部门处理个人数据公平的信息原则，《信息自由法案》延伸了《隐私权法案（1974）》的保护范围，它限制了联邦数据库的个人信

① 张晶：《美国与德国隐私信息立法与政策框架的比较》，《电子政务》2008年第5期，第124页。

② B. W. Shermer, Software agents, surveillance and the right to privacy: a legislative framework for agent –enabled surveillance, B. W. Shermer/Leiden University Press （2007）, p.72.

③ Craig R. Ducat,p.753.

④ Craig R. Ducat,p.753.

息的传递，并允许个人信息在本人要求下公开获取。

3. 国家安全

自2001年的“9·11”事件至今，恐怖主义在美国已经成为了一个家喻户晓但又令人胆战心惊的词汇。如今正如美著名反恐专家马克·萨基曼称，“网络已成当代恐怖分子的主战场”。国际恐怖组织正在全球范围进行有组织的“互联网运动”，他们通过制作各种网络杂志、网络视频、网络论坛、网络游戏等，乃至开办“网上学校”在互联网鼓吹和宣传极端思想，利用互联网招募恐怖分子、募集资金以及进行虚拟培训，网络已成恐怖势力的重要工具。[①] 为此，为了防范可能出现的恐怖袭击，美国通过了《爱国者法》和《国土安全法》，授权政府在必要情况下可以监视公众在网络上的信息包括私人信息。此外，它还对《联邦刑法》、《刑事诉讼法》、《1978年外国情报法》、《1934年通信法》等进行修订，授权国家安全和司法部门对涉及专门化学武器或恐怖行为、计算机欺诈及滥用等行为进行电话、谈话和电子通信监听，并允许电子通信和远程计算机服务商在某些紧急情况下向政府部门提供用户的电子通信，以便政府掌控涉及国家安全的第一手互联网信息。[②]

而且据有关报道，为了所谓的反恐，美国国家安全局（National Security Agency）还采取了以下措施：一方面向私人部门，即网络服务供应商，调取和购买数据；另一方面，国家安全局还在犹他州建立了一个巨型数据和超级计算机中心，显然其目的在于监听和存储因特网上的通讯并对之进行分析。[③]

对于美国在国内反恐领域开展的一系列改革，不少人提出了批评，因为其对美国普通民众的生活产生了极大的影响，不但使反恐成为一天24小时的全天候主题，更使得对普通人的监控成为了常态，甚至还有无辜者为此付出生命的代价……把国家安全视为高于一切导致政府权力过度膨胀，影响到每一个普通百姓的日常生活。《华盛顿邮报》甚至认为，持续10年

---

① 参见《恐怖主义新生代崛起网络恐怖主义成国际反恐新战场》，http://mil.gmw.cn/2011-09/08/content_2605245.htm，2013年10月17日访问。

② 参见张恒山：《美国网络管制的内容及手段》，《红旗文稿》2010年第9期，第33页。

③ Neil M. Richards, The Dangers of Surveillance, 126 Harvard Law Review 1934（2013）.

的国内外反恐战争，已经将美国带入了一个“战争无止境”的时代，只有战争才有和平的想法反映在社会的各个角落。[①]

4. 网络贸易

根据1917年《对敌贸易法》以及其他联邦法律而设立的美国财政部下属外国资产控制办公室（Office of Foreign Assets Control, OFAC）在2008年3月公布了一份黑名单，该名单中也包括了一些网站，并要美国公司不得与这些网站进行贸易、同时冻结它们的资产，并且在上述网站的域名如果是在美国注册的，有关公司应予封锁。

5. 知识产权保护

为了保护知识产权，美国国会还通过了一系列旨在保护知识产权的网络规制法案，包括1997年的《反电子窃盗法》（No Electronic Theft Act of 1997）和1998年的《千禧年数位版权法》（Digital Millennium Copyright Act, DMCA）等。其中：

（1）1997年的《反电子窃盗法》，也称网络法（the NET Act）。[②] 该法由美国国会以2265号决议通过，并由时任美国总统的比尔·克林顿于1997年12月16日签署后生效。其旨在在互联网上实施知识产权保护，并为指控互联网上之违反知识产权行为提供法律根据。根据该法的规定，未有授权而故意在互联网上复制、传播和共享受知识产权保护的作品的电子文档而侵犯知识产权的，其造成的损失零售总金额超过1千美元，可以处以3年以下监禁和25万美元以下罚金。其中，此处所指的作品不仅包括软件、音乐、录像以及其他印刷物的电子版；而所谓的复制、传播和共享行为无需以赢利为目的。不过，需要特别指出的是该法同时规定，在行为人实施上述行为之日起的5年内，有权机关未依法采取相应措施的，在该期间届满后，不得对之进行处罚。

并且，由于该法关注的主要是受知识产权保护的作品的传播，它还特别规定下列行为也可能构成犯罪：其一，删除电子产品中的知识产权告知；

---

① 余瀛波、张云：《十年：被改变的国家命运》，《法制日报》2011年9月13日。

② Chuck Easttom& Det. Jeff Thaylor, Computer Crime, Investigation, and the Law, Course Technology（2011）, p.93.

其二，故意植入一个虚假的知识产权告知，换言之，声称自己对他人已享有版权的东西享有版权。

另外，该法还对侵犯现场直播的音乐和录像表演作品的知识产权的行为作了规定，这表明未有授权而对上述表演加以录制并予以传播的行为也可能构成犯罪。

（2）《千禧年数位版权法》1998 年开始施行。这是美国为执行世界知识产权组织（the World Intellectual Property Organization, WIPO）1996 年通过对《世界知识产权组织表演和录音制品条约》（WIPO Performances and Phonograms Treaty, WPPT）和《世界知识产权组织著作权条约》（WIPO Copyright Treaty , WCT）而制定的联邦法律，旨在将以上两项国际条约国内法化，以解决因国际互联网蓬勃发展而引起的著作权法问题。该法共 5 章 24 条。其中第一章为名称、缩写，其他四章分别为：世界知识产权组织条约的实施；国际互联网著作权侵害的责任；电脑的维护或修理；暂时性录制、远程教学、图书馆与档案保存处的免责。[①] 它禁止制作和传播旨在破解数位著作权利管理（Digital Rights Management, DRM）的技术、设备或者服务。其中所谓数位著作权利管理，系指防止非法用户在未经授权许可的情况下，随意播放、复制并且传播多媒体内容，以保护多媒体内容免遭盗版的方法。实施上述行为且构成犯罪，将依法予以起诉。

该法的创新点之一在于它免除了互联网服务供应商以及其他中介的直接和间接责任，而这为欧盟于 2000 年制定的《电子商务指令》以及 2001 年制定的《著作权指令》所借鉴和仿效。

除以上联邦法律外，美国国会还提出了《删除网上掠食者法》（Deleting Online Predators Act, DOPA）、《网络空间国有资产保护法》（Protecting Cyberspace as a National Asset Act）、《打击网上侵权和假冒伪劣行为法》（Combating Online Infringement and Counterfeits Act, COICA），《禁止网络盗版法》（Stop Online Piracy Act, SOPA）、《知识产权保护法》（Protect Intellectual

① 张瑞：《美国历年互联网法案研究（1994—2006）》，《图书与情报》2008年第2期，第116页。

Property Act, PIPA)、《分享和保护网络情报法》(Cyber Intelligence Sharing and Protection Act,CISPA),这些法案或已胎死腹中或仍在国会参众两院的审议之中。

(二)英国

在英国,尽管形式意义上言论自由的法定化最早只能追溯至1998年人权法案(The Human Rights Act),然而,在理论和判例上,言论自由作为民主社会个人所享有的一项重要基本人权却很早就已经得到了承认。[①] 和美国一样,基于严格的言论自由保护立场,英国在网络规制立法方面十分谨慎,可以说"倡导行业自律和协调,监督而非监控,是英国网络监管的重要特点"。在1996年以前,英国没有专门针对互联网内容的立法。1996年,随着互联网的普及和网上有害信息的增加,由此导致的社会问题也日益受到政府的关注。为此,英国贸工部、主要互联网服务提供商、城市警察署、内政部及互联网监察基金会四方面的代表就网络管理进行了反复磋商并签署了网络监管行业性规范《R3安全网络协议》,之后作为英国互联网主要监管机构的互联网监察基金会以《R3安全网络协议》为基础,拟定了互联网《从业人员行为守则》,在鼓励使用新科技的同时,又要求网络提供者承担起确保内容合法的责任。基金会确立了两个基本的管理指导思想:对其他媒介适用的法律,对互联网同样适用。[②] 即,将互联网视为出版物,沿用已有的法律如《诽谤法》、《公共秩序法》、《广播法》、《黄色出版物法》、《青少年保护法》、《录像制品法》、《禁止滥用电脑法》和《刑事司法与公共秩序修正法》进行规制,惩处利用电脑和互联网进行犯罪的行为。[③] 当然,但这并非意味着其将放任不管,英国也制定了一些网络规制法,尤其在过去两年多里英国政府的态度发生了巨大改变,2013年7月首相卡梅隆提出一项

---

① A. W. Bradley & K. D. Ewing, Constitutional and Administrative Law, Pearson(2007)(14), p.541.

② 《英国互联网监管疏而不漏》,http://news.china.com.cn/txt/2011-04/22/content_22422159.htm,2013年8月27日访问。

③ 北京大学法学院互联网法律中心:《努力构筑互联网健康运行的法律屏障(续)——国外互联网立法综述》,《中国工商管理研究》2012年第4期,第52页。

计划，准备在所有家庭电脑上安装网络过滤软件，同时还从构成因特网的基础结构的美国有线中搜集了大量数据以对因特网进行监控。而到了 8 月份，英国政府已经成功地说服英国最大的网络服务供应商在该网络客户端上安装对“家庭友好”的过滤软件，而该供应商拥有 95% 英国家庭网络客户，并且政府也在考虑未来就网络过滤进行立法的可行性。

1. 儿童色情

在历史上，英国反色情出版物的法律最早可以追溯至 1857 年的《反色情出版物法》（The Obscene Publications Act 1857）和 1959 年的《反色情出版物法》（The Obscene Publications Act 1959），与之相比，英国反儿童色情的立法最初可以追溯至 20 世纪 70 年代中期。当时，“儿童性虐待和儿童色情这对孪生问题”已经日益激化，并引起了广泛和密切的关注。威廉委员会的调查报告（the Williams Committee inquiry）以及威尔士和英格兰的 1978 年儿童保护法（theProtection of Children Act 1978），可以说是英第一次以特别法的形式展开对儿童色情的打击。此前，有关儿童的淫秽物品则适用英格兰和威尔士反色情出版物的一般法律，1959 和 1964 年的《反色情出版物法》（the Obscene Publications Act），以及美国联邦最高法院在米勒案判决（Miller）所确定的淫秽予以处理之后，英国反儿童色情的立法得到了持续和稳定的发展。①

不过，对儿童色情之流毒网络的关注和网络服务供应商的规制则要晚些。其最早可以追溯至 1996 年。1996 年 8 月，时任科学技术大臣的伊恩·泰勒（Ian Taylor）率先向网络服务供应商发出警告，随之大都市警察局采取措施试图禁止由部分网络服务供应商所运营的 130 个使用网讨论群。这清楚地向网路服务供应商表明了大都市警察局的态度，其将禁止那些提供儿童色情和暴力资料的网络服务供应商。②不过，与其他国家不同，英国并非直接诉诸高权，经过权衡之后，英国政府认为促进网络服务供应商的自律或许是更好的方法：它不仅能够让人们放心地利用互联网从事商业、教育与娱

① YamanAkdeniz（2008）, P.9.

② YamanAkdeniz（2008）, P.252.

乐，也合乎追求安全和稳定的网络服务供应商的需要。正是在这一背景下，由英国内政部、大都市警察局与网络服务供应商的共同推动，英国互联网行业成立了互联网观察基金（Internet Watch Foundation，最初称为安全之网Safety-Net），负责监督和汇总互联网上的有害信息（尤其是对儿童有害的信息）、宣传健康的网络使用习惯以及监督互联网从业者是否存在非法和不道德行为，并出版了《互联网上之儿童色情和非法资料的分级、报告及负责》（Rating, Reporting and Responsibility, for Child Pornography and Illegal Material on the Internet）。①

2.《反恐怖主义法》（2001）与网络犯罪②

2001年"9·11"恐怖主义袭击发生之后，恐怖主义引起了全世界的高度关注，各国纷纷立法并采取各种措施以应对恐怖主义，英国也不例外。不过，英国的反恐怖主义立法最早则可以追溯至20世纪初期。针对北爱尔兰和不列颠岛上发生的暴力恐怖活动，英国就于1922年和1939年分别制定《北爱尔兰特别权力法》和《预防暴力活动（暂行规定）法》；到20世纪中后期，英国反恐法体系是由1973—1996《北爱尔兰（紧急规定）法》、1974-1989《预防恐怖主义（暂行规定）法》、1998年《刑事审判（恐怖分子及共犯）法》组成的，其中前两部为临时性法律，并经过多次续订和修正；进入21世纪之后，英国把反恐提到了新的战略高度，相继颁布了五部反恐法，即2000年《反恐怖主义法》（Terrorism Act 2000）、2001年《反恐怖主义、犯罪和安全法》（Anti-terrorism, Crime and Security Act 2001）、2005年《预防恐怖主义法》（Prevention of Terrorism Act 2005）、2006年《反恐怖主义法》（Terrorism Act 2006）、2008年《反恐怖主义法》（Counter-Terrorism Act 2008）等，从而形成了较为完备的反恐怖主义法律体系。③其中，2000年《反恐怖主义法》针对当下恐怖主义发展的新形式——利用互联网作为宣传和鼓吹恐怖主义，或者将之作为组织、联络和培训工具等也制定了相应

---

① YamanAkdeniz（2008），P.252.

②《英国互联网监管疏而不漏》，http://news.china.com.cn/txt/2011-04/22/content_22422159.htm，2013年8月27日访问。

③ 杜邈：《英国反恐立法的新发展》，《时代法学》2009年第5期，第106-107页。

的对策。

《反恐怖主义法》(The Terrorism Act of 2000)于2000年7月20日获得通过，并于2001年开始施行。该法确立了预防和打击恐怖主义的基本法律框架，并规定被怀疑“准备进行恐怖活动”的人，即使尚未采取任何行动，也可能因触犯这些条例而入狱。这一规定引起了各方面的批评。2004年12月，英国议会上院上诉法庭裁定，政府在不起诉和不审判的情况下，不能无限期拘留外籍恐怖嫌疑人，并称政府出台的反恐法违反了《欧洲人权公约》。为此，英国议会经过激烈辩论，在2005年3月通过了修改后的反恐法案——《2005年反恐怖主义法》。[①]但该法通过后不久的2005年7月，伦敦又发生了两起恐怖主义袭击。英国政府被迫拓展“通知后责任”(notice-based liability)的适用范围，将与恐怖主义有关的网络资料也纳入其中——将鼓励和宣传恐怖主义入罪。[②]为此，2006年3月英国政府对《反恐怖主义法》作了修正。该法的立法目的在于:(1)尽可能地防止国内外之恐怖主义犯罪;(2)防止或者尽可能减少年轻人因受各种蛊惑而变得极端化，以致认为恐怖主义行为是正确的，从而着手实施或者帮助他人实施此类行为。[③]根据该法规定，在英国，任何搜集、持有或者制造可能用作恐怖主义目的的信息都构成违法；此外，该法还将严重干扰或中断电子系统运行的行为纳入恐怖主义范畴，并将计算机黑客行为定性为恐怖主义行为，以打击网络犯罪。该法明显扩张了警方在追查计算机犯罪方面的特权。如果某个组织发起向首相发送电子邮件请愿活动，而这一活动又干扰了某个电子邮件系统的运作，就有可能被视为恐怖主义活动。

此外，2008年，英国内政部提出监听现代化计划。这一计划的目的是监听并保留英国互联网上所有人的通信数据，如电子邮件和网页浏览时间、地址等(但不包括电子邮件的具体内容)。不过，这一计划遭到了基于网络自由和侵犯隐私等理由的反对。但出于日益严重的恐怖主义威胁等原因，

---

① 余瀛波、张丹、曾露露：《国际反恐：十年立法坎坷路》，《法制日报》2011年9月13日。

② YamanAkdeniz (2008), P.239.

③ David Anderson Q. C., The Terrorism Acts In 2011: Report of the Independent Reviewer on the Operation of The Terrorism Act 2000 and Part 1 of The Terrorism Act 2006, Crown (2012), p.122.

政府仍将推动相关工作的进展。据报道，英国情报部门已建立了一个网络虚拟监测中心，用来监视英国发出和接收的所有电子邮件。[①]

3.《数字经济法》（Digital Economy Act, DEA）

《数字经济法》是根据2009年的《数字不列颠》（Digital Britain）报告的建议而于2010年出台的，同年4月开始施行的。[②] 该法共48条11个主题，“分别对互联网条件下的基础设施建设、数字内容的著作权保护、域名管理、数字内容管理等进行了规定，补充了英国原有的《通信法》、《著作权法》等内容，将原法的适用范围扩展到了互联网”。[③] 其主要目的在于甄别那些持续侵犯知识产权的人并对之采取相应的措施。然而，该法第3条至第16条的规定超出了《数字不列颠》的建议的范围，其授权网络服务供应商在必要的情形下，降低对那些持续侵犯知识产权的人的网络服务质量，甚至终止网络服务。[④] 此外，为了确保《数字经济法》能够得到很好的实施、互联网服务供应商能够遵循该法的规定，该法同时规定对于违反该法的互联网服务供应商可以处以最高250000英镑的处罚。

对《数字经济法》也存在不少批评的声音。他们认为[⑤]：较之其他国家推广和普及网络的趋势而言，《数字经济法》无疑与之背道而驰。因为该法的重要目标之一是禁止非法分享数字资料，比如音乐资料下载。根据该法的规定，对于违反该法的人可以剥夺其网络使用权。这类因特网的集权化控制（centralized control over internet usage）规定的潜在危险引起联合国人权委员会的关切，后者并就此发表了一项声明，指出：仅以侵犯知识产权为由便切断其因特网链接——剥夺其上网的权利，难谓合乎比例原则，因而有违反公民与政治权利公约的嫌疑。何况监督和实施《数字经济法》的成本很

---

① 张恒山：《英国网络管制的内容及其手段探析》，《重庆工商大学学报（社会科学版）》2010年第3期，第16页。

② House of Commons: Business, Innovation and Skills Committee, The Hargreaves Review of Intellectual Property: Where Next?, First Report of Session 2012–13, House of Commons（2012）,P.42

③ http://www.mediaeconomy.com.cn/node/2300, 2013年8月27日访问。

④ House of Commons: Business, Innovation and Skills Committee, The Hargreaves Review of Intellectual Property: Where Next?, First Report of Session 2012–13, House of Commons（2012）,P.42

⑤ Sue Watling&Jim Rogers, Social Work in a Digital Society, SAGE（2012）, P.34–35.

可能被转嫁给消费者，这无异于事实上剥夺了低收入人群使用因特网的机会。

（三）德国

和其他国家一样，就互联网而言，作为欧洲信息技术最发达的国家德国也面临着两难的境地，一方面它致力于保持它在欧洲范围内的技术优势，保护信息体系，尊重言论自由，保障个人隐私和体面，另一方面它也希望告诉世人，自己没有忘掉过去，不会放任人们将言论自由作为仇恨言论和为纳粹招魂复魄的理由，也不容许儿童色情流毒网络。[①] 从实践来看，德国对网络的规制规范有两个主要渊源：议会立法和法院判例。不过，与其他民主和法治国家一样，网络的规制可能构成对言论自由和一般行为自由的侵犯，为此，在德国，网络规制的立法也受到了严格的限制。

1.《联邦数据保护法案》（Das deutsche Bundesdatenschutzgesetz, BDSG）

就数据保护的联邦一般法而言，《联邦数据保护法案》发挥着核心作用；[②] 其制定于 1977 年，至今已经修订多次，最近一次修订于 2010 年生效。就数据保护而言，该法的保护范围较为广泛。一方面，在没有应予优先适用的特别法的情形下，它同时拘束公共场合和私人场合下个人数据的处理。受其拘束的主体范围囊括公有部门、私有部门和参与市场竞争的公众法人企业；[③] 另一方面，它同时适用于计算机和人工记录的个人数据。根据该法的规定，无论在何种情形下，个人数据的使用均构成作为基本权的资讯自决权的干预。换言之，该法所确立的个人数据使用规则是：一般情形下，禁止使用个人数据；在例外情形下，可以使用个人数据。

在该法下，联邦数据保护执行长官应该由国会选出，他 / 她的职责就是监督联邦公共部门对法案和其他数据保护法的遵守。根据法案，所有公共机

---

① GiampieroGiacomello, National Governments and Control of the Internet: A Digital Internet, Routledge（2005）, p.120

② Vgl. Sascha Theißen, Riskien informations- und kommunikationstechnischer （ITK-）Implantete im Hinblick auf Datenschutz und Datensicherheit, Universitäte Karlsruhe, 2008, S.280.

③ Vgl. Sascha Theißen, Riskien informations- und kommunikationstechnischer （ITK-）Implantete im Hinblick auf Datenschutz und Datensicherheit, Universitäte Karlsruhe, 2008, S.281.

构必须在联邦数据保护执行长官使用的数据系统注册，任何公民都可以因公共机构采集、处理他们个人数据的过程中权利受到危害而向该长官投诉。①

2.《多媒体法》②

德联邦议院于1997年6月13日通过了世界上第一部规范因特网的法律——《多媒体法》(Informations - und Kommunickationsdienste-Gesetz, IuKDG)，全称为《规定信息和通信服务的一般条件的联邦法令——信息和通信服务法》，并于1997年8月1日开始实施。③该法律为电子信息和通信服务的各种利用可能性规定了统一经济框架条件，适用于所有私人利用信号、图像、声音等数据而提供的电信服务（包括互联网）。在该法律范围内，享用电信服务不需经过批准和登记。④

该法涉及了有关互联网的各个方面，从网络服务供应商的责任、个人隐私保护、数字签名、互联网犯罪到保护未成人等，是一部全面的综合性法律。该法确立了自由进入的原则、对传播内容分类负责的原则、网上交往中数字签名的合法性原则、保护公民个人数据的原则和保护未成年人的原则。《多媒体法》规定：服务提供者根据一般法律对自己提供的内容负责；若提供的是他人的内容，服务提供者只有在了解这些内容、在技术上有可能阻止其传播的情况下对内容负责；他人提供的内容，在服务提供者的途径中传播，服务提供者不对其内容负责；根据用户要求自动和短时间地提供他人的内容被认为是传播途径的中介；若服务提供者在不违背电信法有关保守电信秘密规定的情况下了解这些内容、在技术上有可能阻止且进行阻止不超过其承受能力，则有义务按一般法律阻止利用违法的内容。

3.《屏蔽法》（Zugangserschwerungsgesetz, ZugErschwG）

又译《禁止接触法》，是德国联邦议会制定的一部反儿童色情信息法

① 张晶：《美国与德国隐私信息立法与政策框架的比较》，《电子政务》2008年第5期，第124页。

② 北京大学法学院互联网法律中心：《努力构筑互联网健康运行的法律屏障（续）——国外互联网立法综述》，《中国工商管理研究》2012年第4期，第53-54页。

③ 北京大学法学院互联网法律中心：《努力构筑互联网健康运行的法律屏障（续）——国外互联网立法综述》，《中国工商管理研究》2012年第4期，第53-54页。

④ 李娜：《世界各国有关互联网信息安全的立法和管制》，《世界电信》2002年第6期，第37页。

律，旨在使得访问那些含有儿童色情信息的网页变得更加困难；其制定于2010年2月17日，并于同月23日生效，后于2012年底被废止。根据该法第1条规定，德国联邦刑事警察局（Bundeskriminalamt）得制定屏蔽清单——一旦网络服务供应商在网上发布依照德国刑法被认为是儿童色情信息或者类似信息的情形下，则联邦刑事警察局可以将其纳入该名单；同时，该法课予网络服务供应商（Dienstanbieter）如下义务，一旦其客户达到一定数量，则应采取必要和适当的手段以阻止网络使用者访问屏蔽名单上的网站。[①]除此外，德国还建立一个二阶策略：首先，关闭该网站；其次，如果无法及时关闭网站，则德国网络服务供应商应当通过诸如域名系统下毒（DNS poisoning）之类的方法予以屏蔽。于此，网页浏览者将被重新导向一个含有"STOPP"（止步）标志的网页。但需要指出的是，仅仅试图访问这些网站并不会遭到指控。不过，也有不少学者对该法提出批评：[②]首先，根据互联网用户建议而建立屏蔽名单（Sperrliste）无疑为互联网进行事先审查开启了大门，而这可能危及意见自由；其次，屏蔽手段是否有效，这本就存在诸多疑问，因而也不能认为通过屏蔽手段能够有效消除互联网上的儿童色情。虽然联邦内政部命令联邦刑事警察局不得直接依据该法建立所谓的屏蔽名单，但即便如此，也未能救《屏蔽法》于死劫，联邦政府被迫在2011年12月22日通过的联邦法律中最终废止了该法。

4.《德国刑法典》（Strafgesetzbuch,StGB）

德国刑法有关未成年人色情的规定也适用于互联网的规制，其包括两个方面：一是禁止向未成年人出售、出租或者以其他方式向其提供色情或者其他有害信息，以保护未成年人的身心健康；二是将制作、传播、储存和浏览儿童和未成年人色情书面资料入罪，以防止儿童和未成年人成为性虐待、性剥削或者其他性犯罪的对象，保护儿童和未成年人的身心健康。具体而言，《德国刑法典》作了如下规定：

（1）根据《德国刑法典》第184条规定，对向未满18周岁的未成年人

① Hilgendorf/Valerius, Computer- und Internetstrafrecht, 2. Aufl., Springer, 2012, S.82.

② Hilgendorf/Valerius, Computer- und Internetstrafrecht, 2. Aufl., Springer, 2012, S.82.

出售、出租或者以其他方式向其提供色情书面资料的，课以 1 年以下的监禁或者罚金；

（2）根据刑法典第 184—2 条第 1—3 款的规定，对传播儿童色情的，公然播放、展示或者以其他方式提供儿童色情的，制作、获取、供给、储存、提供、推荐、进口、出口儿童色情资料或其复制品或者为他人使用的，判处 3 月以上 5 年以下的监禁，而以营利为目的或者以集团方式实施上述行为的，可课以 6 个月以上 10 年以下的监禁。其中所谓的儿童和未成年人色情，系指描写与儿童和未成年人发生的性行为或者性行为发生时有儿童人或未成年人在旁的书面资料。

上面所指“书面资料”，根据该法第 11 条的规定，包括录像、视频、电子数据、插图以及其他类似物品。同时，该法第 176 条第 1 款和第 182 条第 1 款对儿童和未成年人分别作了界定，其系指未满 14 周岁的自然人和未满 18 周岁的自然人。

5.《广播电视和电信媒体中人格保护及少年保护国家合同》（Staatsvertrag ü ber den Schutz der Menschenw ü rde und den Jugendschutz in Rundfunk und Telemedien, 简称 Jugendmedienschutz-Staatsvertrag,JMStV）

该法于 2012 年 9 月 10 日获得批准，并于 2003 年 4 月 1 日开始生效。根据该法第 1 条和第 2 条 1 款的规定，该法的立法目的在于：就那些可能影响或者危及青少年儿童成长和教育的无线电广播和网络媒体资讯为他们提供统一的保护，同时保护青少年儿童以及未成年人之人性尊严及受刑法典保护的法益免受无线电广播及网络媒体的侵害。不过，该法仅适用于无线电广播和网络媒体，不适用于网络服务供应商和商业网络供应商。

在该法中，德国政府列举了十项不允许向青少年提供的有害内容，具体包括如下宣传资料：[①]内容旨在反对自由民主的基本制度或者民族和解的理念的；使用《刑法典》第 86a 条中界定的违宪组织的标识的；煽动仇恨人口的一部分或者煽动仇恨一个民族、种族、宗族群体或者特定民俗群体；或

① 参见《广播电视与电信媒体中人格尊严保护及少年保护国家合同》，http://jpkc.ne.sysu.edu.cn/xsss/lse/article.asp?id=2553&title=2553，2013年10月20日。

者通过对人口的一部分或者一个预先标识的群体的辱骂、诽谤等贬损行为，对人格尊严进行侵犯的；为《国际刑法典》第 6 条第 1 款和第 7 条第 1 款界定的纳粹统治下所进行的行为的一种，可以造成对公共和平的妨碍、否认或者蔑视的；以一种颂扬或者美化某些残暴行为或者以一种侵犯人格尊严的方式展示过程的残暴或者非人道的方式，对针对人类的残忍的或者其他非人道的残暴行为进行描绘的；这一点同样适用于虚拟的表演；可以作为《刑法典》第 126 条第 1 款规定的违法行为的指导；颂扬战争；侵犯人格尊严，特别是通过展示正在或者已经死亡或者承受身体上或者精神上严重痛苦的人，重现真实的场景，但却不存在运用这一展示或者报道形式的正当利益的；是否取得许可无关紧要；展示儿童或者少年非自然的强调性别的身体姿势的；这一点同样适用于虚拟的表演；为色情或者以残暴、对儿童或者少年的性虐待或者人与动物的性交为内容的，这一点同样适用于虚拟的表演。

不过，若其用户为成年人并且网站访问权仅限于“封闭的用户群”，则上述内容中的部分仍可以合法存在，比如色情网站——但其应当对用户是否成年人进行审查。一般而言，对用户是否合乎年龄要求的审查应采取如下程序：在其首次登录网站时，应当和用户个人直接进行联系，经由预定程序对其是否符合年龄要求进行验证。不过，这个程序本身并不十分明确。为此，杜塞多夫邦法院要求用户提供身份证号码。[①]

此外，德国政府还通过了《电信服务数据保护法》，并根据发展信息和通讯服务的需要对《刑法》、《传播危害青少年文字法》、《著作权法》和《报价法》作了必要修改和补充。[②]

（四）欧盟

自欧盟成立以来，欧盟通过和颁布许多有关网络规制的决议、指令、建议、条例……其内容涉及数字网集成服务、网络准入制度、信息保护等

---

① Frank A. Koch, Internet–Recht, Oldenbourg Wissenschaftsverlag, 2005, S.609.

② 北京大学法学院互联网法律中心：《努力构筑互联网健康运行的法律屏障（续）——国外互联网立法综述》，《中国工商管理研究》2012年第4期，第54页。

互联网安全各个方面，对指导各成员国的互联网立法和管理实践产生了重要的影响，迄今为止，其已经基本形成一个内容相对丰富、体系比较完整的法律框架。[①] 其中部分立法简介如下：

1.《信息安全框架决议》

欧盟网络安全法律规制的历史可以追溯至 1992 年的《信息安全框架决议》（Council Decision of 31 March 1992 in the field of security of information systems（92/242/ EEC））》，其旨在于给普通用户、行政管理部门和工商业界存储电子信息提供切实有效的安全保护，使之不致危及公众利益。它除提出了一个有关信息安全的总体战略（行动计划）外，还设立了一个由高级官员组成的信息安全委员会以及顾问欧洲委员会（SOG-IS）。为了实施这一行动计划，欧洲委员会紧接着在 1993 年 10 月出版了《信息系统安全绿皮书》（Green Book on the Securtiy of Information Systems）（不过，这一草案始终未获正式批准），同时信息安全计划（INFOSEC program）也在欧洲信托服务（ETS, European Trusted Services）的框架下反复地检视信息安全某些政策领域。[②]

2.《打击信息系统犯罪的框架决议》[③]

该框架决议有关建议于 2002 年 4 月送往欧洲议会征求意见，同年 8 月欧盟正式公布《关于打击信息系统犯罪的欧盟委员会框架决议》的提议，要求至 2004 年 12 月 31 日向欧洲议会和委员会呈交一个关于申请应用这个法律框架决议的报告。经过两年半的讨论，2005 年 2 月 24 日，欧洲理事会通过了该框架决议，并于 2005 年 3 月 16 日开始实施。框架决议规定的应受到惩罚的犯罪包括 3 类：非法接触信息系统；非法进行系统干扰（即通过输入、传输、损害、删除、恶化、改变、抑制或者翻译描写不可接触的计算机数据等手段，故意严重阻扰或打断一个信息系统的功能；非法进行数据干扰。所有的这些犯罪行为都必须是蓄意图谋的，此外，从事鼓动、帮助、

---

① 郭春涛：《欧盟信息网络安全法律规制及其借鉴意义》，《信息网络安全》2009年第8期，第27页。

② Bert-JaapKoops,The Crypto Controversy: A Key Conflict in the Information Society Kluwer Law International （1999）, p.27.

③ 郭春涛：《欧盟信息网络安全法律规制及其借鉴意义》，《信息网络安全》2009年第8期，第27-28页。

教唆和试图实施上述任何犯罪行为的，也要负法律责任。成员国必须通过有效的、成比例的、劝诫的犯罪处罚来对上述犯罪行为的惩罚作出规定。如果这种犯罪是在欧盟定义的犯罪组织背景下实施的，并导致了实质性的损害或影响了受害者基本的利益，这将被认为是恶性案件。如果系争犯罪行为所造成的损害较小，司法机关可以做出减轻处罚的决定。

3. 个人信息保护

与美国相比，欧盟更注重通过立法来保护个人资料的安全。欧盟议会1995年10月24日通过的《欧盟个人资料保护指令》（EU Data Protection Directive）几乎包括了所有关于个人资料处理方面的规定。其目的在于保障个人自由和基本人权，以及确保个人资料在欧盟成员国之间的自由流通。根据该指令，资料控制者的义务主要有：保证资料的品质、资料处理合法、敏感资料的禁止处理与告知当事人等。资料当事人则享有接触权利与反对权利，并有权更正删除或封存其个人资料。1996年9月12日欧盟理事会通过的《电子通讯数据保护指令》是对《欧盟个人资料保护指令》的补充与特别条款。1998年10月，有关电子商务的《私有数据保密法》亦开始生效。1999年，欧盟委员会先后制定了《Internet上个人隐私权保护的一般原则》、《关于Internet上软件、硬件进行的不可见的和自动化的个人数据处理的建议》、《信息公路上个人数据收集、处理过程中个人权利保护指南》等相关法规，为用户和网络服务商（ISP）提供了清晰可循的隐私权保护原则，从而在成员国内有效建立起有关网络隐私权保护的统一法律法规体系。

4. 儿童色情与未成年人保护

在打击网络儿童色情方面，欧盟先后出台了《保护未成年人和人权尊严建议》（1998年）、《儿童色情框架决定》（2004年）。后者要求各成员国在2006年1月20日前根据该决定采取相应的措施打击制作用以在计算机系统传播的儿童色情、在计算机系统上提供儿童色情、在计算机系统上传播或者传输儿童色情、通过计算系统为特定人或者其他人代购岁儿童色情以及在计算系统或者计算机数据存储媒介上存有儿童色情的行为，以保护未成年人权益，打击儿童色情。其中《保护未成年人和人权尊严建议》第1条第2款将儿童色情界定为，以影响方式描述或者表现：（1）有真实的儿童参与其中的任何明显具有性意味的行为（sexually explicit conduct），包括淫秽地展现儿童的生殖器或者私处；（2）有真实的、外表像儿童的人参与（1）所规定的行为；（3）逼真之虚拟儿童参与（1）所规定的行为。2004 年 7 月 1 日的欧洲理事会 2001 年网络犯罪公约（The Council of Europe' s Cybercrime Convention 2001）第二章“国家层面应采取的措施”第一节“实体刑法”第 3 目“与计算机有关的犯罪”第 9 条第 2 款则将儿童色情界定为以影像描述：（1）有未成年人参与的明显具有性意味的行为；（2）外表看起来像未成年人的人参与的明显具有性意味的行为；（3）逼真之虚拟未成年人参与的明显具有性意味的行为。[①]这里所指儿童和未成年人系指年龄未满 18 周岁的人。尽管这一规定对于概括地禁止儿童色情，从而更好地保护未成年人而言具有重要的意义，但是，将“外表看起来像未成年人的人”（a person appearing to be a minor）作为其保护对象，是否不当地扩大了相关法律的保护和打击范围则不无疑问。持肯定论者认为，将“外表看起来像未成年人的人”虽然未必是未成年人而有予以特别保护的必要，但是，由于法律之禁止儿童色情主要目的在于防止对儿童的性剥削和性虐待以及针对儿童的性犯罪，即便“外表看起来像未成年人的人”是成年人，但有参与具有明显性意味的行为，在外观上和心理上仍然能够使人误以为其是未成年人，从而仍可能诱发针对儿童的性犯罪，故此应当予以禁止。

不过，将儿童色情的范围及与“外表看起来像未成年人的人”，在那些法律上允许经营色情行业和出版物的国家中，本身也可能导致如下问题：一方面，色情表演或者性服务可能落入职业自由的保障范围，在这种情形下，以明文禁止描述“外表看起来像未成年人的人”参与的具有明显性意味的行为的物品，可能会影响其表演者、生产者以及销售者的合法权益；另一方面仅以物品中参与的具有明显性意味的行为的人“外表看起来像未成年人”而对生产者、销售者和持有者而进行处罚，显然也扩大了反儿童色情法律的打击范围，这也可能产生差别对待，即对其之处置不同于对那

① YamanAkdeniz, Internet Child Pornography and the Law: National and International Responses, Ashgate（2008）, P.10.

些生产、销售和持有描述仅有“看起来不像未成年人”的成年人参与的具有明显性意味的行为的物品的人的处置，而这种差别待遇显然不能认为具有合理的理由。就此而言，有必要进一步权衡禁止儿童色情立法所要保护的法益与其可能对个人职业自由等合法权益的干预是否合乎比例原则的要求。而就此而言，显然保护未成年人的权益保障应具有更高的比重，但是，一概地禁止描述有“看起来不像未成年人”的成年人参与的具有明显性意味的物品显然也并非对人民权利干预最小的手段，立法者宜应作进一步的改进。

5. 反恐[①]

恐怖主义对欧洲而言并非一个新兴的现象。近 30 年来，因为恐怖袭击活动，在英国、爱尔兰和西班牙等国已经导致近 5000 人丧生。早在 1999 年 10 月的芬兰坦佩雷高峰会议中，欧盟成员国元首根据阿姆斯特丹条约已经开始着手加强欧盟的反恐合作以及内政司法领域的协调。2000 年 5 月圣塔玛利亚费拉（Santa Maria da Feira）高峰会议后，欧洲议会再次重申打击恐怖主义以及反恐合作的重要性，并提出“联合行动”计划（Joint Action）表示将制定专业反恐的技能目录，设立欧洲司法网络，成立一个专门处理刑事犯罪机构以及提拨反恐怖主义的预算经费。2002 年 6 月 13 日，欧盟陆续提出了加强反恐以及实施欧盟拘捕令的架构决定。[②]2004 年西班牙马德里“3・11”连环爆炸事件后，英国、爱尔兰、法国和瑞典等四国率先向欧洲议会提议，把所有通讯与网络数据保存 1 至 3 年，以方便调查。不过，由于欧洲电信组织、人权组织和网络监督机构强烈反对，欧洲议会 2005 年 6 月以代价昂贵、技术复杂为由否决了此项提议。[③]不过，2005 年 11 月 30 日，欧盟正式提出了一份《欧盟反恐怖主义战略》，说明了欧盟反恐战略的目标与方法。2007 年 11 月又提出了新的反恐行动计划。2008 年则对 2002 年的

① 谢杰：《欧盟信息网络监管立法经验解析》，《网络安全》2010年第9期，第67–68页。

② 张台麟：《欧洲联盟推动共同反恐政策的发展与策略：兼论对台湾的影响和借镜》，第八届“恐怖主义与国家安全”学术研讨会，第56–57页。

③ 《欧盟批准电信反恐计划》，http://news.xinhuanet.com/world/2005-09/22/content_3526016.htm，2013年11月24日访问。

《反恐架构决定》作了修改，要求各成员国针对恐怖主义的网络宣传及训练等做法予以刑责，显示出了欧盟共同打击恐怖主义的共识和努力……而就网络反恐而言，欧盟于2006年就通过的《信息数据监管指引规则》具有重要的意义。该法的主要立法内容在于要求成员国控制与储存各类通讯信息数据，以此促进欧盟范围内刑事侦查的高度信息化，建构统一的通信服务平台监管信息网络数据。具体包括以下方面：

（1）明确了通讯数据的各项存储条件与要求。欧盟范围内的信息网络服务提供商存储各类电子信息数额（包括但不限于电话、电子邮件、书信、网络音频、视频信息、网络社区互动信息等）以备查询，信息存储期限为六个月至二年不等。

（2）拓展了非信息情报执法部门接触与持有信息的权限，如有可能存在的事实表明行为人使用电信、网络等实施恐怖犯罪、金融犯罪、有组织犯罪、危害公共安全犯罪、侵犯公民人身安全等“严重犯罪”，相关的刑事案件调查部门（警察、检察、国土安全、各类欧盟区际司法合作组织等）有权直接调取信息内容。

此外，欧盟还就互联网反恐的措施提出了一系列建议，具体包括在视窗和操作系统上安装报告键、加强对社会媒体的监督、扩大网络服务提供商信息共享、恐怖活动自动监测、更详细的记录、内容过滤以及网络实名制等，并且使用罕见的小语种以致安全部门的监听监视困难的，也可能被禁止。在此基础上，欧盟还敦促各成员国修改法律以执行和实施上述措施。不过，也有批评者主张，欧盟上述措施违反了民主原则，过度扩大了监听监视的范围，可能构成对公民隐私权和自由权的侵害，另外，过于严苛的政策，也可能导致所谓的寒蝉效应，窒碍互联网行业的发展。此外，就互联网的规制措施而言，早在1996年晚些时候，欧洲通讯委员会（European Commission Communication）就已经开始倡导一种全方位的综合手段，主要包括互联网供应商的自律、包括分级和过滤软件在内的技术手段、父母和教师的自觉措施、风险及控制风险可能性的资讯以及必要的国际合作。[①]这

---

① Yaman Akdeniz,The European Union and Illegal and Harmful Content on Internet, 3 J. C. L 32（1998）.

对欧盟各成员国的网络规制和立法产生了重要的影响，并且也取得很好的效果。

二 国外网络规制立法的启示

从以上介绍来看，国外网络规制立法尽管因为各国的法律文化和政治环境存在差异，其处置方式有所不同，但总的来说，互联网的发展给各国政府提出的问题大致是一样，并且由于宪法或者权利保护理念的发展，各国对互联网规制的基础和方式以及规制所应遵守的边界或许可以说是大同小异。具体如下：

（一）网络规制的基础

正如此前所指出的，随着互联网技术的发展和普及，其已经日益成为人民获得资讯、发表言论以及参政议政的重要平台；网络使用权作为传统的知情权、言论或者表达自由以及政治参与权的延伸，构成了人民基本权的重要内涵之一。对网络进行规制须有宪法和法律根据才可以为之。具体而言，必须基于维护公共利益、社会秩序或者第三人的权利和利益才可以对网络进行规制。纵观前述各国和欧盟网络规制的基础，大致如下：

1. 未成年人保护

“我们都曾经是儿童。我们都希望孩子们幸福，这一直是并将继续是人类最普遍珍视的愿望。”[①] 然而，正如我们所看到，这仅仅是“愿望”而已，现实中儿童作为一个弱势群体，其权利经常受到威胁和侵害。而随着因特网时代的到来，“互联网与未成年人保护”已经成为备受关注的话题之一：一方面，人们希望互联网能够得以健康发展，使之成为未成年人获取资讯、进行交流和接受教育的平台，促进其人格的形成和发展；另一方面，由于

① 联合国大会第二十七届特别会议：《我们儿童：世界儿童问题首脑会议后续行动十年期终审查》。

互联网天生的开放性、互动性、信息的无序性和跨国界性，网上内容良莠不分，网络黄毒、网络暴力、网络赌博、网络欺诈等非法信息大量存在，随时都可能侵害未成年人的身心健康；[①] 在某些情形下，互联网技术的滥用也可能威胁或者侵害未成年的权利和利益，如侵害儿童隐私、网络色情、网络诈骗等。其中，网络儿童色情的存在，不仅使得现实中某些未成年人成为性剥削和性虐待的受害者，损害未成年人的身心健康，并且，允许儿童色情在互联网上传播，也可能加剧前述未成年人处境的恶化，还可能滋生新的针对儿童的性犯罪。在这种情形下，如何对互联网进行规制以促进互联网的健康发展，同时更好地保护和实现未成年人的利益，换言之，如何在二者之间取得平衡，是世界各国面临的共同问题。从前述国家和地区的经验来看，互联网规制—未成年人保护一般包括如下两方面理由：

（1）防止未成年人接触到网上不良或者有害的信息，尤其是淫秽和暴力的信息，以保障未成年人身心健康。由于未成年人心智尚不成熟，其世界观、人生观和价值观处于形成阶段，具有较强的可塑性，在这种情形下，倘若使其暴露于互联网上的色情、暴力以及其他对未成年人有害的信息的影响之下，不仅可能对未成年人的身心健康造成不良影响，而且可致使未成年人的世界观、人生观和价值观发生扭曲，使之沉迷于网络，甚至诱发未成年人犯罪，如有些具有网瘾的未成年人可能因经济条件无法满足上网需要而实施盗窃、抢夺或者抢劫等违法行为，或者因受网络色情的影响而实施强奸等。就此而言，不仅有必要对网络进行必要的规制，以为未成年人创造一个良好的上网环境，也有必要对未成年人的上网行为积极进行引导，使之养成良好的网络使用习惯，将网络用于正常的交流、学习，从而促进其人生观、世界观和价值观的形成。

（2）杜绝儿童色情。正如此前所指出的，允许儿童成为色情信息的主题，不仅可能对儿童的身心健康造成影响，也可能滋生针对儿童的性和暴力犯罪。国际劳工组织《1999 年最恶劣形式的童工劳动公约》（第 182 号）

① 徐继强：《关于尽快制定我国互联网未成年人保护法的建议》，《天津市政法管理干部学院学报》2001年第4期，第15页。

（the Worst Forms of Child Labour Convention, 1999（No. 182））认为，就童工而言，儿童色情是最为恶劣的劳动形式。就此而言，儿童作为一个特殊的弱势群体，需要国家予以特别保护，而无疑国家对于保护儿童使之免受性虐待和性剥削无疑有着重要利益——儿童是未来的国家公民，其对国家的存续具有重要的意义，此外，于此国家也负有着法定义务。打击网络儿童色情一直以来是包括美国、英国、德国以及欧盟在内的世界各国网络规制立法的重要理由之一。各国对于网络儿童色情的打击范围和强度较之成人色情而言要高，在许多国家，不止制作和传播儿童色情的行为可能被课以刑罚，甚至储存儿童色情资料和浏览儿童色情网站和图片都可能被追究刑事责任。这是因为，虽然一般认为无论是成人色情还是儿童色情均属于不受保护的言论，但较之前者，儿童色情显然更不受法律保护。正是基于此，美国法院在审查对儿童色情的规制的法律和行政行为采取了更为宽松的标准，甚至对政府超出法律授权范围之外而对儿童色情加以限制也采取容忍的立场。

需要指出的是，和我国不同的，出于尊重和保护言论自由、意见自由的需要，西方国家对色情或者淫秽物品的认定一般采取较为严格的标准，只有那些普遍实行出版物的分级制度，对包含有成人内容的出版物的规制以及个人之获得此类出版物的规制相对我国要缓和许多。

2. 保护个人隐私和名誉权

随着信息科技的发展，尤其是电子化信息采集、存储、传递及分析的迅速发展，公共部门和私人部门通过使用和再使用信息，以提供更用户化的产品及服务的能力显著提高；然而，信息采集、分析能力的提高引起了公众对隐私权的担忧。[①] 当然，个人的隐私和名誉之外除可能受到公权力的侵犯外，也可能受到私人的侵害。为此，美国、英国、德国以及欧盟都制定了有关隐私和名誉权保护的法律。

3. 打击网络犯罪

因特网技术的发展和普及使人们的社会生活发生了深刻的变化，它已

---

① 张晶：《美国与德国隐私信息立法与政策框架的比较》，《电子政务》2008年第5期，第123页。

经越来越成为人们日常生活中不可或少的一部分，而日趋先进信息技术的迅猛发展除了给人民带来便利以及提高防范犯罪的能力外，也为犯罪提供了新的手段和工具，随着互联网的发展，互联网犯罪也日渐猖獗，而且犯罪手段也“日新月异”。就此而言，如何保护网络安全，尤其是保护人民的隐私、生命和财产安全，维持一个健康的网络环境和法律秩序，也成为各国政府迫切需要解决的问题。在这种情形下，各个国家都制定了相应的法律，授权本国政府对网络进行规制、监听、监视，上述各国与欧盟也不例外。

4. 保障国家安全

自“9·11”事件以来，恐怖主义已经成为各国共同关注的主要问题之一。正如有学者所指出的，网络恐怖主义是信息技术时代下兴起的新型恐怖主义形式，是传统恐怖主义向虚拟世界的延伸。网络恐怖主义本质是恐怖犯罪，具有破坏性强、手段残忍等恐怖主义共性，同时也是一种智能犯罪，是随信息技术发展而产生的“政治瘟疫”。[①] 为了防止互联网成为恐怖主义的宣传、联络、组织、培训及制造恐怖的工具，越来越多的国家通过了反恐怖主义立法，赋予政府更多权限（如监听监视），加强反恐的力度，确实也收到了一定效果；但从全球范围来看，恐怖主义活动仍然猖獗，反恐形势依然严峻。特别是随着互联网的普及和网络通信技术的发展，恐怖主义组织越来越多地利用互联网作为犯罪或者联络的手段。故而，美国、英国、德国以及欧盟为了保障国家安全以及人民的生命财产安全也都加大了对互联网的管制和监视。

5. 知识产权保护

一方面随着网络时代的到来，对知识产权保护法提出了新的要求，要求其扩大知识产权法的保护范围，以涵盖发表于网上的作品；另一方面，由于网络的发展，使得作品的使用、复制及传播变得更加方便、快捷和广泛。为此，对知识产权可能造成的侵害也远非传统的方式所能比拟。在这种情形下，对网络进行规制以保护知识产权也就变得十分必要。为此，美国、

① 樊彦芳：《防范利用网络实施恐怖犯罪是当前网络反恐重点》，《中国社会科学报》2012年9月3日，A-08法学版。

英国、德国以及欧盟等也加大了有关知识产权保护的立法，并将互联网上知识产权保护作为重点领域加以规范。

除上述理由外，电子商务和电子政府等相关领域的立法也日益丰富，但相较之上述理由而言，在这些领域里，传统的法律仍然具有很强的影响，能够有效地对之进行规制，为此，相对于前者，制定专门的法律予以规制的迫切性和必要性相对要弱些。

（二）网络规制的手段

从当下的情形来看，对网络的干预方式基本上与言论自由的干预相同，既可以通过事前的抑制（审查），也可以通过事后的抑制（追惩）对之进行限制。换言之，可以制定专门的网络规制立法，也可以通过既有的有关电视广播、出版以及其他言论规制的法律解释，使之及于互联网领域，从而对互联网相关行为加以调整。但是，从目前各国情况来看，鉴于互联网作为一种新兴的言论表达方式和途径较之传统的言论表达方式和途径有其特殊性，为此，多数国家除对既有的立法作扩大解释外，多积极地制定专门的网络规制方面的法律。除此之外，由于互联网的技术性和复杂性，各国也试图通过行业自律而促进互联网的健康发展。具体如下：

1. 立法

从美国、德国、英国以及欧盟的经验来看，网络规制立法一般都包括两个层级：一是狭义的法律，即立法机关制定的法律；二是行政法规或者规章，即，由有关行政机关根据网络规制法律的授权制定相应的实施细则。仅在例外情形下（如儿童色情），允许行政机关超越法律规定的范围而对网络进行规制。所以如此是因为互联网使用权（right to internet access）作为传统的知情权、言论或者表达自由以及政治参与权的延伸，具有与各传统权利一样的功能和重要性，这要求对网络使用权的限制予以严格的限制，更何况随着互联网的发展对知情权、言论或者表达自由以及政治参与权的实现所起的作用已不是传统的手段和方式——集会、报纸、书刊等所能比拟。为此，在各国，对互联网的规制都采取严格法律保留，即互联网规制必须通过立法方能为之；唯有如此，方能合乎民主原则和法治原则的要求。除了满足法律保留这一形式上的要件外，立法机关所制定的法律在内容上还应当符合具体、明确、可操作性等要求，以确保法律具有可预见性和安定性，从而更好地保障人民权利、限制公权力；反之，倘若法律规定过于抽象和概括，则可能使得行政机关享有过多的裁量空间，这就可能为不当限制人民的网络使用权大开方便之门。也正是基于此，美国联邦最高法院推翻了《通讯规范化》和《儿童在线保护法》等法律。

不过，即便以法律形式对网络规制作了具体和详细的规定，由于语言本身可能具有的模糊性和多义性、立法机关本身专业性不足及社会生活的发展和变化等原因，在必要情形下，仍需要授权行政机关对法律予以具体化，即，通过制定行政法规或者规章予以细化。不过，基于民主原则和法治原则的要求，此类授权应符合明确原则的要求，即，明确授权的目的和权限，并且行政机关对相关法律的细化应在法律规定和授权的范围内为之。

2. 行业自律

从前面介绍的情况来看，美国、英国、德国和欧盟都重视行业自律在网络规制上所具有的重要性；建立互联网行业自律机制，以规范行业从业者行为，促进和保障互联网行业健康发展也是包括这些国家和地区在内的各国和地区所普遍采取的一种方法。不过，需要指出的是，就国家—互联网行业—公民之间的关系，英美的行业自律与欧陆的行业自律之间存在较大的不同。在英美，互联网行业自律作为受规制的自律，其是政府和私人利益的调和，就此而言，可以说互联网行业的自律在一定意义上是政府根据宪法所确立的原则对互联网行业所作的间接调整；而在欧陆国家，受规制的互联网行业自律在一定程度上是源于国家保障社会经济基本权利实现的需要。互联网行业的程度和范围是由社会经济基本权的重要性所决定的。在这种情形下，互联网行业表现为两方面的结合：一方面是行业自律是市场行为人的主观自律，另一方面是国家保留了在必要情形下对互联网行业自律进行干预的可能性。

然而，不管国家—互联网行业—公民之间关系如何，目前各国之推进互联网行业自律主要是基于功能的考量。这是较之互联网行业自律而言，因为政府对互联网的规制受到法律、法律原则或者精神更多约束，且政府对网络上出现的问题的应对速度往往要落后于网络服务供应商以及电信服务供应商，除此之外，即便政府能够及时发现问题，由于行政措施的作出同时受到形式上的程序约束，仍有出现滞后的可能性。然而，通过促进互联网服务供应商的行业自律则具备诸多政府规制所不具有的有点：一方面互联网服务供应商拥有大量的高端的信息技术人才和设备，具有专业技术和设备上的优势，另一方面互联网供应商作为私人主体在网络规制上受到法律约束较之政府而言较小，能够更灵活且更自由地采取必要的措施，为此，能够更有效、更早地防止和限制不良和有害的信息。

3. 技术手段

为了限制互联网中不良信息和有害信息的传播甚至将之清除出去，一些国家的互联网信息发布机构、互联网服务供应商以及监督机构会对互联网上的信息进行分类标志，并推行互联网监控软件以对信息标志进行内容审查。倘若标志标明其内容不符合监控者的要求，则拒绝调用。[①] 从以上介绍来看，无论是美国、英国、德国抑或是欧盟层面都在一定程度上采用并推行过滤手段对互联网上的不良和有害信息进行过滤，尤其是儿童色情信息。

4. 加强国际合作

正如有的人所指出的，互联网具有隐蔽性、无国界性等特征，这为实施跨国犯罪提供了便利条件。相对于传统犯罪，互联网犯罪涉及范围更广、人员更多、手段更加隐蔽、侦破难度更大，而且其造成的损害与破坏性也是影响多个国家甚至世界性的。例如，据欧洲刑警组织统计，欧盟成员国公民因信用卡及金融卡被盗用，每年损失金额达 15 亿欧元。全球每天有超过 100 万人成为网络犯罪的受害者，全球网络犯罪的损失总计可能超过 3880 亿美元。[②] 为此，无论是在任何情形下，单靠一国的力量根本无法扼制网络色情、知识产权犯罪、网络经济犯罪、恐怖主义等犯罪行为，尤其是恐怖主义。就此而言，正如国际刑警组织全球创新综合机构（IGCI）执行总监中

① 张楚、肖毅敏：《国外信息网络立法概览与启示》，《信息网络安全》2001年第10期，第29页。

② 俞晓秋：《打击网络犯罪欧盟做法可鉴》，《中国国防报》2013年1月22日。

谷升所强调的，“在打击网络犯罪方面最大的一个挑战，是各国及地区的法律不同，而网络犯罪分子总是会在自己的物理位置之外的其他地方实施犯罪。要想成功打击网络犯罪，国际合作及国际立法必不可少”。[①] 为此，我国应进一步加强国内立法，并积极展开双边和多边合作以打击网络犯罪。

（二）网络规制的边界

网络的规制影响公民知情权、言论和表达自由的实现，而言论自由的本身不仅有助于公民人格的形成和发展、发现真理，而且其作为客观价值秩序，也有助于促进民主以及维持社会稳定，就此而言，对于网络的规制应避免对人民言论自由的过度限制。具体而言：网络规制应当具有正当的目的，仅在为了维护公共利益、社会秩序以及第三人的合法权利和利益之必要的情形下，才能够对言论自由进行限制；不能打着保护上述利益的幌子，实质上却追求通过网络规制手段打压不同政见的不正当目的；其次，网络规制应当符合比例原则的要求，即采取网络规制手段所要保障之法益与经由此而受到损害的法益之间应合乎比例。换言之，对网络的规制不能超出必要的限度，以致过度限制人民的网络使用权，例如，有些国家关于网络淫秽色情的立法过于宽泛，以致将安全性行为、妇科医学等内容也涵盖其中，不当地扩大了网络规制的范围。此外，尤其应当注意的是，对于网络使用权的规制，包括事后追惩，应当做到宽严适中，不能过于严苛，以致形成寒蝉效应，窒碍言路。

从以上分析来看，尽管美国、英国、德国以及欧盟等国家和地区的网络规制立法因为法律文化和政治环境的差异，处置方式有所不同，但总的而言，各国都面临着儿童色情、网络犯罪、个人隐私和名誉的保护、国家安全（反恐）、知识产权保护等诸多共同问题，为此，各国之间也相互学习借鉴，并采取了相似的应对方法，包括制定相应的网络法律、确立和完善

---

① 《综述：打击网络犯罪急需国际合作》，http://legal.people.com.cn/n/2013/0926/c188502-23043708.html，2013年11月24日访问。

行业自律机制以及采取一定技术手段对网络进行规制；需要特别指出的是，各国在对互联网进行规制的同时，也尽量避免过度侵害言论自由，以免产生寒蝉效应，减损网络作为言论平台的功能。就此而言，我国在网络规制立法上，应当注意以下问题：

（1）应当建立和健全网络立法。尽管就网络规制而言，我国目前也已经制定了一些法律法规，但总的而言，所制定的法律并不完善，多数是纲领性或者原则性的规定，比较粗糙，缺乏可操作性——并且一些立法本身的合法性也存在疑问。由于法律的细化需要委由司法解释和行政机关制定行政法规、规章以及实施细则而为之；我国不仅对授权立法缺乏事前监督和审查，并且在施行过程中一旦出现问题，在目前的体制之下也难以得到有效的救济。为此，倘若在立法层次上，不能对网络规制的内容、范围及程序加以详细的规定，以至于为司法机关和行政机关留下过多裁量空间，则不仅有违反法律保留原则的嫌疑，而且可能为司法机关和行政机关权力滥用大开方便之门。就此而言，应当进一步建立和健全网络立法，一方面可以为网络规制提供法律依据，另一方面也可以为人民网络使用权的行使提供必要的保障。

（2）应当推广和促进行业自律。在我国推广和促进网络服务供应商和电信服务供应商的行业自律，尤其是推动它们健全和完善各自的行业规范和伦理，对于互联网的健康成长同样也具有重要的作用。不过，与其他国家不同的是，在我国，如何在信息技术行业的自治和政府的监管之间取得协调具有更为重要的意义，这是因为：一方面，倘若政府过度介入，可能使得行业丧失其独立性，从而成为政府的附庸，窒碍互联网行业的发展和人民网络使用权的行使；另一方面，在目前，我国互联网产业的竞争性仍嫌不足，而且根据相关报道，某些问题（如淫秽色情信息以及所谓吸费短信）的根源仍在于电信服务提供商，就此而言，如果不能对之进行必要的干预，其结果也难以形成所谓的行业自律，甚至所谓自律可能被绑架，成为某些垄断企业排除竞争的利器。

（3）应当在网络规制和言论自由保护之间取得必要的平衡。在西方各国，虽然普遍赞同言论自由并非一项绝对不受限制的人权，但其作为民主社会中人民所享有一项重要基本人权，其理念和价值已经深入人心，在政治生活中也得到了较为精心的呵护；在这种情形下，政府对言论自由的限制也受到了严格的限制。而相比之下，在我国，虽然在规范上，宪法和法律为作为基本人权的言论自由提供了严密的保护，但在实践中，这种保护并未能得到充分落实，因言获罪的情形仍时有发生。此外，就网络色情而言，包括《刑法》、《互联网信息服务管理办法》、《新闻出版总署关于印发〈关于认定淫秽与色情声讯的暂行规定〉的通知》、《关于认定淫秽及色情出版物的暂行规定》等在内的一系列法律法规都对制作和传播淫秽和色情物品的行为都进行了规制，其中的部分法规对所谓“色情”和“淫秽”也作了明确的界定，如《关于认定淫秽及色情出版物的暂行规定》第 2 条将淫秽出版物界定为：“在整体上宣扬淫秽行为，具有下列内容之一，挑动人们的性欲，足以导致普通人腐化堕落，而又没有艺术价值或者科学价值的出版物：（一）淫亵性地具体描写性行为、性交及其心理感受；（二）公然宣扬色情淫荡形象；（三）淫亵性地描述或者传授性技巧；（四）具体描写乱伦、强奸或者其他性犯罪的手段、过程或者细节，足以诱发犯罪的；（五）具体描写少年儿童的性行为；（六）淫亵性地具体描写同性恋的性行为或者其他性变态行为，或者具体描写与性变态有关的暴力、虐待、侮辱行为；（七）其他令普通人不能容忍的对性行为淫亵性描写。”这一定义与美国联邦最高法院所确定的淫秽物品的标准基本一致。

附录一
国内外重要互联网相关法律、法规目录

一　中国互联网法律、司法解释、行政法规、部门规章、规范性文件、行业自治规范

（一）法律

1. 全国人民代表大会常务委员会关于维护互联网安全的决定

（全国人民代表大会常务委员会 2000 年 12 月 28 日发布。2011 年 1 月 8 日修订）

2. 中华人民共和国电子签名法

（主席令第 18 号　全国人民代表大会常务委员会 2004 年 8 月 28 日发布）

3. 中华人民共和国未成年人保护法

（主席令第 50 号　全国人民代表大会常务委员会 1991 年 9 月 4 日发布。2006 年 12 月 29 日第 1 次修订；2012 年 10 月 26 日第 2 次修正）

4.中华人民共和国广告法

（主席令第 34 号　全国人民代表大会常务委员会 1994 年 10 月 27 日发布）

5.中华人民共和国民法通则

（主席令第 37 号　全国人民代表大会常务委员会 1986 年 4 月 12 日发布，1987 年 1 月 1 日起施行；2009 年 8 月 27 日修改）

6.中华人民共和国合同法

（主席令第 15 号　全国人民代表大会常务委员会 1999 年 3 月 15 日发布）

7.中华人民共和国侵权责任法

（主席令第 21 号　全国人民代表大会常务委员会 2009 年 12 月 26 日发布，

自 2010 年 7 月 1 日起施行）

8.中华人民共和国著作权法

（主席令第 26 号 全国人民代表大会常务委员会 1990 年 9 月 7 日发布。2001 年 10 月 27 日第 1 次修正；2010 年 2 月 26 日 2012 年 3 月 31 日第 2 次修正）

9.中华人民共和国商标法

（主席令第 59 号 全国人民代表大会常务委员会 1982 年 8 月 23 日发布。1993 年 2 月 22 日第 1 次修正；2001 年 10 月 27 日第 2 次修正；2013 年 8 月 30 日第 3 次修正）

10.中华人民共和国反不正当竞争法

（主席令第 10 号 全国人民代表大会常务委员会 1982 年 9 月 2 日发布）

11.中华人民共和国反垄断法

（主席令第 68 号 全国人民代表大会常务委员会 2007 年 8 月 30 日发布）

12.中华人民共和国刑法

（主席令第 41 号 全国人民代表大会常务委员会 1997 年 3 月 14 日发布。1999 年 12 月 25 日第 1 次修正；2001 年 8 月 31 日第 2 次修正；2001 年 12 月 29 日第 3 次修正；2002 年 12 月 28 日第 4 次修正；2005 年 2 月 28 日第 5 次修正；2006 年 6 月 29 日第 6 次修正；2009 年 2 月 28 日第 7 次修正；2011 年 2 月 25 日第 8 次修正）

13.中华人民共和国预防未成年人犯罪法

（主席令第 17 号 全国人民代表大会常务委员会 1999 年 6 月 28 日发布。2012 年 10 月 26 日修正）

14．中华人民共和国刑事诉讼法

（主席令第 55 号 全国人民代表大会常务委员会 1979 年 7 月 1 日发布。1996 年 3 月 17 日第 1 次修正；2012 年 3 月 14 日第 2 次修正）

15.中华人民共和国民事诉讼法

（主席令第 75 号 全国人民代表大会常务委员会 1982 年 3 月 8 日发布。1991 年 4 月 9 日第 1 次修正；2007 年 10 月 28 日第 2 次修正，2012 年 8 月 31 日第 3 次修正）

16.中华人民共和国涉外民事关系法律适用法

（主席令第36号　全国人民代表大会常务委员会2010年10月28日发布）

17.中华人民共和国消费者权益保护法

（主席令第11号　全国人民代表大会常务委员会1993年10月31日发布。2009年8月27日第1次修正；2013年10月25日第2次修正）

18.中华人民共和国保守国家秘密法

（主席令第28号　全国人民代表大会常务委员会1988年9月5日发布。2010年4月29日修订）

19.中华人民共和国治安管理处罚法

（主席令第38号　全国人民代表大会常务委员会2005年8月28发布。2012年10月26日修正）

（二）司法解释

1．最高人民法院关于适用《中华人民共和国合同法》若干问题的解释（一）

（法释〔1999〕19号　最高人民法院1999年12月19日发布）

2．最高人民法院关于适用《中华人民共和国合同法》若干问题的解释（二）

（法释〔2009〕5号　最高人民法院2009年4月24日发布）

3．最高人民法院关于深圳市帝慧科技实业有限公司与连樟文等计算机软件著作权侵权纠纷案的函

（〔1999〕知监字第18号　函最高人民法院2000年4月7日发布）

4．最高人民法院关于审理涉及计算机网络域名民事纠纷案件适用法律若干问题的解释

（法释〔2001〕24号　最高人民法院2001年7月17日发布）

5．最高人民法院对《山东省高级人民法院关于济宁之窗信息有限公司网络链接行为是否侵犯录音制品制作者权、信息网络传播权及赔偿数额如何计算问题的请示》的答复

（〔2005〕民三他字第2号　最高人民法院2005年6月2日发布）

6．最高人民法院关于做好涉及网吧著作权纠纷案件审判工作的通知

（法发〔2010〕50号 最高人民法院2010年11月25日发布）

7．最高人民法院关于审理涉及驰名商标保护的民事纠纷案件应用法律若干问题的解释

（法释〔2009〕3号 最高人民法院2009年4月23日发布）

8．最高人民法院关于审理不正当竞争民事案件应用法律若干问题的解释

（法释〔2007〕2号 最高人民法院2007年1月12日发布）

9．最高人民法院关于审理因垄断行为引发的民事纠纷案件应用法律若干问题的规定

（法释〔2012〕5号 最高人民法院2012年5月3日发布）

10．最高人民法院关于审理非法出版物刑事案件具体应用法律若干问题的解释

（法释〔1998〕30号 最高人民法院1998年12月17日发布）

11．最高人民法院、最高人民检察院关于办理侵犯知识产权刑事案件具体应用法律若干问题的解释

（法释〔2004〕19号 最高人民法院、最高人民检察院2004年12月8日发布）

12．最高人民法院、最高人民检察院关于办理侵犯知识产权刑事案件具体应用法律若干问题的解释（二）

（法释〔2007〕6号 最高人民法院、最高人民检察院2007年4月5日发布）

13．最高人民法院、最高人民检察院关于办理侵犯著作权刑事案件具体应用法律若干问题的解释

（法释〔2005〕12号 最高人民法院、最高人民检察院2005年10月13日发布）

14．最高人民法院、最高人民检察院关于办理利用互联网、移动通讯终端、声讯台制作、复制、出版、贩卖、传播淫秽电子信息刑事案件具体应用法律若干问题的解释（一）

（法释〔2004〕11号 最高人民法院、最高人民检察院2004年9月3日发布）

15．最高人民法院、最高人民检察院关于办理利用互联网、移动通讯终端、声讯台制作、复制、出版、贩卖、传播淫秽电子信息刑事案件具体应用法律若干问题的解释（二）

（法释〔2010〕3号　最高人民法院、最高人民检察院2010年2月2日发布）

16．最高人民法院关于审理危害军事通信刑事案件具体应用法律若干问题的解释

（法释〔2007〕13号　最高人民法院2007年6月26日发布）

17．最高人民法院、最高人民检察院、公安部关于办理网络赌博犯罪案件适用法律问题的意见

（公通字〔2010〕40号　最高人民法院、最高人民检察院、公安部2010年8月31日发布）

19．最高人民法院、最高人民检察院关于办理危害计算机信息系统安全刑事案件应用法律若干问题的解释

（法释〔2011〕19号　最高人民法院、最高人民检察院2011年8月1日发布）

18．最高人民法院、最高人民检察院关于办理利用信息网络实施诽谤等刑事案件适用法律若干问题的解释

（法释〔2013〕21号　最高人民法院、最高人民检察院2013年9月9日发布）

19．最高人民法院关于审理侵害信息网络传播权民事纠纷案件适用法律若干问题的规定

（法释〔2012〕20号　2012年12月17日发布）

（三）行政法规

1．中华人民共和国计算机信息系统安全保护条例

（国务院令第147号　1994年2月18日发布）

2．计算机信息网络国际联网安全保护管理办法

（公安部令第33号　1997年12月30日发布。2011年1月8日修订）

3.中华人民共和国计算机信息网络国际联网管理暂行规定

（国务院令第 195 号 1996 年 2 月 1 日发布。1997 年 5 月 20 日修正）

4.国务院办公厅关于做好中央政府门户网站内容保障工作的意见

（国办发〔2005〕31 号 国务院办公厅 2005 年 6 月 2 日发布）

5.国务院办公厅关于进一步做好中央政府门户网站内容保障工作的意见

（国办发〔2006〕61 号 国务院办公厅 2006 年 9 月 7 日发布）

6.国务院办公厅关于加强政府网站建设和管理工作的意见

（国办发〔2006〕104 号 国务院办公厅 2006 年 12 月 29 日发布）

7.中华人民共和国电信条例

（国务院令第 291 号 国务院 2000 年 9 月 25 日发布）

8.互联网信息服务管理办法

（国务院令第 292 号 国务院 2000 年 9 月 25 日发布）

9.出版管理条例

（国务院令第 343 号 国务院 2001 年 12 月 25 日发布。2011 年 3 月 19 日修订）

10.国务院办公厅关于进一步加强互联网上网服务营业场所管理的通知

（国办发〔2001〕21 号 国务院办公厅 2001 年 4 月 3 日发布）

11.互联网上网服务营业场所管理条例

（国务院令 第363号 国务院 2002年9月29日发布。2011年1月8日修订）

12.计算机软件保护条例

（国务院令第 339 号 国务院 2001 年 12 月 20 日发布。2011 年 1 月 8 日第 1 次修订，2013 年 1 月 30 日第 2 次修订）

13.音像制品管理条例

（国务院令第 595 号 国务院 2001 年 12 月 25 日发布。2011 年 3 月 19 日修订）

14.中华人民共和国商标法实施条例

（国务院令 第 358 号 国务院 2002 年 8 月 3 日发布）

15.信息网络传播权保护条例

（国务院令第 468 号　2006 年 5 月 18 日发布。2013 年 1 月 30 日修订）

（四）部门规章、规范性文件

1.信息安全等级保护管理办法

（公通字〔2007〕43 号　公安部 国家保密局 国家密码保密局 国务院信息化工作办公室 2007 年 6 月 22 日发布）

2．电信网络运行监督管理办法

（工信部电管〔2009〕187 号　工业和信息化部 2009 年 4 月 24 日发布）

3．通讯网络安全防护管理办法

（工业和信息化部令第 11 号　工业和信息化部 2010 年 1 月 21 日发布）

4．金融机构计算机信息系统安全保护工作暂行规定

（公通字〔1998〕63 号　公安部中国人民银行 1998 年 8 月 31 日发布）

5．中华人民共和国公安部关于执行《计算机信息网络安全保护管理办法》中有关问题的通知

（公信安〔2000〕21 号　公安部 2000 年 2 月 13 日发布）

6．互联网安全保护技术措施规定

（公安部令第 82 号　公安部 2005 年 12 月 13 日发布）

7．计算机信息系统保密管理暂行规定

（国保发〔1998〕1 号　国家保密局 1998 年 2 月 26 日发布）

8．计算机信息系统国际互联网保密管理规定

（国保发〔1999〕10 号　国家保密局 1999 年 12 月 27 日发布）

9．工业和信息化部、国家质量监督检验检疫总局、中国人民银行等关于加强信息安全管理体系认证安全管理的通知

（工业部联协〔2010〕394 号　工业和信息化部、国家质量监督检验检疫总局、中国人民银行、国务院、国有资产监督管理委员会、国家保密局、国家认证认可监督管理委员会 2010 年 8 月 17 日发布）

10．涉及国家秘密的通信、办公自动化和计算机信息系统审批暂行办法

（中保办发〔1998〕6号　中央保密委员会办公室、国家保密局1998年10月27日发布）

11．公安部关于防病毒卡等产品属于计算机安全专用产品的批复

（公复字〔1995〕9号　公安部1995年12月11日发布）

12．计算机信息系统安全专用产品检测和销售许可证管理办法

（公安部令第32号　公安部1997年12月12日发布）

13．关于对出售没有申领销售许可证的计算机信息安全系统安全专用产品的单位进行处罚问题的批复

（公信安〔1999〕44号　公安部1999年3月12日发布）

14．计算机病毒防治管理办法

（公安部令第51号　公安部2000年4月26日发布）

15．关于对利用网络漏洞进行攻击但未造成危害后果的行为如何处罚的答复

（公信安〔2002〕486号　公安部公共信息网络安全监察局2002年9月27日发布）

16．关于信息安全等级保护工作的实施意见

（公通字〔2004〕66号　公安部、国家保密局、国家密码管理委员会办公室国务院信息化工作办公室2004年9月15日发布）

17．信息安全等级保护备案实施细则

（公信安〔2007〕1360号　公安部2007年10月26日发布）

18．木马和僵尸网络检测与处置机制

（公信部保〔2009〕157号　工业和信息化部2009年4月13日发布）

19．互联网网络安全信息通报实施办法

（公信部保〔2009〕156号　工业和信息化部2009年4月13日发布）

20．电信设备进网管理办法

（信息产业部令第11号　信息产业部2001年6月1日发布）

21．互联网IP地址备案管理办法

（信息产业部令第 34 号　信息产业部 2005 年 2 月 8 日发布）

22.电信服务规范

（信息产业部令第 36 号　信息产业部 2005 年 3 月 13 日发布）

23．中国教育和科研计算机网暂行管理办法

（教技〔1996〕55 号　教育部 1996 年 11 月 15 日发布）

24．公用电信网互联管理规定

（信息产业部令第 9 号　信息产业部 2001 年 5 月 10 日发布）

25．互联网骨干网间互联服务暂行规定

（信息产业部 2001 年 9 月 29 日发布）

26. 互联网骨干网间互联管理暂行规定

（信部电〔2001〕749 号　信息产业部 2001 年 10 月 8 日发布）

27．互联网骨干网间通信质量监督管理暂行办法

（信部电〔2008〕749 号　信息产业部 2008 年 1 月 1 日发布）

28．电信网间互联争议处理办法

（信息产业部令第 15 号　信息产业部 2001 年 11 月 19 日发布）

29．中国互联网络域名注册暂行管理办法

（国务院信息化领导小组 1997 年 6 月 1 日发布）

30.信息产业部关于从事域名注册服务经营者应具备条件法律适用解释的通告

（信部电〔2003〕498 号　信息产业部 2003 年 11 月 20 日发布）

31．中国互联网络域名管理办法

（信息产业部令第 30 号　信息产业部 2002 年 8 月 1 日发布；2004 年 1 月 5 日修订）

32．互联网电子邮件服务管理规定

（信息产业部令第 38 号　信息产业部 2006 年 2 月 20 日发布）

33．信息产业部关于调整中国互联网络域名体系的通告

（信部电〔2008〕172 号　信息产业部 2008 年 3 月 19 日发布）

34．工业和信息化部关于加强互联网域名系统安全保障工作的通知

（工信部保〔2010〕53 号　工业和信息化部 2010 年 1 月 30 日发布）

35．中文域名注册管理办法

（中国互联网信息中心 2000 年 11 月 1 日发布）

36．中国互联网络信息中心关于规范中文域名注册服务机构注册服务的通告

（中国互联网信息中心 2000 年 11 月 19 日发布）

37．中国互联网络信息中心域名注册服务机构认证办法

（中国互联网信息中心 2002 年 9 月 25 日发布）

38．中国互联网络信息中心域名争议解决办法

（中国互联网信息中心 2002 年 9 月 25 日发布。2006 年 2 月 14 日修订）

39．中国互联网络信息中心域名争议解决办法程序规则

（中国互联网信息中心 2002 年 9 月 30 日发布。2006 年 3 月 17 日第一次修订；2007 年 9 月 25 日第二次修订）

40．中国互联网络信息中心域名注册实施细则

（中国互联网信息中心 2009 年 6 月 5 日发布）

41．中国互联网络信息中心无线网址争议解决办法

（中国互联网信息中心 2010 年 7 月 29 日发布修订）

42．互联网站管理工作细则

（信部电〔2005〕501 号　信息产业部 2005 年 10 月 25 日发布）

43．互联网站管理协调工作方案

（信部联电〔2006〕121 号　中共中央宣传部、信息产业部、国务院新闻办公室、教育部、文化部、卫生部、公安部、国家安全部、商务部、国家广播电影电视总局、新闻出版总署、国家保密局、国家共商行政管理总局、国家食品药品监督管理局、中国科学院、总参谋部通信部 2006 年 2 月 17 日发布）

44．广电总局办公厅关于严格规范广播电视节目保护个人隐私的通知

（广办发宣字〔2009〕71 号　国家广播电影电视总局办公厅 2009 年 4 月 13 日发布）

45．个人信用信息基础数据库管理暂行办法

（中国人民银行令〔2005〕第3号 中国人民银行2005年8月18日发布）

46．互联网销售彩票管理暂行办法

（财综〔2010〕83号 财政部2010年9月26日发布）

47．互联网电子公告服务管理规定

（信息产业部令第3号 信息产业部2000年11月6日发布）

48．信息产业部关于进一步做好互联网信息服务电子公告服务审批管理工作的通知

（信部电〔2001〕166号 信息产业部2001年3月7日发布）

49．非经营性互联网信息服务备案管理办法

（信息产业部令第33号 信息产业部2005年2月8日发布）

50．电子认证服务管理办法

（工业和信息化部令第1号 工业和信息化部2009年2月28日发布）

51．电信业务经营许可管理办法

（工业和信息化部令第5号 工业和信息化部2009年3月1日发布）

52．国家测绘局关于导航电子地图管理有关规定的通知

（国测图字〔2007〕7号 国家测绘局2007年11月19日发布）

53．关于加强互联网地图和地理信息服务网站监管的意见

（国测图字〔2008〕1号 国家测绘局、外交部、公安部、信息产业部、国家工商行政管理总局、新闻出版总署、国务院新闻办公室、国家保密局2008年2月25日发布）

54．国家测绘局关于加强互联网地图管理工作的通知

（国测图发〔2009〕6号 国家测绘局2009年12月28日发布）

55．国家测绘局关于印发互联网地图服务专业标准的通知

（国测图发〔2010〕14号 国家测绘局1995年7月9日发布。2000年8月29日第1次修订；2004年2月16日第2次修订；2010年5月10日第3次修订）

56．国家工商行政管理总局、信息产业部关于禁止发布含有不良内容声讯、短信息等电信信息服务广告的通知

（工商广字〔2005〕22 号　国家工商行政管理总局、信息产业部 2005 年 1 月 26 日发布）

57．国家广电总局关于加强影视播放机构和互联网等信息网络播放DV片管理的通知

（国家广播电影电视总局 2004 年 5 月 24 日发布）

58.广播电视视频点播业务管理办法

（国家广播电影电视总局令第 39 号　国家广播电影电视总局 2004 年 7 月 6 日发布）

59．互联网等信息网络传播视听节目管理办法

（国家广播电影电视总局令第 35 号　国家广播电影电视总局 2004 年 7 月 6 日发布）

60．互联网视听节目服务管理规定

（国家广播电影电视总局、信息产业部令第 56 号　国家广播电影电视总局、信息产业部 2007 年 12 月 20 日发布）

61．广电总局关于加强互联网传播影视剧管理的通知

（国家广播电影电视总局 2007 年 12 月 28 日发布）

62．广电总局关于加强互联网视听节目内容管理的通知

（国家广播电影电视总局 2009 年 3 月 31 日发布）

63．广电总局关于加强以电视机为接受终端的互联网视听节目服务管理有关问题的通知

（国家广播电影电视总局 2009 年 8 月 11 日发布）

64．关于加强互联网证券期货讯息、广告宣传等专业性视听节目服务管理的通知

（广电总局广发〔2009〕68号　国家广播电影电视总局2009年9月6日发布）

65．互联网视听节目服务业务分类目录（试行）

（国家广播电影电视总局通告第 3 号　国家广播电影电视总局 2010 年 3 月 17 日发布）

66．互联网药品信息服务管理办法

（国家食品药品监督管理局令第 9 号　国家食品药品监督管理局 2004 年 7 月 8 日发布）

67．关于贯彻执行《互联网药品信息服务管理办法》有关问题的通知

（国食药品监市〔2004〕340 号　国家食品药品监督管理局 2004 年 7 月 12 日发布）

68．互联网药品交易服务审批暂行规定

（国食药品监市〔2005〕480 号　国家食品药品监督管理局 2005 年 9 月 29 日发布）

69．互联网站从事登载新闻业务管理暂行规定

（国务院新闻办公室、信息产业部 2000 年 11 月 6 日发布）

70．互联网新闻信息服务管理办法

（国务院新闻办公室、信息产业部令第 37 号　国务院新闻办公室、信息产业部 2005 年 9 月 25 日发布）

71．教育网站和网校暂行管理办法

（教技〔2000〕5 号　教育部 2000 年 7 月 5 日发布）

72．高等学校计算机网络电子公告服务管理规定

（教社政〔2001〕10 号　教育部 2001 年 11 月 21 日发布）

73．互联网医疗保健信息服务管理办法

（卫生部令第 66 号　卫生部 2009 年 5 月 1 日发布）

74．文化部关于音像制品网上经营活动有关问题的通知

（文市发〔2000〕12 号　文化部 2000 年 3 月 17 日发布）

75．文化部关于网络音乐发展和管理的若干意见

（文市发〔2006〕32 号　文化部 2006 年 11 月 20 日发布）

76．文化部关于加强和改进网络音乐内容审查工作的通知

（文市发〔2009〕31 号　文化部 2009 年 8 月 18 日发布）

77．互联网文化管理暂行规定

（文化部令第 51 号　文化部 2011 年 2 月 17 日发布）

78．新闻出版总署、公安部、国家工商行政管理总局、信息产业部关于规范利用互联网从事印刷经营活动的通知

（新出联〔2007〕8号　新闻出版总署、公安部、国家工商行政管理总局、信息产业部2007年8月1日发布）

79．电子出版物出版管理规定

（新闻出版总署令第34号　新闻出版总署2008年2月21日发布）

80．新闻出版总署、国家版权局、全国“扫黄打非”工作小组办公室关于贯彻落实国务院《“三定”规定》和中央编办有关解释，进一步加强网络游戏前置审批和进口网络游戏审批管理的通知

（新出联〔2009〕13号　新闻出版总署、国家版权局、全国“扫黄打非”工作小组办公室2009年9月28日发布）

81．关于依法依规将电子书纳入审批管理的通知

（新出厅发〔2010〕4号　新闻出版总署2010年10月9日发布）

82．新闻出版总署关于促进出版物网络发行健康发展的通知

（新出字〔2010〕520号　新闻出版总署2010年12月7日发布）

83．电子支付指引（第一号）

（中国人民银行公告〔2010〕第2号　中国人民银行2010年6月14日发布）

84．非金融机构支付服务管理办法

（中国人民银行公告〔2005〕第23号　中国人民银行2005年10月26日发布）

85．非金融机构支付服务管理办法实施细则

（中国人民银行公告〔2010〕第17号　中国人民银行2010年12月1日发布）

86．非金融机构支付服务业务系统检测认证管理规定

（中国人民银行公告〔2011〕第14号　中国人民银行2011年6月16日发布）

87．国家税务总局关于个人通过网络买卖虚拟货币取得收入征收个人所得税问题的批复

（国税函〔2008〕第818号　国家税务总局2008年9月28日发布）

88．文化部、信息产业部关于网络游戏发展和管理的若干意见

（文化部、信息产业部 2005 年 7 月 12 日发布）

89．文化部办公厅关于规范进口游戏网络产品内容审查申报工作的公告

（文化部 2009 年 4 月 24 日发布）

90．文化部、商务部关于加强网络游戏虚拟货币管理工作的通知

（文市发〔2009〕20 号　文化部、商务部 2009 年 6 月 4 日发布）

91．网络游戏管理暂行办法

（文化部令第 49 号　文化部 2010 年 6 月 3 日发布）

92．文化部关于贯彻实施《网络游戏管理暂行办法》的通知

（文化部 2010 年 7 月 29 日发布）

93．文化部文化市场司关于《关于网络游戏内测或公测是否构成上网运营的请示》

（文市函〔2010〕92 号　文化部 2010 年 10 月 11 日发布）

94．新闻出版总署、国家版权局关于落实国务院归口审批电子和互联网游戏出版物决定的通知

（新闻出版总署 2004 年 7 月 27 日发布）

95．关于禁止利用网络游戏从事赌博活动的通知

（新出音〔2005〕25 号　新闻出版总署 2005 年 1 月 11 日发布）

96．新闻出版总署关于加强对进口网络游戏审批管理的通知

（新出厅字〔2009〕266 号　新闻出版总署 2009 年 7 月 1 日发布）

97．公安部关于对网吧下载安全管理系统是否属于安全技术措施等问题的答复

（公信安〔2005〕66 号　公安部 2005 年 1 月 20 日发布）

98．国家版权局关于网吧下载提供“外挂”是否承担法律责任的意见

（国权办〔2004〕19 号　国家版权局 2004 年 4 月 16 日发布）

99．国务院法制办公室对《关于将网吧列入公共场所卫生管理范围的紧急请示》的答复

（国法秘函〔2003〕98 号　国务院法制办公室 2003 年 5 月 16 日发布）

100．国务院法制办公室对《文化部关于提请解释〈互联网上网服务营业场所管理条例〉有关条文的函》的复函

（国法秘函〔2003〕118号 国务院法制办公室2003年6月16日发布）

101．文化部关于加强互联网上网服务营业场所连锁经营管理的通知

（文市发〔2003〕15号 文化部2003年4月22日发布）

102．文化部、国家工商行政管理总局、公安部、信息产业部、教育部、财政部、国务院法制办公室、中央文明办、共青团中央关于进一步深化网吧管理工作的通知

（文市发〔2005〕10号 文化部、国家工商行政管理总局、公安部、信息产业部、教育部、财政部、国务院法制办公室、中央文明办、共青团中央2005年5月26日发布）

103．文化部、国家工商行政管理总局、公安部关于网吧管理工作有关问题的通知

（文市发〔2008〕25号 文化部、国家工商行政管理总局、公安部2008年7月7日发布）

104．网吧连锁企业认证管理办法

（文市发〔2009〕35号 文化部2009年9月7日发布）

105．中央机构编制委员会办公室、信息产业部、公安部、文化部、国家工商行政管理总局关于计算机信息网络经营服务场所和电子游戏厅管理职责分工的通知

106．国家版权局关于对出版和复制境外电子出版物和计算机软件进行著作权授权合同登记和认证的通知

（中编办发〔2001〕7号 中央机构编制委员会办公室、信息产业部、公安部、文化部、国家工商行政管理总局2001年3月2日发布）

107．计算机软件著作权登记办法

（国家版权局令第1号 国家版权局2002年2月20日发布）

108．互联网著作权行政保护办法

（国家版权局、信息产业部〔2005〕令第5号 国家版权局、信息产业

部 2005 年 4 月 29 日发布）

109．著作权行政处罚实施办法

（国家版权局令第 6 号　国家版权局 2009 年 5 月 7 日发布）

110．规范互联网信息服务市场秩序若干规定

（工业和信息化部令第 20 号　工业和信息化部 2011 年 12 月 20 日发布）

111．国家工商行政管理总局关于网站在提供网上购物服务中从事有奖销售活动是否构成不正当竞争行为问题的答复

（工商公字〔2004〕第 46 号　国家工商行政管理总局 2004 年 3 月 17 日发布）

112．商务部反垄断局关于经营者集中申报的指导意见

（商务部反垄断局 2009 年 1 月 5 日发布）

113．公安部关于计算机犯罪案件管辖分工问题的通知

（工通字〔2000〕63 号　公安部 2000 年 7 月 25 日发布）

114．电子信息产业发展基金管理办法

（财建〔2007〕866 号　公安部 2007 年 12 月 10 日发布）

115．国家发展改革委办公厅、工业和信息化部办公厅关于进一步做好电子信息产业振兴和技术改造项目组织工作的通知

（发改办高技〔2009〕1817 号　国家发展改革委办公厅、工业和信息化部办公厅 2009 年 9 月 3 日发布）

116．商务部关于促进网络购物健康发展的指导意见

（商商贸发〔2010〕239 号　商务部 2010 年 6 月 24 日发布）

117．商务部关于加快流通领域电子商务发展的意见

（商商贸发〔2009〕540 号　商务部 2009 年 11 月 30 日发布）

118. 商务部关于促进电子商务规范发展的意见

（商改发〔2007〕490 号　商务部 2007 年 12 月 13 日发布）

119．新闻出版总署关于加快我国数字出版产业发展的若干意见

（新出政发〔2010〕7 号　新闻出版总署 2010 年 8 月 16 日发布）

120．新闻出版总署关于发展电子书产业的意见

（新出政发〔2010〕9 号　新闻出版总署 2010 年 10 月 9 日发布）

121．国家工商行政管理总局关于电子商务网站登记问题的答复

（工商企字〔2002〕第 92 号　国家工商行政管理总局 2002 年 4 月 22 日发布）

122．国家工商行政管理总局关于电子商务登记有关问题的答复

（工商企字〔2002〕第 258 号　国家工商行政管理总局 2002 年 11 月 1 日发布）

123．网络商品交易及有关服务行为管理暂行办法

（国家工商行政管理总局令第 49 号　国家工商行政管理总局 2010 年 5 月 31 日发布）

124．商务部关于网上交易的指导意见（暂行）

（商务部公告〔2007〕第 19 号　商务部 2007 年 3 月 6 日发布）

125．商务部关于规范网络购物促销行为的通知

（商商贸发〔2011〕3 号　商务部 2011 年 1 月 5 日发布）

126．电信和互联网用户个人信息保护规定

（工业和信息化部令〔2013〕第 24 号　工业和信息化部 2013 年 7 月 16 日发布）

127．网络发票管理办法

（国家税务总局令第 30 号　国家税务总局 2013 年 2 月 25 日发布）

（五）行业自治规范

1. 中国互联网协会反垃圾邮件规范

（中国互联网协会 2003 年 2 月 25 日发布）

2. 互联网站禁止传播淫秽、色情等不良信息自律规范

（中国互联网协会 2004 年 6 月 10 日发布）

3. 搜索引擎服务商抵制违法和不良信息自律规范

（中国互联网协会、互联网新闻信息服务工作委员会 2004 年 12 月 22 日发布）

4. 中国互联网网络版权自律公约

（中国互联网协会 2005 年 9 月 3 日发布）

5. 抵制恶意软件自律公约

（中国互联网协会 2006 年 12 月 27 日发布）

6. 博客服务自律公约

（中国互联网协会 2007 年 8 月 21 日发布）

7. 绿色网络文化产品评价标准（试行）

（中国互联网协会 2007 年 8 月 21 日发布）

8. 互联网影视版权合作及保护规则

（中国互联网协会网络版权工作委员会、中国电影著作权协会、中国广播电视协会电视制片委员会 2010 年 4 月 26 日发布）

9. 中国互联网协会关于抵制非法网络公关行为的自律公约

（中国互联网协会 2011 年 5 月 16 日发布）

10.中国无线电互联网行业诚信自律同盟章程

（中国无线互联网行业诚信自律同盟 2004 年 9 月 15 日发布）

11．互联网等信息网络传播视听节目管理办法

（国家广播电影电视总局 2004 年 7 月 6 日发布）

12．中国互联网行业自律公约

（中国互联网协会 2002 年 3 月 26 日发布）

二　国外互联网部分重要法律法规目录

1. 电子商务示范法（1996 年；联合国国际贸易法委员会）
2. 电子签名示范法（2000 年；联合国国际贸易法委员会）
3. 电子通信隐私法令（1986 年；美国）
4. 通信内容端正法案（又译《通讯规范法》，1996 年；美国）
5. 儿童色情预防法（1997 年；美国）
6. 儿童在线保护法案（ 1997 年；美国）
7. 全球电子商务框架（1997 年；美国）
8. 千禧年数位版权法（1998 年；美国）

9. 反域名抢注法案（1999 年；美国）

10. 儿童互联网保护法（2000 年；美国）

11. 电子政务法案（2002 年；美国）

12. 控制未经请求的淫秽信息和营销信息法案（2003 年；美国）

13. 多媒体法（1997 年；德国）

14. 广播电视和电信媒体中人格保护及少年保护国家合同（2002 年；德国）

15. 3R 安全规则（1996 年；英国）

16. 数据保护法（1998 年；英国）

17. 通信监控法（2000 年；英国）

18. 信息自由法（2000 年；英国）

19. 电子通讯法（2000 年；英国）

20. 电子商务规章（2000 年；英国）

21.（苏格兰）信息自由法（2002 年；英国）

22. 通讯法（2003 年；英国）

23. 隐私和电子通讯规章（2003 年；英国）

24. 通讯法（ 2000 年；英国）

25. 电子签名规章（2002 年；英国）

26. 公共领域信息再利用规章（2005 年；英国）

27. 数位经济法（2010 年；英国）

28 . 信息安全框架决议（1992 年；欧盟）

29. 电子通讯数据保护指令（1996 年；欧盟）

30. 私有数据保密法（1998 年；欧盟）

31. 保护未成年人和人权尊严建议（1998 年；欧盟）

32. Internet 上个人隐私权保护的一般原则（1999 年；欧盟）

33. 关于 Internet 上软件、硬件进行的不可见的和自动化的个人数据处理的建议（1999 年；欧盟）

34. 信息公路上个人数据收集、处理过程中个人权利保护指南（1999 年；欧盟）

35. 儿童色情框架决定（2004 年；欧盟）

36. 打击信息系统犯罪的框架决议（2005 年；欧盟）

37. 信息数据监管指引规则（2006 年；欧盟）

38. 菲勒修正案（1996 年；法国）

39. 关于保护行政机关保留的利用电子计算机处理的个人信息的法律（1989 年；日本）

40. 关于使用电子计算机制作的国税有关账簿文件的保存方法等之特例的法律（1998 年；日本）

41. 关于公开行政机关所保留的信息的法律（1999 年；日本）

42. 部分修改住民基本台账法的法律（1999 年；日本）

43. 关于为犯罪搜查而进行通信监听的法律（1999 年；日本）

44. 关于禁止不正当接入等的法律（1999 年；日本）

45. 关于部分修改商业登记法等的法律（2000 年；日本）

46. 关于电子签名以及认证业务的法律（2000 年；日本）

47. 建立高度信息通信互联网社会的基本法（IT 基本法）（2000 年；日本）

48. 部分修改商法等的法律案（2000 年；日本）

49. 伴随着施行部分修改商法等的法律而出现的调整相关法律的法案（2001 年；日本）

50. 关于部分修改不正当竞争防止法的法律案（2001 年；日本）

51. 关于限制特定电子通信劳务提供者之损害赔偿责任以及公布发信者信息的法律案（2001 年；日本）

52. 关于利用电子化记录或投票机进行地方公共团体议会议员或议长的投票方法等特例的法律（2001 年；日本）

53. 数字签名及认证法（2001 年 4 月正式生效；日本）

54. 关于部分修改有关特定商务法律施行规则的省令（2002 年；日本）

55. 行政程序中与信息通信技术之应用有关的法律（2002 年；日本）

56. 伴随着施行在行政程序等中与信息通信技术之应用有关的法律而出现的相关法律之调整（2002 年；日本）

57. 关于与电子签名有关的地方公共团体的认证业务的法律（2002 年；日本）

58. 关于保护行政机关保留的个人信息的法律（2003 年；日本）

59. 关于保护个人信息的法律（2003 年；日本）

60. 国际互联网管理办法（1996 年；新加坡）

61. 计算机犯罪法（1997 年；新加坡）

62. 版权法修正案（1997 年；新加坡 ）

63. 远程医疗法（1997 年； 新加坡）

64. 数字签名法（1997 年；新加坡）

65. 通讯与多媒体法（1998 年；新加坡）

66. 电子交易法（1998 年；新加坡）

67. 电子商务法（1998 年；新加坡）

68. 电子商务基本法（1999 年；韩国）

69. 对公众机构的公众档案管理条例（1999 年；韩国）

70. 缩小数字鸿沟条例（2001 年；韩国）

71. 为了构建电子政府而促进行政业务电子化的相关法律（2001 年；韩国）

72. 促进信息化基本法（2005 年；韩国）

73. 促进使用信息通信网络及信息保护关联法（2006 年；韩国）

74. 1992 年广播服务法（1992 年；澳大利亚）

75. 出版、电影和电脑游戏分级法（1995 年；澳大利亚）

76. 广播服务（在线服务）修正案（1999 年；澳大利亚）

77. 2005 年刑事立法（与通信和其他有关的违法行为）修正案（2005 年；澳大利亚）

78. 2005 年刑法典（自杀内容有关的刑事违法）（2005 年；澳大利亚）

79. 联邦信息、信息化和信息保护法（1995 年；俄罗斯）

80. 统一电子商务法（1999 年； 加拿大）

81. 数字签名法（1997 年；马来西亚 ）

82. 电子政府活动法（2007 年； 马来西亚）

83. 电子商务支持法（1998 年； 印度）

84. 电子政务法（2009 年；阿联酋）

85. 数字签名法（1997 年；意大利）

86. 公共领域电子送达与联络法（2003 年；芬兰）

87. 电子政府法（2004 年；奥地利）

88. 电子政务法（2007 年；保加利亚）

附录二
国内部分重要互联网法律、法规全文

1. 全国人大常委会关于维护互联网安全的决定
2. 中华人民共和国电子签名法
3. 中华人民共和国计算机信息网络国际联网管理暂行规定
4. 互联网出版管理暂行规定
5. 信息网络传播权保护条例（2013 年修订）
6. 互联网电子公告服务管理规定
7. 关于互联网站从事登载新闻业务管理暂行规定
8. 互联网药品信息服务管理办法
9. 互联网医疗保健信息服务管理办法
10. 互联网安全保护技术措施规定
11. 互联网 IP 地址备案管理办法
12. 个人信用信息基础数据库管理暂行办法
13. 互联网骨干网网间互联服务暂行规定
14. 互联网骨干网网间通信质量监督管理暂行办法
15. 互联网文化管理暂行规定
16. 互联网著作权行政保护办法
17. 电信和互联网用户个人信息保护规定
18. 规范互联网信息服务市场秩序若干规定
19. 网络发票管理办法
20. 最高人民法院、最高人民检察院关于办理利用互联网、移动通讯终

端、声讯台制作、复制、出版、贩卖、传播淫秽电子信息刑事案件具体应用法律若干问题的解释

21. 最高人民法院、最高人民检察院关于办理利用互联网、移动通讯终端、声讯台制作、复制、出版、贩卖、传播淫秽电子信息刑事案件具体应用法律若干问题的解释（二）

22. 最高人民法院、最高人民检察院关于办理利用信息网络实施诽谤等刑事案件适用法律若干问题的解释

23. 最高人民法院关于审理侵害信息网络传播权民事纠纷案件适用法律若干问题的规定

24. 中国互联网协会反垃圾邮件规范

25. 互联网站禁止传播淫秽、色情等不良信息自律规范

26. 中国互联网网络版权自律公约

27. 中国互联网行业自律公约

28. 中国互联网络信息中心无线网址争议解决办法（2010 年修订）

29. 互联网终端软件服务行业自律公约

30. 电子商务示范法（联合国国际贸易法委员会）

31. 电子签名示范法（联合国国际贸易法委员会）

32. 数位经济法（英国）

33. 电子交易法（澳大利亚）

34. 儿童网络保护法（美国）

35. 千禧年数位版权法（美国）

全国人大常委会关于维护互联网安全的决定

（2000年12月28日第九届全国人民代表大会常务委员会第十九次会议通过）

我国的互联网，在国家大力倡导和积极推动下，在经济建设和各项事业中得到日益广泛的应用，使人们的生产、工作、学习和生活方式已经开

始并将继续发生深刻的变化，对于加快我国国民经济、科学技术的发展和社会服务信息化进程具有重要作用。同时，如何保障互联网的运行安全和信息安全问题已经引起全社会的普遍关注。为了兴利除弊，促进我国互联网的健康发展，维护国家安全和社会公共利益，保护个人、法人和其他组织的合法权益，特作如下决定：

一、为了保障互联网的运行安全，对有下列行为之一，构成犯罪的，依照刑法有关规定追究刑事责任：

（一）侵入国家事务、国防建设、尖端科学技术领域的计算机信息系统；

（二）故意制作、传播计算机病毒等破坏性程序，攻击计算机系统及通信网络，致使计算机系统及通信网络遭受损害；

（三）违反国家规定，擅自中断计算机网络或者通信服务，造成计算机网络或者通信系统不能正常运行。

二、为了维护国家安全和社会稳定，对有下列行为之一，构成犯罪的，依照刑法有关规定追究刑事责任：

（一）利用互联网造谣、诽谤或者发表、传播其他有害信息，煽动颠覆国家政权、推翻社会主义制度，或者煽动分裂国家、破坏国家统一；

（二）通过互联网窃取、泄露国家秘密、情报或者军事秘密；

（三）利用互联网煽动民族仇恨、民族歧视，破坏民族团结；

（四）利用互联网组织邪教组织、联络邪教组织成员，破坏国家法律、行政法规实施。

三、为了维护社会主义市场经济秩序和社会管理秩序，对有下列行为之一，构成犯罪的，依照刑法有关规定追究刑事责任：

（一）利用互联网销售伪劣产品或者对商品、服务作虚假宣传；

（二）利用互联网损害他人商业信誉和商品声誉；

（三）利用互联网侵犯他人知识产权；

（四）利用互联网编造并传播影响证券、期货交易或者其他扰乱金融秩序的虚假信息；

（五）在互联网上建立淫秽网站、网页，提供淫秽站点链接服务，或者传播淫秽书刊、影片、音像、图片。

四、为了保护个人、法人和其他组织的人身、财产等合法权利，对有下列行为之一，构成犯罪的，依照刑法有关规定追究刑事责任：

（一）利用互联网侮辱他人或者捏造事实诽谤他人；

（二）非法截获、篡改、删除他人电子邮件或者其他数据资料，侵犯公民通信自由和通信秘密；

（三）利用互联网进行盗窃、诈骗、敲诈勒索。

五、利用互联网实施本决定第一条、第二条、第三条、第四条所列行为以外的其他行为，构成犯罪的，依照刑法有关规定追究刑事责任。

六、利用互联网实施违法行为，违反社会治安管理，尚不构成犯罪的，由公安机关依照《治安管理处罚条例》予以处罚；违反其他法律、行政法规，尚不构成犯罪的，由有关行政管理部门依法给予行政处罚；对直接负责的主管人员和其他直接责任人员，依法给予行政处分或者纪律处分。

利用互联网侵犯他人合法权益，构成民事侵权的，依法承担民事责任。

七、各级人民政府及有关部门要采取积极措施，在促进互联网的应用和网络技术的普及过程中，重视和支持对网络安全技术的研究和开发，增强网络的安全防护能力。有关主管部门要加强对互联网的运行安全和信息安全的宣传教育，依法实施有效的监督管理，防范和制止利用互联网进行的各种违法活动，为互联网的健康发展创造良好的社会环境。从事互联网业务的单位要依法开展活动，发现互联网上出现违法犯罪行为和有害信息时，要采取措施，停止传输有害信息，并及时向有关机关报告。任何单位和个人在利用互联网时，都要遵纪守法，抵制各种违法犯罪行为和有害信息。人民法院、人民检察院、公安机关、国家安全机关要各司其职，密切配合，依法严厉打击利用互联网实施的各种犯罪活动。要动员全社会的力量，依靠全社会的共同努力，保障互联网的运行安全与信息安全，促进社会主义精神文明和物质文明建设。

中华人民共和国电子签名法

（2004年8月28日第十届全国人民代表大会
常务委员会第十一次会议通过）

第一章　总则

第一条　为了规范电子签名行为，确立电子签名的法律效力，维护有关各方的合法权益，制定本法。

第二条　本法所称电子签名，是指数据电文中以电子形式所含、所附用于识别签名人身份并表明签名人认可其中内容的数据。

本法所称数据电文，是指以电子、光学、磁或者类似手段生成、发送、接收或者储存的信息。

第三条　民事活动中的合同或者其他文件、单证等文书，当事人可以约定使用或者不使用电子签名、数据电文。

当事人约定使用电子签名、数据电文的文书，不得仅因为其采用电子签名、数据电文的形式而否定其法律效力。

前款规定不适用下列文书：

（一）涉及婚姻、收养、继承等人身关系的；

（二）涉及土地、房屋等不动产权益转让的；

（三）涉及停止供水、供热、供气、供电等公用事业服务的；

（四）法律、行政法规规定的不适用电子文书的其他情形。

第二章　数据电文

第四条　能够有形地表现所载内容，并可以随时调取查用的数据电文，视为符合法律、法规要求的书面形式。

第五条　符合下列条件的数据电文，视为满足法律、法规规定的原件形式要求：

（一）能够有效地表现所载内容并可供随时调取查用；

（二）能够可靠地保证自最终形成时起，内容保持完整、未被更改。但是，在数据电文上增加背书以及数据交换、储存和显示过程中发生的形式变化不影响数据电文的完整性。

第六条　符合下列条件的数据电文，视为满足法律、法规规定的文件保存要求：

（一）能够有效地表现所载内容并可供随时调取查用；

（二）数据电文的格式与其生成、发送或者接收时的格式相同，或者格式不相同但是能够准确表现原来生成、发送或者接收的内容；

（三）能够识别数据电文的发件人、收件人以及发送、接收的时间。

第七条　数据电文不得仅因为其是以电子、光学、磁或者类似手段生成、发送、接收或者储存的而被拒绝作为证据使用。

第八条　审查数据电文作为证据的真实性，应当考虑以下因素：

（一）生成、储存或者传递数据电文方法的可靠性；

（二）保持内容完整性方法的可靠性；

（三）用以鉴别发件人方法的可靠性；

（四）其他相关因素。

第九条　数据电文有下列情形之一的，视为发件人发送：

（一）经发件人授权发送的；

（二）发件人的信息系统自动发送的；

（三）收件人按照发件人认可的方法对数据电文进行验证后结果相符的。

当事人对前款规定的事项另有约定的，从其约定。

第十条　法律、行政法规规定或者当事人约定数据电文需要确认收讫的，应当确认收讫。发件人收到收件人的收讫确认时，数据电文视为已经收到。

第十一条　数据电文进入发件人控制之外的某个信息系统的时间，视为该数据电文的发送时间。

收件人指定特定系统接收数据电文的，数据电文进入该特定系统的时间，视为该数据电文的接收时间；未指定特定系统的，数据电文进入收件人的任何系统的首次时间，视为该数据电文的接收时间。

当事人对数据电文的发送时间、接收时间另有约定的，从其约定。

第十二条　发件人的主营业地为数据电文的发送地点，收件人的主营业地为数据电文的接收地点。没有主营业地的，其经常居住地为发送或者接收地点。

当事人对数据电文的发送地点、接收地点另有约定的，从其约定。

第三章　电子签名与认证

第十三条　电子签名同时符合下列条件的，视为可靠的电子签名：

（一）电子签名制作数据用于电子签名时，属于电子签名人专有；

（二）签署时电子签名制作数据仅由电子签名人控制；

（三）签署后对电子签名的任何改动能够被发现；

（四）签署后对数据电文内容和形式的任何改动能够被发现。

当事人也可以选择使用符合其约定的可靠条件的电子签名。

第十四条　可靠的电子签名与手写签名或者盖章具有同等的法律效力。

第十五条　电子签名人应当妥善保管电子签名制作数据。电子签名人知悉电子签名制作数据已经失密或者可能已经失密时，应当及时告知有关各方，并终止使用该电子签名制作数据。

第十六条　电子签名需要第三方认证的，由依法设立的电子认证服务提供者提供认证服务。

第十七条　提供电子认证服务，应当具备下列条件：

（一）具有与提供电子认证服务相适应的专业技术人员和管理人员；

（二）具有与提供电子认证服务相适应的资金和经营场所；

（三）具有符合国家安全标准的技术和设备；

（四）具有国家密码管理机构同意使用密码的证明文件；

（五）法律、行政法规规定的其他条件。

第十八条　从事电子认证服务，应当向国务院信息产业主管部门提出申请，并提交符合本法第十七条规定条件的相关材料。国务院信息产业主管部门接到申请后经依法审查，征求国务院商务主管部门等有关部门的意见后，自接到申请之日起四十五日内作出许可或者不予许可的决定。予以许可的，颁发电子认证许可证书；不予许可的，应当书面通知申请人并告知理由。

申请人应当持电子认证许可证书依法向工商行政管理部门办理企业登记手续。

取得认证资格的电子认证服务提供者，应当按照国务院信息产业主管部门的规定在互联网上公布其名称、许可证号等信息。

第十九条　电子认证服务提供者应当制定、公布符合国家有关规定的电子认证业务规则，并向国务院信息产业主管部门备案。

电子认证业务规则应当包括责任范围、作业操作规范、信息安全保障措施等事项。

第二十条　电子签名人向电子认证服务提供者申请电子签名认证证书，应当提供真实、完整和准确的信息。

电子认证服务提供者收到电子签名认证证书申请后，应当对申请人的身份进行查验，并对有关材料进行审查。

第二十一条　电子认证服务提供者签发的电子签名认证证书应当准确无误，并应当载明下列内容：

（一）电子认证服务提供者名称；

（二）证书持有人名称；

（三）证书序列号；

（四）证书有效期；

（五）证书持有人的电子签名验证数据；

（六）电子认证服务提供者的电子签名；

（七）国务院信息产业主管部门规定的其他内容。

第二十二条　电子认证服务提供者应当保证电子签名认证证书内容在有效期内完整、准确，并保证电子签名依赖方能够证实或者了解电子签名认证证书所载内容及其他有关事项。

第二十三条　电子认证服务提供者拟暂停或者终止电子认证服务的，应当在暂停或者终止服务九十日前，就业务承接及其他有关事项通知有关各方。

电子认证服务提供者拟暂停或者终止电子认证服务的，应当在暂停或者终止服务六十日前向国务院信息产业主管部门报告，并与其他电子认证服务提供者就业务承接进行协商，作出妥善安排。

电子认证服务提供者未能就业务承接事项与其他电子认证服务提供者达成协议的，应当申请国务院信息产业主管部门安排其他电子认证服务提供者承接其业务。

电子认证服务提供者被依法吊销电子认证许可证书的，其业务承接事项的处理按照国务院信息产业主管部门的规定执行。

第二十四条　电子认证服务提供者应当妥善保存与认证相关的信息，信息保存期限至少为电子签名认证证书失效后五年。

第二十五条　国务院信息产业主管部门依照本法制定电子认证服务业的具体管理办法，对电子认证服务提供者依法实施监督管理。

第二十六条　经国务院信息产业主管部门根据有关协议或者对等原则核准后，中华人民共和国境外的电子认证服务提供者在境外签发的电子签名认证证书与依照本法设立的电子认证服务提供者签发的电子签名认证证书具有同等的法律效力。

第四章　法律责任

第二十七条　电子签名人知悉电子签名制作数据已经失密或者可能已经失密未及时告知有关各方、并终止使用电子签名制作数据，未向电子认证服务提供者提供真实、完整和准确的信息，或者有其他过错，给电子签名依赖方、电子认证服务提供者造成损失的，承担赔偿责任。

第二十八条　电子签名人或者电子签名依赖方因依据电子认证服务提供者提供的电子签名认证服务从事民事活动遭受损失，电子认证服务提供者不能证明自己无过错的，承担赔偿责任。

第二十九条　未经许可提供电子认证服务的，由国务院信息产业主管部门责令停止违法行为；有违法所得的，没收违法所得；违法所得三十万元以上的，处违法所得一倍以上三倍以下的罚款；没有违法所得或者违法所得不足三十万元的，处十万元以上三十万元以下的罚款。

第三十条　电子认证服务提供者暂停或者终止电子认证服务，未在暂停或者终止服务六十日前向国务院信息产业主管部门报告的，由国务院信息产业主管部门对其直接负责的主管人员处一万元以上五万元以下的罚款。

第三十一条　电子认证服务提供者不遵守认证业务规则、未妥善保存与认证相关的信息，或者有其他违法行为的，由国务院信息产业主管部门责令限期改正；逾期未改正的，吊销电子认证许可证书，其直接负责的主管人员和其他直接责任人员十年内不得从事电子认证服务。吊销电子认证许可证书的，应当予以公告并通知工商行政管理部门。

第三十二条　伪造、冒用、盗用他人的电子签名，构成犯罪的，依法追究刑事责任；给他人造成损失的，依法承担民事责任。

第三十三条　依照本法负责电子认证服务业监督管理工作的部门的工作人员，不依法履行行政许可、监督管理职责的，依法给予行政处分；构成犯罪的，依法追究刑事责任。

第五章　附则

第三十四条　本法中下列用语的含义：

（一）电子签名人，是指持有电子签名制作数据并以本人身份或者以其所代表的人的名义实施电子签名的人；

（二）电子签名依赖方，是指基于对电子签名认证证书或者电子签名的信赖从事有关活动的人；

（三）电子签名认证证书，是指可证实电子签名人与电子签名制作数据有联系的数据电文或者其他电子记录；

（四）电子签名制作数据，是指在电子签名过程中使用的，将电子签名与电子签名人可靠地联系起来的字符、编码等数据；

（五）电子签名验证数据，是指用于验证电子签名的数据，包括代码、口令、算法或者公钥等。

第三十五条　国务院或者国务院规定的部门可以依据本法制定政务活动和其他社会活动中使用电子签名、数据电文的具体办法。

第三十六条　本法自 2005 年 4 月 1 日起施行。

中华人民共和国计算机信息网络国际联网管理暂行规定

（１９９６年2月1日中华人民共和国国务院令１９５号发布
根据１９９７年5月２０日《国务院关于修改〈中华人民共和国计算机信息网络国际联网管理暂行规定〉的决定》修正）

第一条　为了加强对计算机信息网络国际联网的管理，保障国际计算机信息交流的健康发展，制定本规定。

第二条　中华人民共和国境内的计算机信息网络进行国际联网，应当依照本规定办理。

第三条　本规定下列用语的含义是：

（一）计算机信息网络国际联网（以下简称国际联网），是指中华人民共和国境内的计算机信息网络为实现信息的国际交流，同外国的计算机信息网络相联接。

（二）互联网络，是指直接进行国际联网的计算机信息网络；互联单位，是指负责互联网络运行的单位。

（三）接入网络，是指通过接入互联网络进行国际联网的计算机信息网络；接入单位，是指负责接入网络运行的单位。

第四条　国家对国际联网实行统筹规划、统一标准、分级管理、促进发展的原则。

第五条　国务院信息化工作领导小组（以下简称领导小组），负责协调、解决有关国际联网工作中的重大问题。

领导小组办公室按照本规定制定具体管理办法，明确国际出入口信道提供单位、互联单位、接入单位和用户的权利、义务和责任，并负责对国际联网工作的检查监督。

第六条　计算机信息网络直接进行国际联网，必须使用邮电部国家公用电信网提供的国际出入口信道。

任何单位和个人不得自行建立或者使用其他信道进行国际联网。

第七条　已经建立的互联网络，根据国务院有关规定调整后，分别由邮电部、电子工业部、国家教育委员会和中国科学院管理。

新建互联网络，必须报经国务院批准。

第八条　接入网络必须通过互联网络进行国际联网。

接入单位拟从事国际联网经营活动的，应当向有权受理从事国际联网经营活动申请的互联单位主管部门或者主管单位申请领取国际联网经营许可证；未取得国际联网经营许可证的，不得从事国际联网经营业务。

接入单位拟从事非经营活动的，应当报经有权受理从事非经营活动申请的互联单位主管部门或者主管单位审批；未经批准的，不得接入互联网络进行国际联网。

申请领取国际联网经营许可证或者办理审批手续时，应当提供其计算机信息网络的性质、应用范围和主机地址等资料。

国际联网经营许可证的格式，由领导小组统一制定。

第九条　从事国际联网经营活动的和从事非经营活动的接入单位都必须具备下列条件：

（一）是依法设立的企业法人或者事业法人；

（二）具有相应的计算机信息网络、装备以及相应的技术人员和管理人员；

（三）具有健全的安全保密管理制度和技术保护措施；

（四）符合法律和国务院规定的其他条件。

接入单位从事国际联网经营活动的，除必须具备本条前款规定条件外，还应当具备为用户提供长期服务的能力。

从事国际联网经营活动的接入单位的情况发生变化，不再符合本条第一款、第二款规定条件的，其国际联网经营许可证由发证机构予以吊销；从事非经营活动的接入单位的情况发生变化，不再符合本条第一款规定条件的，其国际联网资格由审批机构予以取消。

第十条　个人、法人和其他组织（以下统称用户）使用的计算机或者计算机信息网络，需要进行国际联网的，必须通过接入网络进行国际联网。

前款规定的计算机或者计算机信息网络，需要接入网络的，应当征得接入单位的同意，并办理登记手续。

第十一条　国际出入口信道提供单位、互联单位和接入单位，应当建立相应的网络管理中心，依照法律和国家有关规定加强对本单位及其用户的管理，做好网络信息安全管理工作，确保为用户提供良好、安全的服务。

第十二条　互联单位与接入单位，应当负责本单位及其用户有关国际联网的技术培训和管理教育工作。

第十三条　从事国际联网业务的单位和个人，应当遵守国家有关法律、行政法规，严格执行安全保密制度，不得利用国际联网从事危害国家安全、泄露国家秘密等违法犯罪活动，不得制作、查阅、复制和传播妨碍社会治安的信息和淫秽色情等信息。

第十四条　违反本规定第六条、第八条和第十条的规定的，由公安机关责令停止联网，给予警告，可以并处15000元以下的罚款；有违法所得的，没收违法所得。

第十五条　违反本规定，同时触犯其他有关法律、行政法规的，依照有关法律、行政法规的规定予以处罚；构成犯罪的，依法追究刑事责任。

第十六条　与台湾、香港、澳门地区的计算机信息网络的联网，参照本规定执行。

第十七条　本规定自发布之日起施行。

互联网出版管理暂行规定

中国新闻出版总署、中国信息产业部令（第17号）

第一章　总则

第一条　为了加强对互联网出版活动的管理，保障互联网出版机构的合法权益，促进我国互联网出版事业健康、有序地发展，根据《出版管理条例》和《互联网信息服务管理办法》，制定本规定。

第二条　从事互联网出版活动应当遵守宪法和有关法律、法规，坚持为人民服务、为社会主义服务的方向，传播和积累一切有益于提高民族素质、推动经济发展、促进社会进步的思想道德、科学技术和文化知识，丰富人民的精神生活。

第三条　在中华人民共和国境内从事互联网出版活动，适用本规定。

第四条　新闻出版总署负责监督管理全国互联网出版工作，其主要职责是：

（一）制定全国互联网出版规划，并组织实施；

（二）制定互联网出版管理的方针、政策和规章；

（三）制定全国互联网出版机构总量、结构和布局的规划，并组织实施；

（四）对互联网出版机构实行前置审批；

（五）依据有关法律、法规和规章，对互联网出版内容实施监管，对违反国家出版法规的行为实施处罚。

省、自治区、直辖市新闻出版行政部门负责本行政区域内互联网出版的日常管理工作，对本行政区域内申请从事互联网出版业务者进行审核，对本行政区域内违反国家出版法规的行为实施处罚。

第五条　本规定所称互联网出版，是指互联网信息服务提供者将自己创作或他人创作的作品经过选择和编辑加工，登载在互联网上或者通过互联网发送到用户端，供公众浏览、阅读、使用或者下载的在线传播行为。其作品主要包括：

（一）已正式出版的图书、报纸、期刊、音像制品、电子出版物等出版物内容或者在其他媒体上公开发表的作品；

（二）经过编辑加工的文学、艺术和自然科学、社会科学、工程技术等方面的作品。

本规定所称互联网出版机构，是指经新闻出版行政部门和电信管理机构批准，从事互联网出版业务的互联网信息服务提供者。

第二章　行政审批与监督管理

第六条　从事互联网出版活动，必须经过批准。未经批准，任何单位或个人不得开展互联网出版活动。

互联网出版机构依法从事互联网出版活动，任何组织和个人不得干扰、阻止和破坏。

第七条　从事互联网出版业务，除符合《互联网信息服务管理办法》规定的条件以外，还应当具备以下条件：

（一）有确定的出版范围；

（二）有符合法律、法规规定的章程；

（三）有必要的编辑出版机构和专业人员；

（四）有适应出版业务需要的资金、设备和场所。

第八条　申请从事互联网出版业务，应当由主办者向所在地省、自治区、直辖市新闻出版行政部门提出申请，经省、自治区、直辖市新闻出版行政部门审核同意后，报新闻出版总署审批。

第九条　申请从事互联网出版业务，应提交以下材料：

（一）新闻出版总署统一制发的《互联网出版业务申请表》；

（二）机构章程；

（三）资金来源、数额及其信用证明；

（四）主要负责人或者法定代表人及主要编辑、技术人员的专业职称证明和身份证明；

（五）工作场所使用证明。

第十条　新闻出版行政部门应当自受理申请之日起60日内，做出批准或者不批准的决定，并由所在地省、自治区、直辖市新闻出版行政部门书面通知主办者；不批准的，应当说明理由。

第十一条　互联网出版业务经批准后，主办者应当持新闻出版行政部门的批准文件到省、自治区、直辖市电信管理机构办理相关手续。

第三章　互联网出版机构的权利和义务

第十二条　互联网出版机构，应当在其网站主页上标明新闻出版行政部门批准文号。

第十三条　互联网出版机构改变名称、主办者，合并或者分立，应当依据本规定第八条、第九条的规定办理变更手续，并应持新闻出版行政部门的批准文件到省、自治区、直辖市电信管理机构办理相应的手续。

第十四条　互联网出版机构终止互联网出版业务，主办者应当自终止互联网出版业务之日起 30 日内到所在地省、自治区、直辖市新闻出版行政部门办理注销手续，并报新闻出版总署备案。同时，到相关省、自治区、直辖市电信管理机构办理互联网信息服务业务经营许可证的变更或注销手续。

第十五条　互联网出版机构自登记之日起满 180 日未开展互联网出版活动的，由原登记的新闻出版行政部门注销登记，并向新闻出版总署备案。同时，向相关省、自治区、直辖市电信管理机构通报。

第十六条　互联网出版机构出版涉及国家安全、社会安定等方面的重大选题，应当依照重大选题备案的规定，报新闻出版总署备案。未经备案的重大选题，不得出版。

第十七条　互联网出版不得载有以下内容：

（一）反对宪法确定的基本原则的；

（二）危害国家统一、主权和领土完整的；

（三）泄露国家秘密、危害国家安全或者损害国家荣誉和利益的；

（四）煽动民族仇恨、民族歧视，破坏民族团结，或者侵害民族风俗、习惯的；

（五）宣扬邪教、迷信的；

（六）散布谣言，扰乱社会秩序，破坏社会稳定的；

（七）宣扬淫秽、赌博、暴力或者教唆犯罪的；

（八）侮辱或者诽谤他人，侵害他人合法权益的；

（九）危害社会公德或者民族优秀文化传统的；

（十）有法律、行政法规和国家规定禁止的其他内容的。

第十八条　以未成年人为对象的互联网出版内容不得含有诱发未成年人模仿违反社会公德的行为和违法犯罪的行为的内容，以及恐怖、残酷等妨害未成年人身心健康的内容。

第十九条　互联网出版的内容不真实或不公正，致使公民、法人或者其他组织合法利益受到侵害的，互联网出版机构应当公开更正，消除影响，并依法承担民事责任。

第二十条　互联网出版机构发现所登载或者发送的作品含有本规定第十七条、第十八条所列内容之一的，应当立即停止登载或者发送，保存有关记录，并向所在地省、自治区、直辖市新闻出版行政部门报告并同时抄报新闻出版总署。

第二十一条　互联网出版机构应当实行编辑责任制度，必须有专门的编辑人员对出版内容进行审查，保障互联网出版内容的合法性。互联网出版机构的编辑人员应当接受上岗前的培训。

第二十二条　互联网出版机构应当记录备份所登载或者发送的作品内容及其时间、互联网地址或者域名，记录备份应当保存60日，并在国家有关部门依法查询时，予以提供。

第二十三条　从事互联网出版活动，应当遵守国家有关著作权的法律、法规，应当标明与所登载或者发送作品相关的著作权记录。

第四章　罚则

第二十四条　未经批准，擅自从事互联网出版活动的，由省、自治区、直辖市新闻出版行政部门或者新闻出版总署予以取缔，没收从事非法出版活动的主要设备、专用工具及违法所得，违法经营额1万元以上的，并处违法经营额5倍以上10倍以下罚款；违法经营额不足1万元的，并处1万元以上5万元以下罚款。

第二十五条　违反本规定第十二条的，由省、自治区、直辖市新闻出版行政部门或者新闻出版总署予以警告，并处5000元以上5万元以下罚款。

第二十六条　违反本规定第十六条的，责令停止登载或者发送未经备案的重大选题作品，由省、自治区、直辖市新闻出版行政部门或者新闻出版总署予以警告，并处1万元以上5万元以下罚款；情节严重的，责令限期停业整顿或者撤销批准。

第二十七条　互联网出版机构登载或者发送本规定第十七条、第十八条禁止内容的，由省、自治区、直辖市新闻出版行政部门或者新闻出版总署没收违法所得，违法经营额1万元以上的，并处违法经营额5倍以上10倍以下罚款；违法经营额不足1万元的，并处1万元以上5万元以下罚款；情节严重的，责令限期停业整顿或者撤销批准。

第二十八条　违反本规定第二十二条的，由省、自治区、直辖市电信管理机构责令改正；情节严重的，责令停业整顿或者暂时关闭网站。

第五章　附则

第二十九条　本规定施行前按照国家有关规定已经从事互联网出版活动的，应当自本规定施行之日起60日内依据本规定第八条、第九条的规定办理审批手续。

第三十条　本规定自2002年8月1日起施行。

信息网络传播权保护条例（2013年修订）

2006年5月18日中华人民共和国国务院令第468号公布
根据2013年1月30日《国务院关于修改〈信息网络传播权保护条例〉的决定》修订

第一条　为保护著作权人、表演者、录音录像制作者（以下统称权利人）的信息网络传播权，鼓励有益于社会主义精神文明、物质文明建设的作品的创作和传播，根据《中华人民共和国著作权法》（以下简称著作权法），制定本条例。

第二条　权利人享有的信息网络传播权受著作权法和本条例保护。除法律、行政法规另有规定的外，任何组织或者个人将他人的作品、表演、录音录像制品通过信息网络向公众提供，应当取得权利人许可，并支付报酬。

第三条　依法禁止提供的作品、表演、录音录像制品，不受本条例保护。

权利人行使信息网络传播权，不得违反宪法和法律、行政法规，不得损害公共利益。

第四条　为了保护信息网络传播权，权利人可以采取技术措施。

任何组织或者个人不得故意避开或者破坏技术措施，不得故意制造、进口或者向公众提供主要用于避开或者破坏技术措施的装置或者部件，不得故意为他人避开或者破坏技术措施提供技术服务。但是，法律、行政法规规定可以避开的除外。

第五条　未经权利人许可，任何组织或者个人不得进行下列行为：

（一）故意删除或者改变通过信息网络向公众提供的作品、表演、录音录像制品的权利管理电子信息，但由于技术上的原因无法避免删除或者改变的除外；

（二）通过信息网络向公众提供明知或者应知未经权利人许可被删除或者改变权利管理电子信息的作品、表演、录音录像制品。

第六条　通过信息网络提供他人作品，属于下列情形的，可以不经著作权人许可，不向其支付报酬：

（一）为介绍、评论某一作品或者说明某一问题，在向公众提供的作品中适当引用已经发表的作品；

（二）为报道时事新闻，在向公众提供的作品中不可避免地再现或者引用已经发表的作品；

（三）为学校课堂教学或者科学研究，向少数教学、科研人员提供少量已经发表的作品；

（四）国家机关为执行公务，在合理范围内向公众提供已经发表的作品；

（五）将中国公民、法人或者其他组织已经发表的、以汉语言文字创作的作品翻译成的少数民族语言文字作品，向中国境内少数民族提供；

（六）不以赢利为目的，以盲人能够感知的独特方式向盲人提供已经发表的文字作品；

（七）向公众提供在信息网络上已经发表的关于政治、经济问题的时事性文章；

（八）向公众提供在公众集会上发表的讲话。

第七条　图书馆、档案馆、纪念馆、博物馆、美术馆等可以不经著作权人许可，通过信息网络向本馆馆舍内服务对象提供本馆收藏的合法出版的数字作品和依法为陈列或者保存版本的需要以数字化形式复制的作品，不向其支付报酬，但不得直接或者间接获得经济利益。当事人另有约定的除外。

前款规定的为陈列或者保存版本需要以数字化形式复制的作品，应当是已经损毁或者濒临损毁、丢失或者失窃，或者其存储格式已经过时，并且在市场上无法购买或者只能以明显高于标定的价格购买的作品。

第八条　为通过信息网络实施九年制义务教育或者国家教育规划，可以不经著作权人许可，使用其已经发表作品的片断或者短小的文字作品、音乐作品或者单幅的美术作品、摄影作品制作课件，由制作课件或者依法取得课件的远程教育机构通过信息网络向注册学生提供，但应当向著作权人支付报酬。

第九条　为扶助贫困，通过信息网络向农村地区的公众免费提供中国公民、法人或者其他组织已经发表的种植养殖、防病治病、防灾减灾等与扶助贫困有关的作品和适应基笔者化需求的作品，网络服务提供者应当在提供前公告拟提供的作品及其作者、拟支付报酬的标准。自公告之日起30日内，著作权人不同意提供的，网络服务提供者不得提供其作品；自公告之日起满30日，著作权人没有异议的，网络服务提供者可以提供其作品，并按照公告的标准向著作权人支付报酬。网络服务提供者提供著作权人的作品后，著作权人不同意提供的，网络服务提供者应当立即删除著作权人的作品，并按照公告的标准向著作权人支付提供作品期间的报酬。

依照前款规定提供作品的，不得直接或者间接获得经济利益。

第十条　依照本条例规定不经著作权人许可、通过信息网络向公众提供其作品的，还应当遵守下列规定：

（一）除本条例第六条第一项至第六项、第七条规定的情形外，不得提供作者事先声明不许提供的作品；

（二）指明作品的名称和作者的姓名（名称）；

（三）依照本条例规定支付报酬；

（四）采取技术措施，防止本条例第七条、第八条、第九条规定的服务对象以外的其他人获得著作权人的作品，并防止本条例第七条规定的服务对象的复制行为对著作权人利益造成实质性损害；

（五）不得侵犯著作权人依法享有的其他权利。

第十一条　通过信息网络提供他人表演、录音录像制品的，应当遵守本条例第六条至第十条的规定。

第十二条　属于下列情形的，可以避开技术措施，但不得向他人提供避开技术措施的技术、装置或者部件，不得侵犯权利人依法享有的其他权利：

（一）为学校课堂教学或者科学研究，通过信息网络向少数教学、科研人员提供已经发表的作品、表演、录音录像制品，而该作品、表演、录音录像制品只能通过信息网络获取；

（二）不以赢利为目的，通过信息网络以盲人能够感知的独特方式向盲人提供已经发表的文字作品，而该作品只能通过信息网络获取；

（三）国家机关依照行政、司法程序执行公务；

（四）在信息网络上对计算机及其系统或者网络的安全性能进行测试。

第十三条　著作权行政管理部门为了查处侵犯信息网络传播权的行为，可以要求网络服务提供者提供涉嫌侵权的服务对象的姓名（名称）、联系方式、网络地址等资料。

第十四条　对提供信息存储空间或者提供搜索、链接服务的网络服务提供者，权利人认为其服务所涉及的作品、表演、录音录像制品，侵犯自己的信息网络传播权或者被删除、改变了自己的权利管理电子信息的，可以向该网络服务提供者提交书面通知，要求网络服务提供者删除该作品、表演、录音录像制品，或者断开与该作品、表演、录音录像制品的链接。通知书应当包含下列内容：

（一）权利人的姓名（名称）、联系方式和地址；

（二）要求删除或者断开链接的侵权作品、表演、录音录像制品的名称和网络地址；

（三）构成侵权的初步证明材料。

权利人应当对通知书的真实性负责。

第十五条　网络服务提供者接到权利人的通知书后，应当立即删除涉嫌侵权的作品、表演、录音录像制品，或者断开与涉嫌侵权的作品、表演、录音录像制品的链接，并同时将通知书转送提供作品、表演、录音录像制品的服务对象；服务对象网络地址不明、无法转送的，应当将通知书的内容同时在信息网络上公告。

第十六条　服务对象接到网络服务提供者转送的通知书后，认为其提供的作品、表演、录音录像制品未侵犯他人权利的，可以向网络服务提供者提交书面说明，要求恢复被删除的作品、表演、录音录像制品，或者恢复与被断开的作品、表演、录音录像制品的链接。书面说明应当包含下列内容：

（一）服务对象的姓名（名称）、联系方式和地址；

（二）要求恢复的作品、表演、录音录像制品的名称和网络地址；

（三）不构成侵权的初步证明材料。

服务对象应当对书面说明的真实性负责。

第十七条　网络服务提供者接到服务对象的书面说明后，应当立即恢复被删除的作品、表演、录音录像制品，或者可以恢复与被断开的作品、表演、录音录像制品的链接，同时将服务对象的书面说明转送权利人。权利人不得再通知网络服务提供者删除该作品、表演、录音录像制品，或者断开与该作品、表演、录音录像制品的链接。

第十八条　违反本条例规定，有下列侵权行为之一的，根据情况承担停止侵害、消除影响、赔礼道歉、赔偿损失等民事责任；同时损害公共利益的，可以由著作权行政管理部门责令停止侵权行为，没收违法所得，非法经营额5万元以上的，可处非法经营额1倍以上5倍以下的罚款；没有非法经营额或者非法经营额5万元以下的，根据情节轻重，可处25万元以下的罚款；情节严重的，著作权行政管理部门可以没收主要用于提供网络服务的计算机等设备；构成犯罪的，依法追究刑事责任：

（一）通过信息网络擅自向公众提供他人的作品、表演、录音录像制品的；

（二）故意避开或者破坏技术措施的；

（三）故意删除或者改变通过信息网络向公众提供的作品、表演、录音录像制品的权利管理电子信息，或者通过信息网络向公众提供明知或者应知未经权利人许可而被删除或者改变权利管理电子信息的作品、表演、录音录像制品的；

（四）为扶助贫困通过信息网络向农村地区提供作品、表演、录音录像制品超过规定范围，或者未按照公告的标准支付报酬，或者在权利人不同意提供其作品、表演、录音录像制品后未立即删除的；

（五）通过信息网络提供他人的作品、表演、录音录像制品，未指明作品、表演、录音录像制品的名称或者作者、表演者、录音录像制作者的姓名（名称），或者未支付报酬，或者未依照本条例规定采取技术措施防止服务对象以外的其他人获得他人的作品、表演、录音录像制品，或者未防止服务对象的复制行为对权利人利益造成实质性损害的。

第十九条　违反本条例规定，有下列行为之一的，由著作权行政管理部门予以警告，没收违法所得，没收主要用于避开、破坏技术措施的装置或者部件；情节严重的，可以没收主要用于提供网络服务的计算机等设备；非法经营额5万元以上的，可处非法经营额1倍以上5倍以下的罚款；没有非法经营额或者非法经营额5万元以下的，根据情节轻重，可处25万元以下的罚款；构成犯罪的，依法追究刑事责任：

（一）故意制造、进口或者向他人提供主要用于避开、破坏技术措施的装置或者部件，或者故意为他人避开或者破坏技术措施提供技术服务的；

（二）通过信息网络提供他人的作品、表演、录音录像制品，获得经济利益的；

（三）为扶助贫困通过信息网络向农村地区提供作品、表演、录音录像制品，未在提供前公告作品、表演、录音录像制品的名称和作者、表演者、录音录像制作者的姓名（名称）以及报酬标准的。

第二十条　网络服务提供者根据服务对象的指令提供网络自动接入服务，或者对服务对象提供的作品、表演、录音录像制品提供自动传输服务，并具备下列条件的，不承担赔偿责任：

（一）未选择并且未改变所传输的作品、表演、录音录像制品；

（二）向指定的服务对象提供该作品、表演、录音录像制品，并防止指定的服务对象以外的其他人获得。

第二十一条　网络服务提供者为提高网络传输效率，自动存储从其他网络服务提供者获得的作品、表演、录音录像制品，根据技术安排自动向服务对象提供，并具备下列条件的，不承担赔偿责任：

（一）未改变自动存储的作品、表演、录音录像制品；

（二）不影响提供作品、表演、录音录像制品的原网络服务提供者掌握服务对象获取该作品、表演、录音录像制品的情况；

（三）在原网络服务提供者修改、删除或者屏蔽该作品、表演、录音录像制品时，根据技术安排自动予以修改、删除或者屏蔽。

第二十二条　网络服务提供者为服务对象提供信息存储空间，供服务对象通过信息网络向公众提供作品、表演、录音录像制品，并具备下列条件的，不承担赔偿责任：

（一）明确标示该信息存储空间是为服务对象所提供，并公开网络服务提供者的名称、联系人、网络地址；

（二）未改变服务对象所提供的作品、表演、录音录像制品；

（三）不知道也没有合理的理由应当知道服务对象提供的作品、表演、录音录像制品侵权；

（四）未从服务对象提供作品、表演、录音录像制品中直接获得经济利益；

（五）在接到权利人的通知书后，根据本条例规定删除权利人认为侵权的作品、表演、录音录像制品。

第二十三条　网络服务提供者为服务对象提供搜索或者链接服务，在接到权利人的通知书后，根据本条例规定断开与侵权的作品、表演、录音录像制品的链接的，不承担赔偿责任；但是，明知或者应知所链接的作品、表演、录音录像制品侵权的，应当承担共同侵权责任。

第二十四条　因权利人的通知导致网络服务提供者错误删除作品、表演、录音录像制品，或者错误断开与作品、表演、录音录像制品的链接，给服务对象造成损失的，权利人应当承担赔偿责任。

第二十五条　网络服务提供者无正当理由拒绝提供或者拖延提供涉嫌侵权的服务对象的姓名（名称）、联系方式、网络地址等资料的，由著作权行政管理部门予以警告；情节严重的，没收主要用于提供网络服务的计算机等设备。

第二十六条　本条例下列用语的含义：

信息网络传播权，是指以有线或者无线方式向公众提供作品、表演或者录音录像制品，使公众可以在其个人选定的时间和地点获得作品、表演或者录音录像制品的权利。

技术措施，是指用于防止、限制未经权利人许可浏览、欣赏作品、表演、录音录像制品的或者通过信息网络向公众提供作品、表演、录音录像制品的有效技术、装置或者部件。

权利管理电子信息，是指说明作品及其作者、表演及其表演者、录音录像制品及其制作者的信息，作品、表演、录音录像制品权利人的信息和使用条件的信息，以及表示上述信息的数字或者代码。

第二十七条　本条例自 2006 年 7 月 1 日起施行。

互联网电子公告服务管理规定

中华人民共和国信息产业部令（第三号）

第一条　为了加强对互联网电子公告服务（以下简称电子公告服务）的管理，规范电子公告信息发布行为，维护国家安全和社会稳定，保障公民、法人和其他组织的合法权益，根据《互联网信息服务管理办法》的规定，制定本规定。

第二条　在中华人民共和国境内开展电子公告服务和利用电子公告发布信息，适用本规定。

本规定所称电子公告服务，是指在互联网上以电子布告牌、电子白板、电子论坛、网络聊天室、留言板等交互形式为上网用户提供信息发布条件的行为。

第三条　电子公告服务提供者开展服务活动，应当遵守法律、法规，加强行业自律，接受信息产业部及省、自治区、直辖市电信管理机构和其他有关主管部门依法实施的监督检查。

第四条　上网用户使用电子公告服务系统，应当遵守法律、法规，并对所发布的信息负责。

第五条　从事互联网信息服务，拟开展电子公告服务的，应当在向省、自治区、直辖市电信管理机构或者信息产业部申请经营性互联网信息服务许可或者办理非经营性互联网信息服务备案时，提出专项申请或者专项备案。

省、自治区、直辖市电信管理机构或者信息产业部经审查符合条件的，应当在规定时间内连同互联网信息服务一并予以批准或者备案，并在经营许可证或备案文件中专项注明；不符合条件的，不予批准或者不予备案，书面通知申请人并说明理由。

第六条　开展电子公告服务，除应当符合《互联网信息服务管理办法》规定的条件外，还应当具备下列条件：

（一）有确定的电子公告服务类别和栏目；

（二）有完善的电子公告服务规则；

（三）有电子公告服务安全保障措施，包括上网用户登记程序、上网用户信息安全管理制度、技术保障设施；

（四）有相应的专业管理人员和技术人员，能够对电子公告服务实施有效管理。

第七条　已取得经营许可或者已履行备案手续的互联网信息服务提供者，拟开展电子公告服务的，应当向原许可或者备案机关提出专项申请或者专项备案。

省、自治区、直辖市电信管理机构或者信息产业部，应当自收到专项申请或者专项备案材料之日起60日内进行审查完毕。经审查符合条件的，予以批准或者备案，并在经营许可证或备案文件中专项注明；不符合条件的，不予批准或者不予备案，书面通知申请人并说明理由。

第八条　未经专项批准或者专项备案手续，任何单位或者个人不得擅自开展电子公告服务。

第九条　任何人不得在电子公告服务系统中发布含有下列内容之一的信息：

（一）反对宪法所确定的基本原则的；

（二）危害国家安全，泄露国家秘密，颠覆国家政权，破坏国家统一的；

（三）损害国家荣誉和利益的；

（四）煽动民族仇恨、民族歧视，破坏民族团结的；

（五）破坏国家宗教政策，宣扬邪教和封建迷信的；

（六）散布谣言，扰乱社会秩序，破坏社会稳定的；

（七）散布淫秽、色情、赌博、暴力、凶杀、恐怖或者教唆犯罪的；

（八）侮辱或者诽谤他人，侵害他人合法权益的；

（九）含有法律、行政法规禁止的其他内容的。

第十条　电子公告服务提供者应当在电子公告服务系统的显著位置刊载经营许可证编号或者备案编号、电子公告服务规则，并提示上网用户发布信息需要承担的法律责任。

第十一条　电子公告服务提供者应当按照经批准或者备案的类别和栏目提供服务，不得超出类别或者另设栏目提供服务。

第十二条　电子公告服务提供者应当对上网用户的个人信息保密，未经上网用户同意不得向他人泄露，但法律另有规定的除外。

第十三条　电子公告服务提供者发现其电子公告服务系统中出现明显属于本办法第九条所列的信息内容之一的，应当立即删除，保存有关记录，并向国家有关机关报告。

第十四条　电子公告服务提供者应当记录在电子公告服务系统中发布的信息内容及其发布时间、互联网地址或者域名。记录备份应当保存 60 日，并在国家有关机关依法查询时，予以提供。

第十五条　互联网接入服务提供者应当记录上网用户的上网时间、用户账号、互联网地址或者域名、主叫电话号码等信息，记录备份应当保存 60 日，并在国家有关机关依法查询时，予以提供。

第十六条　违反本规定第八条、第十一条的规定，擅自开展电子公告服务或者超出经批准或者备案的类别、栏目提供电子公告服务的，依据《互联网信息服务管理办法》第十九条的规定处罚。

第十七条　在电子公告服务系统中发布本规定第九条规定的信息内容之一的，依据《互联网信息服务管理办法》第二十条的规定处罚。

第十八条　违反本规定第十条的规定，未刊载经营许可证编号或者备案编号、未刊载电子公告服务规则或者未向上网用户作发布信息需要承担法律责任提示的，依据《互联网信息服务管理办法》第二十二条的规定处罚。

第十九条　违反本规定第十二条的规定，未经上网用户同意，向他人非法泄露上网用户个人信息的，由省、自治区、直辖市电信管理机构责令改正；给上网用户造成损害或者损失的，依法承担法律责任。

第二十条　未履行本规定第十三条、第十四条、第十五条规定的义务的，依据《互联网信息服务管理办法》第二十一条、第二十三条的规定处罚。

第二十一条　在本规定施行以前已开展电子公告服务的，应当自本规定施行之日起60日内，按照本规定办理专项申请或者专项备案手续。

第二十二条　本规定自发布之日起施行。

关于互联网站从事登载新闻业务管理暂行规定

国务院新闻办公室、信息产业部

（二〇〇〇年十一月十七日）

第一条　为了促进我国互联网新闻传播事业的发展，规范互联网站登载新闻的业务，维护互联网新闻的真实性、准确性、合法性，制定本规定。

第二条　本规定适用于在中华人民共和国境内从事登载新闻业务的互联网站。

本规定所称登载新闻，是指通过互联网发布和转载新闻。

第三条　互联网站从事登载新闻业务，必须遵守宪法和法律、法规。

国家保护互联网站从事登载新闻业务的合法权益。

第四条　国务院新闻办公室负责全国互联网站从事登载新闻业务的管理工作。

省、自治区、直辖市人民政府新闻办公室依照本规定负责本行政区域内互联网站从事登载新闻业务的管理工作。

第五条　中央新闻单位、中央国家机关各部门新闻单位以及省、自治区、直辖市和省、自治区人民政府所在地的市直属新闻单位依法建立的互联网站（以下简称新闻网站），经批准可以从事登载新闻业务。其他新闻单位不单独建立新闻网站，经批准可以在中央新闻单位或者省、自治区、直辖市直属新闻单位建立的新闻网站建立新闻网页从事登载新闻业务。

第六条　新闻单位建立新闻网站（页）从事登载新闻业务，应当依照下列规定报国务院新闻办公室或者省、自治区、直辖市人民政府新闻办公室审核批准：

（一）中央新闻单位建立新闻网站从事登载新闻业务，报国务院新闻办公室审核批准。

（二）中央国家机关各部门新闻单位建立新闻网站从事登载新闻业务，经主管部门审核同意，报国务院新闻办公室批准。

（三）省、自治区、直辖市和省、自治区人民政府所在地的市直属新闻单位建立新闻网站从事登载新闻业务，经所在地省、自治区、直辖市人民政府新闻办公室审核同意，报国务院新闻办公室批准。

（四）省、自治区、直辖市以下新闻单位在中央新闻单位或者省、自治区、直辖市直属新闻单位的新闻网站建立新闻网页从事登载新闻业务，报所在地省、自治区、直辖市人民政府新闻办公室审核批准，并报国务院新闻办公室备案。

第七条　非新闻单位依法建立的综合性互联网站（以下简称综合性非新闻单位网站），具备本规定第九条所列条件的，经批准可以从事登载中央新闻单位、中央国家机关各部门新闻单位以及省、自治区、直辖市直属新闻单位发布的新闻的业务，但不得登载自行采写的新闻和其他来源的新闻。非新闻单位依法建立的其他互联网站，不得从事登载新闻业务。

第八条　综合性非新闻单位网站依照本规定第七条从事登载新闻业务，应当经主办单位所在地省、自治区、直辖市人民政府新闻办公室审核同意，报国务院新闻办公室批准。

第九条　综合性非新闻单位网站从事登载新闻业务，应当具备下列条件：

（一）有符合法律、法规规定的从事登载新闻业务的宗旨及规章制度；

（二）有必要的新闻编辑机构、资金、设备及场所；

（三）有具有相关新闻工作经验和中级以上新闻专业技术职务资格的专职新闻编辑负责人，并有相应数量的具有中级以上新闻专业技术职务资格的专职新闻编辑人员；

（四）有符合本规定第十一条规定的新闻信息来源。

第十条　互联网站申请从事登载新闻业务，应当填写并提交国务院新闻办公室统一制发的《互联网站从事登载新闻业务申请表》。

第十一条　综合性非新闻单位网站从事登载中央新闻单位、中央国家机关各部门新闻单位以及省、自治区、直辖市直属新闻单位发布的新闻的业务，应当同上述有关新闻单位签订协议，并将协议副本报主办单位所在地省、自治区、直辖市人民政府新闻办公室备案。

第十二条　综合性非新闻单位网站登载中央新闻单位、中央国家机关各部门新闻单位以及省、自治区、直辖市直属新闻单位发布的新闻，应当注明新闻来源和日期。

第十三条　互联网站登载的新闻不得含有下列内容：

（一）违反宪法所确定的基本原则；

（二）危害国家安全，泄露国家秘密，煽动颠覆国家政权，破坏国家统一；

（三）损害国家的荣誉和利益；

（四）煽动民族仇恨、民族歧视，破坏民族团结；

（五）破坏国家宗教政策，宣扬邪教，宣扬封建迷信；

（六）散布谣言，编造和传播假新闻，扰乱社会秩序，破坏社会稳定；

（七）散布淫秽、色情、赌博、暴力、恐怖或者教唆犯罪；

（八）侮辱或者诽谤他人，侵害他人合法权益；

（九）法律、法规禁止的其他内容。

第十四条　互联网站链接境外新闻网站，登载境外新闻媒体和互联网站发布的新闻，必须另行报国务院新闻办公室批准。

第十五条　违反本规定，有下列情形之一的，由国务院新闻办公室或者省、自治区、直辖市人民政府新闻办公室给予警告，责令限期改正；已取得从事登载新闻业务资格的，情节严重的，撤消其从事登载新闻业务的资格：

（一）未取得从事登载新闻业务资格，擅自登载新闻的；

（二）综合性非新闻单位网站登载自行采写的新闻或者登载不符合本规定第七条规定来源的新闻的，或者未注明新闻来源的；

（三）综合性非新闻单位网站未与中央新闻单位、中央国家机关各部门新闻单位以及省、自治区、直辖市直属新闻单位签订协议擅自登载其发布的新闻，或者签订的协议未履行备案手续的；

（四）未经批准，擅自链接境外新闻网站，登载境外新闻媒体和互联网站发布的新闻的。

第十六条　互联网站登载的新闻含有本规定第十三条所列内容之一，构成犯罪的，依法追究刑事责任；尚不构成犯罪的，由公安机关或者国家安全机关依照有关法律、行政法规的规定给予行政处罚。

第十七条　互联网站登载新闻含有本规定第十三条所列内容之一或者有本规定第十五条所列情形之一的，国务院信息产业主管部门或者省、自治区、直辖市电信管理机构依照有关法律、行政法规的规定，可以责令关闭网站。并吊销其电信业务经营许可证。

第十八条　在本规定施行前已经从事登载新闻业务的互联网站，应当自本规定施行之日起60日内依照本规定办理相应的手续。

第十九条　本规定自发布之日起施行。

互联网药品信息服务管理办法

国家食品药品监督管理局令（第9号）

第一条　为加强药品监督管理，规范互联网药品信息服务活动，保证互联网药品信息的真实、准确，根据《中华人民共和国药品管理法》、《互联网信息服务管理办法》，制定本办法。

第二条　在中华人民共和国境内提供互联网药品信息服务活动，适用本办法。

本办法所称互联网药品信息服务，是指通过互联网向上网用户提供药品（含医疗器械）信息的服务活动。

第三条　互联网药品信息服务分为经营性和非经营性两类。

经营性互联网药品信息服务是指通过互联网向上网用户有偿提供药品信息等服务的活动。

非经营性互联网药品信息服务是指通过互联网向上网用户无偿提供公开的、共享性药品信息等服务的活动。

第四条　国家食品药品监督管理局对全国提供互联网药品信息服务活动的网站实施监督管理。

省、自治区、直辖市（食品）药品监督管理局对本行政区域内提供互联网药品信息服务活动的网站实施监督管理。

第五条　拟提供互联网药品信息服务的网站，应当在向国务院信息产业主管部门或者省级电信管理机构申请办理经营许可证或者办理备案手续之前，按照属地监督管理的原则，向该网站主办单位所在地省、自治区、直辖市（食品）药品监督管理部门提出申请，经审核同意后取得提供互联网药品信息服务的资格。

第六条　各省、自治区、直辖市（食品）药品监督管理局对本辖区内申请提供互联网药品信息服务的互联网站进行审核，符合条件的核发《互联网药品信息服务资格证书》。

第七条《互联网药品信息服务资格证书》的格式由国家食品药品监督管理局统一制定。

第八条　提供互联网药品信息服务的网站，应当在其网站主页显著位置标注《互联网药品信息服务资格证书》的证书编号。

第九条　提供互联网药品信息服务网站所登载的药品信息必须科学、准确，必须符合国家的法律、法规和国家有关药品、医疗器械管理的相关规定。

提供互联网药品信息服务的网站不得发布麻醉药品、精神药品、医疗用毒性药品、放射性药品、戒毒药品和医疗机构制剂的产品信息。

第十条　提供互联网药品信息服务的网站发布的药品（含医疗器械）广告，必须经过（食品）药品监督管理部门审查批准。

提供互联网药品信息服务的网站发布的药品（含医疗器械）广告要注明广告审查批准文号。

第十一条　申请提供互联网药品信息服务，除应当符合《互联网信息服务管理办法》规定的要求外，还应当具备下列条件：

（一）互联网药品信息服务的提供者应当为依法设立的企事业单位或者其他组织；

（二）具有与开展互联网药品信息服务活动相适应的专业人员、设施及相关制度；

（三）有两名以上熟悉药品、医疗器械管理法律、法规和药品、医疗器械专业知识，或者依法经资格认定的药学、医疗器械技术人员。

第十二条　提供互联网药品信息服务的申请应当以一个网站为基本单元。

第十三条　申请提供互联网药品信息服务，应当填写国家食品药品监督管理局统一制发的《互联网药品信息服务申请表》，向网站主办单位所在地省、自治区、直辖市（食品）药品监督管理部门提出申请，同时提交以下材料：

（一）企业营业执照复印件（新办企业提供工商行政管理部门出具的名称预核准通知书及相关材料）；

（二）网站域名注册的相关证书或者证明文件。从事互联网药品信息服务网站的中文名称，除与主办单位名称相同的以外，不得以“中国”、“中华”、“全国”等冠名；除取得药品招标代理机构资格证书的单位开办的互联网站外，其他提供互联网药品信息服务的网站名称中不得出现“电子商务”、“药品招商”、“药品招标”等内容；

（三）网站栏目设置说明（申请经营性互联网药品信息服务的网站需提供收费栏目及收费方式的说明）；

（四）网站对历史发布信息进行备份和查阅的相关管理制度及执行情况说明；

（五）（食品）药品监督管理部门在线浏览网站上所有栏目、内容的方法及操作说明；

（六）药品及医疗器械相关专业技术人员学历证明或者其专业技术资格证书复印件、网站负责人身份证复印件及简历；

（七）健全的网络与信息安全保障措施，包括网站安全保障措施、信息安全保密管理制度、用户信息安全管理制度；

（八）保证药品信息来源合法、真实、安全的管理措施、情况说明及相关证明。

第十四条　省、自治区、直辖市（食品）药品监督管理部门在收到申请材料之日起5日内做出受理与否的决定，受理的，发给受理通知书；不受理的，书面通知申请人并说明理由，同时告知申请人享有依法申请行政复议或者提起行政诉讼的权利。

第十五条　对于申请材料不规范、不完整的，省、自治区、直辖市（食品）药品监督管理部门自申请之日起5日内一次告知申请人需要补正的全部内容；逾期不告知的，自收到材料之日起即为受理。

第十六条　省、自治区、直辖市（食品）药品监督管理部门自受理之日起20日内对申请提供互联网药品信息服务的材料进行审核，并作出同意或者不同意的决定。同意的，由省、自治区、直辖市（食品）药品监督管理部门核发《互联网药品信息服务资格证书》，同时报国家食品药品监督管理局备案并发布公告；不同意的，应当书面通知申请人并说明理由，同时告知申请人享有依法申请行政复议或者提起行政诉讼的权利。

国家食品药品监督管理局对各省、自治区、直辖市（食品）药品监督管理部门的审核工作进行监督。

第十七条　《互联网药品信息服务资格证书》有效期为5年。有效期届满，需要继续提供互联网药品信息服务的，持证单位应当在有效期届满前6个月内，向原发证机关申请换发《互联网药品信息服务资格证书》。原发证机关进行审核后，认为符合条件的，予以换发新证；认为不符合条件的，发给不予换发新证的通知并说明理由，原《互联网药品信息服务资格证书》由原发证机关收回并公告注销。

省、自治区、直辖市（食品）药品监督管理部门根据申请人的申请，应当在《互联网药品信息服务资格证书》有效期届满前作出是否准予其换证的决定。逾期未作出决定的，视为准予换证。

第十八条　《互联网药品信息服务资格证书》可以根据互联网药品信息服务提供者的书面申请，由原发证机关收回，原发证机关应当报国家食品药品监督管理局备案并发布公告。被收回《互联网药品信息服务资格证书》的网站不得继续从事互联网药品信息服务。

第十九条　互联网药品信息服务提供者变更下列事项之一的，应当向原发证机关申请办理变更手续，填写《互联网药品信息服务项目变更申请表》，同时提供下列相关证明文件：

（一）《互联网药品信息服务资格证书》中审核批准的项目（互联网药品信息服务提供者单位名称、网站名称、IP 地址等）；

（二）互联网药品信息服务提供者的基本项目（地址、法定代表人、企业负责人等）；

（三）网站提供互联网药品信息服务的基本情况（服务方式、服务项目等）。

第二十条　省、自治区、直辖市（食品）药品监督管理部门自受理变更申请之日起 20 个工作日内作出是否同意变更的审核决定。同意变更的，将变更结果予以公告并报国家食品药品监督管理局备案；不同意变更的，以书面形式通知申请人并说明理由。

第二十一条　省、自治区、直辖市（食品）药品监督管理部门对申请人的申请进行审查时，应当公示审批过程和审批结果。申请人和利害关系人可以对直接关系其重大利益的事项提交书面意见进行陈述和申辩。依法应当听证的，按照法定程序举行听证。

第二十二条　未取得或者超出有效期使用《互联网药品信息服务资格证书》从事互联网药品信息服务的，由国家食品药品监督管理局或者省、自治区、直辖市（食品）药品监督管理部门给予警告，并责令其停止从事互联网药品信息服务；情节严重的，移送相关部门，依照有关法律、法规给予处罚。

第二十三条　提供互联网药品信息服务的网站不在其网站主页的显著位置标注《互联网药品信息服务资格证书》的证书编号的，国家食品药品监督管理局或者省、自治区、直辖市（食品）药品监督管理部门给予警告，责令限期改正；在限定期限内拒不改正的，对提供非经营性互联网药品信息服务的网站处以 500 元以下罚款，对提供经营性互联网药品信息服务的网站处以 5000 元以上 1 万元以下罚款。

第二十四条　互联网药品信息服务提供者违反本办法，有下列情形之一的，由国家食品药品监督管理局或者省、自治区、直辖市（食品）药品监督管理部门给予警告，责令限期改正；情节严重的，对提供非经营性互联网药品信息服务的网站处以 1000 元以下罚款，对提供经营性互联网药品信息服务的网站处以 1 万元以上 3 万元以下罚款；构成犯罪的，移送司法部门追究刑事责任：

（一）已经获得《互联网药品信息服务资格证书》，但提供的药品信息直接撮合药品网上交易的；

（二）已经获得《互联网药品信息服务资格证书》，但超出审核同意的范围提供互联网药品信息服务的；

（三）提供不真实互联网药品信息服务并造成不良社会影响的；

（四）擅自变更互联网药品信息服务项目的。

第二十五条　互联网药品信息服务提供者在其业务活动中，违法使用《互联网药品信息服务资格证书》的，由国家食品药品监督管理局或者省、自治区、直辖市（食品）药品监督管理部门依照有关法律、法规的规定处罚。

第二十六条　省、自治区、直辖市（食品）药品监督管理部门违法对互联网药品信息服务申请作出审核批准的，原发证机关应当撤销原批准的《互联网药品信息服务资格证书》，由此给申请人的合法权益造成损害的，由原发证机关依照国家赔偿法的规定给予赔偿；对直接负责的主管人员和其他直接责任人员，由其所在单位或者上级机关依法给予行政处分。

第二十七条　省、自治区、直辖市（食品）药品监督管理部门应当对提供互联网药品信息服务的网站进行监督检查，并将检查情况向社会公告。

第二十八条　本办法由国家食品药品监督管理局负责解释。

第二十九条　本办法自公布之日起施行。国家药品监督管理局令第 26 号《互联网药品信息服务管理暂行规定》同时废止。

互联网医疗保健信息服务管理办法

卫生部令（第66号）

第一章　总则

第一条　为规范互联网医疗保健信息服务活动，保证互联网医疗保健信息科学、准确，促进互联网医疗保健信息服务健康有序发展，根据《互联网信息服务管理办法》，制定本办法。

第二条　在中华人民共和国境内从事互联网医疗保健信息服务活动，适用本办法。

本办法所称互联网医疗保健信息服务是指通过开办医疗卫生机构网站、预防保健知识网站或者在综合网站设立预防保健类频道向上网用户提供医疗保健信息的服务活动。

开展远程医疗会诊咨询、视频医学教育等互联网信息服务的，按照卫生部相关规定执行。

第三条　互联网医疗保健信息服务分为经营性和非经营性两类。

经营性互联网医疗保健信息服务，是指向上网用户有偿提供医疗保健信息等服务的活动。

非经营性互联网医疗保健信息服务，是指向上网用户无偿提供公开、共享性医疗保健信息等服务的活动。

第四条　从事互联网医疗保健信息服务，在向通信管理部门申请经营许可或者履行备案手续前，应当经省、自治区、直辖市人民政府卫生行政部门、中医药管理部门审核同意。

第二章　设立

第五条　申请提供互联网医疗保健信息服务，应当具备下列条件：

（一）主办单位为依法设立的医疗卫生机构、从事预防保健服务的企事业单位或者其他社会组织；

（二）具有与提供的互联网医疗保健信息服务活动相适应的专业人员、设施及相关制度；

（三）网站或者频道有 2 名以上熟悉医疗卫生管理法律、法规和医疗卫生专业知识的技术人员；提供性知识宣传的，应当有 1 名副高级以上卫生专业技术职务任职资格的医师。

第六条　申请提供的互联网医疗保健信息服务中含有性心理、性伦理、性医学、性治疗等性科学研究内容的，除具备第五条规定条件外，还应当同时具备下列条件：

（一）主办单位必须是医疗卫生机构；

（二）具有仅向从事相关临床和科研工作的专业人员开放的相关网络技术措施。

第七条　申请提供互联网医疗保健信息服务的，应当按照属地管理原则，向主办单位所在地省、自治区、直辖市人民政府卫生行政部门、中医药管理部门提出申请，并提交下列材料：

（一）申请书和申请表。申请表内容主要包括：网站类别、服务性质（经营性或者非经营性）、内容分类（普通、性知识、性科研）、网站设置地点、预定开始提供服务日期、主办单位名称、机构性质、通信地址、邮政编码、负责人及其身份证号码、联系人、联系电话等；

（二）主办单位基本情况，包括机构法人证书或者企业法人营业执照；

（三）医疗卫生专业人员学历证明及资格证书、执业证书复印件，网站负责人身份证及简历；

（四）网站域名注册的相关证书证明文件；

（五）网站栏目设置说明；

（六）网站对历史发布信息进行备份和查阅的相关管理制度及执行情况说明；

（七）卫生行政部门、中医药管理部门在线浏览网站上所有栏目、内容的方法及操作说明；

（八）健全的网络与信息安全保障措施，包括网站安全保障措施、信息安全保密管理制度、用户信息安全管理制度；

（九）保证医疗保健信息来源科学、准确的管理措施、情况说明及相关证明。

第八条　从事互联网医疗卫生信息服务网站的中文名称，除与主办单位名称相同的以外，不得以“中国”、“中华”、“全国”等冠名。

第九条　省、自治区、直辖市人民政府卫生行政部门、中医药管理部门自受理之日起20日内，对申请提供互联网医疗保健信息服务的材料进行审核，并作出予以同意或不予同意的审核意见。予以同意的，核发《互联网医疗保健信息服务审核同意书》，发布公告，并向卫生部、国家中医药管理局备案；不予同意的，应当书面通知申请人并说明理由。

《互联网医疗保健信息服务审核同意书》格式由卫生部统一制定。

第十条　互联网医疗保健信息服务提供者变更下列事项之一的，应当向原发证机关申请办理变更手续，填写《互联网医疗保健信息服务项目变更申请表》，同时提供相关证明文件：

（一）《互联网医疗保健信息服务审核同意书》中审核同意的项目；

（二）互联网医疗保健信息服务主办单位的基本项目；

（三）提供互联网医疗保健信息服务的基本情况。

第十一条　《互联网医疗保健信息服务审核同意书》有效期 2 年。需要继续提供互联网医疗保健信息服务的，应当在有效期届满前 2 个月内，向原审核机关申请复核。通过复核的，核发《互联网医疗保健信息服务复核同意书》。

第三章　医疗保健信息服务

第十二条　互联网医疗保健信息服务内容必须科学、准确，必须符合国家有关法律、法规和医疗保健信息管理的相关规定。

提供互联网医疗保健信息服务的网站应当对发布的全部信息包括所链接的信息负全部责任。

不得发布含有封建迷信、淫秽内容的信息；不得发布虚假信息；不得发布未经审批的医疗广告；不得从事网上诊断和治疗活动。

非医疗机构不得在互联网上储存和处理电子病历和健康档案信息。

第十三条　发布医疗广告，必须符合《医疗广告管理办法》的有关规定。应当注明医疗广告审查证明文号，并按照核准的广告成品样件内容登载。

不得夸大宣传，严禁刊登违法广告。

第十四条　开展性知识宣传，必须提供信息内容的来源，并在明显位置标明。信息内容要由医疗卫生专业人员审核把关，确保其科学、准确。

不得转载、摘编非法出版物的内容；不得以宣传性知识为名渲染性心理、性伦理、性医学、性治疗等性科学研究的内容；严禁传播淫秽内容。

第十五条　开展性科学研究的医疗保健网站，只能向从事相关临床和科研工作的专业人员开放。

严禁以开展性科学研究为名传播淫秽内容。综合性网站的预防保健类频道不得开展性科学研究内容服务。

第十六条　提供医疗保健信息服务的网站登载的新闻信息，应当符合《互联网新闻信息服务管理办法》的相关规定；登载的药品信息应当符合《互联网药品信息服务管理办法》的相关规定。

第十七条　提供互联网医疗保健信息服务，应当在其网站主页底部的显著位置标明卫生行政部门、中医药管理部门《互联网医疗保健信息服务审核同意书》或者《互联网医疗保健信息服务复核同意书》的编号。

第四章　监督管理

第十八条　卫生部、国家中医药管理局对各省、自治区、直辖市人民政府卫生行政部门、中医药管理部门的审核和日常监管工作进行指导和管理。

省、自治区、直辖市人民政府卫生行政部门、中医药管理部门依法负责对本行政区域内主办单位提供的医疗保健信息服务开展审核工作，对本行政区域的互联网医疗保健信息服务活动进行监督管理。

第十九条　各级卫生行政部门、中医药管理部门对下列内容进行日常监管：

（一）开办医疗机构类网站的，其医疗机构的真实性和合法性；

（二）提供性知识宣传和普通医疗保健信息服务的，是否取得互联网医疗保健信息服务资格，是否超范围提供服务；

（三）提供性科学研究信息服务的，其主办单位是否具备相应资质，是否违规向非专业人士开放；

（四）是否利用性知识宣传和性科学研究的名义传播淫秽内容，是否刊载违法广告和禁载广告。

第二十条　卫生行政部门、中医药管理部门设立投诉举报电话和电子信箱，接受上网用户对互联网医疗保健信息服务的投诉举报。

第二十一条　卫生行政部门、中医药管理部门对上网用户投诉举报和日常监督管理中发现的问题，要及时通知互联网医疗保健信息服务提供者予以改正；对超范围提供互联网医疗保健信息服务的，应责令其停止提供。

第二十二条　互联网医疗保健信息服务审核和监督管理情况应当向社会公告。

第五章　法律责任

第二十三条　未经过卫生行政部门、中医药管理部门审核同意从事互联网医疗保健信息服务的，由省级以上人民政府卫生行政部门、中医药管理部门通报同级通信管理部门，依法予以查处；情节严重的，依照有关法律法规给予处罚。

第二十四条　已通过卫生行政部门、中医药管理部门审核或者复核同意从事互联网医疗保健信息服务的，违反本办法，有下列情形之一的，由省、自治区、直辖市人民政府卫生行政部门、中医药管理部门给予警告，责令其限期改正；情节严重的，对非经营性互联网医疗保健信息服务提供者处以 3000 元以上 1 万元以下罚款，对经营性互联网医疗保健信息服务提供者处以 1 万元以上 3 万元以下罚款；拒不改正的，提出监管处理意见，并移交通信管理部门依法处理；构成犯罪的，移交司法部门追究刑事责任：

（一）超出审核同意范围提供互联网医疗保健信息服务的；

（二）超出有效期使用《互联网医疗保健信息服务审核同意书》的；

（三）未在网站主页规定位置标明卫生行政部门、中医药管理部门审核或者复核同意书编号的；

（四）提供不科学、不准确医疗保健信息服务，并造成不良社会影响的；

（五）借开展性知识宣传和性科学研究为名传播淫秽内容的。

第二十五条　省、自治区、直辖市人民政府卫生行政部门、中医药管理部门违规对互联网医疗保健信息服务申请作出审核意见的，原审核机关应当撤销原批准的《互联网医疗保健信息服务审核同意书》；对主管人员和其他直接责任人员，由其所在单位上级机关依法给予处分。

第六章　附则

第二十六条　本办法自 2009 年 7 月 1 日起施行。2001 年 1 月 3 日卫生部发布的《卫生部关于印发〈互联网医疗卫生信息服务办法〉的通知》（卫办发〔2001〕3 号）同时废止。

互联网安全保护技术措施规定

公安部令（第82号）

第一条　为加强和规范互联网安全技术防范工作，保障互联网网络安全和信息安全，促进互联网健康、有序发展，维护国家安全、社会秩序和公共利益，根据《计算机信息网络国际联网安全保护管理办法》，制定本规定。

第二条　本规定所称互联网安全保护技术措施，是指保障互联网网络安全和信息安全、防范违法犯罪的技术设施和技术方法。

第三条　互联网服务提供者、联网使用单位负责落实互联网安全保护技术措施，并保障互联网安全保护技术措施功能的正常发挥。

第四条　互联网服务提供者、联网使用单位应当建立相应的管理制度。未经用户同意不得公开、泄露用户注册信息，但法律、法规另有规定的除外。

互联网服务提供者、联网使用单位应当依法使用互联网安全保护技术措施，不得利用互联网安全保护技术措施侵犯用户的通信自由和通信秘密。

第五条　公安机关公共信息网络安全监察部门负责对互联网安全保护技术措施的落实情况依法实施监督管理。

第六条　互联网安全保护技术措施应当符合国家标准。没有国家标准的，应当符合公共安全行业技术标准。

第七条　互联网服务提供者和联网使用单位应当落实以下互联网安全保护技术措施：

（一）防范计算机病毒、网络入侵和攻击破坏等危害网络安全事项或者行为的技术措施；

（二）重要数据库和系统主要设备的冗灾备份措施；

（三）记录并留存用户登录和退出时间、主叫号码、账号、互联网地址或域名、系统维护日志的技术措施；

（四）法律、法规和规章规定应当落实的其他安全保护技术措施。

第八条　提供互联网接入服务的单位除落实本规定第七条规定的互联网安全保护技术措施外，还应当落实具有以下功能的安全保护技术措施：

（一）记录并留存用户注册信息；

（二）使用内部网络地址与互联网网络地址转换方式为用户提供接入服务的，能够记录并留存用户使用的互联网网络地址和内部网络地址对应关系；

（三）记录、跟踪网络运行状态，监测、记录网络安全事件等安全审计功能。

第九条　提供互联网信息服务的单位除落实本规定第七条规定的互联网安全保护技术措施外，还应当落实具有以下功能的安全保护技术措施：

（一）在公共信息服务中发现、停止传输违法信息，并保留相关记录；

（二）提供新闻、出版以及电子公告等服务的，能够记录并留存发布的信息内容及发布时间；

（三）开办门户网站、新闻网站、电子商务网站的，能够防范网站、网页被篡改，被篡改后能够自动恢复；

（四）开办电子公告服务的，具有用户注册信息和发布信息审计功能；

（五）开办电子邮件和网上短信息服务的，能够防范、清除以群发方式发送伪造、隐匿信息发送者真实标记的电子邮件或者短信息。

第十条　提供互联网数据中心服务的单位和联网使用单位除落实本规定第七条规定的互联网安全保护技术措施外，还应当落实具有以下功能的安全保护技术措施：

（一）记录并留存用户注册信息；

（二）在公共信息服务中发现、停止传输违法信息，并保留相关记录；

（三）联网使用单位使用内部网络地址与互联网网络地址转换方式向用户提供接入服务的，能够记录并留存用户使用的互联网网络地址和内部网络地址对应关系。

第十一条　提供互联网上网服务的单位，除落实本规定第七条规定的互联网安全保护技术措施外，还应当安装并运行互联网公共上网服务场所安全管理系统。

第十二条　互联网服务提供者依照本规定采取的互联网安全保护技术措施应当具有符合公共安全行业技术标准的联网接口。

第十三条　互联网服务提供者和联网使用单位依照本规定落实的记录留存技术措施，应当具有至少保存六十天记录备份的功能。

第十四条　互联网服务提供者和联网使用单位不得实施下列破坏互联网安全保护技术措施的行为：

（一）擅自停止或者部分停止安全保护技术设施、技术手段运行；

（二）故意破坏安全保护技术设施；

（三）擅自删除、篡改安全保护技术设施、技术手段运行程序和记录；

（四）擅自改变安全保护技术措施的用途和范围；

（五）其他故意破坏安全保护技术措施或者妨碍其功能正常发挥的行为。

第十五条　违反本规定第七条至第十四条规定的，由公安机关依照《计算机信息网络国际联网安全保护管理办法》第二十一条的规定予以处罚。

第十六条　公安机关应当依法对辖区内互联网服务提供者和联网使用单位安全保护技术措施的落实情况进行指导、监督和检查。

公安机关在依法监督检查时，互联网服务提供者、联网使用单位应当派人参加。公安机关对监督检查发现的问题，应当提出改进意见，通知互联网服务提供者、联网使用单位及时整改。

公安机关在监督检查时，监督检查人员不得少于二人，并应当出示执法身份证件。

第十七条　公安机关及其工作人员违反本规定，有滥用职权，徇私舞弊行为的，对直接负责的主管人员和其他直接责任人员依法给予行政处分；构成犯罪的，依法追究刑事责任。

第十八条　本规定所称互联网服务提供者，是指向用户提供互联网接入服务、互联网数据中心服务、互联网信息服务和互联网上网服务的单位。

本规定所称联网使用单位，是指为本单位应用需要连接并使用互联网的单位。

本规定所称提供互联网数据中心服务的单位，是指提供主机托管、租赁和虚拟空间租用等服务的单位。

第十九条　本规定自 2006 年 3 月 1 日起施行。

互联网IP地址备案管理办法

中华人民共和国信息产业部令（第34号）

第一条　为加强对互联网 IP 地址资源使用的管理，保障互联网络的安全，维护广大互联网用户的根本利益，促进互联网业的健康发展，制定本办法。

第二条　在中华人民共和国境内直接从亚太互联网信息中心等具有 IP 地址管理权的国际机构获得 IP 地址的单位和具有分配 IP 地址供其他单位或者个人使用的单位，适用本办法。

第三条　直接从亚太互联网信息中心等具有 IP 地址管理权的国际机构获得 IP 地址自用或分配给其他用户使用的单位统称为第一级 IP 地址分配机构。

直接从第一级 IP 地址分配机构获得 IP 地址除自用外还分配给本单位互联网用户以外的其他用户使用的单位为第二级 IP 地址分配机构（以下各级 IP 地址分配机构的级别依此类推）。

第四条　国家对 IP 地址的分配使用实行备案管理。

第五条　中华人民共和国信息产业部（以下简称“信息产业部”）对基础电信业务经营者、公益性互联网络单位和中国互联网络信息中心的 IP 地址备案实施监督管理。

各省、自治区、直辖市通信管理局（以下简称“省通信管理局”）对本行政区域内其他各级 IP 地址分配机构的 IP 地址备案活动实施监督管理。

第六条　信息产业部统一建设并管理全国的互联网 IP 地址数据库，制定和调整 IP 地址分配机构需报备的 IP 地址信息；各省通信管理局通过使用全国互联网 IP 地址数据库管理本行政区域内各级 IP 地址分配机构报备的 IP

地址信息。

第七条　各级 IP 地址分配机构应当通过信息产业部指定的网站，按照 IP 地址备案的要求以电子形式报备 IP 地址信息。

第八条　各级 IP 地址分配机构在进行 IP 地址备案时，应当如实、完整地报备 IP 地址信息（需报备的 IP 地址信息参见本办法附录）。

第九条　各级 IP 地址分配机构应自取得 IP 地址之日起二十个工作日内完成 IP 地址信息的第一次报备。

第十条　各级 IP 地址分配机构申请和分配使用的 IP 地址信息发生变化的，IP 地址分配机构应自变化之日起五个工作日内通过信息产业部指定的网站，按照 IP 地址备案的要求以电子形式提交变更后的 IP 地址信息。

各级 IP 地址分配机构的联系人或联系方式发生变更的，应自变更之日起十个工作日内报备变更后的信息。

第十一条　基础电信业务经营者 IP 地址信息的报备，由各基础电信业务经营者集团公司（总公司）和基础电信业务经营者的省级公司（省级分支机构）共同完成。

各基础电信业务经营者集团公司（总公司）按照本办法的规定完成由其申请、使用和分配到省级公司（省级分支机构）的 IP 地址信息的报备。各基础电信业务经营者的省级公司（省级分支机构）按照本办法的规定统一完成该省级公司（省级分支机构）及其所属公司（分支机构）申请、使用和分配的 IP 地址信息的报备。

第十二条　中国教育和科研计算机网、中国科学技术网、中国国际经济贸易互联网、中国长城互联网等公益性互联网的网络管理单位应当按照本办法的规定，统一完成其申请、使用和分配的 IP 地址信息的报备。

第十三条　IP 地址分配机构同时是互联网接入服务提供者的，应当如实记录和保存由其提供接入服务的使用自带 IP 地址的用户的 IP 地址信息，并自提供接入服务之日起五日内，填报 IP 地址备案信息，进行备案。

第十四条　各级 IP 地址分配机构应当建立健全本单位的 IP 地址管理制度。

第十五条　各级 IP 地址分配机构分配 IP 地址时，应当通知其下一级 IP 地址分配机构报备 IP 地址信息。

第十六条　信息产业部和省通信管理局及其工作人员对IP地址分配机构报备的IP地址信息，有保密的义务。

信息产业部和省通信管理局及其工作人员不得向他人提供IP地址分配机构报备的IP地址信息，但法律、行政法规另有规定的除外。

第十七条　违反本办法第八条、第九条、第十条、第十三条的规定的，由信息产业部或者省通信管理局依据职权责令限期改正；逾期不改的，给予警告或者处人民币一万元罚款，或者同时处以上两种处罚。

第十八条　违反本办法第十四条规定，未建立IP地址管理制度的，由信息产业部或者省通信管理局依据职权责令限期改正；逾期不改的，给予警告或者处人民币五千元以上一万元以下罚款，或者同时处以上两种处罚。

第十九条　本办法实施前直接从亚太互联网信息中心等具有IP地址管理权的国际机构获得IP地址供本单位使用或者分配IP地址供其他单位或个人使用的，应自本办法施行之日起四十五个工作日内，按照本办法的规定完成备案手续。

第二十条　本办法自2005年3月20日起实施。

个人信用信息基础数据库管理暂行办法

中国人民银行令（[2005]第3号）

第一章　总则

第一条　为维护金融稳定，防范和降低商业银行的信用风险，促进个人信贷业务的发展，保障个人信用信息的安全和合法使用，根据《中华人民共和国中国人民银行法》等有关法律规定，制定本办法。

第二条　中国人民银行负责组织商业银行建立个人信用信息基础数据库（以下简称个人信用数据库），并负责设立征信服务中心，承担个人信用数据库的日常运行和管理。

第三条　个人信用数据库采集、整理、保存个人信用信息，为商业银行和个人提供信用报告查询服务，为货币政策制定、金融监管和法律、法规规定的其他用途提供有关信息服务。

第四条　本办法所称个人信用信息包括个人基本信息、个人信贷交易信息以及反映个人信用状况的其他信息。

前款所称个人基本信息是指自然人身份识别信息、职业和居住地址等信息；个人信贷交易信息是指商业银行提供的自然人在个人贷款、贷记卡、准贷记卡、担保等信用活动中形成的交易记录；反映个人信用状况的其他信息是指除信贷交易信息之外的反映个人信用状况的相关信息。

第五条　中国人民银行、商业银行及其工作人员应当为在工作中知悉的个人信用信息保密。

第二章　报送和整理

第六条　商业银行应当遵守中国人民银行发布的个人信用数据库标准及其有关要求，准确、完整、及时地向个人信用数据库报送个人信用信息。

第七条　商业银行不得向未经信贷征信主管部门批准建立或变相建立的个人信用数据库提供个人信用信息。

第八条　征信服务中心应当建立完善的规章制度和采取先进的技术手段确保个人信用信息安全。

第九条　征信服务中心根据生成信用报告的需要，对商业银行报送的个人信用信息进行客观整理、保存，不得擅自更改原始数据。

第十条　征信服务中心认为有关商业银行报送的信息可疑时，应当按有关规定的程序及时向该商业银行发出复核通知。

商业银行应当在收到复核通知之日起 5 个工作日内给予答复。

第十一条　商业银行发现其所报送的个人信用信息不准确时，应当及时报告征信服务中心，征信服务中心收到纠错报告应当立即进行更正。

第三章　查询

第十二条　商业银行办理下列业务，可以向个人信用数据库查询个人信用报告：

（一）审核个人贷款申请的；

（二）审核个人贷记卡、准贷记卡申请的；

（三）审核个人作为担保人的；

（四）对已发放的个人信贷进行贷后风险管理的；

（五）受理法人或其他组织的贷款申请或其作为担保人，需要查询其法定代表人及出资人信用状况的。

第十三条　除本办法第十二条第（四）项规定之外，商业银行查询个人信用报告时应当取得被查询人的书面授权。书面授权可以通过在贷款、贷记卡、准贷记卡以及担保申请书中增加相应条款取得。

第十四条　商业银行应当制定贷后风险管理查询个人信用报告的内部授权制度和查询管理程序。

第十五条　征信服务中心可以根据个人申请有偿提供其本人信用报告。

征信服务中心应当制定相应的处理程序，核实申请人身份。

第四章　异议处理

第十六条　个人认为本人信用报告中的信用信息存在错误（以下简称异议信息）时，可以通过所在地中国人民银行征信管理部门或直接向征信服务中心提出书面异议申请。

中国人民银行征信管理部门应当在收到异议申请的 2 个工作日内将异议申请转交征信服务中心。

第十七条　征信服务中心应当在接到异议申请的 2 个工作日内进行内部核查。

征信服务中心发现异议信息是由于个人信用数据库信息处理过程造成的，应当立即进行更正，并检查个人信用数据库处理程序和操作规程存在的问题。

第十八条　征信服务中心内部核查未发现个人信用数据库处理过程存在问题的，应当立即书面通知提供相关信息的商业银行进行核查。

第十九条　商业银行应当在接到核查通知的 10 个工作日内向征信服务中心作出核查情况的书面答复。异议信息确实有误的，商业银行应当采取以下措施：

（一）应当向征信服务中心报送更正信息；

（二）检查个人信用信息报送的程序；

（三）对后续报送的其他个人信用信息进行检查，发现错误的，应当重新报送。

第二十条　征信服务中心收到商业银行重新报送的更正信息后，应当在 2 个工作日内对异议信息进行更正。

异议信息确实有误，但因技术原因暂时无法更正的，征信服务中心应当对该异议信息作特殊标注，以有别于其他异议信息。

第二十一条　经过核查，无法确认异议信息存在错误的，征信服务中心不得按照异议申请人要求更改相关个人信用信息。

第二十二条　征信服务中心应当在接受异议申请后 15 个工作日内，向异议申请人或转交异议申请的中国人民银行征信管理部门提供书面答复；异议信息得到更正的，征信服务中心同时提供更正后的信用报告。

异议信息确实有误，但因技术原因暂时无法更正异议信息的，征信服务中心应当在书面答复中予以说明，待异议信息更正后，提供更正后的信用报告。

第二十三条　转交异议申请的中国人民银行征信管理部门应当自接到征信服务中心书面答复和更正后的信用报告之日起 2 个工作日内，向异议申请人转交。

第二十四条　对于无法核实的异议信息，征信服务中心应当允许异议申请人对有关异议信息附注 100 字以内的个人声明。个人声明不得包含与异议信息无关的内容，异议申请人应当对个人声明的真实性负责。

征信服务中心应当妥善保存个人声明原始档案，并将个人声明载入异议人信用报告。

第二十五条　征信服务中心应当对处于异议处理期的信息予以标注。

第五章　安全管理

第二十六条　商业银行应当根据中国人民银行的有关规定，制定相关信用信息报送、查询、使用、异议处理、安全管理等方面的内部管理制度和操作规程，并报中国人民银行备案。

第二十七条　商业银行应当建立用户管理制度，明确管理员用户、数据上报用户和信息查询用户的职责及操作规程。

商业银行管理员用户、数据上报用户和查询用户不得互相兼职。

第二十八条　商业银行管理员用户应当根据操作规程，为得到相关授权的人员创建相应用户。管理员用户不得直接查询个人信用信息。

管理员用户应当加强对同级查询用户、数据上报用户与下一级管理员用户的日常管理。查询用户工作人员调离，该用户应当立即予以停用。

第二十九条　商业银行管理员用户、数据上报用户和查询用户须报中国人民银行征信管理部门和征信服务中心备案。

前款用户工作人员发生变动，商业银行应当在2个工作日内向中国人民银行征信管理部门和征信服务中心变更备案。

第三十条　商业银行应当制定管理员用户和查询用户的口令控制制度，并定期检查口令控制执行情况。

第三十一条　商业银行应当建立保证个人信用信息安全的管理制度，确保只有得到内部授权的人员才能接触个人信用报告，不得将个人信用报告用于本办法第十二条规定以外的其他用途。

第三十二条　征信服务中心应当制定信用信息采集、整理、保存、查询、异议处理、用户管理、安全管理等方面的管理制度和操作规程，明确岗位职责，完善内控制度，保障个人信用数据库的正常运行和个人信用信息的安全。

第三十三条　征信服务中心及其工作人员不得违反法律、法规及本办法的规定，篡改、毁损、泄露或非法使用个人信用信息，不得与自然人、法人、其他组织恶意串通，提供虚假信用报告。

第三十四条　征信服务中心应当建立个人信用数据库内部运行和外部访问的监控制度，监督个人信用数据库用户和商业银行用户的操作，防范对个人信用数据库的非法入侵。

第三十五条　征信服务中心应当建立灾难备份系统，采取必要的安全保障措施，防止系统数据丢失。

第三十六条　征信服务中心应当对商业银行的所有查询进行记录，并及时向商业银行反馈。

第三十七条　商业银行应当经常对个人信用数据库的查询情况进行检查，确保所有查询符合本办法的规定，并定期向中国人民银行及征信服务中心报告查询检查结果。

征信服务中心应当定期核查商业银行对个人信用数据库的查询情况。

第六章　罚则

第三十八条　商业银行未按照本办法规定建立相应管理制度及操作规程的，由中国人民银行责令改正，逾期不改正的，给予警告，并处以三万元罚款。

第三十九条　商业银行有下列情形之一的，由中国人民银行责令改正，并处一万元以上三万元以下罚款；涉嫌犯罪的，依法移交司法机关处理：

（一）违反本办法规定，未准确、完整、及时报送个人信用信息的；

（二）违反本办法第七条规定的；

（三）越权查询个人信用数据库的；

（四）将查询结果用于本办法规定之外的其他目的的；

（五）违反异议处理规定的；

（六）违反本办法安全管理要求的。

第四十条　商业银行有本办法第三十八条至第三十九条规定情形的，中国人民银行可以建议商业银行对直接负责的董事、高级管理人员和其他直接责任人员给予纪律处分；涉嫌犯罪的，依法移交司法机关处理。

第四十一条　征信服务中心工作人员有下列情形之一的，由中国人民银行依法给予行政处分；涉嫌犯罪的，依法移交司法机关处理：

（一）违反本办法规定，篡改、毁损、泄露或非法使用个人信用信息的；

（二）与自然人、法人、其他组织恶意串通，提供虚假信用报告的。

第四十二条　中国人民银行其他工作人员有违反本办法规定的行为，造成个人信用信息被泄露的，依法给予行政处分；涉嫌犯罪的，依法移交司法机关处理。

第七章　附则

第四十三条　本办法所称商业银行，是指在中华人民共和国境内设立的商业银行、城市信用合作社、农村信用合作社以及经国务院银行业监督管理机构批准的专门从事信贷业务的其他金融机构。

第四十四条　本办法由中国人民银行负责解释。

第四十五条　本办法自 2005 年 10 月 1 日起施行。

互联网骨干网间互联服务暂行规定

（信息产业部　二〇〇一年九月二十九日）

第一章　适用范围

第一条　本规定适用于互联网骨干网间互联。

第二章　术语

第二条　本规定的主要术语依照《互联网骨干网间互联管理暂行规定》中的定义。

第三条　本规定使用的其他术语含义如下：

（一）互联点，指互联网骨干网网间互联发生的地方，包括互联网交换中心和直接电路互联所在地。

（二）对等方，指参与互联网对等互通的任何一方互联网络。

（三）转接互通提供方，指提供互联网转接互通服务的互联网络。

（四）转接互通客户方，指接受互联网转接互通服务的互联网络。

第三章　对国家级交换中心的要求

第四条　国家级交换中心所采用的技术方案应符合以下要求：

（一）采用以大网交换的方式构筑交换平台。若需要进行技术更新，由当地通信管理局组织相关人员讨论做出决议，上报信息产业部批准；

（二）只提供基于 IPv4 协议的互联，暂不提供 IPv6 的互联；

（三）采用边界路由协议 BGP- 4 作为网间互联的外部路由协议；

（四）提供两个路由服务器（RS）实现成员网络间的路由信息交换，增强外部路由的一致性，减少路由会话的个数，并提供路由交换的安全可靠性；

（五）路由服务器（RS）必须采取一定的路由阻尼措施，避免某成员网络的路由动荡影响到其他成员网络；

（六）为参与互联的各个网络成员提供100Mbps速率以上的以太网接口。

第五条　国家级交换中心应具备以下网络管理功能：

（一）统计各成员网络接入链路上的业务流量（包括峰值和平均值）；

（二）监测各成员网络去往自身网络的链路上的业务流量（包括峰值和平均值）；

（三）统计各成员网络间的业务流量流向数据，为网间结算提供流量依据；

（四）管理路由信息数据库的功能；

（五）监测互联点到各成员网络的互联服务指标参数；

（六）保证交换中心正常运转的其他网管功能。

第四章　对国家级交换中心的成员网络的要求

第六条　国家级交换中心的成员网络应符合以下要求：

（一）各成员网络在国家级交换中心放置一台或多台路由器，并以100Mbps速率以上的接口连接交换中心的以太网交换机；

（二）各成员网络必须拥有各自的公有自治域号（ASN）；

（三）各成员网络必须采用边界路由协议 BGP-4 作为在国家级交换中心实现网间互联的外部路由协议；

（四）各成员网络必须与交换中心的两台路由服务器（RS）建立外部路由对等，以保证交换中心内路由的一致性，并减少路由对等会话的个数；

（五）在国家级交换中心目前采用以太网技术的情况下，通过国家级交换中心实现的双边互通必须以物理方式的后背连接建立，不能建立在交换中心的以太网交换平台上，路由信息交换由双方自行解决；

（六）各成员网络在国家级交换中心向外广告的网络地址必须保证良好

的聚合性，网络地址前缀不得超过 24 位；

（七）各成员网络在国家级交换中心向外广告的网络路由信息应保持良好的稳定性，避免对其他成员网络造成冲击。

第七条 国家级交换中心成员网络的外部路由政策应符合以下要求：

（一）成员网络应当在其边界路由器上实施一定的路由阻尼措施，尽量避免互联对方网络中的路由动荡影响到自己的网络；

（二）在多边对等互通中，成员网络必须向路由服务器（RS）广告本网以及本网下一级的转接互通客户方网络所有的网络地址，不能对从路由服务器收到的其他对等方的正常网络路由进行过滤；

（三）在对等互通中，成员网络不得将对等方未通告前缀的流量强行指向对方，不能向对等方广告从另一对等方（发生在任一互联点）收到的网络路由信息，不能向其对等方广告从自己上一级的转接互通提供方（包括国际转接互通提供方和任一互联点的国内转接互通提供方）得到的网络路由信息；

（四）成员网络不能把在国家级交换中心从对等方或转接互通提供方得到的网络路由信息，在另一互联点向其对等方或上一级的转接互通提供方广告。

第五章 对双边互通的网络的要求

第八条 双边互通的网络的外部路由政策应符合如下要求：

（一）在对等互通中，任何一方不能向对方广告从另一对等方或自己的转接互通提供方（发生在另一互联点）收到的网络路由信息；任何一方不能把从对方得到的网络路由信息，在其他互联点向其对等方或转接互通提供方广告；

（二）在转接互通中，客户方不能向对方广告从其对等方或另一个转接互通提供方（发生在另一互联点）收到的网络路由信息；客户方不能把从对方得到的网络路由信息，在其他互联点向其对等方或转接互通提供方广告。

第九条 双边互通的其他要求，由互联双方协商确定。

第六章　互联的服务指标参数

第十条　互联网骨干网间的互联服务包括以下两方面：

（一）路由信息的提供

参与互联的网络向其他网络提供路由信息服务，保证跨网流量正确交换。

（二）出入网络的数据的传送

参与互联的网络为本网用户访问其他网络以及其他网络用户访问本网的业务数据信息提供传送服务。

第十一条　互联网骨干网间互联中，服务可用率用于衡量参与互联的网络提供互联服务的设备、链路等的正常运行的能力。

服务可用率不得低于 99.9%。

服务可用率的计算公式为：

$A = (T - D) / T$

其中：

A 是以百分比表示的可用率；

T 表示总服务时间（分钟）；

D 表示由于设备、链路故障或其他人为因素造成的互联服务不可用时间（分钟）。

第十二条　互联网骨干网间互联中，链路带宽利用率指参与互联的网络用于提供互联服务的链路带宽利用率。上述链路包括各种物理链路以及 ATM 虚电路或帧中继虚电路等逻辑链路。

在每个监测周期内，链路带宽利用率 ρ 不得高于 80%。在两个连续的监测周期内，链路带宽利用率 ρ 不得连续高于 70%。

链路带宽利用率的计算公式如下：

其中：

ρ 为链路带宽利用率；

ρ_i 为监测周期内第 i 天，每三十分钟平均的链路带宽利用率（取上下行链路的较大值）所构成曲线的峰值；

N 为监测周期的天数。

第十三条　在国家级交换中心互联中，广播路由地址前缀长度不得高于 24 位，广播路由地址前缀平均长度不得高于 22.5 位。

双边互联中广播路由地址前缀长度限制由互联双方协商确定。

第十四条　互联网骨干网间互联中，网络时延服务等级采用的指标是从互联点到达参与互联的网络骨干节点间的往返时延平均值。

网络时延不得高于 85ms。

网络时延的监测和计算方法是：选择合理的网络骨干抽样节点分布、抽样时间分布和抽样数量，从互联点向该抽样节点发送 64 字节长度的互联网控制信息协议。（ICMP）回显请求报文，获得网络时延样本，然后取平均值。

选取的网络骨干抽样节点距互联点直线距离应大于等于 1000 公里，并体现网络的整体分布情况。具体的抽样节点分布、抽样时间分布和抽样数量由参与互联的网络之间按照上述要求协商决定。

第十五条　互联网骨干网间互联中，包丢失率指标是从互联点进入互联网络的数据包的丢失率。

包丢失率不得高于 1%。

包丢失率的监测和计算方法是：选择合理的网络骨干抽样节点分布、抽样时间分布和抽样数量，从互联点向该抽样节点发送 64 字节长度的互联网控制信息协议。（ICMP）回显请求报文，获得包丢失样本，然后计算包丢失率。

选取的网络骨干抽样节点距互联点直线距离应大于等于 1000 公里，并体现网络的整体分布情况。具体的抽样节点分布、抽样时间分布和抽样数量由参与互联的网络之间按照上述要求协商决定。

第七章　互联服务的监测

第十六条　对国家级交换中心互联的服务的监测由交换中心运行机构定期进行，并发布监测报告，监测周期暂定为一个月。双边互通的服务的监测由互联方自行负责。监测报告出具者须保证监测报告的可靠性。

第十七条　服务监测报告应包含以下内容：

（一）本监测周期内服务可用性指标及其各项参数；

（二）本监测周期内的链路带宽利用率指标以及每日链路每三十分钟平

均上下行带宽利用率最大值的变化曲线；

（三）本监测周期内的具有24位以上广播路由地址前缀的路由信息比例；

（四）本监测周期内的广播路由地址前缀的平均长度；

（五）本监测周期内的网络时延及各项参数（包括被抽样的网络骨干节点名称、抽样时间、抽样次数、抽样结果序列图、抽样结果分布图和网络时延结果）；

（六）本监测周期内的网络包丢失率及各项参数（包括被抽样的网络骨干节点名称、抽样时间、抽样次数、抽样结果序列图、抽样结果分布图和包丢失率结果）。

互联网骨干网网间通信质量监督管理暂行办法

（电信部[2008]113号）

第一章　总则

第一条　为加强互联网骨干网网间通信质量监督管理，规范网间通信障碍处理，保障互联网骨干网网间通信畅通，根据《中华人民共和国电信条例》和《公用电信网间互联管理规定》制定本办法。

第二条　本办法适用于互联网骨干网通过互联单位签署协议实现直联以及通过信息产业部批准的互联网交换中心（以下简称交换中心）转接的网间通信质量监督管理。

第三条　信息产业部负责全国范围内的互联网骨干网网间通信质量监督管理。

省、自治区、直辖市通信管理局负责本行政区域内除大区直联链路扩容和交换中心接入链路扩容之外的网间通信质量监督管理。

第四条　互联网骨干网网间通信质量应符合信息产业部颁布的相关技术标准的规定。对互联网骨干网网间通信质量的测试应按照信息产业部规定的方法及本办法的要求进行。

第五条　信息产业部和省、自治区、直辖市通信管理局（以下统称电信监管部门）按照A类障碍和B类障碍的网间通信障碍分类对网间通信质量予以监督管理：

（一）A类障碍：

1. 互联双方互联设备间数据包双向转发时延、双向转发丢失率（即附件5中PB或PE区段的双向转发时延、双向转发丢失率，下同）连续三日忙时平均值均达到《网间通信障碍时延与丢包率对应表》（附件4，下同）中的相应数值；

2. 在互联双方指定节点间的测试（测试次数不少于2次）中，跨网数据包在进入对方网络至离开对方网络，产生的转发时延平均超过35ms，或产生的转发丢失率平均超过0.5%；且与对方网内非跨网数据包从互联节点至目的测试点的双向转发时延、双向转发丢失率（即附件5中PC或PD区段的双向转发时延、双向转发丢失率，下同）相比，时延或转发丢失率超过对方网内同类指标的25%以上；

从互联一方网内指定节点向互联对方网内指定节点发起数据包跨网转发测试的频次不小于2次/小时，每次发送测试数据包不小于1000个；

数据包在对方网内产生转发时延、转发丢失率的具体计算方法见《跨网通信中对方网内障碍指标计算方法》（附件5，下同）；

3. 由于互联另一方的原因，互联一方的某一IP地址段的用户无法正常访问某一访问点或无法正常使用某一业务；

4. 信息产业部规定的其他网间通信障碍。

本办法所称A类障碍是指符合上述条件之一且不属于B类障碍的情况。

（二）B类障碍：

1. 互联双方互联设备间数据包双向转发时延、双向转发丢失率连续三日忙时平均值均达到《网间通信障碍时延与丢包率对应表》中的相应数值；

2. 在互联双方指定节点间的测试（测试次数不少于2次）中，跨网数据包在进入对方网络至离开对方网络，产生的转发时延平均超过50ms，或产生的转发丢失率平均超过2%；且与对方网内非跨网数据包从互联节点至目的测试点的双向转发时延、双向转发丢失率相比，时延或转发丢失率超过对方网内同类指标的100%以上；

从互联一方网内指定节点向互联对方网内指定节点发起数据包跨网转发测试的频次不小于 2 次 / 小时，每次发送测试数据包不小于 1000 个；

数据包在对方网内产生转发时延、转发丢失率的计算方法见《跨网通信中对方网内障碍指标计算方法》；

3. 由于互联另一方的原因，互联一方的某一 IP 地址段的用户无法访问某一访问点或无法使用某一业务（互联双方事先商定的互不提供的某些访问点除外）；

4. 信息产业部规定的其他网间通信障碍。

本办法所称 B 类障碍是指符合上述条件之一的情况。

本办法所称忙时，由电信监管部门指定。

本办法所称大区直联，是指负责疏通全国范围或由多个省级行政区域组成的相应片区内网间互通流量的互联网骨干网网间直联。

本办法中涉及的测试数据，是指在指定互联方向以及指定链路上忙时进行的测试。

第二章　网间通信质量保障

第六条　互联单位应设立互联工作机构负责互联网骨干网网间通信质量管理工作，明确总部和省级机构的网间通信质量管理职责分工、联络人及责任人，设立网间通信障碍二十四小时的联络方式（如申告电话、传真电话、电子邮箱等），保证每天二十四小时网间通信障碍沟通渠道的畅通。未设立省级机构或者相关管理职责不在省级机构的，互联单位在省、自治区、直辖市内的网间通信质量管理职能，由其总部代为行使。

本办法所称联络人是指负责总部或省级机构网间通信质量管理的一般管理人员，主要职责是对本单位或下属机构反映，或者其他互联单位申告的双方运行维护人员沟通、协调未果或沟通失败的网间通信障碍，与对方联络人实时沟通、协调，及时排除网间通信障碍。网间通信障碍未予以及时排除的，向本单位责任人及时报告。

本办法所称责任人是指负责总部或省级机构网间通信质量管理的互联单位领导、互联工作机构领导，主要职责是对本单位联络人反映，或者其他互联单位申告的网间通信障碍，予以沟通、协调、指挥、调度，在网间通信障碍处理过程中发挥领导者的作用。

第七条　互联单位应相互书面通报本单位网间通信质量管理职责分工，联络人、责任人的姓名、联络方式，以及网间通信障碍二十四小时的联络方式（如申告电话、传真电话、电子邮箱等），并向电信监管部门备案。

若上述信息发生变化，变更的信息应在二十四小时内以双方商定的方式向其他互联单位通报，并在十日内向电信监管部门备案。如果双方就变更信息的通报方式事先未商定或不能达成一致，互联单位应将变更的信息在二十四小时内以传真方式向对方通报。

第八条　互联单位应按照事先告知对方的网间通信质量管理职责分工做好省级机构层面和总部间的沟通、协调工作。需要省级机构层面沟通、协调的，当省级机构层面的沟通、协调未果或沟通失败时，应采用总部间的沟通方式予以沟通、协调。不需要省级机构层面沟通、协调的，应直接采用总部间的沟通方式予以沟通、协调。

第九条　当接到网间通信障碍用户申诉、互联单位申告，或者经电信监管部门测试发现网间通信障碍时，互联单位应按照先本网后他网的障碍排查顺序，排查网间通信障碍的障碍段落是在本网还是在他网。

在确认非本网原因后，互联单位应按照双方事先商定的申告方式向对方申告。

如果双方就申告方式事先未商定或不能达成一致，可采用传真方式提交或当面提交《网间通信障碍申告单》（附件 1，下同）的书面方式申告，也可采用相互书面通报过的电话方式申告。

当采用传真方式提交《网间通信障碍申告单》时，应使用网间通信障碍二十四小时申告电话、联络人电话确认对方是否收到传真；被申告方应在收到书面申告后一小时内传真回执签收的《网间通信障碍申告单》。当面提交《网间通信障碍申告单》时，被申告方应在《网间通信障碍申告单》（一式两份）上签收。

当采用相互书面通报过的电话方式申告时，应做好电话记录，视本方工作需要做好电话录音，并在一小时内向对方补交《网间通信障碍申告单》。被申告方应在收到书面申告后一小时内传真回执签收的《网间通信障碍申告单》。

第十条　互联单位向对方申告后，双方联络人、责任人应积极沟通，紧密配合，及时采取有效措施排除网间通信障碍，尽快恢复网间通信。

网间通信障碍排除后，被申告方应按照双方事先商定的告知方式告知对方。如果互联双方就告知方式不能达成一致，被申告方应填写《网间通信障碍申告单》相关栏目传真告知对方，并电话确认对方是否收到传真；申告方应在收到传真后一小时内向对方传真回执确认障碍是否消除，并电话确认对方是否收到传真回执。

对由于互联双方互联设备间直联链路不足和交换中心接入链路不足的原因造成的 A 类障碍、B 类障碍，双方就扩容事宜协商解决不成的，互联单位可以向电信监管部门申请协调，由电信监管部门按照《电信网间互联争议处理办法》予以协调、作出行政决定。

互联单位应按照以下原则并参照本网内同类障碍的处理时限，共同制定网间通信障碍的处理时限：

（一）对由于互联双方互联设备间直联链路不足和交换中心接入链路不足之外的原因造成的 A 类障碍，从收到《网间通信障碍申告单》到消除网间通信障碍的最长时间不得超过七十二小时（互联双方对 IP 地址段等数据事先商定更新周期的，按双方商定的周期更新数据，下同），其中对由于互联另一方的原因，互联一方的某一 IP 地址段的用户无法正常访问某一访问点或无法正常使用某一业务，从收到《网间通信障碍申告单》到消除网间通信障碍的最长时间不得超过二十四小时；

（二）对由于互联双方互联设备间直联链路不足和交换中心接入链路不足之外的原因造成的 B 类障碍，从收到《网间通信障碍申告单》到消除网间通信障碍的最长时间不得超过七十二小时，其中对由于互联另一方的原因，互联一方的某一 IP 地址段的用户无法访问某一访问点或无法使用某一业务，从收到《网间通信障碍申告单》到消除网间通信障碍的最长时间不得超过二十四小时。

第十一条　互联单位省级机构遇有网间通信障碍不能及时排除的，应以本单位内部规定的沟通方式（如书面方式、电话方式等）及时与本方总部沟通，由本方总部继续协调。与本方总部沟通的时限、程序及其他条件由互联单位自行确定。

第十二条　互联单位在网间通信障碍的沟通、协调过程中，应妥善保存以下相关证据，以便电信监管部门确定责任方，相关证据应真实、准确，并至少保存一年：

1. 用户申诉记录或互联单位申告材料（书面材料、电话记录及电话录音等）；

2. 网间通信障碍的测试记录；

3. 与对方的沟通协调记录。

互联单位采用的网间通信障碍测试手段应能科学判别网间通信障碍的障碍段落是在本网还是在他网。

第十三条　互联单位遇有由于互联另一方的原因，互联一方的某一 IP 地址段的用户无法访问某一访问点或无法使用某一业务的 B 类障碍，应立即与对方沟通，互联双方相关机构责任人应参与指挥网间通信障碍排除。在排障遇到困难时，应本着先抢通、后排障的原则立即恢复通信。

第十四条　互联单位遇有由于互联双方互联设备间直联链路不足和交换中心接入链路不足之外的原因造成的 A 类障碍、B 类障碍，需要省级机构层面沟通、协调的，沟通、协调后，在本办法规定的时限内仍不能排除的，互联单位相关机构可提交《网间通信障碍申告单》及相关证据，向省、自治区、直辖市通信管理局申告。不需要省级机构层面沟通、协调的，由互联单位总部沟通、协调后，在本办法规定的时限内仍不能排除的，互联单位总部可提交《网间通信障碍申告单》及相关证据，向信息产业部电信管理局申告。

互联单位相关机构向省、自治区、直辖市通信管理局提交《网间通信障碍申告单》后，发现网间通信障碍消失或得到排除时，应立即向省、自治区、直辖市通信管理局报告。

互联单位相关机构向省、自治区、直辖市通信管理局提交的相关证据应符合本办法第十二条的要求。

互联单位有义务配合电信监管部门对网间通信障碍调查取证。

第十五条　互联单位相关机构向省、自治区、直辖市通信管理局提交《网间通信障碍申告单》后，在下列时限内网间通信障碍未得到排除，且未收到省、自治区、直辖市通信管理局下达《网间通信障碍责任判定书》（附件 2，下同）的，互联单位总部可提交《网间通信障碍申告单》及相关证据，向信息产业部电信管理局申告：

对于 A 类障碍，从提交《网间通信障碍申告单》到消除网间通信障碍或收到《网间通信障碍责任判定书》的最长时间原则上不超过十日；

对于 B 类障碍，从提交《网间通信障碍申告单》到消除网间通信障碍或收到《网间通信障碍责任判定书》的最长时间原则上不超过七日。

互联单位总部与信息产业部电信管理局间沟通，可以和互联单位总部间沟通交叉进行。

互联单位总部向信息产业部电信管理局提交的相关证据应符合本办法第十二条的要求。

第十六条　互联单位应相互配合，制定并实施网间通信保障的应急预案，保证在节假日、重大活动等异常流量突发情况及其他紧急状态下的网间通信畅通和通信安全。在实施应急预案遇到困难时，可按照职责分工向电信监管部门申请协调。

第三章　网间通信质量监督

第十七条　电信监管部门应监督互联单位建立定期沟通机制，在制度上保证网间通信障碍在基层得以沟通、协调。

电信监管部门应主动听取互联单位的意见和建议，关注用户申诉，发现问题或问题隐患后应及时疏导，妥善处理，避免突发事件和恶性事件的发生。

沟通的频次应随互联网骨干网网间通信质量问题涉及范围及严重程度的变化而变化。

第十八条　电信监管部门应利用以下渠道，分析本行政区域内互联网骨干网网间通信质量的主要矛盾，突出监控重点：

（一）定期分析省内用户申诉受理电话（12300）及其他用户申诉渠道涉及互联网骨干网网间通信质量问题的数据信息，组织互联单位排查网间通信障碍；

（二）要求互联单位对网间通信质量定期测试，并提交能科学判别网间通信障碍的障碍段落是在本网还是在他网的测试记录。

分析及测试的频次应随本行政区域内网间通信质量问题涉及范围及严重程度的变化而变化。

第十九条　电信监管部门应不定期组织网间通信质量的监督抽查，及时了解网间通信质量状况，并视情况向互联单位通报监督抽查结果。

第二十条　电信监管部门收到互联单位相关机构提交的《网间通信障碍申告单》及相关证据后，应在下列时限内予以取证，下达《网间通信障碍责任判定书》并及时告知申告方：

对于 A 类障碍，从收到《网间通信障碍申告单》到下达《网间通信障碍责任判定书》的最长时间原则上不超过十日；

对于 B 类障碍，从收到《网间通信障碍申告单》到下达《网间通信障碍责任判定书》的最长时间原则上不超过七日。

电信监管部门可采用必要的技术手段，判定网间通信障碍的障碍段落是在申告方的网络还是在被申告方的网络。

电信监管部门在取证期间，发现网间通信障碍消失或得到排除时，应在上述时限内告知申告方，不再下达《网间通信障碍责任判定书》。

第二十一条　信息产业部电信管理局收到互联单位总部提交的《网间通信障碍申告单》及相关证据后，应填写《网间通信障碍申告转办单》（附件 3，下同），转交相关省、自治区、直辖市通信管理局办理。相关省、自治区、直辖市通信管理局收到《网间通信障碍申告转办单》后，应在转办单上规定的时限内办理完毕。

第二十二条　信息产业部电信管理局应每月发布互联网骨干网网间通信质量的情况通报，对全国范围内互联网骨干网网间通信质量予以监督。通报内容包括：由于互联网骨干网网间通信质量问题对互联单位的处罚情况、网间通信障碍用户申诉情况、网间通信障碍互联单位申告情况等。

第二十三条　信息产业部电信管理局应要求各互联单位定期报送互联网骨干网网间通信质量相关数据。

如互联双方报送数据不一致，信息产业部电信管理局可采用必要的技术手段或指定第三方机构进行测试、判定，要求相关互联单位限期改正。

第二十四条　电信监管部门应要求互联单位制定并实施网间通信保障应急预案。当互联单位实施应急预案遇到困难时，应予以协调，保证在节假日、重大活动等异常流量突发情况及其他紧急状态下的互联网骨干网网间通信畅通和通信安全。

第四章　网间通信质量检查与处理

第二十五条　违反本办法第十条第三款规定，拒不执行信息产业部依法作出的行政决定的，由信息产业部依据《中华人民共和国电信条例》第七十三条的规定予以处罚。

违反本办法第十条第四款第一项、第二项规定，未在规定时限内排除网间通信障碍的，电信监管部门应根据《中华人民共和国电信条例》第七十一条的规定对责任方进行处罚，视情况给予通报批评，并可建议有关部门或者单位对相关互联单位的主要领导给予记过处分，对直接责任人员给予警告或记过的行政处分。

第二十六条　有下列行为之一的，电信监管部门应视情况给予通报批评，并可建议有关部门或者单位对相关互联单位的主要领导给予记过处分，对直接责任人员给予警告或记过的行政处分：

（一）违反本办法第七条的规定，未向对方通报本方联络人、责任人的姓名、联络方式，网间通信障碍二十四小时的联络方式及变更的信息；

（二）违反本办法第九条的规定，不受理对方书面申告或电话申告，或者收到对方书面申告后未签收或未在规定时限内传真回执；

（三）违反本办法第十二条的规定，故意向电信监管部门提供虚假的网间通信障碍相关证据，或者采用的网间通信障碍测试手段经电信监管部门组织专家论证会论证或由信息产业部指定的检测机构检测证明无法科学判别网间通信障碍的障碍段落是在本网还是在他网，屡次利用此测试手段作为申告证据；

（四）违反本办法第十四条的规定，拒绝配合电信监管部门对网间通信障碍调查取证；

（五）违反本办法第二十三条的规定，报送数据有误，不按照有关要求改正。

第二十七条　同一互联方向上由于互联双方互联设备间直联链路不足和交换中心接入链路不足之外的原因造成的A类障碍、B类障碍的同类情况在三个月内共出现两次以上（含两次）申告或者在六个月内共出现三次以上（含三次）申告，且责任方为同一互联单位的，电信监管部门应视情况对责任方给予通报批评，并可建议有关部门或者单位对相关互联单位的主要领导给予记过处分，对直接责任人员给予警告或记过的行政处分。

第二十八条　擅自中断互联网骨干网网间互联互通，关闭或限制原已互联互通的网间业务的，电信监管部门应根据《中华人民共和国电信条例》第七十条、《公用电信网间互联管理规定》第四十八条的规定进行处罚，并可建议有关部门或者单位对相关互联单位的主要领导给予记过以上行政处分，对直接责任人员给予记大过、降级、撤职直至开除的行政处分。

第二十九条　以擅自降低互联网骨干网网间通信质量的方式限制电信用户选择其他互联单位依法开办的电信服务的，信息产业部应根据《中华人民共和国电信条例》第七十二条以及《公用电信网间互联管理规定》第四十七条的规定进行处罚，并可建议有关部门或者单位对相关互联单位的主要领导给予记过以上行政处分，对直接责任人员给予记过、记大过、撤职直至开除的行政处分。

第三十条　发生网间通信中断或网间通信严重不畅时，未立即采取有效措施恢复通信的，电信监管部门应根据《公用电信网间互联管理规定》第四十八条的规定进行处罚，并可根据不同后果，建议有关部门或者单位对相关互联单位的主要领导给予记过以上行政处分，对直接责任人员给予记大过、降级直至开除的行政处分。

第五章　附则

第三十一条　本办法由信息产业部负责解释。

第三十二条　本办法自 2008 年 3 月 15 日起施行，以前有关规定凡与本办法不符的，以本办法为准。

互联网文化管理暂行规定

文化部令（第51号）

第一条　为了加强对互联网文化的管理，保障互联网文化单位的合法权益，促进我国互联网文化健康、有序地发展，根据《全国人民代表大会常务委员会关于维护互联网安全的决定》和《互联网信息服务管理办法》以及国家法律法规有关规定，制定本规定。

第二条　本规定所称互联网文化产品是指通过互联网生产、传播和流通的文化产品，主要包括：

（一）专门为互联网而生产的网络音乐娱乐、网络游戏、网络演出剧（节）目、网络表演、网络艺术品、网络动漫等互联网文化产品；

（二）将音乐娱乐、游戏、演出剧（节）目、表演、艺术品、动漫等文化产品以一定的技术手段制作、复制到互联网上传播的互联网文化产品。

第三条　本规定所称互联网文化活动是指提供互联网文化产品及其服务的活动，主要包括：

（一）互联网文化产品的制作、复制、进口、发行、播放等活动；

（二）将文化产品登载在互联网上，或者通过互联网、移动通信网等信息网络发送到计算机、固定电话机、移动电话机、电视机、游戏机等用户端以及网吧等互联网上网服务营业场所，供用户浏览、欣赏、使用或者下载的在线传播行为；

（三）互联网文化产品的展览、比赛等活动。

互联网文化活动分为经营性和非经营性两类。经营性互联网文化活动是指以营利为目的，通过向上网用户收费或者以电子商务、广告、赞助等方式获取利益，提供互联网文化产品及其服务的活动。非经营性互联网文化活动是指不以营利为目的向上网用户提供互联网文化产品及其服务的活动。

第四条　本规定所称互联网文化单位，是指经文化行政部门和电信管理机构批准或者备案，从事互联网文化活动的互联网信息服务提供者。

在中华人民共和国境内从事互联网文化活动，适用本规定。

第五条　从事互联网文化活动应当遵守宪法和有关法律、法规，坚持为人民服务、为社会主义服务的方向，弘扬民族优秀文化，传播有益于提高公众文化素质、推动经济发展、促进社会进步的思想道德、科学技术和文化知识，丰富人民的精神生活。

第六条　文化部负责制定互联网文化发展与管理的方针、政策和规划，监督管理全国互联网文化活动。

省、自治区、直辖市人民政府文化行政部门对申请从事经营性互联网文化活动的单位进行审批，对从事非经营性互联网文化活动的单位进行备案。

县级以上人民政府文化行政部门负责本行政区域内互联网文化活动的监督管理工作。县级以上人民政府文化行政部门或者文化市场综合执法机构对从事互联网文化活动违反国家有关法规的行为实施处罚。

第七条　申请设立经营性互联网文化单位，应当符合《互联网信息服务管理办法》的有关规定，并具备以下条件：

（一）单位的名称、住所、组织机构和章程；

（二）确定的互联网文化活动范围；

（三）适应互联网文化活动需要并取得相应从业资格的 8 名以上业务管理人员和专业技术人员；

（四）适应互联网文化活动需要的设备、工作场所以及相应的经营管理技术措施；

（五）不低于 100 万元的注册资金，其中申请从事网络游戏经营活动的应当具备不低于 1000 万元的注册资金；

（六）符合法律、行政法规和国家有关规定的条件。

审批设立经营性互联网文化单位，除依照前款所列条件外，还应当符合互联网文化单位总量、结构和布局的规划。

第八条　申请设立经营性互联网文化单位，应当向所在地省、自治区、直辖市人民政府文化行政部门提出申请，由省、自治区、直辖市人民政府文化行政部门审核批准。

第九条　申请设立经营性互联网文化单位，应当提交下列文件：

（一）申请书；

（二）企业名称预先核准通知书或者营业执照和章程；

（三）资金来源、数额及其信用证明文件；

（四）法定代表人、主要负责人及主要经营管理人员、专业技术人员的资格证明和身份证明文件；

（五）工作场所使用权证明文件；

（六）业务发展报告；

（七）依法需要提交的其他文件。

对申请设立经营性互联网文化单位的，省、自治区、直辖市人民政府文化行政部门应当自受理申请之日起 20 日内做出批准或者不批准的决定。批准的，核发《网络文化经营许可证》，并向社会公告；不批准的，应当书面通知申请人并说明理由。

《网络文化经营许可证》有效期为 3 年。有效期届满，需继续从事经营的，应当于有效期届满 30 日前申请续办。

第十条　非经营性互联网文化单位，应当自设立之日起 60 日内向所在地省、自治区、直辖市人民政府文化行政部门备案，并提交下列文件：

（一）备案报告书；

（二）章程；

（三）资金来源、数额及其信用证明文件；

（四）法定代表人或者主要负责人、主要经营管理人员、专业技术人员的资格证明和身份证明文件；

（五）工作场所使用权证明文件；

（六）需要提交的其他文件。

第十一条　申请设立经营性互联网文化单位经批准后，应当持《网络文化经营许可证》，按照《互联网信息服务管理办法》的有关规定，到所在地电信管理机构或者国务院信息产业主管部门办理相关手续。

第十二条　互联网文化单位应当在其网站主页的显著位置标明文化行政部门颁发的《网络文化经营许可证》编号或者备案编号，标明国务院信息产业主管部门或者省、自治区、直辖市电信管理机构颁发的经营许可证编号或者备案编号。

第十三条　经营性互联网文化单位变更单位名称、网站名称、网站域名、法定代表人、注册地址、经营地址、注册资金、股权结构以及许可经营范围的，应当自变更之日起 20 日内到所在地省、自治区、直辖市人民政府文化行政部门办理变更手续。

非经营性互联网文化单位变更名称、地址、法定代表人或者主要负责人、业务范围的，应当自变更之日起 60 日内到所在地省、自治区、直辖市人民政府文化行政部门办理备案手续。

第十四条　经营性互联网文化单位终止互联网文化活动的，应当自终止之日起 30 日内到所在地省、自治区、直辖市人民政府文化行政部门办理注销手续。

经营性互联网文化单位自取得《网络文化经营许可证》并依法办理企业登记之日起满 180 日未开展互联网文化活动的，由原审核的省、自治区、直辖市人民政府文化行政部门注销《网络文化经营许可证》，同时通知相关省、自治区、直辖市电信管理机构。

非经营性互联网文化单位停止互联网文化活动的，由原备案的省、自治区、直辖市人民政府文化行政部门注销备案，同时通知相关省、自治区、直辖市电信管理机构。

第十五条　经营进口互联网文化产品的活动应当由取得文化行政部门核发的《网络文化经营许可证》的经营性互联网文化单位实施，进口互联网文化产品应当报文化部进行内容审查。

文化部应当自受理内容审查申请之日起 20 日内（不包括专家评审所需时间）做出批准或者不批准的决定。批准的，发给批准文件；不批准的，应当说明理由。

经批准的进口互联网文化产品应当在其显著位置标明文化部的批准文号，不得擅自变更产品名称或者增删产品内容。自批准之日起一年内未在国内经营的，进口单位应当报文化部备案并说明原因；决定终止进口的，文化部撤销其批准文号。

经营性互联网文化单位经营的国产互联网文化产品应当自正式经营起30日内报省级以上文化行政部门备案，并在其显著位置标明文化部备案编号，具体办法另行规定。

第十六条　互联网文化单位不得提供载有以下内容的文化产品：

（一）反对宪法确定的基本原则的；

（二）危害国家统一、主权和领土完整的；

（三）泄露国家秘密、危害国家安全或者损害国家荣誉和利益的；

（四）煽动民族仇恨、民族歧视，破坏民族团结，或者侵害民族风俗、习惯的；

（五）宣扬邪教、迷信的；

（六）散布谣言，扰乱社会秩序，破坏社会稳定的；

（七）宣扬淫秽、赌博、暴力或者教唆犯罪的；

（八）侮辱或者诽谤他人，侵害他人合法权益的；

（九）危害社会公德或者民族优秀文化传统的；

（十）有法律、行政法规和国家规定禁止的其他内容的。

第十七条　互联网文化单位提供的文化产品，使公民、法人或者其他组织的合法利益受到侵害的，互联网文化单位应当依法承担民事责任。

第十八条　互联网文化单位应当建立自审制度，明确专门部门，配备专业人员负责互联网文化产品内容和活动的自查与管理，保障互联网文化产品内容和活动的合法性。

第十九条　互联网文化单位发现所提供的互联网文化产品含有本规定第十六条所列内容之一的，应当立即停止提供，保存有关记录，向所在地省、自治区、直辖市人民政府文化行政部门报告并抄报文化部。

第二十条　互联网文化单位应当记录备份所提供的文化产品内容及其时间、互联网地址或者域名；记录备份应当保存60日，并在国家有关部门依法查询时予以提供。

第二十一条　未经批准，擅自从事经营性互联网文化活动的，由县级以上人民政府文化行政部门或者文化市场综合执法机构依据《无照经营查处取缔办法》的规定予以查处。

第二十二条　非经营性互联网文化单位违反本规定第十条，逾期未办理备案手续的，由县级以上人民政府文化行政部门或者文化市场综合执法机构责令限期改正；拒不改正的，责令停止互联网文化活动，并处 1000 元以下罚款。

第二十三条　经营性互联网文化单位违反本规定第十二条的，由县级以上人民政府文化行政部门或者文化市场综合执法机构责令限期改正，并可根据情节轻重处 10000 元以下罚款。

非经营性互联网文化单位违反本规定第十二条的，由县级以上人民政府文化行政部门或者文化市场综合执法机构责令限期改正；拒不改正的，责令停止互联网文化活动，并处 500 元以下罚款。

第二十四条　经营性互联网文化单位违反本规定第十三条的，由县级以上人民政府文化行政部门或者文化市场综合执法机构责令改正，没收违法所得，并处 10000 元以上 30000 元以下罚款；情节严重的，责令停业整顿直至吊销《网络文化经营许可证》；构成犯罪的，依法追究刑事责任。

非经营性互联网文化单位违反本规定第十三条的，由县级以上人民政府文化行政部门或者文化市场综合执法机构责令限期改正；拒不改正的，责令停止互联网文化活动，并处 1000 元以下罚款。

第二十五条　经营性互联网文化单位违反本规定第十五条，经营进口互联网文化产品未在其显著位置标明文化部批准文号、经营国产互联网文化产品未在其显著位置标明文化部备案编号的，由县级以上人民政府文化行政部门或者文化市场综合执法机构责令改正，并可根据情节轻重处 10000 元以下罚款。

第二十六条　经营性互联网文化单位违反本规定第十五条，擅自变更进口互联网文化产品的名称或者增删内容的，由县级以上人民政府文化行政部门或者文化市场综合执法机构责令停止提供，没收违法所得，并处

10000 元以上 30000 元以下罚款；情节严重的，责令停业整顿直至吊销《网络文化经营许可证》；构成犯罪的，依法追究刑事责任。

第二十七条　经营性互联网文化单位违反本规定第十五条，经营国产互联网文化产品逾期未报文化行政部门备案的，由县级以上人民政府文化行政部门或者文化市场综合执法机构责令改正，并可根据情节轻重处 20000 元以下罚款。

第二十八条　经营性互联网文化单位提供含有本规定第十六条禁止内容的互联网文化产品，或者提供未经文化部批准进口的互联网文化产品的，由县级以上人民政府文化行政部门或者文化市场综合执法机构责令停止提供，没收违法所得，并处 10000 元以上 30000 元以下罚款；情节严重的，责令停业整顿直至吊销《网络文化经营许可证》；构成犯罪的，依法追究刑事责任。

非经营性互联网文化单位，提供含有本规定第十六条禁止内容的互联网文化产品，或者提供未经文化部批准进口的互联网文化产品的，由县级以上人民政府文化行政部门或者文化市场综合执法机构责令停止提供，处 1000 元以下罚款；构成犯罪的，依法追究刑事责任。

第二十九条　经营性互联网文化单位违反本规定第十八条的，由县级以上人民政府文化行政部门或者文化市场综合执法机构责令改正，并可根据情节轻重处 20000 元以下罚款。

第三十条　经营性互联网文化单位违反本规定第十九条的，由县级以上人民政府文化行政部门或者文化市场综合执法机构予以警告，责令限期改正，并处 10000 元以下罚款。

第三十一条　违反本规定第二十条的，由省、自治区、直辖市电信管理机构责令改正；情节严重的，由省、自治区、直辖市电信管理机构责令停业整顿或者责令暂时关闭网站。

第三十二条　本规定所称文化市场综合执法机构是指依照国家有关法律、法规和规章的规定，相对集中地行使文化领域行政处罚权以及相关监督检查权、行政强制权的行政执法机构。

第三十三条　文化行政部门或者文化市场综合执法机构查处违法经营

活动，依照实施违法经营行为的企业注册地或者企业实际经营地进行管辖；企业注册地和实际经营地无法确定的，由从事违法经营活动网站的信息服务许可地或者备案地进行管辖；没有许可或者备案的，由该网站服务器所在地管辖；网站服务器设置在境外的，由违法行为发生地进行管辖。

第三十四条　本规定自2011年4月1日起施行。2003年5月10日发布、2004年7月1日修订的《互联网文化管理暂行规定》同时废止。

互联网著作权行政保护办法

国家版权局、信息产业部令2005年第5号

第一条　为了加强互联网信息服务活动中信息网络传播权的行政保护，规范行政执法行为，根据《中华人民共和国著作权法》及有关法律、行政法规，制定本办法。

第二条　本办法适用于互联网信息服务活动中根据互联网内容提供者的指令，通过互联网自动提供作品、录音录像制品等内容的上载、存储、链接或搜索等功能，且对存储或传输的内容不进行任何编辑、修改或选择的行为。

互联网信息服务活动中直接提供互联网内容的行为，适用著作权法。

本办法所称"互联网内容提供者"是指在互联网上发布相关内容的上网用户。

第三条　各级著作权行政管理部门依照法律、行政法规和本办法对互联网信息服务活动中的信息网络传播权实施行政保护。国务院信息产业主管部门和各省、自治区、直辖市电信管理机构依法配合相关工作。

第四条　著作权行政管理部门对侵犯互联网信息服务活动中的信息网络传播权的行为实施行政处罚，适用《著作权行政处罚实施办法》。

侵犯互联网信息服务活动中的信息网络传播权的行为由侵权行为实施地的著作权行政管理部门管辖。侵权行为实施地包括提供本办法第二条所列的互联网信息服务活动的服务器等设备所在地。

第五条　著作权人发现互联网传播的内容侵犯其著作权，向互联网信息服务提供者或者其委托的其他机构（以下统称“互联网信息服务提供者”）发出通知后，互联网信息服务提供者应当立即采取措施移除相关内容，并保留著作权人的通知 6 个月。

第六条　互联网信息服务提供者收到著作权人的通知后，应当记录提供的信息内容及其发布的时间、互联网地址或者域名。互联网接入服务提供者应当记录互联网内容提供者的接入时间、用户帐号、互联网地址或者域名、主叫电话号码等信息。

前款所称记录应当保存 60 日，并在著作权行政管理部门查询时予以提供。

第七条　互联网信息服务提供者根据著作权人的通知移除相关内容的，互联网内容提供者可以向互联网信息服务提供者和著作权人一并发出说明被移除内容不侵犯著作权的反通知。反通知发出后，互联网信息服务提供者即可恢复被移除的内容，且对该恢复行为不承担行政法律责任。

第八条　著作权人的通知应当包含以下内容：

（一）涉嫌侵权内容所侵犯的著作权权属证明；

（二）明确的身份证明、住址、联系方式；

（三）涉嫌侵权内容在信息网络上的位置；

（四）侵犯著作权的相关证据；

（五）通知内容的真实性声明。

第九条　互联网内容提供者的反通知应当包含以下内容：

（一）明确的身份证明、住址、联系方式；

（二）被移除内容的合法性证明；

（三）被移除内容在互联网上的位置；

（四）反通知内容的真实性声明。

第十条　著作权人的通知和互联网内容提供者的反通知应当采取书面形式。

著作权人的通知和互联网内容提供者的反通知不具备本办法第八条、第九条所规定内容的，视为未发出。

第十一条　互联网信息服务提供者明知互联网内容提供者通过互联网

实施侵犯他人著作权的行为，或者虽不明知，但接到著作权人通知后未采取措施移除相关内容，同时损害社会公共利益的，著作权行政管理部门可以根据《中华人民共和国著作权法》第四十七条的规定责令停止侵权行为，并给予下列行政处罚：

（一）没收违法所得；

（二）处以非法经营额 3 倍以下的罚款；非法经营额难以计算的，可以处 10 万元以下的罚款。

第十二条　没有证据表明互联网信息服务提供者明知侵权事实存在的，或者互联网信息服务提供者接到著作权人通知后，采取措施移除相关内容的，不承担行政法律责任。

第十三条　著作权行政管理部门在查处侵犯互联网信息服务活动中的信息网络传播权案件时，可以按照《著作权行政处罚实施办法》第十二条规定要求著作权人提交必备材料，以及向互联网信息服务提供者发出的通知和该互联网信息服务提供者未采取措施移除相关内容的证明。

第十四条　互联网信息服务提供者有本办法第十一条规定的情形，且经著作权行政管理部门依法认定专门从事盗版活动，或有其他严重情节的，国务院信息产业主管部门或者省、自治区、直辖市电信管理机构依据相关法律、行政法规的规定处理；互联网接入服务提供者应当依据国务院信息产业主管部门或者省、自治区、直辖市电信管理机构的通知，配合实施相应的处理措施。

第十五条　互联网信息服务提供者未履行本办法第六条规定的义务，由国务院信息产业主管部门或者省、自治区、直辖市电信管理机构予以警告，可以并处三万元以下罚款。

第十六条　著作权行政管理部门在查处侵犯互联网信息服务活动中的信息网络传播权案件过程中，发现互联网信息服务提供者的行为涉嫌构成犯罪的，应当依照国务院《行政执法机关移送涉嫌犯罪案件的规定》将案件移送司法部门，依法追究刑事责任。

第十七条　表演者、录音录像制作者等与著作权有关的权利人通过互联网向公众传播其表演或者录音录像制品的权利的行政保护适用本办法。

第十八条　本办法由国家版权局和信息产业部负责解释。

第十九条　本办法自 2005 年 5 月 30 日起施行。

电信和互联网用户个人信息保护规定

《电信和互联网用户个人信息保护规定》已经2013年6月28日
中华人民共和国工业和信息化部第2次部务会议审议通过，
现予公布，自2013年9月1日起施行。

第一章　总则

第一条　为了保护电信和互联网用户的合法权益，维护网络信息安全，根据《全国人民代表大会常务委员会关于加强网络信息保护的决定》、《中华人民共和国电信条例》和《互联网信息服务管理办法》等法律、行政法规，制定本规定。

第二条　在中华人民共和国境内提供电信服务和互联网信息服务过程中收集、使用用户个人信息的活动，适用本规定。

第三条　工业和信息化部和各省、自治区、直辖市通信管理局（以下统称电信管理机构）依法对电信和互联网用户个人信息保护工作实施监督管理。

第四条　本规定所称用户个人信息，是指电信业务经营者和互联网信息服务提供者在提供服务的过程中收集的用户姓名、出生日期、身份证件号码、住址、电话号码、账号和密码等能够单独或者与其他信息结合识别用户的信息以及用户使用服务的时间、地点等信息。

第五条　电信业务经营者、互联网信息服务提供者在提供服务的过程中收集、使用用户个人信息，应当遵循合法、正当、必要的原则。

第六条　电信业务经营者、互联网信息服务提供者对其在提供服务过程中收集、使用的用户个人信息的安全负责。

第七条　国家鼓励电信和互联网行业开展用户个人信息保护自律工作。

第二章　信息收集和使用规范

第八条　电信业务经营者、互联网信息服务提供者应当制定用户个人信息收集、使用规则，并在其经营或者服务场所、网站等予以公布。

第九条　未经用户同意，电信业务经营者、互联网信息服务提供者不得收集、使用用户个人信息。

电信业务经营者、互联网信息服务提供者收集、使用用户个人信息的，应当明确告知用户收集、使用信息的目的、方式和范围，查询、更正信息的渠道以及拒绝提供信息的后果等事项。

电信业务经营者、互联网信息服务提供者不得收集其提供服务所必需以外的用户个人信息或者将信息用于提供服务之外的目的，不得以欺骗、误导或者强迫等方式或者违反法律、行政法规以及双方的约定收集、使用信息。

电信业务经营者、互联网信息服务提供者在用户终止使用电信服务或者互联网信息服务后，应当停止对用户个人信息的收集和使用，并为用户提供注销号码或者账号的服务。

法律、行政法规对本条第一款至第四款规定的情形另有规定的，从其规定。

第十条　电信业务经营者、互联网信息服务提供者及其工作人员对在提供服务过程中收集、使用的用户个人信息应当严格保密，不得泄露、篡改或者毁损，不得出售或者非法向他人提供。

第十一条　电信业务经营者、互联网信息服务提供者委托他人代理市场销售和技术服务等直接面向用户的服务性工作，涉及收集、使用用户个人信息的，应当对代理人的用户个人信息保护工作进行监督和管理，不得委托不符合本规定有关用户个人信息保护要求的代理人代办相关服务。

第十二条　电信业务经营者、互联网信息服务提供者应当建立用户投诉处理机制，公布有效的联系方式，接受与用户个人信息保护有关的投诉，并自接到投诉之日起十五日内答复投诉人。

第三章　安全保障措施

第十三条　电信业务经营者、互联网信息服务提供者应当采取以下措施防止用户个人信息泄露、毁损、篡改或者丢失：

（一）确定各部门、岗位和分支机构的用户个人信息安全管理责任；

（二）建立用户个人信息收集、使用及其相关活动的工作流程和安全管理制度；

（三）对工作人员及代理人实行权限管理，对批量导出、复制、销毁信息实行审查，并采取防泄密措施；

（四）妥善保管记录用户个人信息的纸介质、光介质、电磁介质等载体，并采取相应的安全储存措施；

（五）对储存用户个人信息的信息系统实行接入审查，并采取防入侵、防病毒等措施；

（六）记录对用户个人信息进行操作的人员、时间、地点、事项等信息；

（七）按照电信管理机构的规定开展通信网络安全防护工作；

（八）电信管理机构规定的其他必要措施。

第十四条　电信业务经营者、互联网信息服务提供者保管的用户个人信息发生或者可能发生泄露、毁损、丢失的，应当立即采取补救措施；造成或者可能造成严重后果的，应当立即向准予其许可或者备案的电信管理机构报告，配合相关部门进行的调查处理。

电信管理机构应当对报告或者发现的可能违反本规定的行为的影响进行评估；影响特别重大的，相关省、自治区、直辖市通信管理局应当向工业和信息化部报告。电信管理机构在依据本规定作出处理决定前，可以要求电信业务经营者和互联网信息服务提供者暂停有关行为，电信业务经营者和互联网信息服务提供者应当执行。

第十五条　电信业务经营者、互联网信息服务提供者应当对其工作人员进行用户个人信息保护相关知识、技能和安全责任培训。

第十六条　电信业务经营者、互联网信息服务提供者应当对用户个人信息保护情况每年至少进行一次自查，记录自查情况，及时消除自查中发现的安全隐患。

第四章　监督检查

第十七条　电信管理机构应当对电信业务经营者、互联网信息服务提供者保护用户个人信息的情况实施监督检查。

电信管理机构实施监督检查时，可以要求电信业务经营者、互联网信息服务提供者提供相关材料，进入其生产经营场所调查情况，电信业务经营者、互联网信息服务提供者应当予以配合。

电信管理机构实施监督检查，应当记录监督检查的情况，不得妨碍电信业务经营者、互联网信息服务提供者正常的经营或者服务活动，不得收取任何费用。

第十八条　电信管理机构及其工作人员对在履行职责中知悉的用户个人信息应当予以保密，不得泄露、篡改或者毁损，不得出售或者非法向他人提供。

第十九条　电信管理机构实施电信业务经营许可及经营许可证年检时，应当对用户个人信息保护情况进行审查。

第二十条　电信管理机构应当将电信业务经营者、互联网信息服务提供者违反本规定的行为记入其社会信用档案并予以公布。

第二十一条　鼓励电信和互联网行业协会依法制定有关用户个人信息保护的自律性管理制度，引导会员加强自律管理，提高用户个人信息保护水平。

第五章　法律责任

第二十二条　电信业务经营者、互联网信息服务提供者违反本规定第八条、第十二条规定的，由电信管理机构依据职权责令限期改正，予以警告，可以并处一万元以下的罚款。

第二十三条　电信业务经营者、互联网信息服务提供者违反本规定第九条至第十一条、第十三条至第十六条、第十七条第二款规定的，由电信管理机构依据职权责令限期改正，予以警告，可以并处一万元以上三万元以下的罚款，向社会公告；构成犯罪的，依法追究刑事责任。

第二十四条　电信管理机构工作人员在对用户个人信息保护工作实施

监督管理的过程中玩忽职守、滥用职权、徇私舞弊的，依法给予处理；构成犯罪的，依法追究刑事责任。

第六章　附则

第二十五条　本规定自2013年9月1日起施行。

规范互联网信息服务市场秩序若干规定

（1996年2月1日中华人民共和国国务院令第195号发布
根据1997年5月20日《国务院关于修改〈中华人民共和国计算机信息网络国际联网管理暂行规定〉的决定》修正）

第一条 为了规范互联网信息服务市场秩序，保护互联网信息服务提供者和用户的合法权益，促进互联网行业的健康发展，根据《中华人民共和国电信条例》、《互联网信息服务管理办法》等法律、行政法规的规定，制定本规定。

第二条 在中华人民共和国境内从事互联网信息服务及与互联网信息服务有关的活动，应当遵守本规定。

第三条 工业和信息化部和各省、自治区、直辖市通信管理局（以下统称“电信管理机构”）依法对互联网信息服务活动实施监督管理。

第四条 互联网信息服务提供者应当遵循平等、自愿、公平、诚信的原则提供服务。

第五条 互联网信息服务提供者不得实施下列侵犯其他互联网信息服务提供者合法权益的行为：

（一）恶意干扰用户终端上其他互联网信息服务提供者的服务，或者恶意干扰与互联网信息服务相关的软件等产品（“与互联网信息服务相关的软件等产品”以下简称“产品”）的下载、安装、运行和升级；

（二）捏造、散布虚假事实损害其他互联网信息服务提供者的合法权益，或者诋毁其他互联网信息服务提供者的服务或者产品；

（三）恶意对其他互联网信息服务提供者的服务或者产品实施不兼容；

（四）欺骗、误导或者强迫用户使用或者不使用其他互联网信息服务提供者的服务或者产品；

（五）恶意修改或者欺骗、误导、强迫用户修改其他互联网信息服务提供者的服务或者产品参数；

（六）其他违反国家法律规定，侵犯其他互联网信息服务提供者合法权益的行为。

第六条 对互联网信息服务提供者的服务或者产品进行评测，应当客观公正。

评测方公开或者向用户提供评测结果的，应当同时提供评测实施者、评测方法、数据来源、用户原始评价、评测手段和评测环境等与评测活动相关的信息。评测结果应当真实准确，与评测活动相关的信息应当完整全面。被评测的服务或者产品与评测方的服务或者产品相同或者功能类似的，评测结果中不得含有评测方的主观评价。

被评测方对评测结果有异议的，可以自行或者委托第三方就评测结果进行再评测，评测方应当予以配合。

评测方不得利用评测结果，欺骗、误导、强迫用户对被评测方的服务或者产品作出处置。

本规定所称评测，是指提供平台供用户评价，或者以其他方式对互联网信息服务或者产品的性能等进行评价和测试。

第七条 互联网信息服务提供者不得实施下列侵犯用户合法权益的行为：

（一）无正当理由拒绝、拖延或者中止向用户提供互联网信息服务或者产品；

（二）无正当理由限定用户使用或者不使用其指定的互联网信息服务或者产品；

（三）以欺骗、误导或者强迫等方式向用户提供互联网信息服务或者产品；

（四）提供的互联网信息服务或者产品与其向用户所作的宣传或者承诺不符；

（五）擅自改变服务协议或者业务规程，降低服务质量或者加重用户责任；

（六）与其他互联网信息服务提供者的服务或者产品不兼容时，未主动向用户提示和说明；

（七）未经提示并由用户主动选择同意，修改用户浏览器配置或者其他设置；

（八）其他违反国家法律规定，侵犯用户合法权益的行为。

第八条 互联网信息服务提供者在用户终端上进行软件下载、安装、运行、升级、卸载等操作的，应当提供明确、完整的软件功能等信息，并事先征得用户同意。

互联网信息服务提供者不得实施下列行为：

（一）欺骗、误导或者强迫用户下载、安装、运行、升级、卸载软件；

（二）未提供与软件安装方式同等或者更便捷的卸载方式；

（三）在未受其他软件影响和人为破坏的情况下，未经用户主动选择同意，软件卸载后有可执行代码或者其他不必要的文件驻留在用户终端。

第九条 互联网信息服务终端软件捆绑其他软件的，应当以显著的方式提示用户，由用户主动选择是否安装或者使用，并提供独立的卸载或者关闭方式，不得附加不合理条件。

第十条 互联网信息服务提供者在用户终端弹出广告或者其他与终端软件功能无关的信息窗口的，应当以显著的方式向用户提供关闭或者退出窗口的功能标识。

第十一条 未经用户同意，互联网信息服务提供者不得收集与用户相关、能够单独或者与其他信息结合识别用户的信息（以下简称“用户个人信息”），不得将用户个人信息提供给他人，但是法律、行政法规另有规定的除外。

互联网信息服务提供者经用户同意收集用户个人信息的，应当明确告知用户收集和处理用户个人信息的方式、内容和用途，不得收集其提供服务所必需以外的信息，不得将用户个人信息用于其提供服务之外的目的。

第十二条 互联网信息服务提供者应当妥善保管用户个人信息；保管的

用户个人信息泄露或者可能泄露时，应当立即采取补救措施；造成或者可能造成严重后果的，应当立即向准予其互联网信息服务许可或者备案的电信管理机构报告，并配合相关部门进行的调查处理。

第十三条 互联网信息服务提供者应当加强系统安全防护，依法维护用户上载信息的安全，保障用户对上载信息的使用、修改和删除。

互联网信息服务提供者不得有下列行为：

（一）无正当理由擅自修改或者删除用户上载信息；

（二）未经用户同意，向他人提供用户上载信息，但是法律、行政法规另有规定的除外；

（三）擅自或者假借用户名义转移用户上载信息，或者欺骗、误导、强迫用户转移其上载信息；

（四）其他危害用户上载信息安全的行为。

第十四条 互联网信息服务提供者应当以显著的方式公布有效联系方式，接受用户及其他互联网信息服务提供者的投诉，并自接到投诉之日起十五日内作出答复。

第十五条 互联网信息服务提供者认为其他互联网信息服务提供者实施违反本规定的行为，侵犯其合法权益并对用户权益造成或者可能造成重大影响的，应当立即向准予该其他互联网信息服务提供者互联网信息服务许可或者备案的电信管理机构报告。

电信管理机构应当对报告或者发现的可能违反本规定的行为的影响进行评估；影响特别重大的，相关省、自治区、直辖市通信管理局应当向工业和信息化部报告。电信管理机构在依据本规定作出处理决定前，可以要求互联网信息服务提供者暂停有关行为，互联网信息服务提供者应当执行。

第十六条 互联网信息服务提供者违反本规定第五条、第七条或者第十三条的规定，由电信管理机构依据职权责令改正，处以警告，可以并处一万元以上三万元以下的罚款，向社会公告；其中，《中华人民共和国电信条例》或者《互联网信息服务管理办法》规定法律责任的，依照其规定处理。

第十七条 评测方违反本规定第六条的规定的，由电信管理机构依据职权处以警告，可以并处一万元以上三万元以下的罚款，向社会公告。

第十八条 互联网信息服务提供者违反本规定第八条、第九条、第十条、第十一条、第十二条或者第十四条的规定的，由电信管理机构依据职权处以警告，可以并处一万元以上三万元以下的罚款，向社会公告。

第十九条 互联网信息服务提供者违反本规定第十五条规定，不执行电信管理机构暂停有关行为的要求的，由电信管理机构依据职权处以警告，向社会公告。

第二十条 互联网信息服务提供者违反其他法律、行政法规规定的，依照其规定处理。

第二十一条 本规定自 2012 年 3 月 15 日起施行。

网络发票管理办法

国家税务总局令第30号

第一条　为加强普通发票管理，保障国家税收收入，规范网络发票的开具和使用，根据《中华人民共和国发票管理办法》规定，制定本办法。

第二条　在中华人民共和国境内使用网络发票管理系统开具发票的单位和个人办理网络发票管理系统的开户登记、网上领取发票手续、在线开具、传输、查验和缴销等事项，适用本办法。

第三条　本办法所称网络发票是指符合国家税务总局统一标准并通过国家税务总局及省、自治区、直辖市国家税务局、地方税务局公布的网络发票管理系统开具的发票。

国家积极推广使用网络发票管理系统开具发票。

第四条　税务机关应加强网络发票的管理，确保网络发票的安全、唯一、便利，并提供便捷的网络发票信息查询渠道；应通过应用网络发票数据分析，提高信息管税水平。

第五条　税务机关应根据开具发票的单位和个人的经营情况，核定其在线开具网络发票的种类、行业类别、开票限额等内容。

开具发票的单位和个人需要变更网络发票核定内容的，可向税务机关提出书面申请，经税务机关确认，予以变更。

第六条　开具发票的单位和个人开具网络发票应登录网络发票管理系统，如实完整填写发票的相关内容及数据，确认保存后打印发票。

开具发票的单位和个人在线开具的网络发票，经系统自动保存数据后即完成开票信息的确认、查验。

第七条　单位和个人取得网络发票时，应及时查询验证网络发票信息的真实性、完整性，对不符合规定的发票，不得作为财务报销凭证，任何单位和个人有权拒收。

第八条　开具发票的单位和个人需要开具红字发票的，必须收回原网络发票全部联次或取得受票方出具的有效证明，通过网络发票管理系统开具金额为负数的红字网络发票。

第九条　开具发票的单位和个人作废开具的网络发票，应收回原网络发票全部联次，注明“作废”，并在网络发票管理系统中进行发票作废处理。

第十条　开具发票的单位和个人应当在办理变更或者注销税务登记的同时，办理网络发票管理系统的用户变更、注销手续并缴销空白发票。

第十一条　税务机关根据发票管理的需要，可以按照国家税务总局的规定委托其他单位通过网络发票管理系统代开网络发票。

税务机关应当与受托代开发票的单位签订协议，明确代开网络发票的种类、对象、内容和相关责任等内容。

第十二条　开具发票的单位和个人必须如实在线开具网络发票，不得利用网络发票进行转借、转让、虚开发票及其他违法活动。

第十三条　开具发票的单位和个人在网络出现故障，无法在线开具发票时，可离线开具发票。

开具发票后，不得改动开票信息，并于 48 小时内上传开票信息。

第十四条　开具发票的单位和个人违反本办法规定的，按照《中华人民共和国发票管理办法》有关规定处理。

第十五条　省以上税务机关在确保网络发票电子信息正确生成、可靠存储、查询验证、安全唯一等条件的情况下，可以试行电子发票。

第十六条　本办法自 2013 年 4 月 1 日起施行。

最高人民法院、最高人民检察院关于办理利用互联网、移动通讯终端、声讯台制作、复制、出版、贩卖、传播淫秽电子信息刑事案件具体应用法律若干问题的解释

（2004年9月1日最高人民法院审判委员会第1323次会议、2004年9月2日最高人民检察院第十届检察委员会第26次会议通过）

为依法惩治利用互联网、移动通讯终端制作、复制、出版、贩卖、传播淫秽电子信息、通过声讯台传播淫秽语音信息等犯罪活动，维护公共网络、通讯的正常秩序，保障公众的合法权益，根据《中华人民共和国刑法》、《全国人民代表大会常务委员会关于维护互联网安全的决定》的规定，现对办理该类刑事案件具体应用法律的若干问题解释如下：

第一条　以牟利为目的，利用互联网、移动通讯终端制作、复制、出版、贩卖、传播淫秽电了信息，具有下列情形之一的，依照刑法第三百六十三条第一款的规定，以制作、复制、出版、贩卖、传播淫秽物品牟利罪定罪处罚：

（一）制作、复制、出版、贩卖、传播淫秽电影、表演、动画等视频文件二十个以上的；

（二）制作、复制、出版、贩卖、传播淫秽音频文件一百个以上的；

（三）制作、复制、出版、贩卖、传播淫秽电子刊物、图片、文章、短信息等二百件以上的；

（四）制作、复制、出版、贩卖、传播的淫秽电子信息，实际被点击数达到一万次以上的；

（五）以会员制方式出版、贩卖、传播淫秽电子信息，注册会员达二百人以上的；

（六）利用淫秽电子信息收取广告费、会员注册费或者其他费用，违法所得一万元以上的；

（七）数量或者数额虽未达到第（一）项至第（六）项规定标准，但分别达到其中两项以上标准一半以上的；

（八）造成严重后果的。

利用聊天室、论坛、即时通信软件、电子邮件等方式，实施第一款规定行为的，依照刑法第三百六十三条第一款的规定，以制作、复制、出版、贩卖、传播淫秽物品牟利罪定罪处罚。

第二条　实施第一条规定的行为，数量或者数额达到第一条第一款第（一）项至第（六）项规定标准五倍以上的，应当认定为刑法第三百六十三条第一款规定的“情节严重”；达到规定标准二十五倍以上的，应当认定为“情节特别严重”。

第三条　不以牟利为目的，利用互联网或者移动通讯终端传播淫秽电子信息，具有下列情形之一的，依照刑法第三百六十四条第一款的规定，以传播淫秽物品罪定罪处罚：

（一）数量达到第一条第一款第（一）项至第（五）项规定标准二倍以上的；

（二）数量分别达到第一条第一款第（一）项至第（五）项两项以上标准的；

（三）造成严重后果的。

利用聊天室、论坛、即时通信软件、电子邮件等方式，实施第一款规定行为的，依照刑法第三百六十四条第一款的规定，以传播淫秽物品罪定罪处罚。

第四条　明知是淫秽电子信息而在自己所有、管理或者使用的网站或者网页上提供直接链接的，其数量标准根据所链接的淫秽电子信息的种类计算。

第五条　以牟利为目的，通过声讯台传播淫秽语音信息，具有下列情形之一的，依照刑法第三百六十三条第一款的规定，对直接负责的主管人员和其他直接责任人员以传播淫秽物品牟利罪定罪处罚：

（一）向一百人次以上传播的；

（二）违法所得一万元以上的；

（三）造成严重后果的。

实施前款规定行为，数量或者数额达到前款第（一）项至第（二）项规定标准五倍以上的，应当认定为刑法第三百六十三条第一款规定的“情节严重”；达到规定标准二十五倍以上的，应当认定为“情节特别严重”。

第六条　实施本解释前五条规定的犯罪，具有下列情形之一的，依照刑法第三百六十三条第一款、第三百六十四条第一款的规定从重处罚：

（一）制作、复制、出版、贩卖、传播具体描绘不满十八周岁未成年人性行为的淫秽电子信息的；

（二）明知是具体描绘不满十八周岁的未成年人性行为的淫秽电子信息而在自己所有、管理或者使用的网站或者网页上提供直接链接的；

（三）向不满十八周岁的未成年人贩卖、传播淫秽电子信息和语音信息的；

（四）通过使用破坏性程序、恶意代码修改用户计算机设置等方法，强制用户访问、下载淫秽电子信息的。

第七条　明知他人实施制作、复制、出版、贩卖、传播淫秽电子信息犯罪，为其提供互联网接入、服务器托管、网络存储空间、通讯传输通道、费用结算等帮助的，对直接负责的主管人员和其他直接责任人员，以共同犯罪论处。

第八条　利用互联网、移动通讯终端、声讯台贩卖、传播淫秽书刊、影片、录像带、录音带等以实物为载体的淫秽物品的，依照《最高人民法院关于审理非法出版物刑事案件具体应用法律若干问题的解释》的有关规定定罪处罚。

第九条　刑法第三百六十七条第一款规定的“其他淫秽物品”，包括具体描绘性行为或者露骨宣扬色情的诲淫性的视频文件、音频文件、电子刊物、图片、文章、短信息等互联网、移动通讯终端电子信息和声讯台语音信息。

有关人体生理、医学知识的电子信息和声讯台语音信息不是淫秽物品。包含色情内容的有艺术价值的电子文学、艺术作品不视为淫秽物品。

最高人民法院、最高人民检察院关于办理利用互联网、移动通讯终端、声讯台制作、复制、出版、贩卖、传播淫秽电子信息刑事案件具体应用法律若干问题的解释（二）

（2010年1月18日由最高人民法院审判委员会第1483次会议、2010年1月14日由最高人民检察院第十一届检察委员会第28次会议通过法释〔2010〕3号）

为依法惩治利用互联网、移动通讯终端制作、复制、出版、贩卖、传播淫秽电子信息，通过声讯台传播淫秽语音信息等犯罪活动，维护社会秩序，保障公民权益，根据《中华人民共和国刑法》、《全国人民代表大会常务委员会关于维护互联网安全的决定》的规定，现对办理该类刑事案件具体应用法律的若干问题解释如下：

第一条　以牟利为目的，利用互联网、移动通讯终端制作、复制、出版、贩卖、传播淫秽电子信息的，依照《最高人民法院、最高人民检察院关于办理利用互联网、移动通讯终端、声讯台制作、复制、出版、贩卖、传播淫秽电子信息刑事案件具体应用法律若干问题的解释》第一条、第二条的规定定罪处罚。

以牟利为目的，利用互联网、移动通讯终端制作、复制、出版、贩卖、传播内容含有不满十四周岁未成年人的淫秽电子信息，具有下列情形之一的，依照刑法第三百六十三条第一款的规定，以制作、复制、出版、贩卖、传播淫秽物品牟利罪定罪处罚：

（一）制作、复制、出版、贩卖、传播淫秽电影、表演、动画等视频文件十个以上的；

（二）制作、复制、出版、贩卖、传播淫秽音频文件五十个以上的；

（三）制作、复制、出版、贩卖、传播淫秽电子刊物、图片、文章等一百件以上的；

（四）制作、复制、出版、贩卖、传播的淫秽电子信息，实际被点击数达到五千次以上的；

（五）以会员制方式出版、贩卖、传播淫秽电子信息，注册会员达一百人以上的；

（六）利用淫秽电子信息收取广告费、会员注册费或者其他费用，违法所得五千元以上的；

（七）数量或者数额虽未达到第（一）项至第（六）项规定标准，但分别达到其中两项以上标准一半以上的；

（八）造成严重后果的。

实施第二款规定的行为，数量或者数额达到第二款第（一）项至第（七）项规定标准五倍以上的，应当认定为刑法第三百六十三条第一款规定的“情节严重”；达到规定标准二十五倍以上的，应当认定为“情节特别严重”。

第二条　利用互联网、移动通讯终端传播淫秽电子信息的，依照《最高人民法院、最高人民检察院关于办理利用互联网、移动通讯终端、声讯台制作、复制、出版、贩卖、传播淫秽电子信息刑事案件具体应用法律若干问题的解释》第三条的规定定罪处罚。

利用互联网、移动通讯终端传播内容含有不满十四周岁未成年人的淫秽电子信息，具有下列情形之一的，依照刑法第三百六十四条第一款的规定，以传播淫秽物品罪定罪处罚：

（一）数量达到第一条第二款第（一）项至第（五）项规定标准二倍以上的；

（二）数量分别达到第一条第二款第（一）项至第（五）项两项以上标准的；

（三）造成严重后果的。

第三条　利用互联网建立主要用于传播淫秽电子信息的群组，成员达三十人以上或者造成严重后果的，对建立者、管理者和主要传播者，依照刑法第三百六十四条第一款的规定，以传播淫秽物品罪定罪处罚。

第四条　以牟利为目的，网站建立者、直接负责的管理者明知他人制作、复制、出版、贩卖、传播的是淫秽电子信息，允许或者放任他人在自己所有、管理的网站或者网页上发布，具有下列情形之一的，依照刑法第三百六十三条第一款的规定，以传播淫秽物品牟利罪定罪处罚：

（一）数量或者数额达到第一条第二款第（一）项至第（六）项规定标准五倍以上的；

（二）数量或者数额分别达到第一条第二款第（一）项至第（六）项两项以上标准二倍以上的；

（三）造成严重后果的。

实施前款规定的行为，数量或者数额达到第一条第二款第（一）项至第（七）项规定标准二十五倍以上的，应当认定为刑法第三百六十三条第一款规定的“情节严重”；达到规定标准一百倍以上的，应当认定为“情节特别严重”。

第五条　网站建立者、直接负责的管理者明知他人制作、复制、出版、贩卖、传播的是淫秽电子信息，允许或者放任他人在自己所有、管理的网站或者网页上发布，具有下列情形之一的，依照刑法第三百六十四条第一款的规定，以传播淫秽物品罪定罪处罚：

（一）数量达到第一条第二款第（一）项至第（五）项规定标准十倍以上的；

（二）数量分别达到第一条第二款第（一）项至第（五）项两项以上标准五倍以上的；

（三）造成严重后果的。

第六条　电信业务经营者、互联网信息服务提供者明知是淫秽网站，为其提供互联网接入、服务器托管、网络存储空间、通讯传输通道、代收费等服务，并收取服务费，具有下列情形之一的，对直接负责的主管人员和其他直接责任人员，依照刑法第三百六十三条第一款的规定，以传播淫秽物品牟利罪定罪处罚：

（一）为五个以上淫秽网站提供上述服务的；

（二）为淫秽网站提供互联网接入、服务器托管、网络存储空间、通讯传输通道等服务，收取服务费数额在二万元以上的；

（三）为淫秽网站提供代收费服务，收取服务费数额在五万元以上的；

（四）造成严重后果的。

实施前款规定的行为，数量或者数额达到前款第（一）项至第（三）项规定标准五倍以上的，应当认定为刑法第三百六十三条第一款规定的“情节严重”；达到规定标准二十五倍以上的，应当认定为“情节特别严重”。

第七条　明知是淫秽网站，以牟利为目的，通过投放广告等方式向其直接或者间接提供资金，或者提供费用结算服务，具有下列情形之一的，对直接负责的主管人员和其他直接责任人员，依照刑法第三百六十三条第一款的规定，以制作、复制、出版、贩卖、传播淫秽物品牟利罪的共同犯罪处罚：

（一）向十个以上淫秽网站投放广告或者以其他方式提供资金的；

（二）向淫秽网站投放广告二十条以上的；

（三）向十个以上淫秽网站提供费用结算服务的；

（四）以投放广告或者其他方式向淫秽网站提供资金数额在五万元以上的；

（五）为淫秽网站提供费用结算服务，收取服务费数额在二万元以上的；

（六）造成严重后果的。

实施前款规定的行为，数量或者数额达到前款第（一）项至第（五）项规定标准五倍以上的，应当认定为刑法第三百六十三条第一款规定的“情节严重”；达到规定标准二十五倍以上的，应当认定为“情节特别严重”。

第八条　实施第四条至第七条规定的行为，具有下列情形之一的，应当认定行为人“明知”，但是有证据证明确实不知道的除外：

（一）行政主管机关书面告知后仍然实施上述行为的；

（二）接到举报后不履行法定管理职责的；

（三）为淫秽网站提供互联网接入、服务器托管、网络存储空间、通讯传输通道、代收费、费用结算等服务，收取服务费明显高于市场价格的；

（四）向淫秽网站投放广告，广告点击率明显异常的；

（五）其他能够认定行为人明知的情形。

第九条　一年内多次实施制作、复制、出版、贩卖、传播淫秽电子信息行为未经处理，数量或者数额累计计算构成犯罪的，应当依法定罪处罚。

第十条　单位实施制作、复制、出版、贩卖、传播淫秽电子信息犯罪的，依照《中华人民共和国刑法》、《最高人民法院、最高人民检察院关于办理利用互联网、移动通讯终端、声讯台制作、复制、出版、贩卖、传播淫秽电子信息刑事案件具体应用法律若干问题的解释》和本解释规定的相应个人犯罪的定罪量刑标准，对直接负责的主管人员和其他直接责任人员定罪处罚，并对单位判处罚金。

第十一条　对于以牟利为目的，实施制作、复制、出版、贩卖、传播淫秽电子信息犯罪的，人民法院应当综合考虑犯罪的违法所得、社会危害性等情节，依法判处罚金或者没收财产。罚金数额一般在违法所得的一倍以上五倍以下。

第十二条　《最高人民法院、最高人民检察院关于办理利用互联网、移动通讯终端、声讯台制作、复制、出版、贩卖、传播淫秽电子信息刑事案件具体应用法律若干问题的解释》和本解释所称网站，是指可以通过互联网域名、ＩＰ地址等方式访问的内容提供站点。

以制作、复制、出版、贩卖、传播淫秽电子信息为目的建立或者建立后主要从事制作、复制、出版、贩卖、传播淫秽电子信息活动的网站，为淫秽网站。

第十三条　以前发布的司法解释与本解释不一致的，以本解释为准。

最高人民法院、最高人民检察院关于办理利用信息网络实施诽谤等刑事案件适用法律若干问题的解释

（法释〔2013〕21号　2013年9月5日最高人民法院审判委员会第1589次会议、2013年9月2日最高人民检察院第十二届检察委员会第9次会议通过）

为保护公民、法人和其他组织的合法权益，维护社会秩序，根据《中华人民共和国刑法》《全国人民代表大会常务委员会关于维护互联网安全的决定》等规定，对办理利用信息网络实施诽谤、寻衅滋事、敲诈勒索、非

法经营等刑事案件适用法律的若干问题解释如下：

第一条　具有下列情形之一的，应当认定为刑法第二百四十六条第一款规定的“捏造事实诽谤他人”：

（一）捏造损害他人名誉的事实，在信息网络上散布，或者组织、指使人员在信息网络上散布的；

（二）将信息网络上涉及他人的原始信息内容篡改为损害他人名誉的事实，在信息网络上散布，或者组织、指使人员在信息网络上散布的；

明知是捏造的损害他人名誉的事实，在信息网络上散布，情节恶劣的，以“捏造事实诽谤他人”论。

第二条　利用信息网络诽谤他人，具有下列情形之一的，应当认定为刑法第二百四十六条第一款规定的“情节严重”：

（一）同一诽谤信息实际被点击、浏览次数达到五千次以上，或者被转发次数达到五百次以上的；

（二）造成被害人或者其近亲属精神失常、自残、自杀等严重后果的；

（三）二年内曾因诽谤受过行政处罚，又诽谤他人的；

（四）其他情节严重的情形。

第三条　利用信息网络诽谤他人，具有下列情形之一的，应当认定为刑法第二百四十六条第二款规定的“严重危害社会秩序和国家利益”：

（一）引发群体性事件的；

（二）引发公共秩序混乱的；

（三）引发民族、宗教冲突的；

（四）诽谤多人，造成恶劣社会影响的；

（五）损害国家形象，严重危害国家利益的；

（六）造成恶劣国际影响的；

（七）其他严重危害社会秩序和国家利益的情形。

第四条　一年内多次实施利用信息网络诽谤他人行为未经处理，诽谤信息实际被点击、浏览、转发次数累计计算构成犯罪的，应当依法定罪处罚。

第五条　利用信息网络辱骂、恐吓他人，情节恶劣，破坏社会秩序的，依照刑法第二百九十三条第一款第（二）项的规定，以寻衅滋事罪定罪处罚。

编造虚假信息，或者明知是编造的虚假信息，在信息网络上散布，或者组织、指使人员在信息网络上散布，起哄闹事，造成公共秩序严重混乱的，依照刑法第二百九十三条第一款第（四）项的规定，以寻衅滋事罪定罪处罚。

第六条　以在信息网络上发布、删除等方式处理网络信息为由，威胁、要挟他人，索取公私财物，数额较大，或者多次实施上述行为的，依照刑法第二百七十四条的规定，以敲诈勒索罪定罪处罚。

第七条　违反国家规定，以营利为目的，通过信息网络有偿提供删除信息服务，或者明知是虚假信息，通过信息网络有偿提供发布信息等服务，扰乱市场秩序，具有下列情形之一的，属于非法经营行为“情节严重”，依照刑法第二百二十五条第（四）项的规定，以非法经营罪定罪处罚：

（一）个人非法经营数额在五万元以上，或者违法所得数额在二万元以上的；

（二）单位非法经营数额在十五万元以上，或者违法所得数额在五万元以上的。

实施前款规定的行为，数额达到前款规定的数额五倍以上的，应当认定为刑法第二百二十五条规定的“情节特别严重”。

第八条　明知他人利用信息网络实施诽谤、寻衅滋事、敲诈勒索、非法经营等犯罪，为其提供资金、场所、技术支持等帮助的，以共同犯罪论处。

第九条　利用信息网络实施诽谤、寻衅滋事、敲诈勒索、非法经营犯罪，同时又构成刑法第二百二十一条规定的损害商业信誉、商品声誉罪，第二百七十八条规定的煽动暴力抗拒法律实施罪，第二百九十一条之一规定的编造、故意传播虚假恐怖信息罪等犯罪的，依照处罚较重的规定定罪处罚。

第十条　本解释所称信息网络，包括以计算机、电视机、固定电话机、移动电话机等电子设备为终端的计算机互联网、广播电视网、固定通信网、移动通信网等信息网络，以及向公众开放的局域网络。

最高人民法院关于审理侵害信息网络传播权民事纠纷案件适用法律若干问题的规定

（法释〔2012〕20号）

为正确审理侵害信息网络传播权民事纠纷案件，依法保护信息网络传播权，促进信息网络产业健康发展，维护公共利益，根据《中华人民共和国民法通则》、《中华人民共和国侵权责任法》、《中华人民共和国著作权法》、《中华人民共和国民事诉讼法》等有关法律规定，结合审判实际，制定本规定。

第一条　人民法院审理侵害信息网络传播权民事纠纷案件，在依法行使裁量权时，应当兼顾权利人、网络服务提供者和社会公众的利益。

第二条　本规定所称信息网络，包括以计算机、电视机、固定电话机、移动电话机等电子设备为终端的计算机互联网、广播电视网、固定通信网、移动通信网等信息网络，以及向公众开放的局域网络。

第三条　网络用户、网络服务提供者未经许可，通过信息网络提供权利人享有信息网络传播权的作品、表演、录音录像制品，除法律、行政法规另有规定外，人民法院应当认定其构成侵害信息网络传播权行为。

通过上传到网络服务器、设置共享文件或者利用文件分享软件等方式，将作品、表演、录音录像制品置于信息网络中，使公众能够在个人选定的时间和地点以下载、浏览或者其他方式获得的，人民法院应当认定其实施了前款规定的提供行为。

第四条　有证据证明网络服务提供者与他人以分工合作等方式共同提供作品、表演、录音录像制品，构成共同侵权行为的，人民法院应当判令其承担连带责任。网络服务提供者能够证明其仅提供自动接入、自动传输、信息存储空间、搜索、链接、文件分享技术等网络服务，主张其不构成共同侵权行为的，人民法院应予支持。

第五条　网络服务提供者以提供网页快照、缩略图等方式实质替代其他网络服务提供者向公众提供相关作品的，人民法院应当认定其构成提供行为。

前款规定的提供行为不影响相关作品的正常使用，且未不合理损害权利人对该作品的合法权益，网络服务提供者主张其未侵害信息网络传播权的，人民法院应予支持。

第六条　原告有初步证据证明网络服务提供者提供了相关作品、表演、录音录像制品，但网络服务提供者能够证明其仅提供网络服务，且无过错的，人民法院不应认定为构成侵权。

第七条　网络服务提供者在提供网络服务时教唆或者帮助网络用户实施侵害信息网络传播权行为的，人民法院应当判令其承担侵权责任。

网络服务提供者以言语、推介技术支持、奖励积分等方式诱导、鼓励网络用户实施侵害信息网络传播权行为的，人民法院应当认定其构成教唆侵权行为。

网络服务提供者明知或者应知网络用户利用网络服务侵害信息网络传播权，未采取删除、屏蔽、断开链接等必要措施，或者提供技术支持等帮助行为的，人民法院应当认定其构成帮助侵权行为。

第八条　人民法院应当根据网络服务提供者的过错，确定其是否承担教唆、帮助侵权责任。网络服务提供者的过错包括对于网络用户侵害信息网络传播权行为的明知或者应知。

网络服务提供者未对网络用户侵害信息网络传播权的行为主动进行审查的，人民法院不应据此认定其具有过错。

网络服务提供者能够证明已采取合理、有效的技术措施，仍难以发现网络用户侵害信息网络传播权行为的，人民法院应当认定其不具有过错。

第九条　人民法院应当根据网络用户侵害信息网络传播权的具体事实是否明显，综合考虑以下因素，认定网络服务提供者是否构成应知：

（一）基于网络服务提供者提供服务的性质、方式及其引发侵权的可能性大小，应当具备的管理信息的能力；

（二）传播的作品、表演、录音录像制品的类型、知名度及侵权信息的明显程度；

（三）网络服务提供者是否主动对作品、表演、录音录像制品进行了选择、编辑、修改、推荐等；

（四）网络服务提供者是否积极采取了预防侵权的合理措施；

（五）网络服务提供者是否设置便捷程序接收侵权通知并及时对侵权通知作出合理的反应；

（六）网络服务提供者是否针对同一网络用户的重复侵权行为采取了相应的合理措施；

（七）其他相关因素。

第十条　网络服务提供者在提供网络服务时，对热播影视作品等以设置榜单、目录、索引、描述性段落、内容简介等方式进行推荐，且公众可以在其网页上直接以下载、浏览或者其他方式获得的，人民法院可以认定其应知网络用户侵害信息网络传播权。

第十一条　网络服务提供者从网络用户提供的作品、表演、录音录像制品中直接获得经济利益的，人民法院应当认定其对该网络用户侵害信息网络传播权的行为负有较高的注意义务。

网络服务提供者针对特定作品、表演、录音录像制品投放广告获取收益，或者获取与其传播的作品、表演、录音录像制品存在其他特定联系的经济利益，应当认定为前款规定的直接获得经济利益。网络服务提供者因提供网络服务而收取一般性广告费、服务费等，不属于本款规定的情形。

第十二条　有下列情形之一的，人民法院可以根据案件具体情况，认定提供信息存储空间服务的网络服务提供者应知网络用户侵害信息网络传播权：

（一）将热播影视作品等置于首页或者其他主要页面等能够为网络服务提供者明显感知的位置的；

（二）对热播影视作品等的主题、内容主动进行选择、编辑、整理、推荐，或者为其设立专门的排行榜的；

（三）其他可以明显感知相关作品、表演、录音录像制品为未经许可提供，仍未采取合理措施的情形。

第十三条　网络服务提供者接到权利人以书信、传真、电子邮件等方式提交的通知，未及时采取删除、屏蔽、断开链接等必要措施的，人民法院应当认定其明知相关侵害信息网络传播权行为。

第十四条　人民法院认定网络服务提供者采取的删除、屏蔽、断开链接等必要措施是否及时，应当根据权利人提交通知的形式，通知的准确程度，采取措施的难易程度，网络服务的性质，所涉作品、表演、录音录像制品的类型、知名度、数量等因素综合判断。

第十五条　侵害信息网络传播权民事纠纷案件由侵权行为地或者被告住所地人民法院管辖。侵权行为地包括实施被诉侵权行为的网络服务器、计算机终端等设备所在地。侵权行为地和被告住所地均难以确定或者在境外的，原告发现侵权内容的计算机终端等设备所在地可以视为侵权行为地。

第十六条　本规定施行之日起，《最高人民法院关于审理涉及计算机网络著作权纠纷案件适用法律若干问题的解释》（法释〔2006〕11 号）同时废止。

本规定施行之后尚未终审的侵害信息网络传播权民事纠纷案件，适用本规定。本规定施行前已经终审，当事人申请再审或者按照审判监督程序决定再审的，不适用本规定。

中国互联网协会反垃圾邮件规范

（中国互联网协会 2003年2月25日）

第一条　[目的]为了保护我国电子邮件用户的正当权益，促进电子邮件服务业的健康发展，推动互联网资源和信息系统的合理利用，中国互联网协会（以下简称协会）成员共同制定本规范。

第二条　[适用]协会成员开展电子邮件服务，适用本规范；其他主体根据自愿的原则，接受本规范的约束。

第三条　[垃圾邮件]本规范所称垃圾邮件，包括下述属性的电子邮件：

（一）收件人事先没有提出要求或者同意接收的广告、电子刊物、各种形式的宣传品等宣传性的电子邮件；

（二）收件人无法拒收的电子邮件；

（三）隐藏发件人身份、地址、标题等信息的电子邮件；

（四）含有虚假的信息源、发件人、路由等信息的电子邮件。

第四条 [服务提供者]本规范所称电子邮件服务提供者（以下简称服务提供者），包括依法为电子邮件用户发送、转发、接收电子邮件提供条件的电信业务经营者和互联网信息服务提供者。

第五条 [共同原则]协会及其成员在反垃圾邮件方面，坚持如下原则：

（一）信息共享原则。协会应当向协会成员提供反垃圾邮件方面的有关信息。协会成员有权及时取得和使用协会的有关信息，获得协会的帮助；

（二）行动一致原则。协会成员坚持行动一致的原则，共同抵制垃圾邮件，执行协会的各项决定。

第六条 [协会义务]反垃圾邮件是中国互联网协会的一项重要职能，在反垃圾邮件方面负有如下责任：

（一）在阻止和消除垃圾邮件的传播方面为服务提供者提供指导、帮助和培训；

（二）与其他国家和地区的反垃圾邮件组织进行沟通、联系和交流，协调协会成员与其他国家和地区的反垃圾邮件组织和服务提供者之间的关系，维护各协会成员的利益；

（三）建立垃圾邮件的投诉、举报和受理机制；

（四）建立反垃圾邮件协调机制，协助解决协会成员之间、协会成员与其他成员之间因垃圾邮件引起的纠纷；

（五）向协会成员定期公布传播垃圾邮件的服务提供者名单及其他相关信息，发布有关决定。

第七条 [共同约定]加入协会及接受本规范的服务提供者应采取如下措施，阻止和消除垃圾邮件的传播：

（一）建立垃圾邮件的信息收集、反馈及处理机制；

（二）记录传递电子邮件的服务提供者的名称、互联网地址或者域名、垃圾邮件发送者的情况等有关信息，并在协会或其指定的组织需要时，予以提供；

（三）在向用户提供电子邮件服务前，以明示的方式将电子邮件服务规则和使用规则提供给用户，并提示用户须对其发送电子邮件的行为承担法律责任；

（四）发现用户传播的电子邮件属于垃圾邮件的，通知服务提供者；发件人继续传播垃圾邮件的，对其予以警告；警告后发件人仍然传播垃圾邮件的，通告协会，由协会确定是否采取统一行动，停止为其提供服务；

（五）接到用户关于垃圾邮件的投诉或者申告，确证后，立即停止为该发件人提供邮件发送服务，情况严重的，通知协会，由协会确定是否采取统一行动，停止为其提供服务。

（六）对于协会公布的垃圾邮件服务提供者和垃圾邮件发送人，采取相应措施；

（七）鼓励使用垃圾邮件自动识别分类和过滤软件，为用户服务。

（八）协助协会及国家有关部门就垃圾邮件的传播情况进行调查和处理。

第八条 [授权性承诺]协会可以及时向社会公告发送、转发或者接收垃圾邮件的服务提供者，以便社会监督。

第九条 [施行日期]本规范自协会发布之日起施行。

服务提供者自签署本规范之日起接受本规范的约束。

互联网站禁止传播淫秽、色情等不良信息自律规范

中国互联网协会2004年6月10日

第一条 为促进互联网信息服务提供商加强自律，遏制淫秽、色情等不良信息通过互联网传播，推动互联网行业的持续健康发展，特制订本规范。

第二条 互联网站不得登载和传播淫秽、色情等中华人民共和国法律、法规禁止的不良信息内容。

第三条 淫秽信息是指在整体上宣扬淫秽行为，具有下列内容之一，挑动人们性欲，导致普通人腐化、堕落，而又没有艺术或科学价值的文字、图片、音频、视频等信息内容，包括：

1. 淫亵性地具体描写性行为、性交及其心理感受；

2. 宣扬色情淫荡形象；

3. 淫亵性地描述或者传授性技巧；

4. 具体描写乱伦、强奸及其他性犯罪的手段、过程或者细节，可能诱发犯罪的；

5. 具体描写少年儿童的性行为；

6. 淫亵性地具体描写同性恋的性行为或者其他性变态行为，以及具体描写与性变态有关的暴力、虐待、侮辱行为；

7. 其他令普通人不能容忍的对性行为淫亵性描写。

第四条　色情信息是指在整体上不是淫秽的，但其中一部分有第三条中 1 至 7 的内容，对普通人特别是未成年人的身心健康有毒害，缺乏艺术价值或者科学价值的文字、图片、音频、视频等信息内容。

第五条　互联网站从事登载新闻信息、电子公告服务以及移动电信增值服务等业务，应当依照有关法律法规的规定，履行审批或备案手续，取得合法资格；新闻信息应来源于具有向互联网站提供新闻信息资质的媒体或其他合法的内容提供商。

第六条　不渲染、不集中展现关于性暴力、性犯罪、性绯闻等新闻信息；此类内容须严格控制数量，并不得在多个频道或栏目同时登载。登载这类新闻信息，应有利于弘扬社会正气和维护社会公德，确保导向正确。

第七条　登载有关医学医疗、生理卫生、婚姻家庭、人体艺术和与此相关的自然、社会科学信息内容，应建立信息内容的审核制度，做到内容健康、科学，来源合法、可靠。

第八条　不开设或变相开设为不道德性行为和性交易提供便利的频道或专栏；开设交友类专题频道或栏目，应明确说明该栏目的目的、网友行为规范和公布有关法律警示；非注册用户不得在该类频道或栏目张贴信息，对注册用户上传的信息实行先审后发。

第九条　对利用互联网电子公告服务系统，短信息服务系统传播淫秽、色情等不良信息的用户，应将其 IP 地址列入“黑名单”，对涉嫌犯罪的，应主动向公安机关举报。

第十条　不与非法网站建立任何性质的合作关系；不与其他网站或企业

建立违背政府有关部门规定的联盟或协作关系。

第十一条　不以任何形式登载和传播含有淫秽、色情等不良信息内容的广告；不为含有淫秽、色情等不良信息内容的网站或网页提供任何形式的宣传和链接。

第十二条　违反本自律规范的互联网站，应及时纠正违规行为；经劝说、警告无效的，互联网新闻信息服务工作委员会有义务向政府有关部门建议，取消其提供相关信息服务的资质。

第十三条　互联网信息服务提供商和从业人员均有自觉维护中华人民共和国法律法规、社会主义道德规范的责任和义务，自觉接受政府的管理。

第十四条　加入《互联网站信息服务自律公约》的成员单位应遵守本自律规范。

第十五条《互联网站禁止传播淫秽、色情等不良信息自律规范》由互联网新闻信息服务工作委员会负责监督执行。

第十六条　本规范从发布之日起执行。

中国互联网协会互联网
新闻信息服务工作委员会
二00四年六月十日

中国互联网网络版权自律公约

（中国互联网协会2005年9月3日）

第一条　为维护网络著作权，规范互联网从业者行为，促进网络信息资源开发利用，推动互联网信息行业发展，制定本公约。

第二条　公约成员应当认真学习和自觉遵守与互联网有关的版权法律法规，增强版权保护意识，大力弘扬中华民族优秀文化传统和社会主义精神文明的道德准则，积极推动职业道德建设。

第三条　公约成员应该加强沟通和合作，共同研究和探讨我国互联网版权保护措施，提出相关的政策建议和立法建议。

第四条　公约成员应当积极采取有效的技术措施和管理措施，保护权利人的权利。

第五条　公约成员应该鼓励、支持、保护依法进行的公平、有序的竞争，反对不正当竞争。

第六条　公约成员应当自觉接受社会各界的监督和批评，共同抵制和纠正行业不正之风。

第七条　中国互联网协会网络版权联盟（“联盟”）是本公约的执行机构，负责组织公约的宣传和实施。

第八条　联盟负责组织公约成员学习网络版权管理的相关法律法规和政策，组织交流网络版权相关行业信息，代表公约成员与政府主管部门进行沟通，反映公约成员的意愿和要求，切实维护公约成员的正当权益，积极推动和实施互联网行业自律，并对成员遵守本公约的情况进行督促检查。

第九条　本公约成员违反公约的，任何单位和个人均有权向联盟进行检举，由联盟进行调查，并将调查结果向全体成员公布。公约成员违反本公约，造成不良影响，经查证属实的，由联盟视不同情况给予内部通报或取消公约成员资格的处理。

第十条　本公约的所有成员均有权对联盟执行本公约的合法性和公正性进行监督，有权向联盟的主管部门检举联盟或其工作成员违反本公约及相关工作制度的行为。

第十一条　联盟设立秘书处，根据公约成员授权受理“通知”和“反通知”，具体办法另行规定。

第十二条　联盟建立网络版权纠纷调解中心，负责公约成员之间网络版权纠纷的调解，具体办法另行规定。

第十三条　联盟设计和申请本公约的统一标识，并制订具体使用办法。本公约成员均有权按照使用办法使用公约的统一标识。

第十四条　凡接受本公约的互联网内容服务提供者和网络服务提供者，均可以申请加入本公约。本公约成员也可以退出本公约，并通知公约执行机构。公约执行机构定期公布加入和退出本公约的成员名单。

第十五条　本公约由中国互联网协会网络版权联盟向社会公布，从公布之日起接受签约，签约成员达到20名时本公约生效。

第十六条　本公约生效期间，经公约执行机构或本公约十分之一成员提议，并经三分之二以上成员同意，可以对本公约进行修改。

第十七条　本公约由中国互联网协会网络版权联盟负责解释。

中国互联网行业自律公约

（中国互联网协会　2001年12月3日）

第一章　总则

第一条　遵照“积极发展、加强管理、趋利避害、为我所用”的基本方针，为建立我国互联网行业自律机制，规范行业从业者行为，依法促进和保障互联网行业健康发展，制定本公约。

第二条　本公约所称互联网行业是指从事互联网运行服务、应用服务、信息服务、网络产品和网络信息资源的开发、生产以及其他与互联网有关的科研、教育、服务等活动的行业的总称。

第三条　互联网行业自律的基本原则是爱国、守法、公平、诚信。

第四条　倡议全行业从业者加入本公约，从维护国家和全行业整体利益的高度出发，积极推进行业自律，创造良好的行业发展环境。

第五条　中国互联网协会作为本公约的执行机构，负责组织实施本公约。

第二章　自律条款

第六条　自觉遵守国家有关互联网发展和管理的法律、法规和政策，大力弘扬中华民族优秀文化传统和社会主义精神文明的道德准则，积极推动互联网行业的职业道德建设。

第七条　鼓励、支持开展合法、公平、有序的行业竞争，反对采用不正当手段进行行业内竞争。

第八条　自觉维护消费者的合法权益，保守用户信息秘密；不利用用户提供的信息从事任何与向用户作出的承诺无关的活动，不利用技术或其他优势侵犯消费者或用户的合法权益。

第九条　互联网信息服务者应自觉遵守国家有关互联网信息服务管理的规定，自觉履行互联网信息服务的自律义务：

（一）不制作、发布或传播危害国家安全、危害社会稳定、违反法律法规以及迷信、淫秽等有害信息，依法对用户在本网站上发布的信息进行监督，及时清除有害信息；

（二）不链接含有有害信息的网站，确保网络信息内容的合法、健康；

（三）制作、发布或传播网络信息，要遵守有关保护知识产权的法律、法规；

（四）引导广大用户文明使用网络，增强网络道德意识，自觉抵制有害信息的传播。

第十条　互联网接入服务提供者应对接入的境内外网站信息进行检查监督，拒绝接入发布有害信息的网站，消除有害信息对我国网络用户的不良影响。

第十一条　互联网上网场所经营者要采取有效措施，营造健康文明的上网环境，引导上网人员特别是青少年健康上网。

第十二条　互联网信息网络产品制作者要尊重他人的知识产权，反对制作含有有害信息和侵犯他人知识产权的产品。

第十三条　全行业从业者共同防范计算机恶意代码或破坏性程序在互联网上的传播，反对制作和传播对计算机网络及他人计算机信息系统具有恶意攻击能力的计算机程序，反对非法侵入或破坏他人计算机信息系统。

第十四条　加强沟通协作，研究、探讨我国互联网行业发展战略，对我国互联网行业的建设、发展和管理提出政策和立法建议。

第十五条　支持采取各种有效方式，开展互联网行业科研、生产及服务等领域的协作，共同创造良好的行业发展环境。

第十六条　鼓励企业、科研、教育机构等单位和个人大力开发具有自主知识产权的计算机软件、硬件和各类网络产品等，为我国互联网行业的进一步发展提供有力支持。

第十七条　积极参与国际合作和交流，参与同行业国际规则的制定，自觉遵守我国签署的国际规则。

第十八条　自觉接受社会各界对本行业的监督和批评，共同抵制和纠正行业不正之风。

第三章　公约的执行

第十九条　中国互联网协会负责组织实施本公约，负责向公约成员单位传递互联网行业管理的法规、政策及行业自律信息，及时向政府主管部门反映成员单位的意愿和要求，维护成员单位的正当利益，组织实施互联网行业自律，并对成员单位遵守本公约的情况进行督促检查。

第二十条　本公约成员单位应充分尊重并自觉履行本公约的各项自律原则。

第二十一条　公约成员之间发生争议时，争议各方应本着互谅互让的原则争取以协商的方式解决争议，也可以请求公约执行机构进行调解，自觉维护行业团结，维护行业整体利益。

第二十二条　本公约成员单位违反本公约的，任何其他成员单位均有权及时向公约执行机构进行检举，要求公约执行机构进行调查；公约执行机构也可以直接进行调查，并将调查结果向全体成员单位公布。

第二十三条　公约成员单位违反本公约，造成不良影响，经查证属实的，由公约执行机构视不同情况给予在公约成员单位内部通报或取消公约成员资格的处理。

第二十四条　本公约所有成员单位均有权对公约执行机构执行本公约的合法性和公正性进行监督，有权向执行机构的主管部门检举公约执行机构或其工作人员违反本公约的行为。

第二十五条　本公约执行机构及成员单位在实施和履行本公约过程中必须遵守国家有关法律、法规。

第四章　附则

第二十六条　本公约经公约发起单位法定代表人或其委托的代表签字

后生效，并在生效后的30日内由中国互联网协会向社会公布。

第二十七条　本公约生效期间，经公约执行机构或本公约十分之一以上成员单位提议，并经三分之二以上成员单位同意，可以对本公约进行修改。

第二十八条　我国互联网行业从业者接受本公约的自律规则，均可以申请加入本公约；本公约成员单位也可以退出本公约，并通知公约执行机构；公约执行机构定期公布加入及退出本公约的单位名单。

第二十九条　本公约成员单位可以在本公约之下发起制订各分支行业的自律协议，经公约成员单位同意后，作为本公约的附件公布实施。

第三十条　本公约由中国互联网协会负责解释。

第三十一条　本公约自公布之日起施行。

中国互联网络信息中心无线网址争议解决办法（2010修订）

（中国互联网络信息中心2010年7月29日修订发布
2010年8月29日起施行）

第一条　为了解决无线网址注册及使用过程中发生的争议，根据《无线网址注册办法》，制订本办法。

第二条　本办法适用于因无线网址的注册或者使用而引发的争议。所争议的无线网址应当限于由北龙中网（北京）科技有限责任公司（KNET）运行管理并由中国互联网络信息中心（CNNIC）提供技术支持的无线网址。但是，所争议无线网址注册期限满两年的，无线网址争议解决机构不予受理。

第三条　无线网址争议由中国互联网络信息中心认证的争议解决机构受理。争议解决机构受理投诉人的投诉后，应在规定的时间内组成专家组，并由专家组按照规定的程序对有关争议进行处理。

第四条　争议解决机构可以根据本办法，制订有关争议解决程序及专家组成员任命的规则。有关的程序规则应在中国互联网络信息中心认可后公布实施。

第五条　符合下列条件的投诉应当获得支持：

（一）投诉人享有受中国法律保护的权利或合法利益；

（二）被投诉的无线网址与投诉人享有权利或利益的名称相同或者近似；

（三）被投诉的无线网址注册人对无线网址或其主要部分不享有权利或者合法利益；

（四）被投诉的无线网址注册人对无线网址的注册或使用具有恶意；

投诉人对其在争议解决程序中主张的事实承担举证责任。

第六条　负责裁决争议的专家组有权认定被投诉的无线网址注册人是否具有注册或使用无线网址的恶意。被投诉的无线网址注册人具有下列情形之一的，构成恶意注册或使用无线网址的证据：

（一）注册或受让无线网址的主要目的是为了向作为民事权益所有人的投诉人或其竞争对手出售、出租或以其他方式转让该无线网址，以获取不正当利益；

（二）多次将他人享有合法权益的名称注册为自己的无线网址，其注册无线网址的目的是为了阻止他人以无线网址的形式在互联网上使用其享有合法权益的名称；

（三）注册或受让无线网址的目的是为了损害投诉人的声誉，破坏投诉人正常的业务活动，或者混淆与投诉人之间的区别，误导公众；

（四）其他恶意的情形。

第七条　被投诉人在接到争议解决机构送达的投诉书之前具有下列情形之一的，表明其对该无线网址享有合法权益：

（一）被投诉人在提供商品或服务的过程中已善意地使用该无线网址；

（二）被投诉人虽未获得商品商标或有关服务商标，但所持有的无线网址已经获得一定的知名度；

（三）被投诉人合理地使用或非商业性地合法使用该无线网址，不存在为获取商业利益而误导消费者的意图。

第八条　投诉人针对同一被投诉人的多个无线网址提出争议的，投诉人或被投诉人均有权请求争议解决机构将多个争议合并为一个争议案件，由同一个专家组处理。

第九条　在专家组就有关争议作出裁决之前，当事人一方认为专家组成员与对方当事人有利害关系，有可能影响案件的公正裁决的，有权向争议解决机构提出请求，要求该专家回避。

第十条　在无线网址争议解决程序中，除无线网址注册服务机构根据争议解决机构的要求提供与无线网址注册及使用有关的信息外，无线网址的注册服务机构及注册管理机构不以任何身份或方式参与争议解决程序。

第十一条　专家组认定投诉成立的，对无线网址争议的处理仅限于：

（一）注销已经注册的无线网址；

（二）将注册无线网址转移给投诉人。

第十二条　在依据本办法提出投诉之前，争议解决程序进行之中，或者专家组作出裁决后，争议双方均可就同一争议向司法机关提起诉讼，或者基于协议提请仲裁机构仲裁。如果争议解决机构裁决注销无线网址，或者将无线网址转移给投诉人，无线网址注册服务机构将于执行该裁决之前等待 10 个工作日。

在此等待期内，如果被投诉的无线网址注册人提供的有效证据，证明有管辖权的司法机关或仲裁机构已经受理有关争议，无线网址注册服务机构将不会执行争议解决机构的裁决，并视下列情况决定采取进一步措施：

（一）有证据表明，争议双方已经达成和解，执行和解协议；

（二）有证据表明，有关诉讼或仲裁已经被驳回或撤回，执行争议解决机构的裁决；

（三）有关司法机关或仲裁机构作出裁判，且已发生法律效力的，执行该裁判；

第十三条　争议解决机构建立专门的网站，接受在线形式的有关无线网址争议的投诉，并公开发布与无线网址争议案件有关的一切资料。但经当事人请求，争议解决机构认为公开后有可能损害当事人利益的资料和信息，可不予公开。

第十四条　当无线网址处于司法程序、仲裁程序或争议解决程序的纠纷处理期间，无线网址注册人不得转让处于纠纷状态的无线网址，但受让人以书面形式同意接受司法裁判、仲裁裁决或争议解决裁决约束的除外。

第十五条　中国互联网络信息中心有权根据互联网络及无线网址技术的发展，以及中国有关法律、行政法规及政策的变化等情况对本办法加以修改。修改后的办法将通过网站公布，且于公布之日起30日后实施。本办法修改前已经提交到无线网址争议解决机构的无线网址争议不适用新办法。

修改后的办法将自动成为已经存在的无线网址注册协议的一部分。无线网址注册人不同意接受争议解决办法或其修改后的文本约束的，应及时通知无线网址注册服务机构。收到此种通知后，无线网址注册机服务构将为其保留30日无线网址服务；30日后，有关无线网址将予注销。

第十六条　本办法由中国互联网络信息中心负责解释。

第十七条　本办法自2010年8月29日起施行。2006年3月20日施行的原《无线网址争议解决办法》同时废止。

互联网终端软件服务行业自律公约

（中国互联网协会　二〇一一年六月）

第一章　总则

第一条　为规范互联网终端软件服务，保障互联网用户的合法权益，维护公平和谐的市场竞争环境，促进互联网行业的健康发展，制定本公约。

第二条　本公约由中国互联网协会部分会员单位提出草案，中国互联网协会行业自律工作委员会组织研究制定。

第三条　本公约所称互联网终端软件（以下简称“终端软件”），是指由互联网企业向上网用户提供并且可以下载、安装、运行在用户终端（包括移动终端）上，使用户能够访问互联网或者使用网络服务的各类应用软件，包括安全服务、浏览器、即时通讯、下载分享、图像处理、媒体播放、网络电视客户端、游戏娱乐等软件。

第四条　提供终端软件服务的企业应当遵守国家有关法律、法规和规章，遵守社会道德规范，遵守互联网行业规范，诚实守信，合法经营，公平竞争，维护互联网行业声誉和利益。

第五条　鼓励自主创新，尊重和保护终端软件知识产权，反对和抵制各类侵权行为，维护规范有序的发展环境，提升中国互联网行业的竞争力。

第六条　提倡公平竞争，反对滥用市场支配地位等垄断行为，维护公平有序的竞争秩序。

第七条　本公约适用于中国互联网协会会员单位，以及加入《中国互联网行业自律公约》的从业者，并且倡议其他从业企业、组织和个人积极遵守。

中国互联网协会在本公约签署单位中施行争议和纠纷调解机制。

第二章　保护用户合法权益

第八条　保护用户个人信息安全。用户个人信息包括个人身份信息、个人网上通信内容、个人上网行为日志、个人在终端上创建或者保存的文件和数据，以及其他能够据此直接或者间接识别出用户个人身份或者其他与用户个人利益相关的信息。

第九条　尊重用户知情权和选择权

（一）收集、使用和保存用户个人信息时应当明确告知用户，包括告知用户收集、使用和保存的目的及范围；未经用户同意，不得擅自收集、使用和保存用户个人信息，不得超越目的和范围收集、使用和保存用户个人信息；除用户明确同意或者法律另有规定外，不得以任何理由向第三方提供用户个人信息。

（二）终端软件安装、运行、升级、修改默认设置等，应当明确提示用户，不得违背用户意愿修改用户已确认的选择或者设置。

（三）终端软件在运行过程中，如执行系统修改、扫描、信息收集和数据回传等操作，应事先提示用户，由用户选择继续或者停止相关操作。提供安全服务的终端软件，为使用户信息安全免受病毒或者木马等严重安全威胁，可在用户服务协议中做出明确约定的前提下，直接采取安全防护操作。

（四）终端软件运行中发现异常情况可以提示用户，但不得替用户做出操作选择。用户忽略提示而选择进一步操作的，应当尊重用户的选择。

（五）不得以输入验证码或者多次确认等方式故意加大终端软件卸载难度。

第十条　建立健全用户个人信息安全保护管理制度，采取有效技术措施，保障用户个人信息安全，防止用户个人信息丢失、泄露，禁止未经授权使用用户个人信息。

第十一条　不得对用户合理使用其个人信息设置障碍，禁止欺骗、诱导用户转移个人信息。

第十二条　提供完备的终端软件服务企业端系统日志供第三方审计，相关系统日志应当保存半年。

第三章　禁止强制捆绑

第十三条　未明确提示用户并经用户同意，不得在用户的计算机或者其他终端上强制安装终端软件。

第十四条　禁止终端软件强制捆绑

（一）强制捆绑是指功能独立的两款或者多款终端软件绑定在一起导致用户无法自主选择。

（二）终端软件下载或者安装时，如要附带其他非直接相关功能，应明确提示用户，并提供明显的使用或者关闭该功能的方式，未经用户同意不得自动运行。

第十五条　终端软件安装提示信息清晰完整

（一）终端软件安装前，应当清晰明确告知用户本终端软件功能、附加的终端软件清单、对用户系统的所有潜在操作和影响、需要收集和回传的所有用户信息等，由用户决定是否全部或者部分安装。

（二）不得安装本终端软件功能说明文档中未加说明的额外功能。

第十六条　允许用户自主选择是否卸载终端软件，并提供通用的卸载方式；终端软件卸载后不得留存活动程序、驱动、服务或者模块，未经用户同意不得残留程序文件；存在相互依赖关系的终端软件，要如实声明其依赖关系。

第四章　禁止软件排斥和恶意拦截

第十七条　禁止恶意排斥。恶意排斥是指某款终端软件在设计、安装、运行过程中，无正当理由，故意给其他合法终端软件设置障碍，妨碍用户安装或者使用其他合法终端软件。

（一）同类终端软件拥有平等的被选择权和市场推广权。

（二）终端软件在运行中由于技术原因可能产生冲突的，应当尊重用户的自主选择权。

（三）不得以任何形式欺骗或者误导用户使用或者不使用其他合法终端软件。

第十八条　终端软件在安装、运行、升级、卸载等过程中，不应恶意干扰或者破坏其他合法终端软件的正常使用。

第十九条　除恶意广告外，不得针对特定信息服务提供商拦截、屏蔽其合法信息内容及页面。

恶意广告包括频繁弹出的对用户造成干扰的广告类信息以及不提供关闭方式的漂浮广告、弹窗广告、视窗广告等。

第五章　反对不正当竞争

第二十条　提倡公平竞争，不得以不正当竞争为目的组织用户对其他终端软件进行评价。

第二十一条　组织用户开展终端软件评价时，应当公开、公平、公正，评测规则及评测方式应当予以公示，评测结果及评测数据应当接受第三方审计。被评价方对评测结果有异议的，评价方应遵守异议处理流程（另行制定）相关规定。

第二十二条　终端软件的服务提示应当清晰、客观、公正，不得使用虚假、夸大或者误导性语言，提示语言应当使用中文。

第六章　安全软件

第二十三条　本公约所称安全软件指为用户提供系统运行安全、数据安全、通信安全以及系统性能优化等服务的终端软件，包括杀毒软件、安全防护软件、系统优化工具等。

除遵守本公约其他各章条款规定外，安全软件还应当遵守本章各项规定。

第二十四条　不得滥用终端软件的安全服务功能实施危害国家利益和社会公共利益的行为、不正当竞争行为、侵害其他企业和用户合法权益的行为。

第二十五条　开展系统优化服务时，应当尊重用户的自主选择，不得替用户做出默认选择。

第二十六条　由中国互联网协会组织本公约签署单位建立有效的终端软件白名单机制，白名单内企业应当及时相互通报终端软件异常情况，及时修正和解决问题，保障用户上网安全。

第七章　公约的实施

第二十七条　中国互联网协会行业自律工作委员会作为本公约的执行机构，负责组织本公约签署和实施，并及时向签署单位宣传国家相关政策、法律和法规。

第二十八条　签署单位应当自觉遵守本公约各项规定，违反本公约并造成不良影响的，任何单位和个人均有权向本公约执行机构进行举报。本公约执行机构在查证核实或者组织测评后，视情况给予内部警告、公开谴责等处罚。

第二十九条　设立行业调解委员会，建立终端软件测评机制及终端软件企业间争议和纠纷调解机制，由本公约执行机构组织实施。具体实施细则另行规定。

第三十条　签署单位之间发生争议和纠纷时，应当本着互谅互让、维护行业团结和整体利益的原则，争取以协商方式解决，也可以提请本公约执行机构进行调解。本公约执行机构有义务通过合理合规的方式尽快组织相关调解工作，并将调解结果通报各相关单位。通过行业调解无法解决的，可以向有关管理部门提出处理建议。

第八章　附则

第三十一条　本公约经发起单位法定代表人或者其委托的代表签字并加盖单位公章后生效，由中国互联网协会向社会公布，自公布之日起试行，试行期为一年。

第三十二条　本公约遵循“动态修订、逐步完善”的原则，在试行期间及试行结束后，经本公约执行机构或者本公约三分之一以上签署单位提议，并经三分之二以上签署单位同意，可以对本公约进行修改。

第三十三条　本公约由中国互联网协会行业自律工作委员会负责解释。

中国互联网协会

二〇一一年八月一日